高质量发展与企业财务风险形成的机理及防控措施

——以黄河流域中下游区域制造业为例

张　凯　王　冠　陈路路　著

中国商业出版社

图书在版编目（CIP）数据

高质量发展与企业财务风险形成的机理及防控措施 ：以黄河流域中下游区域制造业为例 / 张凯，王冠，陈路路著. -- 北京 ：中国商业出版社，2023.9
ISBN 978-7-5208-2624-2

Ⅰ. ①高… Ⅱ. ①张… ②王… ③陈… Ⅲ. ①制造工业—工业企业管理—财务管理—研究—中国 Ⅳ. ①F426.4

中国国家版本馆 CIP 数据核字（2023）第177485 号

责任编辑：袁娜

中国商业出版社出版发行
（www.zgsycb.com　100053　北京广安门内报国寺 1 号）
总编室：010-63180647　编辑室：010-83128926
发行部：010-83120835/8286
新华书店经销
天津和萱印刷有限公司印刷
*
710 毫米 × 1000 毫米　16 开　9 印张　150 千字
2023 年 9 月第 1 版　2023 年 9 月第 1 次印刷
定价：68.00 元
****

作者简介

张凯，男，1983年出生，洛阳师范学院副教授，管理科学与工程博士，工商管理博士后，主要研究方向：产业生态经济与管理。在*Energy Policy*《软科学》《统计与决策》《华东经济管理》《企业经济》《工业技术经济》《生态经济》等期刊上发表论文近30篇，主持或参与包括国家社科基金重大项目在内的课题30余项，出版或参编著作6部，参编教材1部。

王冠，男，1979年出生，广西财经学院副研究员，矿业管理工程博士，主要研究方向：资源开发与区域可持续发展。在《商业研究》《科技进步与对策》《贵州民族研究》等期刊上发表论文近30篇，主持完成省部级以上项目5项，出版著作2部，参编教材3部。

陈路路，女，1987年出生，洛阳师范学院审计处会计师，注册会计师，工商管理硕士，主要研究方向：财务审计。在《中国管理信息化》《会计师》等期刊上发表论文3篇。

前　言

制造业的高质量发展是我国经济高质量发展的重要内容和实现国家现代化进程的关键战略支撑。而黄河流域作为我国重要的能源和化工原材料制造基地，长期受技术条件的制约，一方面制造业发展规模受限，工业结构重型化和单一化严重，对生态环境造成了严重污染；另一方面，以能源和矿产资源开采为主的传统制造业的发展与生态环境脆弱相叠加，使得黄河流域生态环境压力更加严重。因此，在国家提出高质量发展的战略背景下，要实现其发展目标，必须首要破解制造业发展与生态安全的矛盾，而高质量发展的研究正是破解这一矛盾的有效途径之一。但国内外制造业企业进行高质量发展的实践研究表明，制造业高质量与企业自身发展紧密相连，且需要大量的资金投入，但带动的经济效益不明显。这就说明在高质量发展中存在大量的财务风险，有可能阻碍企业的可持续发展和生态环境的改善。因此，完整地分析黄河流域中下游区域制造业高质量发展中企业财务风险发生的原因和其形成机理，提出防范财务风险的机制和策略，是进一步推进黄河流域中下游区域制造业高质量发展的当务之急，也是对黄河流域生态保护和高质量战略的充分论证。

为此，本书对黄河流域中下游区域制造业高质量发展中财务风险进行了研究，探讨了黄河流域中下游区域制造业高质量发展的现状，并且对黄河流域中下游区域制造业高质量与其财务风险的关系进行了分析；同时，对国内外制造业高质量发展的经验进行了借鉴，旨在为黄河流域中下游区域制造业高质量发展提供参考。具体来看，首先在清晰界定财务风险和研究对象的基础上，对现有的制造业高质量发展和财务风险相关的研究文献进行了有效的梳理，并依次从黄河流域中下游区域制造业高质量发展中财务风险发生的原因以及其形成机理、财务风险的识别、风险防范与风险管控机制三个层次展开了研究和探讨。在分析我国黄河流域中下游区域制造业高质量发展中财务风险研究中，本书遵循“理论研究—数据分析—量化模型—防范机制—结论总结”的技术路线，构建了“盈利能力—偿债能力—运营能力—发展能力—高质量发展能力”的“五维”能力分析框架，并从非约束性财务风险和约束性财务风险两个角度，研究了黄河流域中下游区域制造业高质量发展中各相关影响因素对整体财务风险产生的影响作用。最后，在以上研究的基础上，构建了黄河流域中下游区域制造业高质量发展中财务风险的管控机制。希望通过阅读本书，读者可以深刻了解黄河流域中下游区域制造业高质量发展中财务风险的形成机理。

本书由张凯（撰写第四、第五、第六和第七章）、王冠（撰写第一、第二和第三章），陈路路（负责书中财务相关知识的撰写，字数约5千字）共同协作完成。同时，该书受到河南省软科学研究计划项目和广西高等学校千名中青年骨干教师培育计划人文社会科学类立项课题的支持，项目名称：黄河流域中下游区域制造业绿色转型驱动高质量发展的机制与实现路径研究，项目编号：212400410093；项目名称：北部湾城市群绿色发展水平的时空演变轨迹与影响因素研究，项目编号：2021QGRW053。

目 录

第一章　绪论

第一节　问题的提出及研究价值

一、问题的提出

党的二十大报告提出，高质量发展是全面建设社会主义现代化国家的首要任务。同时，党的二十大报告也明确指出，坚持把发展经济的着力点放在实体经济上，推进新型工业化，加快建设制造强国、质量强国、航天强国、交通强国、网络强国、数字强国。从这个角度来说，制造业的高质量发展是我国经济高质量发展的重要内容和实现国家现代化进程的关键战略支撑。

从现有的研究来看，制造业的高质量发展就是在资源约束条件下构建资源节约、低碳发展和绿色转型的新经济增长模式，是未来制造业发展的必然要求，也是迈向“能源资源利用集约、污染物排放减少、环境影响降低、劳动生产率提高、可持续发展能力增强”的过程，呈现“科技含量高、经济效益好、资源消耗低、环境污染少、人力资源优势得到充分发挥”五个特征。可见，制造业的高质量发展是新时代条件下兼顾生态环境和自然资源协调发展的新模式建立的过程，而在这个过程中，最终实现了对生态效益、经济效益和社会效益均衡协调发展的目标，体现了经济增长目的、经济增长方式、经济增长效率模式的转变。一是经济增长目的的转变。这主要表现为从经济生产活动不计成本转变为生态环境、经济环境和社会环境协调发展，将生态成本纳入发展成本中，促使企业进行绿色生产。二是经济增长方式的转变。这主要表现为从粗放式增长，不关注生态环境的破坏转变为内涵式绿色增长，将生态环境视为非常重要的生产要素，并将其贯穿整个生产过程，实现生产方式从高污染向低污染或者零污染方式的转变。三是经济增长效率的转变。这主要表现为从过度依靠资源要素的投入拉动经济增长转变为主要依靠技术和人力资本要素驱动经济增长，实现生产效率的提升。

具体到黄河流域中下游区域制造业而言，其发展长期以来受技术条件制约，一方面制造业发展规模受限，工业结构重型化和单一化严重，对生态环境造成了严重污染；另一方面以能源和矿产资源开采为主的传统制造业的发展与本地生态环境脆弱相叠加，使得生态环境压力更加严重（金凤君，马丽等，2020）。因此，要实现黄河流域中下游区域制造业的发展目标，必须先破解制造业发展与经济发展、生态环境安全不协调的问题，而高质量发展正是破解这一问题的有效途径之一。

综上所述，制造业的高质量发展与以往追求数量增长、污染高、消耗自然资源的粗放式发展是相对立的，高质量发展的首要任务是保护好生态环境，实现绿色低碳发展，这就要求企业必须对生产过程中所产生的废弃物等进行妥善处理，并减少污染物的排放。但黄河流域中下游区域制造业能耗大，占全国总能耗的56%左右，污染物的排放也很大，属于高污染排放行业，这对其完成高质量发展的战略目标有较大的影响。另外，为了完成高质量发展目标，黄河流域中下游区域制造业需要投入较多的资金来维持企业的正常运转。如图1-1所示，2016—2020年，黄河流域中下游区域山西、陕西、河南和山东四个省份制造业营业利润平均增长率为-5.63%，资产负债的增长率的均值为0.82%。这也充分凸显了黄河流域中下游区域制造业资金紧缺问题的严重性。为此，不少黄河流域中下游区域制造业企业通过银行贷款来维持企业的正常运转，面临着较高的财务风险，这也使得该问题成为学术界和实业界关注的热点问题。

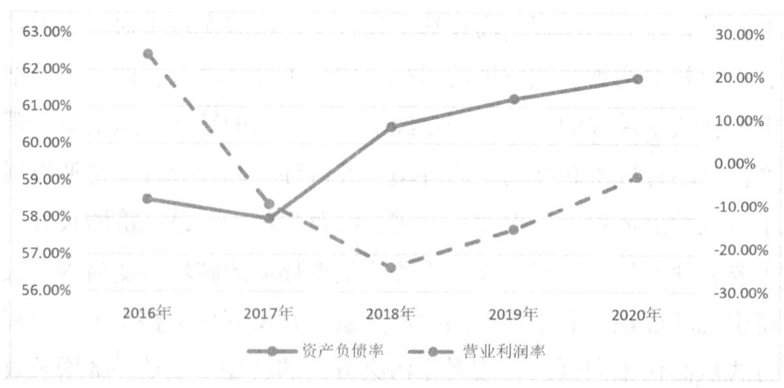

数据来源：根据山西、陕西、河南和山东统计数据整理。

图1-1　2016—2020年黄河流域中下游区域制造业指标变化趋势图

为了适应新形势的需要，必须从理论上解释黄河流域中下游区域制造业高质量发展中面临的财务风险，找出其关键因素并揭示其形成机理，进而建立有效的管控机制来化解制造业企业面临的财务风险。但是，当我们试图用当前的理论与方法来研究黄河流域中下游区域企业高质量发展面临的财务风险和管控机制的时候，却发现现有理论和方法对该问题的分析及演变规律等科学问题的研究在全面性及系统性上有待进一步深化。

科学问题一：如何分解黄河流域中下游区域制造业高质量发展中面临的财务风险的关键影响因素，计算出各影响因素对整体风险变化的贡献值，从而做到对揭示其形成机理有据可循。

本书主要研究黄河流域中下游区域制造业高质量发展面临的财务风险，而风险的影响因素特别是关键影响因素是揭示其风险形成机理的基础。因此，如何分解高质量发展下黄河流域中下游区域制造业高质量发展中面临财务风险的影响因素，并且依据科学方法计算出各影响因素对整体风险变化的贡献值等一系列问题有待进一步深入研究。

科学问题二：如何揭示黄河流域中下游区域制造业高质量发展面临财务风险的形成机理，为构建其管控机制奠定理论基础？

从盈利、偿债、运营、发展及高质量发展“五维能力”结构揭示黄河流域中下游区域制造业高质量发展财务风险的形成机理，深入探讨黄河流域中下游区域制造业高质量发展中财务风险形成机理的微观解释，并从总体上揭示和掌控其演变过程和规律，也是一个值得深入研究的问题。

科学问题三：如何构建黄河流域中下游区域制造业高质量发展财务风险的管控机制，做到对黄河流域中下游区域制造业高质量发展提供理论指导？

黄河流域中下游区域制造业高质量发展中财务风险管控机制的构建必须以制造业企业财务风险的影响因素及形成机理为基础，只有如此，才能为解决实际问题提供技术和政策支撑。

基于以上的分析，本书探讨黄河流域中下游区域制造业高质量发展中财务风险的形成机理和管控机制不仅具有一定的创新性，而且对于丰富现有的高质量发展相关理论和财务风险理论，拓展高质量发展中面临财务风险管控机制等研究具有重要的意义。

二、研究价值

在高质量发展背景下，黄河流域中下游区域制造业企业面临着绿色转型以及较大的碳减排压力，同时也面临着较大的财务风险，严重者甚至破产和倒闭。因此，以制造业企业为研究对象，管控制造业企业的财务风险，对黄河流域中下游区域制造业的高质量发展有重要的意义。这主要体现在以下几个方面。

准确识别黄河流域中下游区域制造业高质量发展面临财务风险的形成机理。要正确认识高质量发展背景下黄河流域中下游区域制造业企业财务风险的形成机理，就需要从两个方面去考察：一是黄河流域中下游区域制造业企业经营的外部环境，主要是经济、政策和生态环境；二是黄河流域中下游区域制造业企业的内部环境，主要是管理、运营和技术创新等环境。黄河流域中下游区域制造业作为市场经济中的经营主体，只有适应外部环境，同时完善企业的内部环境，提升其管控能力，才能达到有效管控其财务风险的目的。

科学地分解影响黄河中下游区域制造业的影响因素。本书从“五维”能力的分析视角对黄河流域中下游区域制造业高质量发展面临的财务风险进行研究，分别为盈利能力维度、偿债能力维度、运营能力维度、发展能力维度和高质量发展能力维度。在这五个维度中，盈利能力维度是其财务风险控制的关键，偿债能力维度的科学是其财务风险控制的基础，运营能力维度的有效是其财务风险控制的保证，发展能力维度的持续是其财务风险控制的支撑，高质量发展能力维度的上升是其财务风险控制的结果。

建立黄河流域中下游区域制造业财务风险的管控机制。风险管理目标要求企业建立财务风险管控机制，因此，要实现黄河流域中下游区域制造业企业财务风险管理目标，就要建立黄河流域中下游区域制造业的财务风险管控机制——根据企业资金流动的各个环节和高质量约束下风险的关键点，达到建立财务风险管控机制的目标。这要求建立相应的风险管控部门和委派专门的管理人员，基于盈利能力维度、偿债能力维度、运营能力维度、发展能力维度和高质量发展能力维度，建立一套适合黄河流域中下游区域制造业自身特点的财务风险管控机制，这也是预防财务风险的制度保障。

第二节　相关理论基础及研究述评

一、相关理论基础

(一) 委托代理理论

委托代理理论是建立在非对称信息博弈论的基础上的一种理论模型，其动机是利益问题。委托代理理论各要素之间的关系如图 1–2 所示。

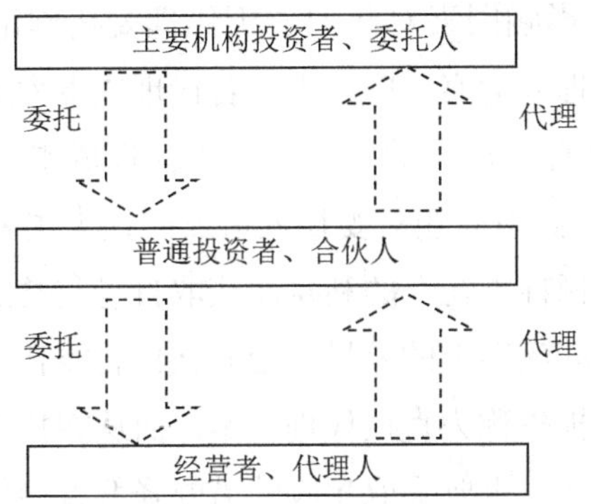

图 1–2　委托代理理论各要素之间的关系

委托代理理论关注的问题有两类。一类问题是代理。代理主要关注委托人和代理人之间的利益问题，当他们之间的利益出现不一致时，他们在制定企业发展的目标时就会产生隔阂，甚至发生冲突，这时若委托人想要做出更换代理人的行为，其付出的代价也将非常大。另一类问题是风险共享。风险共享主要关注的是委托人和代理人对不同风险的态度及其在企业发展战略方式和发展管理上的差异。具体的研究内容可以分为以下两个方面。

1. 委托人和代理人间的利益目标对财务风险的影响

从理论上来看，委托人的目标是取得较好的投资报酬率，而代理人的目标主要是获得较高的薪酬待遇和较高的社会地位。由此可见，不同的利益目标是委托人和代理人产生矛盾的根源，这可以从以下两个方面进行分析。

第一，由于委托人和代理人有着不同的效用函数和代理成本，当委托人和代理人之间达成合同时，代理人在保障自身取得最大利益的同时也会保障委托人的最大利益。这里的代理成本主要是指实施代理人和委托人合同时出现的费用。关于代理成本，Jensen、Meckling（1976）认为代理成本由三部分组成：监督成本、担保成本和剩余损失。监督成本主要是指委托人采用一定的手段监督代理人的成本，目的是维护自身的利益；担保成本主要是指代理人通过担保的方式向委托人表明将按照委托人的意志进行活动的成本；剩余损失主要是指代理人进行企业经营活动时，可能让委托人受到的损失。影响代理成本大小的相关因素有两个：第一个因素是代理成本和经营权与所有权的分离程度成正相关的关系，经营权与所有权的分离程度越大，其成本就越大，反之就越小；第二个因素是代理成本与委托代理的链条呈现相同方向的变化，这两个相关影响因素对我们分析代理委托理论有着较好的帮助作用。但在委托人和代理人的实际应用中，若代理成本大于委托人的收益，委托人就会采取弱化监督代理人的行动，减少代理成本，但这样也就产生了“内部人控制”问题。而该问题对委托人造成的损失主要表现在以下两个方面：一是代理人通过牺牲委托人的利益而获取自身利益的最大化；二是委托人和代理人在利益分配问题上的差异也会间接侵害委托人的利益。委托人在上述两个方面受到的损失称为直接代理成本；而从委托人的角度来看，委托人为了维护自身的利益，也要采取相应的措施降低直接代理成本，如通过构建相应的机制监督代理人的行为，利用有效的激励机制来刺激代理人的行为等。另外，委托人采取措施是否得当也间接地影响委托人代理成本。

第二，代理人没有完全掌握企业所有权是代理人和委托人之间产生利益冲突的根本原因。一方面，由于委托人和代理人之间存在信息不完备性，这种信息不完备性主要表现为信息的不对称性，或者说委托人不能精准地识别企业的经营成果是否来自代理人的努力，更不能准确判断代理人的努力程度。代理人会利用这种信息的不对称性追求自身利益的最大化，这势必会增加委托人的风险成本。另一方面是契约的不完备性。这种不完备性表现为代理人自身利益无法在契约中准确确认，并且事后也难以弥补因努力所得的利益。这两方面都会产生因代理人采取有利于增加自身的利益而不利于委托人的投资行为的风险。

在委托代理理论中，委托人与代理人之间的问题通常可以通过三种途径解决。一是激励。激励是委托人向代理人提供长期的合同激励计划，从而使代理人取得一定的索取权。二是监督。监督是委托人通过监督机构对代理人进行监督，确保自身利益最大化的行为。三是控制。控制是通过借助外部行为对代理人施加影响，使代理人发挥最大努力的行为。根据委托代理理论，委托人和代理人之间产生矛盾的根源在于他们所追求的目标不同，所承担的风险也不同，委托人是风险的最终承担者，而代理人为了自身所追求的目标会规避风险或者是有意识地制造风险。因此，只有在委托人和代理人间建立一种利益共享和风险共担的运营机制，才能有效降低企业的财务风险，实现企业的预期目标。

2. 委托人和代理人之间的利益冲突对财务风险的影响

委托人和代理人发生利益冲突时，委托人也会为实现自身利益最大化的策略从而给代理人带来损失，这种损失也会降低企业的预期财务结果，称为债务代理成本。具体可从以下两个方面进行分析。

第一，资产替代效应所引起的债务代理成本。在资产替代效应中，委托人的目标是追求高收益，而高收益一般要伴随着高风险，若能达到预期目标，委托人便会获得非常高的收益；反之，债权人则需要承担较大的成本。这样，就把财富从债权人转移到委托人的手中，这种资产替代效应称为债务代理成本。

第二，投资不足引起的代理成本。早在20世纪70年代，学者Myers（1977）对投资不足引起的代理成本进行了研究，他的观点是若债务的到期期限是在企业作出投资决策之后，这时若委托人投资所得的净利润小于债务的利息，委托人在利益上将受到损失，这就是“投资不足”问题。这从经济学上说明了负债的存在将会带来企业投资政策扭曲的可能性。而在企业的实际经营中，代理人既是委托人的代理人，又是债权人的代理人，这种多重身份对代理人提出了更多的要求，即同时要兼顾委托人和债权人的利益。但在实际经营过程中，代理人会更多地倾向于委托人的利益。而债权人为了防止代理人采取不利于自身的决策或者向自己转移风险的行为，通常会采取两种方式进行制约：一种是在制定合同时，采取一定的措施来规避这种风险的发生；另一种是债权人通过银行或者其他机构管理或监督代理人履行合同，并采取相应措施规避风险或由于发生监督所造成的成本，也就是负债代理成本。

综上所述，如果忽视委托人或债权人等企业利益相关者的权益，最终将会给企业发展带来损失，这种损失更会给企业造成财务风险。因此，降低代理人与委托人和债权人之间的代理成本有利于降低企业的财务风险，代理成本与财务风险之间存在密切关系，代理成本越高，企业的财务风险就越大；反之亦然。

（二）信息经济学理论

信息经济学理论主要从以下两个方面进行研究，一是信息不对称理论与企业财务风险；二是信息不对称下成本收益理论与企业财务风险。

1. 信息不对称理论与企业财务风险

信息不对称理论最早起源于20世纪70年代的微观经济学领域。有学者认为，在市场经济中，买卖双方对相关商品信息的了解是不对称的，卖方比买方更了解商品的相关信息，而双方基于这种掌握信息的不对称性进行交易时，掌握信息较多的一方获得收益。

信息不对称是一种普遍现象，不仅存在于市场经济领域，也存在于企业管理领域。企业可以看作一个社会主体，并且在市场运营中与其他经营主体一样，需要掌握各种类型的信息。但由于企业与其他经营主体之间具有不同的管理方式，所以企业主体和其他经营主体之间存在着一定的差异，这也是不同主体之间存在信息不对称性的根源。其中若一家社会主体掌握的信息比企业要多，这对于信息匮乏的市场交易双方来说，获取信息较多的企业就有获取更大经济利益的优势。由此可知，企业在掌握信息技术方面处于劣势地位，这也导致企业在运营中面临较大的财务风险。

2. 信息不对称下成本收益理论与企业财务风险

成本收益理论是与市场经济相对应的产物，其研究的是社会中企业、政府和其他组织如何选择并决定社会资源使用的问题，属于经济学的研究范畴。成本主要是指为获得期望的目标收益而必须为之付出的代价，收益主要是指在成本投入的情形下获得的目标收益。作为一个理性的经营主体，都期望自身的收益大于成本，以实现自身利益的最大化。在企业的经营过程中，投资者对项目进行投资，是期望通过自身的投入得到更大的利益，这就用到了我们通常所说的经济学理论分析方法——成本收益法，这也是各种经济分析方法的基础。成本收益法的基本原理是通过企业对项目投资与收益进行比较，判断企业运营策略的有效性，主要包括三个方面：一是成本分析，主要是研究如何降低企业成本，并确定各类成本的价值对其收益的影响；二是收益分析，主要明确收益的类型，从不同的角度进行收益的平衡并确保各得其所；三是比较成本与收益，分析各种主体的利益得失，并明确企业获得的净收益或净损失，从而判断企业的财务风险。因此，通过成本收益法可以确定企业面临的财务状况。

（三）企业管理理论

企业管理的相关理论可从如下两个方面进行分析：一是利益相关者理论与企业财务风险；二是公共组织决策理论与企业财务风险。

1. 利益相关者理论与企业财务风险

20世纪60年代中期，安索夫首次将“利益相关者”引入经济学中并逐步得到了发展。根据美国经济学家弗瑞曼的观点，企业发展中利益相关者对企业利益目标的实现有着非常重要的影响。在实际的企业经营中，企业管理者也非常注重对利益相关者理论的应用，以争取相关利益者对实现企业发展目标的支持。制造业企业在高质量发展过程中也应关注所有相关者的需求和权利，以实现企业和相关利益者的利益最大化。这就要求制造业企业投入更多的资金，并与政府和其他相关组织主体建立良好的合作机制，从而降低企业的财务风险。

2. 公共组织决策理论与企业财务风险

决策是企业组织中非常重要的一项活动。决策的执行一般是以政策体制为基础，但管理人员对于项目实施、人员管理和预算分配的决策，不仅对政策有着较大的影响，而且直接关系到政策实施是否到位。基于这方面的考虑，有些学者认为行政管理就是决策，因此，从决策的角度研究企业的组织主体。企业中的多数工作是由企业组织中的员工完成的，但企业组织中的管理人员在日常运营中起着非常重要的作用。处于管理链顶端的管理人员，其主要工作是通过影响下级管理人员的决策，实现企业组织主体的目标。管理链顶端的管理人员影响下级管理人员主要是通过有意识或无意识的选择行为，而这些行为对于管理人员而言具有一定的可实施性。这种可实施性具有如下特征：一是在可供选择的行为中，管理人员的选择具有唯一性，通过选择过程，这些方案将被缩减为一个可以实施的方案；二是管理人员的选择具有一定的导向性，这为企业组织中的行动协调提供了可能性。这种协调机制是基于企业组织目标和方法的具体应用，若这种协调机制发挥得好就会促进企业的发展，实现企业组织利益的最大化，从而达到降低企业财务风险的目的。若协调机制发挥得不好，则会影响企业整体利益的最大化，使企业面临较大的财务风险。

(四) 企业风险管理理论

制造业要高质量发展就要投入较多的资金，因此，其发展中具有更多的不确定性，这种不确定性可能会减少价值，并给企业带来财务风险。

1. 企业风险管理概念

企业风险管理的作用是协调影响企业利润最大化的有关因素。企业的风险管理是一个过程，是由企业组织中高层管理人员共同实施的，其目的是发现影响企业目标实现的阻碍因素。而通过风险管理，可以将风险控制在合理的范围内，为目标的实现提供保障。而针对企业组织而言，我们可以这样理解风险管理：第一，风险管理是一个动态、持续的过程，贯穿企业的整个运营过程；第二，企业组织在制定企业战略时，要全面考虑其风险管理，并由企业组织中各管理人员共同实施，提供降低企业风险的保障；第三，风险管理可以向企业组织的利益相关者提供合理保障，表明企业组织管理制度的健全性和有效性；第四，企业风险管理是全面型的管理，力求保障企业不同目标的实现。

由于风险自身的不确定性，它可能为企业的发展带来促进效应，也可能为企业的发展带来阻碍效应，抑或二者兼而有之。本书所涉及的风险主要是指负面影响或者说是自身的损失，其主要特性是阻碍企业取得利润的最大化或是破坏企业创造价值的行为。因此，企业管理层应建立一套管控机制，把风险反馈到企业的日常运营中，以防止企业风险的发生和发展。

2. 企业风险管理的内容

企业风险管理的主要内容是企业管理者在分析企业经营环境的基础上，制定企业目标，并通过目标的实现过程达到平衡相关财务风险的目的。其主要内容如下。第一，风险容量的确定。风险容量是指企业能够容纳风险的大小，也是企业管理层在制定并评估企业发展战略和构建风险管控机制时必须考虑的内容。第二，风险措施的制定。风险措施主要是指减少、规避、转移和分摊风险的措施，在识别风险的基础上达到降低或避免风险的目的。第三，减少损失。企业管理层应增强自身的风险因素辨别能力和管控风险能力，最终达到抑制和减少由于不确定因素所带来的风险成本和损失。第四，风险的识别和管控机制贯穿企业经营的任何环节。由于风险的叠加效应，风险管理能够增强企业管控风险叠加影响的能力，达到应对企业各种风险的目标。第五，抓住机会，改善资本调配。通过全方位评估企业发展内外环境中潜在的事项，促使企业管理层获取强有力的信息，实现企业利益的最大化。所以，企业风险管理的这些能力能达到帮助企业取得预期目标，降低企业财务风险的目的。

3. 企业风险管理的相关要素

企业组织自身发展目标的实现，与其风险管理有着必然的联系。从风险管理的定义来看，风险管理有着自身的构成要素，主要包括内部环境的分析、企业战略目标的设定、潜在影响因素的识别、企业风险的评估、企业风险的应对和控制以及风险监控六个方面。第一，内部环境的分析。内部环境的分析主要是对企业的法人治理结构和企业文化的分析等。总体来看，企业发展内部环境为企业辨别风险奠定了较好的基础。第二，企业战略目标的设定。企业的管理者只有在明确企业战略目标的前提下，才能较为准确地识别企业发展中影响目标实现的潜在因素。企业管理者要想保证企业所设定的目标得到实现，就需构建一定的机制。第三，潜在影响因素的识别。企业管理者要想实现发展目标就必须识别影响其目标的促进因素和阻碍因素，并及时有效地反馈到企业日常经营中。第四，企业风险的评估。企业要采用一定的程序和方法对企业运营过程中可能出现的风险进行科学的评估，以达到及时纠正企业运营偏差的目的。第五，企业风险的应对和控制。企业管理者进行风险评估之后，就要采取一定措施进行风险规避、降低或者分担风险，将其控制在企业风险容量之内。第六，风险监控。通过分析和辨别影响企业发展的风险因素，可以有效管控企业发展中的潜在风险。

4. 企业目标与风险影响因素

企业的发展目标主要是指企业发展成为什么样的状态，而风险管理是对实现企业目标推动因素的识别和管控，这两者之间具有直接影响关系。这种关系使得企业的管理者既可以从整体关注企业风险管理，也可以从构成目标角度全方位地对企业所面临的风险进行识别和管理。然而，企业风险管理措施是否有效，需要基于风险管理的相关影响因素进行评估。如果这些影响因素的信息可以有效地搜集并能对其进行有效管控，则企业的发展就不会存在重大风险或者说企业的风险在可以控制的范围之内。由此可以判断，企业的发展目标和企业风险影响因素之间是一种影响和被影响的关系。企业管理者要达到预防风险的目的，首先要弄清楚影响企业发展目标的因素，以便更好地进行风险管理。但在风险管理过程中，由于人的判断可能存在一定的失误或者说是基于信息的不对称性，风险管理也会存在一定的失误或者说是局限性。

（五）企业风险控制理论

企业风险控制理论是以控制论为基础的，在了解企业风险控制论之前，我们首先要了解一下控制论。控制论是研究系统的通信、调节与控制一般规律的科学，其观点是：揭示组织发展过程中与预期目标的偏差并采取纠正措施以预防其产生风险，以及在企业运营过程中进行信息实时反馈，这也是本书研究财务风险控制的理论基础。控制系统的基本过程如图 1–3 所示。

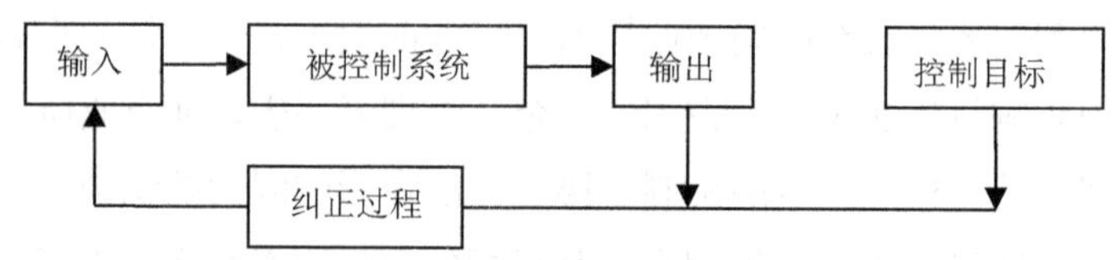

图 1–3　控制系统的基本过程图

控制论自创立和发展以来，其原理已经应用到社会发展的多个领域。在此基础上，波兰经济学家奥斯卡・兰格（1965）将控制理论与经济学相结合，创立了经济控制论。经济控制论的应用侧重于宏观的国民经济管理领域，其基本原理与企业管理相结合，就形成了管理控制论。管理控制论是一个复杂的应用过程，其侧重点在于管理人员根据企业组织的目标对员工工作进行衡量和评估，并进行纠正偏差以防止企业发展偏离轨道。管理控制系统实际上是一个信息反馈系统，其反馈过程图如 1–4 所示。

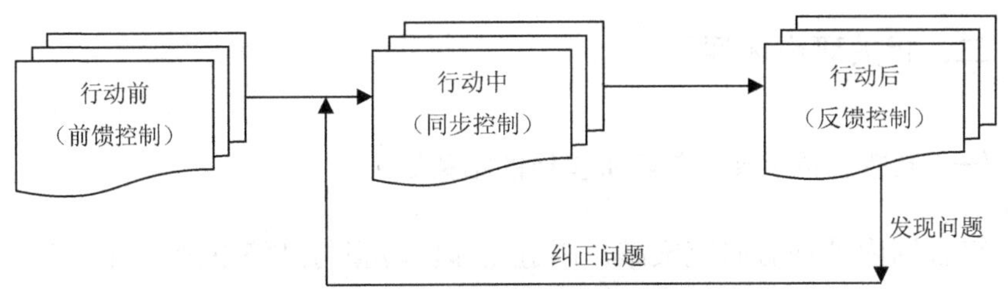

图 1-4　管理控制系统反馈过程图

企业活动主要包括财务活动、管理活动和其他相关的多种活动，企业组织的权力也包括经营权和财权两个层面：经营权主要是实物的控制权，涉及企业的日常运营、生产和销售等；财权主要是资金的投资和回收等。由此可知，企业财务风险防范需要合理地构建经营控制权和财务控制权。另外，财务风险管理还应明确财务风险控制的主体、客体及控制对象，其主要特点如下：第一，财务风险的管理体系首先应确立控制标准，实施标准在前，管控措施在后，通过与实施标准的对比来实施控制措施；第二，风险管控措施要根据企业发展动态环境的改变做出调整，要注重管控措施的灵活性。其风险控制过程如图 1-5 所示。

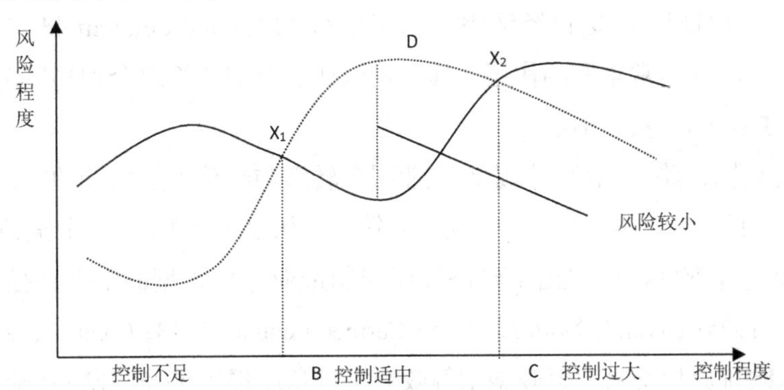

图 1-5　风险控制过程示意图

综上所述，上述委托代理理论、经济理论、管理学理论和风险控制理论从不同的视角为财务风险的评估和控制研究提供了坚实的理论基础，并为构建财务风险的控制体系提供了较好的理论支撑。

二、相关研究述评

(一) 制造业绿色转型与经济发展的相关研究

综合国内外现有研究文献，制造业绿色转型与经济发展的研究主要集中在以下几个视角。

一是从内涵演进视角，科学解释制造业绿色转型与经济协调发展的内涵。国外学者根据经济发展的不同需求，先后提出了“绿色发展论”“绿色可持续发展论”“生态绿色论”等理论。其中，“绿色发展论”认为经济发展与制造业绿色转型的协调应通过规模扩张、产业结构调整和提高生产技术来加以实现（Grossman，1995），进而提出了应构建投资自然资本和培育发展环境的模式（Herman E.Daly，1997）；“绿色可持续发展论”则是在将经济、社会和环境三者协调统一到可持续发展路径的基础上（Bob Giddings 等，2002），提出了经济发展与制造业绿色转型的协调就是产业从低端价值链向高端价值链转变的过程（Gereffi，2005）；而“生态绿色论”认为经济发展和制造业绿色转型的协调除了受到经济因素的影响外（Mol and Sonnenfeld，2000），政治因素也起着非常重要的作用，其中就包括创新型政策组合和多层次治理等（Lin，Justin Y. 等，2014）。

二是从耦合路径视角，探索制造业绿色转型与经济发展协调的路径。关于这一视角的研究主要有以下三个方面：第一，从生态民主、适应性管理、体制目标设定等管理角度提出了经济发展与制造业绿色转型的耦合路径（Roy Morrison，1995；Bryan G.Norton，2005；Carmen Lenuta，2013；Lorek S.，2014）；第二，从碳排放权交易、财政金融等政策工具角度提出了经济发展与制造业绿色转型的耦合路径（Mathews J.A.，2014；Dulal H.B.，2015；Soundarrajan P. 和 Vivek N.，2016）；第三，从制造业技术创新、绿色发展效率的提升等技术角度提出了经济发展与制造业绿色转型的耦合路径（Mathews J.A. 等，2012；Kim S.E. 等，2014）。

三是从产业结构调整的视角，研究制造业与经济发展的协调机制。改革开放以后，黄河流域能源制造业密集带的构建，为推动国民经济的持续稳定发展发挥了较大作用（张文合，1991；闫恒等，1992）。但随着经济社会的发展，人们逐渐意识到良好的生态环境是经济可持续发展的基础，于是学者们提出应坚持经济与生态环境协调并进的原则（朱桂香，1994；柳为国，1995），战略上要注重在沿河不同区域形成不同规模工业区的制造业布局（张彦军，1997），对策上要提升传统制造业的层次结构和创新能力，推动经济增长核心区的建设步伐（彭荣胜、谭成林，2009），形成经济发展和能矿资源等传统制造业协调发展的新工业化布局（吕金嵘、吕可文等，2016；彭少明、郑小康等，2017）。

四是从高质量发展视角，研究制造业与经济发展在不同层面的协调机制。2019 年 9 月以来，随着高质量发展战略的提出，其相关的研究成果不断出现。首先在战略层面，提出高质量发展的底线是生态保护（陈晓东、金碚，2019），需要把握生态保护与制造业布局之间的关系，加快推动经济社会发展的顶层战略设计，建立制造业发展与区域发展协同治理框架，以及与大运河文化带等战略进行对接（左其亭，2019；郭晗，2020），制定区域性制造业准入和相关法治政策体系（张震、石逸群，2020），探索以生态型替代破坏型的产业置换机制（金凤君，2019；金凤君、马丽等，2020）。其次在路径层面，提出构建现代产业体系，是推动制造业高质量发展的重要途径（高煜，2020；安树伟、李瑞鹏，2020），同时也提出建立整体性的基础设施体系，优化高质量发展的体制和机制（任宝平、张倩，2019），促使各行政主体和各经济主体，特别是制造业主体要以高质量发展为目标进行有效配合、分工协作（钞小静，2020）。最后在绿色发展层面，强调绿色发展是黄河流域高质量发展的生态之基（任宝平，2020），提出科学选择传统制造业发展的重点，加强绿色生态产品的生产和供给，协调推进制造业高质量发展（姜长云，2019）。

（二）制造业绿色转型的相关研究

国内外针对制造业绿色转型的相关研究主要集中在以下几个方面。

1. “特”和“新”的内涵研究

“特”主要是指绿色转型的内涵应结合社会发展的实际，绿色实践是探索中国社会主义现代化新道路的必然要求，是建设中国生态文明的迫切要求和战略任务（方时姣，2010；刘思华，2015；罗文东、张曼，2016；李顺毅，2017）。“新”主要是指绿色转型发展的概念和内涵的不断完善。杨志、王梦友

(2010) 认为绿色转型是以“后工业”为特征的生态文明，是以人类福祉为本和人类可持续发展为目的的新经济形态；王玲玲、张艳国（2012）认为绿色转型发展包含环境、经济、政治、文化等诸多子系统；洪银兴（2016）认为绿色转型发展就是确立“绿水青山就是金山银山”的理念，是保护生产力的有效手段；邹巅、廖小平（2017）认为绿色转型发展是一种又好又快的可持续发展。

2. 绿色转型测度研究

Robert Repletion 等（1989）、国际经济与合作发展组织（1993）、国际经济与合作发展组织（2009）、耶鲁大学（2012）等学者或组织先后提出了多维度、多指标的绿色转型体系和测度方法。国内学者关于绿色转型测度的研究主要集中在四个方面。一是资源环境综合绩效测度。这部分的研究多为国家层面的绩效测度。二是以生态文明为特征绿色转型测度。学者主要从经济、社会和生态环境三个方面构建了绿色转型的多层次、多维度测度指标，并测度了由资源消耗型向环境友好型转变的程度，主要代表有杜宇（2009）、何天祥等（2011）、蓝庆新等（2013）、佟贺丰等（2015）、郭慧文等（2016）和葛仁东（2017）。三是针对省区、产业或城市等不同层面的绿色转型测度。例如，苏利阳等（2013）、马丽（2018）提出的中国省际产业绿色发展的测度；李新宁（2013）对矿产资源密集型区域绿色转型的测度；黄跃、李琳（2017）对中国城市群绿色转型的测度；刘明广（2017）、王峥（2018）、许彬（2017）、吴旭晓（2016）、田丽（2015）对中国省域绿色发展水平或效率的测度。四是从生态效率、工业转型率等不同视角、方法测度。例如，王兵等（2014）测度了中国环保重点城市的城镇化与绿色发展效率的关系；姚西龙等（2015）、杨志江 (2017) 等测度了我国各个省份的工业绿色创新转型效率；王兵等（2017）测度了资源环境约束下中国 30 个地区的全要素绿色效率。

3. 绿色转型路径研究

绿色转型路径研究主要包括生态民主、适应性管理、体制目标设定等政府角色对绿色转型作用的可持续发展路径研究（Roy Morrison，1995；Bryan G.Norton，2005；Carmen Lenuta，2013；Lorek S.，2014），碳排放权交易、财政金融等市场经济手段和经济政策工具对绿色转型作用的可持续发展路径研究（Mathews J.A.，2014；Dulal H.B.，2015；Soundarrajan P. 和 Vivek N.，2016），强调绿色技术创新、绿色发展效率提升对绿色转型作用的可持续发展路径研究（Mathews J.A. 等，2012；Kim Satbyul Estella 等，2014）。产业绿色发展应以推进源头消减和末端治理相结合的转型路径（傅志寰等，2015），要提高绿色转型的成本效率，改善体制机制（曹东等，2012），建立财税政策、顶层设计以及制度建设等政策保障机制（张亮，2012；朱坦等，2017），在绿色转型的过程中要处理好政府、市场和企业三者的关系（刘世锦，2012、2016；史丹，2018），最终形成以节能减排技术和资源生产效率提高为特征的转型路径（王兵等，2015；胡鞍钢，2016）。

4. 绿色转型机制、机理的研究

绿色转型机制研究的观点认为，绿色转型发展机制包括市场机制、政府机制、道德机制和其他机制等多个维度，并且市场机制是主导，政府机制是辅助，而诸如道德机制、生态机制、科技机制、宣传机制、政策机制、补偿机制和激励机制等是绿色转型发展重要的补充（邓远建、张陈蕊等，2012；吕薇，2016；秦书生、晋晓晓，2017；刘小明，2018；曾婧婧等，2018）。绿色转型机理研究的观点主要有黄建欢（2014）的绿色转型发展的资本支持、资源配置、企业监督以及绿色金融等四个效应机理，李政熙（2015）的行为态度、主观规范及知觉行为三维度的绿色转型机理，卢洪友（2016）的环境税政策影响环境质量和经济增长的内在机理，张晒（2017）的基于空间正义视角对绿色发展深层次逻辑的机理。

（三）财务风险的相关研究

国内外关于财务风险与本书相关的研究主要集中在以下几个方面。

1. 财务风险内涵和特征研究

财务风险是一种经济风险现象，根据现有的研究，可以把财务风险分为狭义和广义的概念。狭义的财务风险通常被称为负债筹资风险，该观点认为没有负债便不存在财务风险。而在现有的研究中，国外学者 Whitake 和 Ross（1999）等认为，财务风险产生于企业在现金流量不足以抵偿现有到期债务时，被迫采取其他方法脱离的境况。余绪缨和汪平（2003）则认为企业的财务风险是因为其资本结构的差异影响偿还债务而产生的风险，若没有债务便不存在财务风险。因此，狭义的财务风险又称为债务融资风险，该观点在国际上也是通行的认识。广义的财务风险是指企业在经营过程中受到内部环境和外部环境多种不确定性因素的影响，其取得的实际收益小于其预期收益的概率。广义的财务风险是对企业整体财务活动的揭示。国内具有代表性的学者是刘恩禄和汤谷良（1989），他们认为财务风险是企业在其财务活动过程中，由于受到经营环境中不确定性因素的影响，实际财务结果小于预期财务结果的可能性。基于以上分析，本书认为企业财务风险是客观存在的，是实际结果和预期结果的差异和损失的可能性。财务风险的内涵应理解如下：一是财务风险具有客观不可规避特性，原因在于企业发展具有自身的变化特性，随着条件的改变而改变；二是由于企业掌握的信息具有不完善性，因而企业自身未来的发展预测具有很大的不确定性。

2. 财务风险的识别、测度及管控研究

综合国内外的研究文献，针对财务风险的研究主要集中在三个方面。第一，关于财务风险识别的研究。Beave(1966) 较早提出了财务风险的分析方法，该方法主要是用 6 组共 30 个变量检验企业财务风险的能力，其研究结果发现识别企业财务风险最好的指标是总资产利润率和速动比率。随后 Alma（1968）在 Beave 研究的基础上提出 Z-score 模型，其基本思想是用五个变量来判定企业破产的可能性。Alma 对财务风险的研究是财务风险识别研究的里程碑。20 世纪 80 年代，Ohlson（1980）将 Logistic 模型运用到财务风险识别的研究中，发现对企业财务风险影响最为直接的是企业业绩、企业规模、资本结构和资产变现能力四类因素。自此，Logistic 模型成为财务风险研究的常用方法。第二，关于财务风险测度的研究。20 世纪 90 年代以前，国外最有代表性的是 H.M.Markowitz（1952）的资产组合理论、William F. Sharpe（1964）的资产定价理论和 Black-Scholes 的期权定价理论（Fischer Black,& Myron Scholes 1973）。20 世纪 90 年代后，国外学者对财务风险的研究进行了多方位的拓展，出现了更多财务风险研究的计量模型，如 CAMELS 模型、Merton 期权思想、VAR 风险计量模型等。而在国内，学者周守华（1996）的 Z-score 模型，吴世农和卢贤义（2001）对 Fisher 线性判别分析、Logistic 分析和多元线性分析均可对企业财务风险进行研究。第三，关于风险管控的研究。国外学者的主要观点是风险控制过程由内部环境、目标设定、事项识别等八要素组成。此外，Ray（1999）、Pandey（2000）、Holzmann（2000）也在企业风险控制方面进行了大量研究。而在国内，朴明根和王春红

（2008）对金融行业财务风险的研究，李明（2007）对企业内部控制与风险管理的研究等都具有重要意义。此外，2008 年财政部等五部委颁布了《内部控制基本规范》，把企业财务风险管控提到新的高度，使得企业财务风险管理及防范的探讨进入高潮。周炼军和王璐（2011）、李涛和龚璇（2013）等认为财务风险是企业内部控制制定与实施的基础，需要对财务风险的控制理念、完善法人治理结构和强化财务风险监督机制等方法进行强化。此外，彭辉和史建三（2013）、巴曙松（2013）等在风险控制方面的研究也都具有重要意义。

3. 制造业财务风险的研究

大多数文献主要是对制造业企业财务风险的定义、特征和防范措施的理论讨论，但对高质量发展下制造业的财务风险及管控机制的研究文献并不多见。首先，国外学者针对制造业财务风险的研究主要集中在企业治理结构、资本结构等方面，这些研究为制造业企业的财务风险研究奠定了较好的多维度研究基础。如 Wu Y.（2000），Deqiang Liu（2008），Keijiro Otsuka（2008）分别对 1984—1992 年间的 61 家制造业企业和 1995—1999 年间的 108 家制造业企业做了研究，得出了制造业企业的生产效率和股权改革与其发展呈现正相关的关系。Caneghem（2010）以 ArcelorMittal Gent 为例进行了研究，得出了制造业企业的产量和利润可以与污染物排放量的减少共存的结论。其次，国内学者刘华辉（2010）、狄志高（2003）分别提出了负债结构调整和合理利用期货市场的套期保值可以防范制造业企业财务风险的结论；韩晓磊和张超（2011）、白福萍（2011）从价值链角度研究了低碳经济给制造业企业带来的技术风险、低碳成本转嫁风险出口企业的“绿色壁垒”风险等，并提出了降低制造业企业风险的应对策略；邹蔚和陈梦雪等对我国飞机制造业 35 家上市公司进行了研究，得出了飞机制造业财务风险主要体现在资金需求大、资产负债率高和资产流动性弱等方面。结合制造业高质量发展对其财务风险进行系统研究的较少。

（四）现有研究文献与本书的研究差别

基于上述对现有文献的研究述评，本书重点在于揭示高质量发展下黄河中下游区域制造业财务风险的形成机理，并对其财务风险进行识别。其独到之处在于以下几个方面。

1. 财务风险测度的视角差异

现有关于企业财务风险的研究主要侧重于企业运行中出现的财务风险，没有系统地从高质量发展的视角进行研究。而本书的研究是以黄河流域中下游区域制造业高质量发展为视角，科学地揭示高质量发展下制造业财务风险的形成机理，视角新颖。

2. 财务风险测度动态性的差异

现有财务风险的识别和测度缺乏对财务风险发展的动态性研究，这就弱化了管理者对企业财务风险及时采取规避措施的科学指导。本书以揭示黄河流域中下游区域制造业高质量发展中财务风险形成机理为基础，具有充分的动态性。

3. 财务风险指标的差异

现有关于财务风险指标针对性较弱，没有涉及反映财务风险形成过程的指标，且较多的测度指标并没有突出财务风险的形成特征。本书对财务风险研究是以反映财务风险形成机理为核心，以突出制造业高质量发展的资金的流向为基础的财务风险测度研究。

第二章　高质量发展与制造业财务风险相关概念

第一节　高质量发展的相关概念

一、高质量发展的内涵

随着经济活动所引发的环境问题日益增多，学者们越来越重视可持续发展的研究，特别是对当下全球经济快速增长但能源急剧耗竭、生态环境问题日趋严重的困境开展了广泛而深入的研究。从20世纪90年代的环境库兹涅茨曲线研究到后期的生态现代化理论和环境规制理论，都注重通过技术研发、环境规制或产业结构调整来解决经济发展过程伴随的环境破坏问题。这些理论研究为经济高质量发展的研究奠定了较好的基础。

2017年，党的十九大报告对我国的经济发展作出了全新的判断，认为中国的经济已由高速增长转向高质量发展。2018年，中央经济工作会议又将高质量发展确定为新时代中国经济发展的基本特征。2022年，党的二十大报告进一步指出，高质量发展是全面建设社会主义现代化国家的首要任务。为此，众多学者针对高质量发展展开了多方面研究，并就高质量发展内涵做了论述，具体可以从以下几个方面进行解释。

(一) 高质量发展是协调型发展

高质量发展是在新时代为满足人民日益增长的美好生活需要而提出的新的经济发展目标，是在保持经济平稳运行的基础上，对经济结构、经济发展质量和经济运行效率提出了更高的要求，体现了新的发展理念，涉及经济、社会和生态等多个方面。首先，从经济上来讲，高质量发展目标不仅仅是经济规模的增长，更加注重经济增长的质量，包括国民经济运行质量、经济发展质量和经济政策质量等，也可以认为是经济效率和经济质量的协调统一。其次，从社会层面来看，高质量发展是全面的发展，是在提升经济发展质量的同时，使产品的相关服务得到全面提升，社会效益更加优良，人民安居乐业，国家治理得到大幅度提升。社会各界特别是各级政府机关应该为高质量发展提供一个良好的发展环境。从这个层面上讲，高质量发展是经济与社会的协调发展。最后，从生态上来看，高质量发展也是解决自然资源短缺与经济发展矛盾的重要途径，通过理顺经济系统内各要素的配合关系，协调生产要素从效率低的生产部门流转到效率比较高的部门，达到实现资源配置效率提升以及生态效益提高的目的。

（二）高质量发展是高效型发展

高质量发展的一个非常显著的特征就是要实现各种生产资源的高效率配置。在经济发展中，支撑经济发展的自然资源大多是不可再生资源，数量有限。在以往的经济发展中，其发展模式都是以低质量、粗放式的发展为主，主要推动力就是依靠大量资源要素的投入。而高质量发展就是通过不断提升资源配置效率、全要素生产率来实现经济的高效增长。首先，从提升资源配置方面来说，在高质量发展目标提出以后，资源配置不再是简简单单地数量的增加，而是在既定的条件下，资源向生产率高的部门进行流转，从而淘汰生产率低的企业，实现资源配置效率的提高。高质量发展就是通过投入资源的集中来调整资源拥有比例，形成资源的最大产出效率，实现高效增长。其次，从全要素生产率来说，高质量发展就是政府营造的有效市场环境使资源在市场交换中能够自由和顺畅，其价格能反映其真实的价值，这也是资源配置效率提高的结果。最后，我国人口红利正在迅速消失，为此，要防止资本报酬递减，进行高质量发展，只有提高全要素生产率。而要想提高全要素生产率，需要高效的体制机制以及相关的技术创新来做驱动力。

（三）高质量发展是绿色型发展

我国制造业应坚定不移地要走好生态优先、绿色低碳发展的道路，贯彻新发展理念，将绿色低碳循环发展作为推动高质量发展的内在要求和自觉行动，让绿色发展日益成为高质量发展的鲜明底色。因此，可以说绿色发展和高质量发展是相辅相成的关系，一方面，绿色发展可以认为是高质量发展的重要组成部分，只有经济发展了，生态环境更加优美，高质量发展才能算是达到了目标。另外，绿色发展是既要保证发展也要保证不破坏环境，这就需要强大的经济、技术基础，而高质量发展最终的成果就是经济的进步，以经济的进步带动技术的进步，从而为绿色循环发展提供支撑。另一方面，高质量发展与传统的高污染、高消耗、高排放发展有着本质区别，是要求以资源节约、环境友好的方式来实现经济可持续的绿色发展。可以说，高质量发展不仅仅是得到经济方面的成果，还包括资源的有效利用以及环境的保护，所以实现绿色循环发展，是实现高质量发展的重要的一环。

（四）高质量发展是低能耗发展

高质量发展的另一个重要特征就是低耗性，同时低耗性也是经济可持续发展和资源高效率利用的前提。以往的发展模式是粗放型发展，是在过度开采自然资源基础上实现的，这不仅极大地浪费了资源，还严重地破坏了生态环境。而高质量发展必然是以低能耗作为支撑，其发展是以低能耗、低污染、低排放为特征，这不仅是人们对美好生活的憧憬，也是人类社会继三次工业革命之后的又一重大进步。

二、制造业高质量发展与财务风险

如前文所述，制造业高质量发展的核心是制造业绿色转型，核心驱动力是绿色创新，提高能源消耗效率，其实质是本着对环境负责的态度，为管理企业活动对环境造成的影响采取的研发活动，以及因企业执行高质量发展目标和要求所付出的其他活动。由此，制造业企业高质量发展也必将引起企业成本的增加，即为高质量发展成本。制造业企业的高质量发展成本，是以核算制造业企业绿色转型、智能生产的开支为对象，以明确保护生态环境为中心，关注企业相关的绿色转型、智能生产的相关活动进而完成企业的绿色转型、智能生产相关活动所需的投入。

根据目前的研究，我们可以将高质量发展成本分为以下几个方面：一是企业在生产过程中为预防破坏生态环境而发生的成本，包括环保设备的购置、废弃物排放的监测计量、环境管理体系的构筑和认证等成本；二是企业有关生态环境破坏的处理成本，包括在制造业企业生产产品工序中采用的多种方法储存或分离废弃物排放所投入的成本；三是资源化利用成本，这主要是指制造业企业进行废弃物回收利用所投入的化学和物理方面的成本；四是智能化改造成本，主要是指企业进行智能化改造投入的成本。由于企业进行高质量发展的成本在短期内难以呈现良好的经济效益，高质量发展成本必将会弱化企业的利润收入，增加利润收入的不确定性，从而为企业带来不确定的财务风险。高质量发展成本所引发的财务风险如图 2-1 所示。

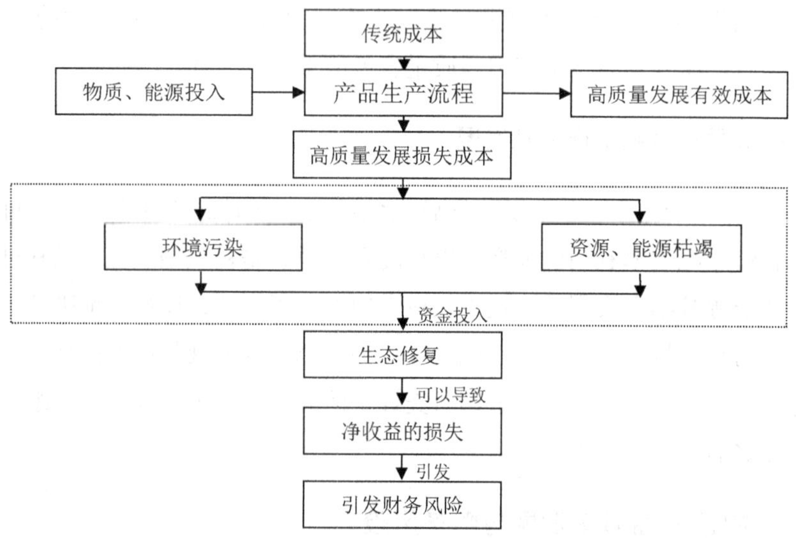

图 2-1　高质量发展与财务风险关联图

三、制造业高质量发展内涵

(一) 制造业高质量发展是绿色创新、生态优先的发展

以往制造业的发展多数是伴随着资源的大规模消耗和生态环境的破坏，是一种粗犷式、单纯以追求经济增长为目的的发展。这种发展与高质量发展的要求是相对立的，也不符合时代发展要求。如前文高质量发展内涵所述，高质量发展是绿色型和低耗型发展。所以，制造业的高质量发展首先要保护的就是自然生态环境，不能再走过去的老路，更不能以牺牲生态环境为代价换取经济的发展。这就要求制造业在高质量发展理念下，从多个方面入手加大对生态环境进行保护和修复的力度。另外，制造业的高质量发展必须实现其在发展过程中产生的废水、废气和废物的合理化循环利用，实现低碳化零

排放。从现有研究及发展经验来看，制造业要实现高质量发展，唯一路径就是进行绿色创新，通过绿色创新实现生态系统的良性循环，最终实现经济、社会和生态环境的和谐发展。换句话说，制造业高质量发展是在制造业发展的过程中，通过绿色创新等相关因素的驱动，最终使人们的美好生活的愿望随着制造业的发展而实现。

（二）制造业高质量发展是智能制造、柔性生产的发展

随着新一轮科技革命和产业变革的推进，数字化、网络化和智能化已成为制造业未来发展的主要方向，这也是高质量发展的目标之一。制造业智能化的应用和发展不仅可以有效地提升其生产效率，而且可以使资源的利用效率得到大幅度的提升，这对解决当前制造业面临的产能过剩、质量效益不佳等矛盾，促进制造业高质量发展有着重要的意义。另外，政府应该为制造业利用“互联网 +”、人工智能和大数据等新型科技的应用创造政策条件，促进制造业和人工智能的结合，构建制造业高质量发展的智能化。只有制造业实现了智能化发展，才能打通产业链条，实现在更大、更广范围内优化资源配置，促进制造业的柔性生产、提质增效，优化运营管理，提升企业的抗风险能力，最终达到促进高质量发展的目的。

（三）制造业高质量发展是产业协调、市场有效的发展

随着时代的发展以及制造业产业链及其相关要素的不断变更，相关产业也总是处于不断的转移中。特别是新的科技革命以来，世界各个国家都把能源、节能和环保等产业作为新的投资点，并且针对新的投资点在投资、技术研发方面都给予了政策方面的大力支持，形成了能源、节能和环保等新一轮制造业发展战略的调整。如美国政府的“绿色新政”，把绿色发展作为一项长远目标；欧盟则提出投资 1050 亿欧元支持发展绿色经济。在高质量发展目标和要求下，制造业及其相关产业的转移需要注意转移规模、转移层次、转移方式和相关地区转移的平衡性等。另外，从制造业高质量发展的有效途径来看，高质量发展的重点将放在制造业智能化的方向上，以及适时转向制造业相关服务和高新技术产业领域，从而把产业升级带入全新的路径，实现产业由实转虚，探索制造业高质量发展的路径，促进区域经济快速发展。

第二节　财务风险的内涵

一、风险的内涵

(一) 风险的概念

“风险”一词是在早期的航海贸易和保险业中出现的，被理解为客观的危险、发生危险的可能性或者说是发生实际结果的不确定性。国外关于风险的概念主要有以下几种：一是美国经济学家 Frank Heyneman Knight（1921）在 *Risk, Uncertainty and Profit* 一书中认为，企业发展中不确定性才是企业取得利润的源泉；二是 Irving Pfeffer（1956）在其著作 *Insurance and Economic Theory* 中提出了不同的观点，他认为风险是一种客观的存在，风险与不确定性是一种矛盾体，最大的区别是能否用数量形式进行表示；三是风险管理学家 C.Arthur Williams（1998）在 *Risk Management and Insurance* 中对风险的概念又做了进一步的发展，认为风险是在特定的期间内发生损失的变动，即事件发生的概率。总之，国外学者对风险理论的研究并没有包括风险的全部特征，只是对风险的部分特征或风险的某些要素进行了阐述，并没有从系统论的角度来分析和研究风险。而在国内，我国学者对风险的定义也没有统一的概念，每个学者有每个学者的观点。学者黄华明（2005）在《风险与保险》一书中将风险定义为在一定条件下发生某种损失的可能；而有的学者认为，风险是企业运行的实际结果和预期结果的分离程度；还有的学者认为风险是企业组织不希望得到的后果发生的可能性。综上可以看出，风险的发生是一个整体过程，且具有一定的诱发因素，会对组织造成一定的损失。

(二) 风险发生的原因

风险发生的原因是指诱发风险发生的相关因素，了解风险发生的原因是正确识别风险、把握风险本质和构建风险管控机制的基础。从我们认识风险的本质和过程来看，风险发生的原因一般分为偶然性和无知性两类。

偶然性是指事先不能确定的诱发因素。对于风险产生的原因，有学者认为，风险的偶然性是随机的，难以把握和准确预测。这种观点是基于人自身认识事物的局限性，即人自身局限性使得风险无法避免，并且难以预测和完全确定。换句话说，人自身认识的局限性，使得我们无法预测将来事物发生的状态和趋势，所以认为风险是事物发展的偶然结果。

无知性主要是指风险的存在是因为人类的无知。有学者认为，任何事物的发展都由各种因素严格决定的，风险发生是因为人们无法对事物的发展进行全方位的认识，不能科学地掌握事物发展原因。相反，如果人们能准确地把握事物的发展规律，就能准确地确认事物的发展状态，规避事物的风险。然而，要做到这一点几乎是不可能的，所以风险的发生是必然的。按照这种观点，规避风险最好的方法是增强人们的认知能力，将自身知识完善化和最大化，将风险降到最低。

（三）风险对象和风险损失变动

风险对象是指风险损害的对象，具体来说，就是与风险有关的人、物和企业活动等。根据本书的研究，风险对象主要集中在财务领域，包括企业原始资本、固定资产、流动资产等。根据风险对象的不同，我们要具有针对性地采用不同的风险管控措施，这样对风险的预防才有针对性。而风险损失的变动主要是指对风险对象的影响程度，这是存在于企业日常经营活动中的普遍现象，表现为一种概率分布，即风险概率的发生与风险损失的变动呈现正比例的变化关系。但如果风险损失是确定的，那么风险在日常的经营中就不存在了，换句话说就没有风险的发生。

总的来说，风险损失的变动有四个显著特征。第一，突变性。即风险的发生是诱发风险因素积累到一定程度的时候所引发的，往往具有突变性的特征。第二，动态性。由于风险的发生和发展是多种影响因素共同作用的结果，所以风险也具有持续变化的动态特征。第三，不确定性。风险是企业实际发展结果与预期结果的偏差，而这种偏差在企业发展过程中具有难以描述的特征，故此，风险也呈现不确定性。第四，客观性。风险的诱发因素是一种客观存在的因素，风险诱发因素的客观性决定了风险的客观性。不管人们能否意识得到，风险都会出现，它不以人的主观意志为转移。

二、财务风险的内涵

财务风险是企业在管理过程中必须面对的一个现实问题，财务风险是客观存在的。综合现有财务风险的相关研究文献，主要有以下几个代表性观点。

财务风险是由于企业不能偿还到期的债务而面临的风险。在企业的经营中，企业的资金主要有两个来源：权益资金和负债资金。如果企业的经营由于经营绩效或者其他的原因而不能偿还到期的债务就会增加企业经营的压力，使得企业在经营中面临不确定性的风险。

财务风险是由于在企业经营中通过企业发展并获得其财务成果的一种不确定性。企业经营过程中主要涉及盈利、运营、企业发展和偿债几个方面，财务风险也相应地分为盈利风险、运营风险、发展风险和偿债风险。盈利风险是企业实际盈利的财务结果与预期财务结果的差距，运营风险是企业预期所要达到的绩效与其实际绩效之间的偏差，发展风险是企业所要取得的预期发展效果与其实际达到的发展效果之间的差异，偿债风险是因不能偿还到期的债务使企业面临不确定性的风险。由此可见，企业的财务风险与经营风险是相互影响的。

财务风险是由资本结构失衡引起的。资本结构是指企业各种资本的价值构成及其比例。财务风险实际上是指权益资金和负债资金之间的比例不相适应，现金流入和流出的数量不匹配以及企业的长期负债和短期负债结构比例不协调，削弱了企业的支付能力，从而为企业的发展带来了不确定因素而导致的财务风险。

三、高质量发展下制造业企业的财务风险

本书将高质量发展下制造业企业的财务风险定义为：制造业企业在高质量发展过程中，受到经济环境、政策环境和公司经营能力等各种不确定性因素的影响，企业经营的实际财务结果偏离预期财务结果，造成其净损失的可能性。换句话，制造业企业的财务风险意味着不确定性因素影响制造业企业利益的概率。制造业企业的高质量发展不仅有自身进行产业转型升级的压力，还受到政府等相关方面的关注。制造业企业财务风险不仅包括盈利风险、偿债风险、经营风险和发展风险，还有转型风险。其中，盈利风险是到

期盈利没有达到预期利润的可能性，偿债风险是到期无法偿还本金和偿付资本成本的可能性；经营风险是指由于企业的产品产量与市场需求不相适应，从而导致其产品销售资金不能及时回笼的可能性；发展风险是指到期无法取得期望投资报酬的可能性；转型风险是由于高质量发展要求的转型投入而没有达到预期目标的可能性，或者是说由于加大了绿色转型的资金投入而给自身带来损失的可能性。

第三节　高质量发展与制造业财务风险的关联分析

一、制造业企业高质量发展资金流的构建

（一）制造业企业高质量发展资金流的编制原理

首先，高质量发展资金流能从整体上揭示制造业企业资金的循环运行状况，进而从制造业企业的日常运行活动、研发活动、筹资活动和运营活动中分别查找导致总体风险产生的利润下降或者是亏损产生的原因。进一步来说，可以反映出在高质量发展的活动中，因投入风险或因筹资风险而列出资金活动的具体信息。其次，制造业企业进行高质量发展需要进行长期的规划和研发投入，这些最终要通过制造业企业的日常运行活动进行体现。因此，制造业企业需要从自身的角度着重关注企业运行活动中的利润状况。基于此，制造业高质量发展资金流一方面要体现制造业企业高质量发展资金流状况及其日常运营、研发、筹资等状况的资金状况；另一方面，也要对制造业企业日常运营中的基础运营状况资金流进行有效的区别。

（二）制造业企业高质量发展资金流的架构图

目前我国制造业企业所涉及的高质量发展资金流主要由企业日常的运营资金、研发资金、投资资金等构成，用于反映企业的基本运营状况和结余状况。

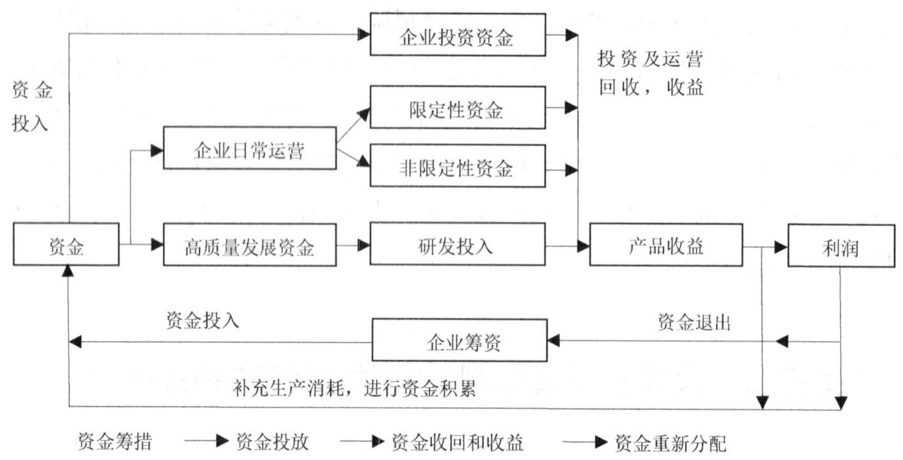

图 2-2 制造业企业高质量发展资金流循环示意图

图 2-2 说明了制造业企业高质量发展资金流的构成及影响因素，示意图中的利润值为正，说明企业在本年度运营中所取得的收益大于投入成本，企业资产将有所增加；反之，则说明制造业企业在运营中所取得收益效益小于投入成本，企业总资产规模缩小，将面临一定的经营风险。企业投资、企业日常运营、企业高质量发展研发以及企业筹资等活动是制造业企业资金活动的影响因素。具体来说，企业日常运营资金可以从限定性资金和非限定性资金来分析，高质量发展资金可从研发投入进行分析；企业筹资情况分别可以从投资额和筹资额进行分析。

二、高质量发展过程中制造业企业绩效与财务风险

结合对“绩效”概念的研究及制造业的实际发展，本书将经营绩效界定为在高质量发展下制造业企业经营者在一定经营期间的企业经营效益和经营者业绩，通常表现为企业的盈利能力、运营能力、偿债能力和发展能力等方面的综合效应。而制造业企业的财务风险则表现为企业财务状况的恶化或者说是实际的财务结果小于预期的财务结果，表现为企业经营绩效水平的下降。我们可以从制造业企业实际经营绩效出发，逆向分析企业经营活动中存在的问题，在对企业实际经营绩效总体评估结果的基础上，分析企业经营绩效变差的原因。这种逆向的分析过程实质上就是对企业财务活动进行分析和评估的过程。由此可知，对企业财务风险的识别和评估等价于对其经营绩效

的逆向分析。企业经营绩效与财务风险关系如图 2–3 所示。

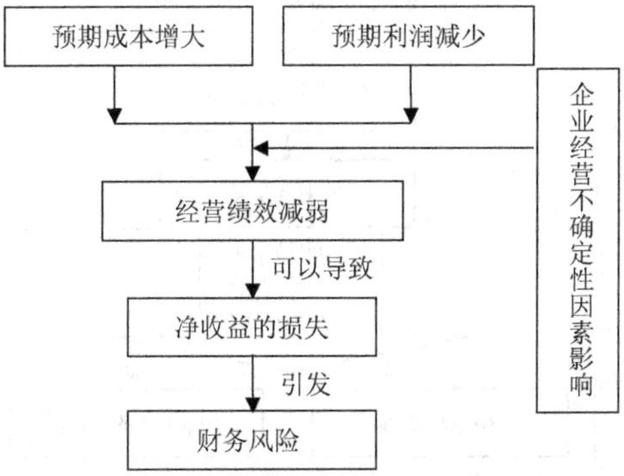

预期成本增大　预期利润减少

企业经营不确定性因素影响

经营绩效减弱

可以导致

净收益的损失

引发

财务风险

图 2–3　企业经营绩效与财务风险关系图

而在现有的研究文献中，针对企业经营绩效与财务风险的研究也比较多，如秀辉、权飞（2022）等认为风险承担与企业绩效显著负相关；赵黎（2020）的观点是合理控制财务风险对企业绩效有着至关重要的作用。另外，企业财务成本的增大或减少也将影响企业的经营绩效，目前众多学者也通过研究证实了这一论点，如刘文龙、惠士友（2014）等认为企业财务成本与其绩效呈 U 形关系。为此，本书认为存在制造业企业进行高质量发展过程中的预期成本增大或者是预期利润减少将影响其经营绩效，从而引发制造业企业财务风险的可能性。

三、高质量发展过程中制造业企业财务成本与风险管控

根据上述关系的变动研究，本书认为制造业企业高质量发展过程中的财务风险可以体现为实际财务成本与预期财务成本之间的负偏差，我们通过对这种负偏差及其偏差程度、企业实际经营绩效进行分析，来综合判断其财务风险的大小及程度并为其构建风险的管控体系奠定基础。它们之间的作用关系如图 2–4 所示。

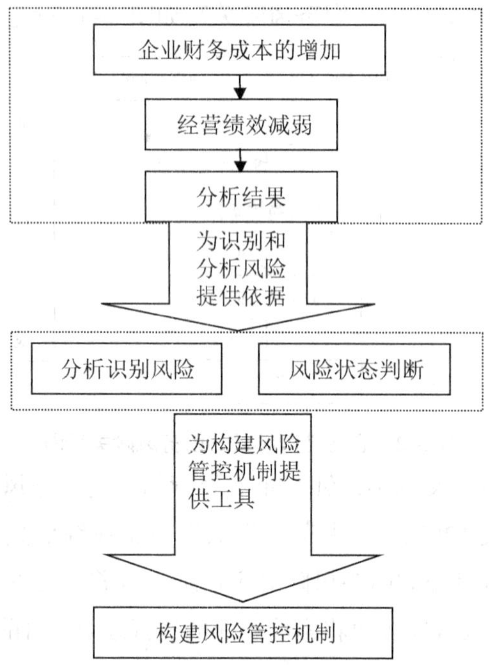

图 2-4　财务成本与风险管控的作用关系图

第三章　国内外制造业高质量发展的借鉴

第一节　发达国家制造业的高质量发展经验总结

一、美国制造业高质量发展的做法

美国环境保护工作起步比较早，不过走的是一条先污染后治理的路子。基于经济危机时代所出现的环境问题，美国制造业率先进行了产业的高质量发展，实现了协调和发展，总结起来主要有以下两条经验。

（一）大力发展可再生能源与新能源

可再生能源与新能源的发展为美国制造业的绿色转型创造了良好的能源环境，进一步巩固了美国全球科技创新的领导地位，同时为美国的产业绿色转型提供了稳定持续的保障。因此，大力发展可再生能源，优化能源结构，是美国实现产业绿色转型的重要战略措施。具体来看，美国主要从三个方面推进可再生能源和新能源的发展。

1. 加大投资和技术创新力度

美国在新能源领域的投资与研发力度在一定程度上促进了新能源产业的发展。美国政府对于新能源的财政支出一直保持在 10 亿美元以下，但随着国家对新能源的重视，2007 年低碳经济法案的提出，直接促使美国新能源领域财政支出达到 12.08 亿元，此后一直攀升。2009 年提出的复兴与再投资法案，使得美国在新能源领域的财政支出达到峰值，此后几年美国对新能源的财政支出一直保持在 16 亿美元左右。另外，美国对新能源领域的投资主要用于清洁能源研发、能源效率技术研发、碳回收技术和新能源技术研发等，这极大地促进了美国能源产业的技术创新，掀起了新能源的革命，改善了美国的能源结构，促进了产业绿色转型的发展。

2. 制定相关的税收优惠政策

美国政府为了鼓励和支持产业的绿色转型，特别加大了对可再生能源和新能源的研发力度，提高能源利用效率和碳回收利用水平，并制定了一系列相关税收优惠政策和绿色采购法案。同时，美国为了积极促进新能源的开发和产业的绿色转型，鼓励支持政府采购。加大对新能源和清洁能源技术的研发和应用，间接推动了产业的绿色转型升级，使得美国朝着绿色低碳方向可持续发展。

3. 在基础设施中给予支持

美国为了扶持新能源产业的发展，以基础设施建设为契机，积极引入新能源企业的广泛参与，为这些企业提供稳定的利润来源，促进了战略新能源、绿色产业的发展。在交通、通信、智能电网等基础设施建设领域，新能源企业所研发的节能技术得到了广泛的应用，这间接推动了美国可再生能源和新能源产业的发展壮大。

（二）构建完善的政策保护体系，规范和引导产业绿色转型

1. 建立完善的环境税收政策

美国在促进制造业绿色转型的过程中，积极制定和采用了有效的环境税收政策。美国的环境税收政策是在20世纪80年代初引进环境领域的，它主要是依据纳税人的生产行为是否符合环保要求而开征的有关税收，并且将筹集来的税收有针对性地用于环境治理的各个领域。目前，美国的环境税收体系发展已相对完善。在环境税收政策优惠方面，美国注重对清洁能源和环境污染设备使用扶持政策，还规定对污染控制设备的购置者免除部分或全部财产税和消费税。这些都为美国制造业绿色转型提供了强有力的税收支持。

2. 有效实施排污交易制度

美国排污交易制度是目前世界上发展最完备的环境权益交易制度之一，主要包括排污量限制制度、排污许可制度、排污权分配制度、排污权交易制度、排污权监测监督制度、奖励和处罚制度等。美国通过行政手段与市场手段相结合的政策保护体系，一方面促进了具备环境技术改造能力的企业，大力降低排污水平；另一方面鼓励了富有排污指标的企业通过交易获利获得利益。同时，这也充分发挥了价格机制在环境资源市场配置中的基础性作用。

这些制度鼓励美国制造业进行技术革命，推动了产业的绿色转型升级。

3. 建立健全严格的环境执法体系

这些环境执法体系能否真正落到实处，还有赖于一个强大的处罚体系，美国建立了一套极为严厉的处罚法规，政府有关部门依照法规可剥夺不进行任何环保行动的制造业企业获得的全部经济收益。这种极限施压迫使多数企业从被动服从转为主动创新，再加上美国环保局将涉事企业的所有企业一一公开，被惩罚的对象从个别企业到整个区的制造业都会承受来自公众和市场的强大的无形压力，从而促使竞争者绕开侥幸心理，坚信自己只有通过不断创新才能获得未来行业的竞争优势，最终实现产业的绿色转型升级。

二、英国制造业高质量发展的做法

长期以来，英国一直在产业转型领域进行积极尝试和大胆实践，并在提高能源效率、优化能源结构、提高发展质量和效益方面取得了不错的成效。经过多年的实践，英国建立起了推进节能和减少温室气体排放的法律体系、财税制度和各项政策工具，在政府企业和社会组织之间形成了良好的互动，并取得了不少成功经验。

（一）以价格和税收为主要手段助推节能减碳

作为老牌的资本主义国家，英国在很早就实施了节能减碳，认为恰当的节能减碳能够提高企业的竞争力。而且，英国社会的节能减碳是出资企业、个人的意愿，并不是政府的强制行为。政府主要是以倡导节能减碳、以价格和税收为手段间接地进行宏观调控。如英国从21世纪初开征气候变化税，目的就是提高企业的能源成本并激励其开展节能减碳的活动，征收对象是使用化石能源的工业企业和相关部门，同时为在节能减碳方面表现较为突出的企业提供一定的税收减免。英国在节能减碳方面除了出台气候变化税外，还出台了温室气体排放交易制度、气候变化协议、碳减排承诺等相关的政策与措施。这些政策措施之间相互关联、相互补充，形成了覆盖所有碳排放领域和碳排放主体的网络。在这种体制下，企业既可以通过自主节能减碳减少气候变化税支出，还能占据同行业竞争对手没有的优势地位。因此，在实施过程中，大多数企业反响较好，态度也比较积极。

(二) 以第三方机构为主，推行节能减碳制度

英国除了在制度层面制定了一系列节能减碳的措施以外，在实际操作层面也建立了一套以第三方机构为依托，政府出资、企业经营的节能减碳的工作推进机制。实行的是政策决策和政策运行相分离，政府购买服务的模式，第三方机构是政策的执行者。这种模式使得政府可以专注于政策设计和对第三方机构的绩效核查工作。另外，行业协会也在英国政府和企业之间起到良好的沟通和协调作用。在英国政府和企业之间存在着一些极有影响力的行业协会，它们扮演着上传下达的角色，它们的作用就是与政府节能减碳主管部门和相关的企业进行协谈，既要完成政府制定的减碳目标，又能在政府的预算下与企业谈判，并最终将节能减碳的任务分解到每一个企业。在整个过程当中，政府无须和每个企业直接对话，而是由行业协会发挥承上启下的作用。这就使得节能减碳目标的制定和分解更为合理，也提高了政府的运行效率。

三、韩国制造业高质量发展的做法

20 世纪 80 年代，韩国提出了科技立国的发展方针，指出韩国重点要发展技术密集型企业。纵观韩国的经济发展史可知，20 世纪 70 年代以前，韩国当时实施的产业政策能够促进其经济发展。但随着韩国内外发展环境的变化，韩国产业政策的弊端也开始逐步显露出来。首先，从韩国国内来看，随着其经济规模的日益壮大，市场条件的逐步完备以及企业竞争力的逐步增强，韩国政府最好的做法就是减少对经济的干预，同时强化市场机制的作用。但此时韩国政府的做法恰恰相反，没有把握好技术创新和提升劳动率的机会，其结果就是助长了企业对政府的依赖，增加了政府的财政负担。同时，由于此时的产业政策着重于外延扩大，忽视了自身技术的研发，这就造成了韩国国内技术创新能力较弱，形成了外延式的产业结构。另外，从国际的情况来看，韩国的产品出口也遇到了三个方面的挑战：一是发达国家的贸易保护意识越来越强，使得韩国的产品出口遇到了较大的阻碍；二是新兴工业化国家和地区经济实力的崛起，使得韩国的产品出口遇到了较大的挑战；三是发展中国家的追赶，特别是劳动密集型产业的发展向韩国产品的出口发起了挑战。此时，韩国政府才清醒地意识到，只有通过技术创新或调整产业

结构，才能推动经济有效可持续发展。

有鉴于此，韩国首先对诸如钢铁、汽车、造船等重加工制造业进行了技术升级，期望提升重加工制造业产品的技术附加值，提升自身产品的竞争力。其次，将那些国外处于成长期而韩国国内处于引进、吸收阶段的产业，诸如精密仪器、电子器械和航空航天等，作为重点扶持的产业，在政策资金等方面给予大力支持。最后，将那些国外处于开发期而韩国国内处于萌芽阶段的产业，诸如信息、生物工程和新材料等，作为韩国未来发展的产业。韩国政府正是根据国内外环境的变化，适时调整并优化其国内的产业结构，有力促进了韩国经济的发展，不仅大大提升了国民的收入而且最终促使韩国经济走上了稳定高速发展的轨道，走进了发达国家的行列。

众所周知，虽然高技术产业的发展需要雄厚的资金支持，投资成本非常高，但未来发展的空间巨大，投资回报率也高。在市场经济条件下，在资源分配相对自由的前提下，经济发展资源在低收益产业中将逐步减少，快速转向高收益产业中去。若在社会总需求不变的前提下，采用新技术的产业，其劳动生产率也会大幅度提高；而仍然采用传统技术的产业会逐步缩小生产规模甚至退出生产领域，最终在国民经济中的比重越来越小。结合黄河流域中下游区域来看，其经济结构最突出的一个特点就是产业结构升级缓慢，需要进一步优化，这些都需要黄河流域中下游区域各级政府和企业去探索解决之道。而研究韩国的发展经验可知，通过发展高新技术产业和采用高新技术对传统产业进行改造可以解决黄河流域中下游区域产业结构升级慢的问题，并且还能带动传统产业结构的优化提升。高技术发展是推动经济增长的主要动力，按照一般的规律来讲，国家经济增长的主要动力是投资、消费及产品出口。但投资过多会引发经济过热，而投资紧缩又会造成设备闲置，这都对经济的稳定可持续发展非常不利。如果秉持高技术发展的思想，可以避免这样的情况出现，主要是由于高技术产业有其自身的特点，属于高风险、高投入和高知识密集度的产业。没有雄厚资金实力的企业一般不敢涉及此领域，这样也可避免浪费，有效地实现经济增长。另外，高技术产业产品的出口可以推动产品出口结构的优化和升级，培育新的出口增长点，增强抵御国际经济波动的能力。同时，还可以减少黄河流域中下游区域经济发展对资源的消耗，实现高质量发展。

四、日本制造业高质量发展的做法

日本很早就重视对制造业产业政策的制定，并取得了明显成效。日本制造业高质量发展大多是依靠政府产业政策引导来实现的。与其他国家制造业的发展相比，日本对制造业高质量发展的做法有着自身的特点——干预制造业的程度比其他国家强很多，而干预的手段就是制定相对明确的产业政策。日本政府实行相关产业政策的目的是促进其制造业的高质量发展，以产业和企业为对象，具体包括以下两点目标：一是以优化制造业产业结构为目标，二是以重点制造业为发展目标。

对于日本的制造业高质量发展来说，制造业相关的政策是促进制造业高质量发展的核心，它以制造业各个企业间的资源分配为对象，主要功能在于调整比例，优化制造业的产业结构。日本制造业高质量发展的相关政策是其发展的重要保障，这种政策的实施使其成为日本政府干预市场的重要手段，形成了一定的制造业组织形式和重要的制度保障，从而实现了日本政府对制造业企业的有效调整。日本具有代表性的制造业发展的理论主要有筱原三代平的“动态比较费用论”和赤松要的“雁行形态说”等。这些学者是日本经济学家的代表，并在吸收和批判西方产业理论的基础上，提出了符合日本国情的制造业高质量发展理论。这些理论的共同特点是紧紧围绕赶超欧盟和美国为战略目标，积极论证日本制造业的发展，提出了制造业高质量发展的途径和方法。

筱原三代平的“动态比较费用论”的观点是从国际分工的视角，依据日本本国的国情，认为制造业产品和成本可以相互转换，要用发展的眼光支持对那些国民经济发展具有非常重要意义但在国际分工中暂时处于劣势的制造业，保持这些制造业快速良性发展。该理论具体体现在日本的汽车制造业，也是扶持劣势制造业企业在国际竞争中获得高质量发展的案例。另外，筱原三代平的“重化工业化论”也从理论上论证了重工业化的产业结构符合经济发展的一般趋势，即经济发展是所有产业平衡的结果，由此也会在资本、技术和市场等方面发生冲突。因此，优先支持重点产业的发展将会对其他产业产生较好的关联效果，发挥产业间这种因果的诱发机制，可以促进经济的快速发展。筱原三代平的“重化工业化论”对日本制造业高质量发展及其产业结构的调整起到了较好的指导作用。

而赤松要的“雁行形态说”观点是相对产业落后的国家要想赶超产业先进的国家，其形态是以“雁行形态”发展的，即进口（第一只雁）到国内生产（第二只雁）再到出口（第三只雁）的基本模式相继更替发展。这一理论揭示了落后产业国家工业化的进程，为日本制造业产业结构调整提供了重要的理论依据。与此同时，佐贯利雄的“战略产业领先增长论”观点是日本要使用火力发电。同时，以石油、石化、汽车和家电等为主导的制造业在生产和销售等与其他产业的关联效果较好。这一观点的实质就是先实现重化工业化，再走知识密集化道路。

综上所述，日本制造业高质量发展的相关政策具有较好的系统性和实用性，主要特征是以政策手段为引导，让制造业走上产业结构合理化和知识密集化的道路，并能够使企业在市场机制的作用下，最大限度地发挥企业的活力。这为我国制造业产业结构的调整提供了很好的范例，值得我国企业仔细深入地研究并加以利用。

第二节　国内相关地市制造业高质量发展经验总结

一、湖北省黄石市制造业高质量发展经验

湖北省黄石市属于严重的资源枯竭型城市，业已形成了黑色金属、有色金属、能源、装备制造、化工等八个主导产业集群，其中有色金属、黑色金属、建材、能源四大行业的总产值占全市规模以上工业总产值的70%左右，重工业化特征非常明显。近几年来，随着大规模的长期开采，黄石市主要的传统产业进入开采晚期，面临后继乏力、后续产业发展严重不足等一系列问题，急需绿色转型。黄石市产业绿色转型主要是围绕提升传统产业和加快培育新兴产业两个抓手进行，分为实施改造提升传统产业、大力发展绿色低碳产业、构建循环型工业体系、加快淘汰落后产能、控制能源消费总量、开展清洁生产专项行动、优化工业用能结构、提高工业用水效率、推动科技创新九项任务。在产业转型上突出三大方向，以特种钢和高端钢材为突破口，实现传统产业向新材料产业转变；以水泥为突破口，实现传统产业向新

兴环保产业的转变，依托电子信息、装备制造、生物医药等现有产业，重点培育一批资源消耗少、成长潜力大、综合效益好的后续产业，实现产业的绿色转型。其转型的主要模式有以下几种。

(一) 钢铁企业的实时生产模式

钢铁企业利用自身的特性和信息技术相结合，对生产过程实施全程监控模式，其目的在于控制成本和风险。在钢铁企业生产的过程当中，对其能源资源的消耗、产品成本库存等情况，利用信息技术进行实时调整，在创造客户价值的同时实现自身的盈利。

(二) 水泥企业的零排放模式

其中具有代表性的是华新水泥股份有限公司，该企业具有国际领先的污泥变水泥的技术，特别是在生活垃圾工业固废等领域，处于全国领先水平，其技术已经使得该企业成为一个综合性的新型环保企业。

(三) 有色金属企业的循环利用模式

在黄石市有色金属企业当中具有代表性的是大冶有色金属集团，该企业从选矿到冶炼的每一个环节都做到资源的充分利用，尤其是在回收二氧化硫、工业硫酸的变废为宝的环节中实现技术领先，并且通过各资源的循环利用使得资产增值。

(四) 绿色全产业链模式

绿色全产业链模式要求把绿色低碳循环贯穿到整个产业链的过程当中。黄石市在经营保健品、保健酒等产业的基础上，推行农业产业化经营模式，大力发展以酒文化和养生保健为主题的旅游产业，形成了种植、加工、养生、旅游一体化发展。

二、安徽省铜陵市制造业的高质量发展经验

安徽省铜陵市是一个依靠铜硫铁矿产资源为主的资源型工业城市。为立足长远发展，铜陵市紧抓铜产业这一主导产业，立足存量升级和增量转型

两个方面，坚持循环、转型、绿色三大方向，追寻资源产业循环化的重汽、重型工业趋轻发展，“两高”企业绿色发展三条线路。通过产业低碳化循环经济示范园区，能量梯级利用、能效提升、用能结构优化，工业污染物减排和用水效率提升，六大行动推动低碳发展。铜陵市制造业转型的模式主要有以下几种。

(一) 以铜为基础，拓展其产业加工链

铜陵市以铜产业带动产业结构优化升级和绿色转型方向的基础性产业面向铜产业的上游和下游产业链进行延伸，如航空、航天、交通、建筑、汽车船舶重点支持以铜为基础的新材料产业的延伸。同时，以提高铜资源综合利用水平和效益为核心，构建铜产业链的闭合循环，提高铜在生产中的价值。

(二) 以绿色评价指标为工业转型的标准

铜陵市从产业结构优化、产业集中度、能源利用、污染控制、机制创新等方面制定了具体的绿色转型指标，用来系统评估产业绿色转型的工作效果，以工作的实际情况对评估指标进行实时调整，以更好地引导和准确地把握产业绿色转型。

(三) 采用双向措施推进节能降耗，提高能源利用效率

铜陵市一方面全面提升管理水平，加强对节能指标的标准化工作，建立节能量交易机制，推进企业能源管理体系建设。另一方面，推进热能梯级利用，以能源梯级高效利用为抓手，带动焦炉煤气产业蒸汽等循环能源的梯级利用。

(四) 严格评审，严把新项目准入关

铜陵市不再建设高能耗的项目，有色冶炼基础化工等高能耗相关项目实行等量减量置换。

(五) 推动能源的有效管理

铜陵市为有效解决企业节能改造升级中存在的资金技术等难题，实行合同能源管理。实践证明，这种管理模式可以有效地解决此类问题。

三、甘肃省兰州市制造业的高质量发展经验

甘肃省兰州市业已形成以石油化工、有色冶金、能源电力等为主体的工业体系，是国家重要的工业基地。但近年来随着产业结构偏重，能源结构不合理、产业空间布局不均衡等问题非常突出。兰州市积极推进产业结构绿色转型和城市产业空间优化，重点实施重塑产业空间优化新格局，推动产业结构转型升级，全面提升工业企业用能效率；提出提高资源综合循环利用效率的七大任务，加快老城区工业企业搬入新园区的进程；对老城区的产业进行改造升级，腾出城市空间容量，全面推动兰州产业绿色转型。兰州市制造业转型的模式主要有以下几种。

(一) 推进企业搬出老城区

兰州为解决主城区大气污染、城市空间不足等问题，提出了将工业企业搬出兰州老城区的发展战略，出台了一系列实施改造方案，腾出中心城区的环境容量空间，用以布局现代服务业和高新技术产业，提升老城区的环境和居住质量。

(二) 立足传统产业优势，构建循环经济产业体系

兰州市以打造循环产业链为突破口，对石油化工、有色冶金、建材三大传统产业进行循环化改造，建设煤电化工、有色金属筛选再加工等循环经济产业链，围绕产业绿色转型推进有色金属产业拓展、产品的改造升级，强化产业空间融合，实现生态连接、原料互供、资源共享。

(三) 打造产业示范循环基地

依托兰州经济技术开发区打造国家级的城市矿产示范基地，建立较为完善的再生资源回收网络体系和较为完善的科技支撑体系。重点发展废钢

铁、废有色金属等产品的回收加工和利用，打造废钢铁回收利用产业链、再生有色金属产业链、再生塑料产业链，形成了废气回收再加工循环模式的产业链，为促进产业的绿色转型打下了良好的基础。

四、江苏省镇江市制造业的高质量发展经验

江苏省镇江市是一座新兴的工业城市，也是典型的非资源型城市。产业门类较为丰富，业已形成装备制造、绿色化工、特种金属三大主导产业。但随着工业化的发展，镇江市的工业面临着空间布局不合理、工业结构偏重、能源资源消耗强度大、节能减排空间等一些突出问题。镇江市的产业绿色转型主要围绕构建科技含量高、资源消耗低、环境污染少的产业结构和生产方式，转型的方向体现了高质量绿色发展的主题特色。镇江市面向立足传统产业提升改造，战略性新兴产业发展和循环经济产业链培育三条主线，不断优化产业空间布局，推进新兴产业发展，推动传统产业改造升级，改善能源消费结构，提升中小企业节能能力，业已成为全国产业绿色转型的示范城市。转型的模式主要有以下几种。

(一) 以科学技术为支撑，借“互联网 +”推进产业绿色转型

镇江市在产业绿色转型过程当中，积极引入“互联网 +”的思维，推动互联网与绿色转型的融合发展，利用信息化技术来改造和提升传统产业的转型升级，初步构建了绿色发展云平台和电能服务云平台，通过“互联网 +”等信息化手段推进产业的绿色转型。

(二) 分级培育绿色工厂，积极构建绿色产业体系

镇江市在构建绿色产业体系的过程中，主要从事以下几方面工作：一是制定评价标准，结合发展实际制定了绿色转型的评价指标体系；二是高起点推进，以国家级绿色工厂为标杆，全面推进绿色产业转型发展；三是分级培育，在市级绿色产业培育过程中设置了不同的档次并实施动态化管理，使产业在绿色转型过程中能够做到行业有标杆、赶超有目标，并积极推进绿色产品、绿色供应链和绿色园区的建设。

（三）借助国际视野，提升绿色转型高度

镇江市积极引进发达国家绿色发展的先进理念和管理的经验，加强开展广泛的国际合作交流。先后在电机提升化工园区、绿色转型、节能服务产业培育、绿色发展、专业人员培训等方面展开合作创建试点，制定评价方法，从城市层面探索产业创业模式。此外，镇江市还积极进入相关舞台，传播镇江市生态领先产业绿色发展的声音，为助推产业绿色转型提供良好的基础。

第三节　国内外制造业高质量发展经验的借鉴

一、重视技术创新，建立创新体系

自主创新能力是国内外制造业高质量发展的一个重要原因，如韩国非常注重对技术研发的投入，尤其是在20世纪90年代末金融危机以后，韩国政府尤其注重对技术设施等领域的投入，诸如互联网、数字广播、无线通信和计算机等重点领域，同时积极创办新企业，创造新的就业机会，从而使韩国经济得到了迅速的恢复和发展，这对黄河流域中下游区域制造业高质量发展不无启迪。

因此，黄河流域中下游区域制造业高质量发展过程中必须突出基础研究和技术创新。具体可从以下两个方面进行。一方面，进行产学研体制机制改革，努力提升技术人才的培养质量。另一方面，要加强智能装备制造业发展关联度的研究，重点支持建设一批高水平具有国际视野的知识创新基地。要尽快形成技术创新的体制机制以及完善相关环境，如建立健全高新技术的风险投资体制，形成多元化的投融资体系，构建以企业为中心的技术创新体系，达到全面提升企业技术创新能力的目的，通过创新促进黄河流域中下游区域制造业高质量发展。

二、大力发展以信息产业为核心的高新技术产业群

通过分析国内外产业转型的经验可知，制造业高质量发展的重要途径

之一就是注重产业的升级和转移。如20世纪80年代，美国就开始将劳动密集型产业转移到发展中国家，在本国集中力量进行高技术开发，大力投资高新技术产业；又如我国的黄石市、兰州市、铜陵市和镇江市四地皆将发展以信息产业为核心的高技术产业集群作为产业绿色转型重要方向。对于黄河流域中下游区域的各省市来说，发展以高新技术为核心的技术产业已成为推动其制造业高质量发展的战略制高点。当前以及相当长一段时间内，最紧迫的任务是集中财力、人力和物力，着重针对电子信息、生物技术、新材料和云技术等重点智能制造业领域，依照韩国的经验，选择一批产业关联度大的重点企业和项目予以重点扶持，尽快形成产业规模，带动其他相关产业的发展，最终达到促进黄河流域中下游区域制造高质量发展的目的。

三、加大科技创新投入，并促使制造业高质量发展

创新是人类进步的阶梯，这一点在国外制造业转型升级和高质量发展中体现得尤为明显。而国内制造业转型较好的城市，其发展优势也来源于对本地区技术创新的大力支持，通过支持本地区相关企业的技术创新，以技术优势达到制造业自身的竞争优势。另外，制造业产业结构升级也需要科技创新来驱动，通过相关的科技创新，可以有效增强制造业产品竞争力，达到改造传统制造业的目的。同时，推进传统制造业的技术创新或产品更新，或是直接发展与其相关的高技术产业，达到产学研一体化发展，可以缩短科技创新成果的转化周期。

综上所述，依据国内外制造业发展的成功经验，整体上来看，黄河流域中下游区域制造业的技术创新能力较低，包括产品技术含量及服务质量较低，这样的结果也造成其制造业在国内外市场上的竞争力非常低。因此，黄河流域中下游区域制造业要想实现高质量发展就必须加大科研投入，推动科技创新，加快发展与其相关的高技术产业，推动和培养新的经济增长点。政府要在高度重视科技创新的同时，营造良好的科技创新环境，进而促进制造业的结构优化升级，提升企业的竞争力。再者，高新技术具有很强的扩散渗透能力和带动作用，黄河流域中下游区域制造业要积极用高新技术对自身进行改造，特别是针对一些传统制造业的技术升级，如石化、汽车和钢铁等传统制造业，要加快技术的更新换代，以全面应对市场的竞争行为，突出自身

的竞争优势。同时，根据发达国家的相关经验，黄河流域中下游区域针对其劳动密集型产业要有战略性思考，要在传统劳动密集型产业的基础上提升其技术成分，增强其在国内外市场上产品的竞争力。只有传统的劳动密集型产业与相关技术相结合，提升产品的附加值，才能保持其长久的优势，促进产业结构的升级改造，提升产品的市场竞争力。

四、重视人才在制造业发展过程中的作用，并促进能源结构优化

进入21世纪，经济全球化加剧，世界贸易越来越频繁，科技革命迅猛发展，产业结构调整步伐日益加快。科技创新和综合国家实力的竞争也越来越激烈。为此，各个发达国家都在为争夺人才完善环境和创造条件，人才智库已经成为一个国家创新的关键力量，在经济社会发展中的作用越来越大，并且人才在各产业中的分布决定着制造业产业结构调整的速度。目前，黄河流域中下游区域制造业的人才分布，不论是数量上还是质量上与发达国家和相关发达地区相比都存在着很大的距离。另外，黄河流域中下游区域制造业人才分布不均衡，高层次的技术人才、管理人才和相关复合型人才都非常缺乏，需要相关部门出台政策大力引进。否则，将影响黄河流域中下游区域制造业高质量发展的速度。在制造业分类中，尤其是高新技术产业的发展更离不开高端人才的支持，如物流产业的发展。绿色物流和电子商务是现代物流发展的趋势，但开展绿色物流的企业，对从业人员的技术水平要求较高，需要绿色物流、互联网、绿色金融等方面的高技术人才。为此，提升高技术人才比例，加快制造业的技术提升水平，促进其产业结构更加合理化是黄河流域中下游区域需要长期坚持的政策，有利于绿色转型驱动高质量发展目标的实现。

另外，随着黄河流域中下游区域制造业工业化水平日益提高，能源资源的大幅度增加，资源消耗需求势必增加，这也为生态环境带来了很大的压力。为此，黄河流域中下游区域应合理规划并发展新能源产业，建立有效的投融资机制，并加强相关法律法规的保障，改进能源资源的消耗技术，积极开展对外合作，进一步优化能源结构，减少高消耗、高污染的消费，促进黄河流域中下游区域制造业朝着低碳化、绿色化方向发展，减少经济发展中的碳排放，达到高质量发展的目的。

五、制定科学合理的政策促进制造业可持续发展

发达国家制造业的经验启示：应根据实地的发展现状制定科学的制造业相关政策，促进制造业的可持续发展。黄河流域中下游区域各级政府应通过相关产业政策积极规划并引导制造业的高质量发展，这就需要针对各地区的实际情况，有针对性地制定科学的制造业发展政策。具体可以从以下几个方面实施。一是根据“战略产业领先增长论”的观点，黄河流域中下游各个区域可以科学选取收入弹性高、产业关联效果好和比较优势明显的制造业作为主导产业，重点予以财政支持，保证该产业优先发展，达到带动其他产业共同发展的目的。二是针对黄河流域中下游各个区域的“夕阳”产业，应考虑制定相关的限制和退出机制，限制这些企业再度进入市场，达到控制该类型企业市场规模的目的。同时，建立相应的退出机制，鼓励和支持这类企业的及时退出，完善企业发展的政策机制。三是对介于“主导”产业和“夕阳”产业之间的一般性产业，黄河流域中下游各个区域可以不予支持，而是通过完善相关的法律法规和创造良好的市场竞争环境，引导这一类型的企业在市场中良性发展。四是要对制造业的发展规划进行合理布局，避免同类型的企业和生产能力严重过剩，这些都要在制造业发展规划中予以说明。只有这样，才能有效促进黄河流域中下游区域制造业的可持续发展。

(一) 积极发展扶持有潜力的企业

黄河流域中下游各个区域必须用发展的眼光看待制造业的发展，对发展有潜力、对国民经济发展有重要影响的企业要予以积极支持。借鉴韩国的发展经验，重视在市场上暂时没有竞争优势的产业，如高技术制造业，虽然这类企业同市场上其他企业相比，起步较晚，生产水平较低，而且生产成本高，在市场上竞争优势不明显，但其对黄河流域中下游区域的经济发展有着非常重要的现实意义和战略意义。为此，必须从未来的发展着手，通过黄河流域中下游区域相关政府部门的支持，实行两个方向走路。一条是加强对科技创新的投入，大力支持企业进行科技创新，并完善相关的政策环境，竭力打造产学研一体化发展模式。另一条是积极引进和吸收国外相关的技术，充分发挥“后发优势”，促进相关企业尽快发展壮大。只有这样，才能建立起

这些制造业的相对比较优势，从而保证国民经济的稳定、健康、持续、快速发展。

（二）推进新型工业化和高加工度化

要以推进新型工业化和高加工度化作为制造业结构优化的重点目标。黄河流域中下游区域要根据相关区域的实际情况，优先重点发展与其他产业关联显著、生产率较高的制造业，达到带动整个区域经济发展的目的，进而实现黄河中下游流域制造业的知识密集化。黄河中下游区域有比较丰富的矿产资源，生产基础较好，有着其他生产企业所不具备的优势。为此，这类企业完全能够以此成为优先发展的重点扶持对象，使黄河中下游流域组成更加合理、生产水平更高、环境污染更低。

（三）制定科学合理的产业政策

要制定科学、合理、有效的制造业相关的政策，形成一定的组织形式或规范。另外，在完善制造业相关政策时，要以“防止过度竞争”和“政府越位”为指导思想，一方面，要在充分发挥和运用市场机制的前提下，运用相关的产业政策，引导本区域制造业企业有序竞争；另一方面，相关政府部门要在充分发挥引导、扶持和调控作用的前提下，保证制造业企业作为市场竞争的主体，并发挥其积极性和主动性。可见，科学地制定相关产业政策是黄河中下游区域制造业可持续发展的重要保证，也是其高质量发展的指导思想。

第四章　黄河流域中下游区域制造业高质量发展的现状与瓶颈障碍

第一节　黄河流域中下游区域制造业高质量发展

本书以黄河流域生态保护和高质量发展官方网站划定的黄河流域中下游区域范围为界，中下游所覆盖的24个地市（其中山西省4个地市、陕西省3个地市、河南省8个地市、山东省9个地市）为考察对象（见图4-1）。黄河流域中下游地市农业和工业较为繁荣，人口众多。2020年，黄河流域中下游区域覆盖的24个地市的制造业产值3.29万亿元。但各地市发展并不均衡，经济强市过度依赖矿产资源和传统工业。在黄河流域高质量发展战略背景下，高质量发展成为制造业未来发展的主要方向。

资料来源：黄河流域生态保护和高质量发展官方网站。

图4–1　黄河流域上中下游区域研究范围

一、黄河流域中下游区域制造业发展现状

根据《黄河流域工业高质量发展白皮书（2021）》，“十三五”期间，黄河中下游流域工业化水平整体处于工业化后期前半段，而且发展水平不够均衡。其中，山东省、山西省保持在工业化后期后半段，工业化进程稳步提升；河南省由工业化后期前半段加快迈入后半段，陕西省由工业化中期迈向工业化后期。黄河流域省份工业总量明显不及长江流域，但工业占比高于长江流域。根据资料显示，“十三五”期间，黄河流域工业高质量发展总指数均值为31.8，低于长江流域9.7个点。其中，技术创新指数与长江流域差距最明显，低于长江流域20个点。具体可以从以下几个方面进行分析。

（一）黄河流域中下游区域各个地市制造业初具规模

近年来，山东省、河南省、陕西省作为黄河流域中下游区域人口核心聚集区，以济南市、郑州市、西安市为核心，依托城市区位优势、工业基础和人才优势，聚焦黄河流域中下游中心城市建设，积极发展先进制造业，并取得较好成绩。其中，山东省在持续做大规模效益、不断加快动能转换、全面实现数字赋能、逐步增强创新创业活力四个方面取得了显著成绩，工业经济规模居全国第三位，软件产业跻身国内第一梯队，山东半岛工业互联网示范区成为全国三大工业互联网示范区之一，济南市、青岛市先后被命名为“中国软件名城”。河南省全面实施制造业“三大改造”战略，装备制造、食品制造产业加快跃向万亿级，并且随着国家生物育种产业创新中心、国家农机装备创新中心等重大平台获批建设，河南省的战略性新兴产业和数字经济加速发展。2021年，河南省战略性新兴产业增长14.2%，占规模以上工业24.0%；高技术制造业增长20.0%，占规模以上工业的12.0%，增长较为迅速。相比之下，陕西省在能源、化工、电子信息、航空航天和装备制造等产业集群方面不断壮大，并且在国家新一代人工智能创新发展试验区的建设方面得到不断的稳步推进，其高技术产业、战略性新兴产业在“十三五”期间年均增长16.4%和10.2%，全员劳动生产率增长44.8%，研发经费投入强度位列全国第七位，这些制造业的发展都已初具规模，为陕西省的经济发展提供了良好的支持。

(二) 黄河流域中下游区域各个地市制造业发展不均衡，呈现下强中弱的局面

首先，从工业产值来看，在黄河流域中下游区域24个地市中，济源市工业产值最低，仅为422.15亿元，占排名首位郑州市的8.87%。其次，从地域来看，排名前10位的城市中，山东省地市数量占比最大，达到6个地市，分别为济南市、淄博市、东营市、德州市、泰安市和滨州市。河南省地市数量次之，为3个，分别是郑州市、洛阳市和新乡市。而陕西省3个地市中，排名前几位的仅有榆林市（见图4-2）。

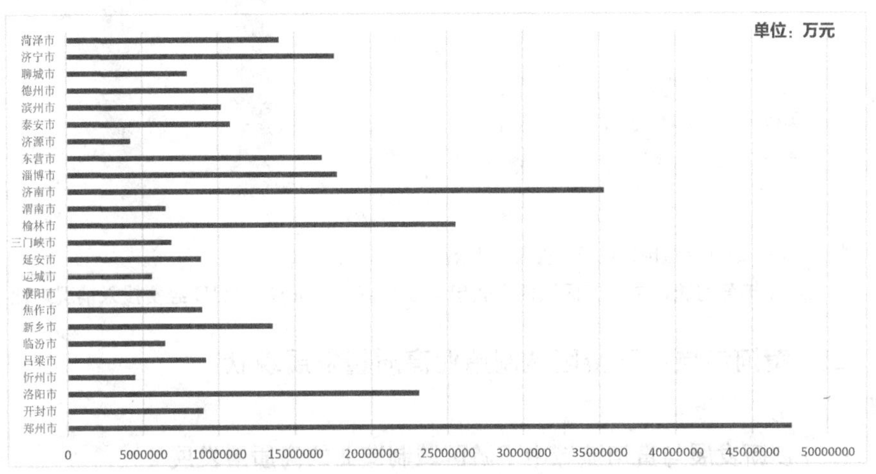

数据来源：根据各个地市统计局的数据作者自行整理。

图4-2　黄河流域中下游区域24个地市工业产值

(三) 黄河流域中下游区域各个地市制造业发展能源仍以化石能源为主

受到发展基础、地理区位、资源条件等因素的影响，黄河流域中下游区域特别是部分地市倚重倚能、资源依赖的格局尚未彻底改变，煤炭、化工、冶炼等传统企业存量大，产业结构整体偏重，资源利用效率不高，环境承载能力有限。在新动能培育方面，黄河流域中下游区域各个地市的科技创新力度与东部发达省份各个地市的创新力度的差距仍然较大，如2021年山西、陕西、河南和山东四个省份的研究与试验发展（R&D）经费投入总和为3916亿元（见图4-3），仅高于江苏省0.14倍，少于广东省86.2亿元。而从

四个省份来看，山东省的R&D经费投入最多为1944.7亿元；其次为河南省，为1018.8亿元；陕西省以700.6亿元排名第三位；山西省最少，仅为251.9亿元，占山东省的12.95%。另外，黄河流域中下游区域内领航企业少、新型研发机构研究推进力度有待加大，企业创新活力不足的问题明显。

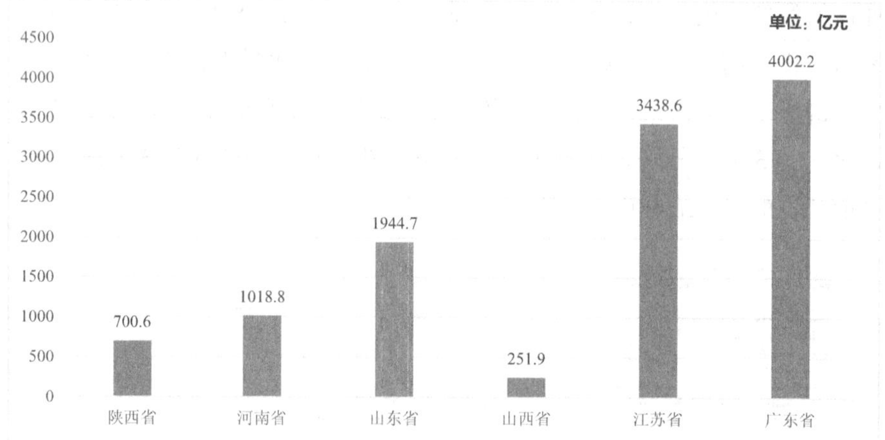

数据来源：2021年全国科技经费投入统计公报。

图4-3 2021年黄河流域中下游区域四个省份与江苏省、广东省的R&D经费投入情况对比

二、黄河流域中下游区域制造业高质量发展现状

(一) 创新发展与黄河流域中下游区域制造业的高质量发展

创新研发能力是衡量一个行业发展后劲的重要维度。持续不断的新产品研发与专利申请不仅是实现企业品牌竞争力的关键，也是实现产业持续健康发展的关键。本书截取了2020年黄河流域中下游区域四个省份的产业创新与研发维度的相关指标（见图4-4）。从研发专利维度来看，申请专利数最多的是山东省，为78928件；河南省、陕西省略次之，分别为38206件和15187件；山西省专利申请数最少，为8444件。从产品开发维度来看，2020年黄河流域中下游区域四个省份中，实现创新的企业数最多的是山东省，为59946项，河南省、陕西省次之，山西省的数量最少仅为山东省的10.91%。进一步分析流域内各省区先进制造业新产品开发回报率，山西省在新产品开发过程中的经费使用回报率最高，新产品销售收入超出新产品开发经费支出

的 14.61 倍；河南省次之；山东省尽管新产品开发项目最多、经费使用最多，但创新成果的变现能力相对较弱。总体来看，黄河流域中下游区域四个省份在制造业相关创新研发能力方面的表现较弱，存在对技术引进与改造方面重视不足的问题，而缺乏自主创新能力、创新投入不足、创新竞争压力巨大是当前制约黄河流域中下游区域四个省份制造业高质量发展的突出问题。

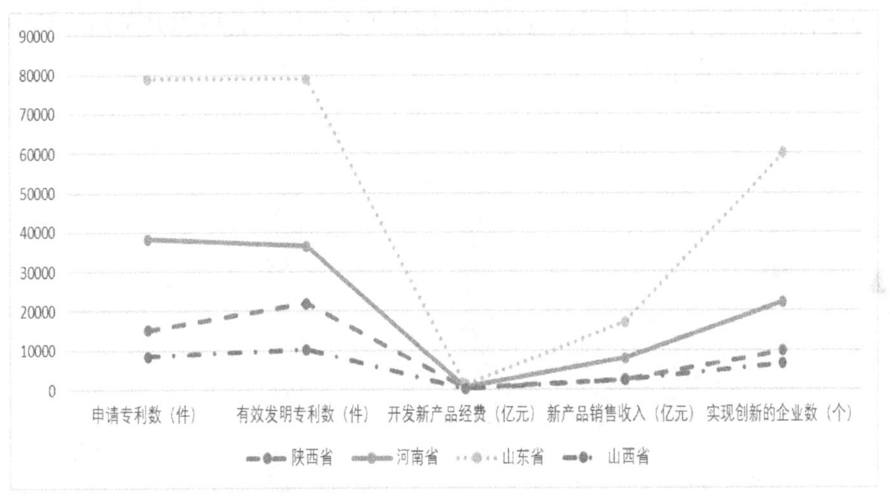

数据来源：根据国家统计局网站整理。

图 4–4　2020 年黄河流域中下游区域四个省份的产业创新与研发维度相关指标

（二）高技术产业与黄河流域中下游区域制造业的高质量发展

生产与经营是一个行业发展水平最直观的体现。图 4–5 展示了 2020 年黄河流域中下游区域的高技术产业生产经营的相关指标。从营业收入和利润总额来看，黄河流域中下游区域四个省份高技术产业表现较好的行业是电子及通信设备制造业。电子及通信设备制造业是数字经济发展的基础支撑。近年来，数字经济在生产、生活等各个领域快速渗透，形成了庞大的市场需求，为电子及通信设备制造业发展奠定了坚实的市场基础。其次表现较好的行业是医药制造业。随着人民生活水平及健康意识的提升，医药制造业发展迅速，但目前总体水平仍然较低。另外，从黄河流域中下游区域四个省份横向对比来看，电子及通信设备制造业利润总额最高的省份是陕西省，营业收入最高的是河南省，山西省无论是在利润总额还是在营业收入方面都处于四个省份的末位，而且差距较大，如山西省电子及通信设备制造业利润总额仅为陕西省的20.11%。可见，黄河流域中下游区域四个省份高技术产业发展差距较大，呈现“下强中弱”的空间分布格局，黄河流域中下游区域四个省份发展不平衡、不充分的问题突出。中游地区分布有多个老工业基地，保持了较大比重的能源资源依赖型产业，迫切需要刺激制造业转型升级；下游地区先进制造业发展态势良好，应充分发挥骨干支撑作用，以提升黄河流域中下游区域的核心竞争力。

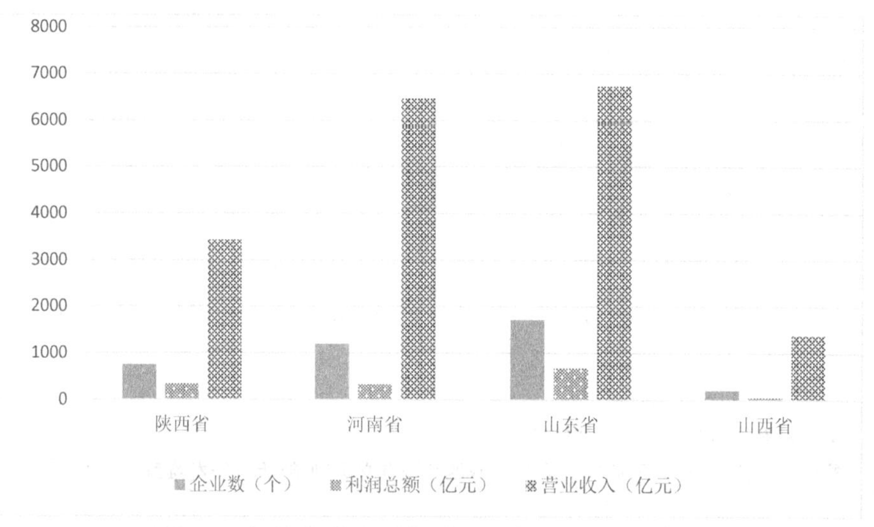

数据来源：中国高技术产业统计年鉴（2021）。

图4-5　2020年黄河流域中下游区域的高技术产业生产经营的相关指标

（三）生态环境与黄河流域中下游区域制造业的高质量发展

生态与环境是衡量一个行业能否持续健康发展的首要标准。《关于加强产融合作推动工业绿色发展的指导意见》中强调，要“以工业绿色化引领高端化、智能化”，“健全生态循环价值链”。高质量发展已成为未来黄河流域中下游区域四个省份制造业发展的必然选择。据《2020先进制造业城市发展指数》统计，2020年第五批绿色制造（绿色工厂）共计719个，其中黄河流域中下游区域四个省份有122个，占黄河流域总数的57.01%；2020年第五批绿色制造（绿色工业园区）共计52个，其中黄河流域中下游区域四个省份有8个，占黄河流域总数的53.33%，黄河流域中下游区域四个省份先进制造业的绿色发展已经受到流域内各省市的广泛重视，取得了明显成效（见图 4–6）。工业互联网是发展以数字化、网络化、智能化为主要特征的先进制造业的关键基础设施，对提高先进制造业综合竞争力有至关重要的作用。《2020 先进制造业城市发展指数》中遴选出 2019 年工业互联网试点示范项目共计 81 个，其中黄河流域中下游区域四个省份仅有 4 个项目入围，具体为河南省 1 个、山东省 2 个、陕西省 1 个，占黄河流域总数的 36.36%，与北京市 12 个、上海市 9 个、广东省 8 个等发达地区差距还很大。这说明黄河流域工业互联网的发展处于起步阶段，总体发展水平不高，现实基础不强。新型基础设施建设的不足将限制先进制造业的高质量发展进程。

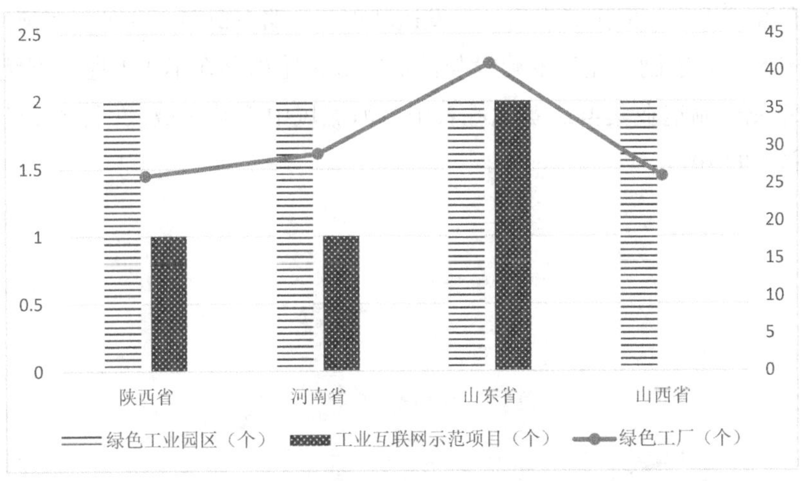

数据来源：何苗 . 黄河流域先进制造业的高质量发展 [J]. 宁夏社会科学，2022(03) .

图 4–6　2020 年和 2019 年黄河流域中下游区域相关指标

(四) 竞争能力与黄河流域中下游区域制造业高质量发展

创新能力是衡量一个行业高质量发展的重要指标（图 4–7）。从新产品开发和销售维度来看，2020 年黄河流域中下游区域四个省份高技术产业新产品的出口额和销售收入分别为 2784.63 亿元和 6213.75 亿元，分别占全国高技术产业出口额和销售收入的 11.19% 和 9.06%，所占份额仅为一成左右，所占比例较小。另外，黄河流域中下游区域四个省份高技术产业新产品出口额占其规模以上工业企业出口额的 10.27%，说明目前黄河流域进出口贸易中低端制造产品占主要份额，产品附加值总体偏低，依然处于国际产业分工的低端环节。而高技术产业新产品销售收入占其规模以上工业企业新产品销售收入的20.86%，表明黄河流域中下游区域四个省份创新能力不强。从国内竞争能力维度来看，黄河流域中下游区域四个省份中仅有8个园区入围2021年先进制造业百强园区，其中陕西西安高新技术产业开发区名列第12位、青岛经济技术开发区名列第20位、济南高新技术产业开发区名列第24位，排名靠前，但相比于国内其他区域还明显落后。2020年先进制造业五十强城市排名中，黄河流域中下游区域四个省份有7个城市入围，分别为青岛市、济南市、西安市、郑州市、威海市、烟台市和潍坊市。山东省的城市入围数最多，郑州市是国家重要的高新技术产业基地，制造业基础雄厚，且具有科研优势，但排名靠后，与发达城市相比略有逊色。此外，黄河流域中下游区域先进制造业集群建设与其他区域相比仍存在不小差距。据统计，2020年先进制造业集群决赛优胜者中黄河流域中下游区域入围5个，仅占入围总数的20%。

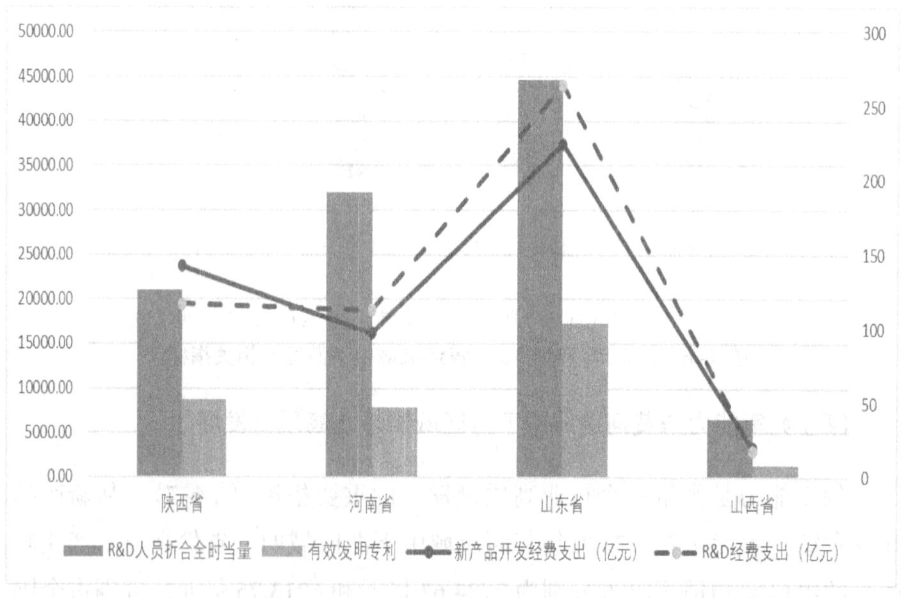

数据来源：中国高技术产业统计年鉴（2021）。

图4-7 2020年黄河流域中下游区域相关指标

（五）政策环境与黄河流域中下游区域制造业的高质量发展

黄河流域中下游区域制造业的高质量发展需要良好的政策环境，发挥制度优势，为其高质量发展营造良好的发展氛围。2015 年 5 月，国务院印发了《中国制造 2025》，这是我国实施制造强国战略第一个十年的行动纲领，也是我国全面部署推进制造强国战略的首个文件。《中国制造 2025》提出质量优先、绿色发展的方针，并提出建设制造强国要发挥制度优势的战略支撑。随后，黄河流域中下游区域以该文件为核心，从不同视角迅速制定了一系列关于制造业高质量发展的政策文件，如《河南省支持智能制造和工业互联网发展若干政策》《河南省“十四五”制造业高质量发展规划》《陕西省“十四五”制造业高质量发展规划》《山西省智能制造发展实施意见（2016—2020）》及《山东省先进制造业强省行动计划（2022—2025）》等。众多地市级政府也为制造业的高质量发展制定了良好的政策，如《洛阳市“十四五”制造业高质量发展规划》《济南市促进先进制造业和数字经济发展的若干政策措施的通知》等。特别是 2019 年中央提出黄河流域生态保护和高质量发展战略后，沿黄河流域内各个省市不断推出相关的扶持政策，引导本地制造业的高质量发展，加快推进制造业的转型升级。

第二节　河南省制造业高质量发展的实证研究

一、河南省制造业发展现状

河南省是我国中部的一个大省，拥有全国第一的人口，区位上具有承东启西、连贯南北之利。近十年来，制造业无论是从产值还是从产业结构上看，都发生了较大的变化。首先从产值上讲，从 2010 年的 22655.02 亿元增加到 2020 年的 54997.07 亿元（见图 4–8），按可比价计算，增长了 2.16 倍。其中，制造业由 12173.51 亿元增加到 22875.33 亿元，按可比价计算，增长了 2.15 倍。其次从产业结构上讲，三次产业结构从 13.8：53.7：32.5 转变为 9.7：41.6：48.7（见图 4–9 和图 4–10），其中，第一产业和第二产业的比重出现了明显的下降趋势，分别降低了 4.1 和 12.1 个百分点，而第三产业则大幅度提高了 16.2 个百分点，服务业对经济总量的拉动作用也明显增强。

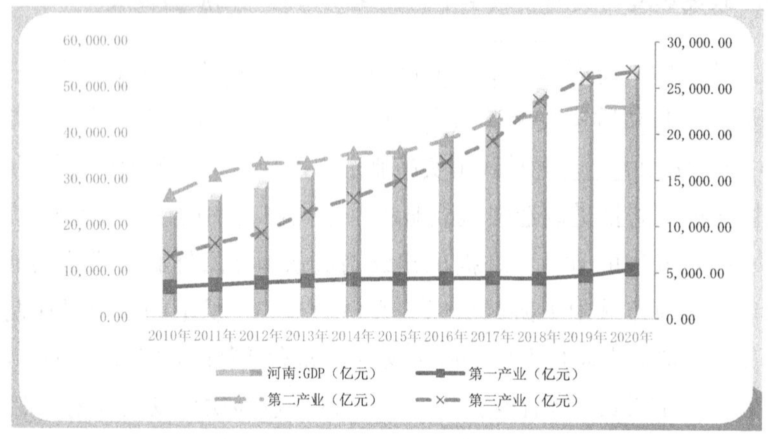

数据来源：河南省统计局。

图 4-8　2010—2020 年河南省 GDP 以及三次产业增加值

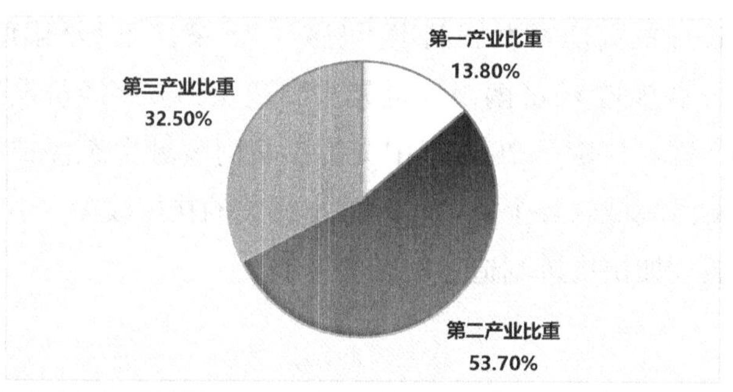

数据来源：河南省统计局。

图 4-9　2010 年河南省三大产业所占比例结构

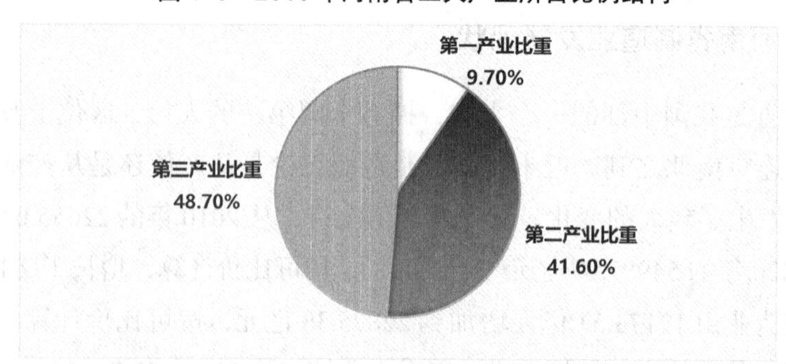

数据来源：河南省统计局。

图 4-10　2020 年河南省三大产业所占比例结构

近年来，河南省各地市的政府在促进经济发展的同时，着力培育新的发展动能，努力促进经济的高质量发展。具体有如下几个特点。

(一) 大力培育新产业、新业态和新产品

“十三五”期间，河南省的轻、重工业比重未出现大的变动，偏重的产业结构未得到有效改善，导致能耗结构偏重更为突出。2015—2020 年，全省规模以上重工业增加值比重下降不到 1 个百分点，能耗比重上升将近 3 个百分点。另外，近年来大力推动产业结构优化，大力培育新产业、新业态和新产品，使得规模以上工业战略性新兴产业、高技术产业得到了较快发展（见图 4-11）。例如，河南省的工业战略性新兴产业增加值增长 14.2%，高于全省规模以上工业平均水平 7.9 个百分点；传感器、光纤、工业机器人、服务机器人等产品产量增速均在 25% 以上；新能源汽车、可穿戴智能设备商品零售额分别增长 92.9%、41.0%。

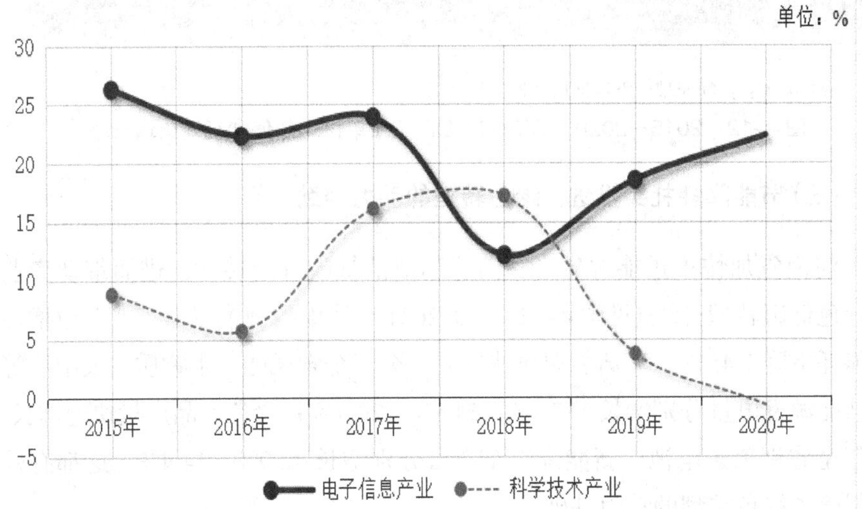

数据来源：河南省统计局。

图 4-11　2015—2020 年河南省电子信息产业和科学技术产业的增长率

(二) 产业结构转型加快，经济发展日益协调

近些年来，黄河流域中下游区域注重对产业结构的调整，加快优化产业并逐步建立了绿色低碳的产业体系，大力淘汰落后产能、化解过剩产能、

优化存量产能，严格控制高耗能行业新增产能（见图4-12），推动钢铁、石化、化工等传统高耗能行业转型升级，取得了良好的效果。如2021年河南省电子信息产业、高技术制造业增加值分别增长24.0%、20.0%，分别高于全省规模以上工业增速17.7、13.7个百分点。投资结构调整取得新进展，工业投资、高技术制造业投资分别增长11.7%、32.1%，分别高于固定资产投资增速7.2、27.6个百分点。

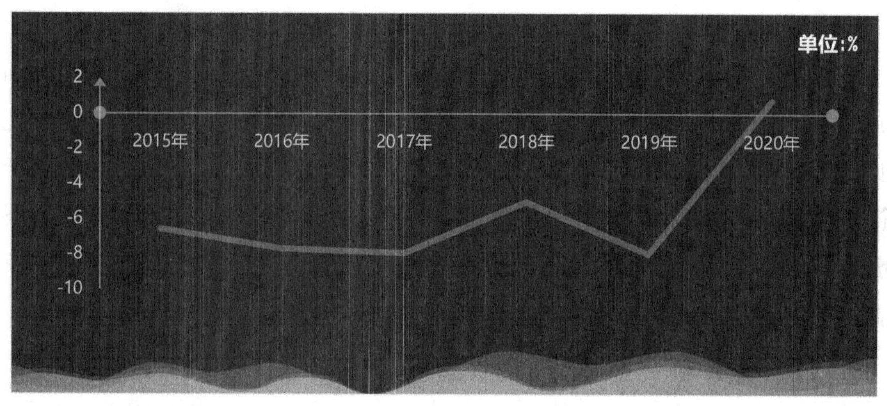

数据来源：黄河流域中下游区域各地市统计局。

图4-12　2015—2020年河南省GDP工业单位增加值能耗同比增长率

（三）节能降耗扎实推进，绿色转型的动力强劲

河南省加快推进能源生产、消费朝清洁低碳方向转变，进而带动产业向绿色低碳转型升级（见图4-13）。如2021年河南省规模以上工业单位增加值能耗下降7.45%；清洁能源快速发展，全年全省风能、生物质、太阳能等清洁能源发电量分别增长137.0%、54.8%、20.9%；绿色产品产量快速增长，全年全省锂离子电池、新能源汽车产量分别增长42.9%、14.4%。这都有效地保障了绿色转型的动力基础。

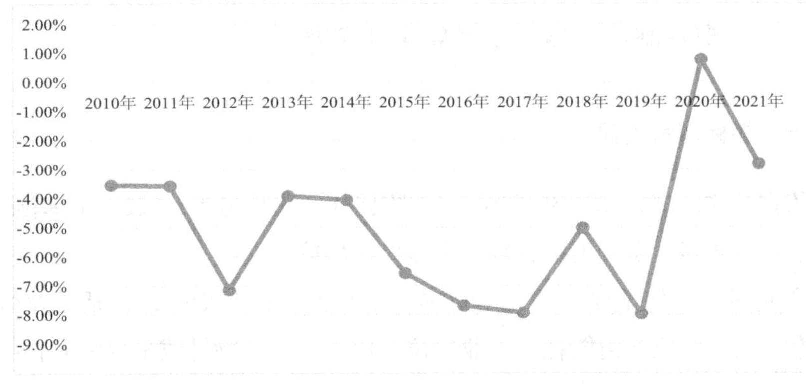

数据来源：河南省统计局。

图 4-13　2010—2021 年河南省万元地区生产总值能耗增长率

（四）高耗能行业用水量下降，用水效率稳步提升

河南省高耗水行业主要集中在电力、化工、煤炭、水生产供应、有色金属、黑色金属、非金属、造纸和农副食品加工等九个行业，占规模以上工业用水量的 79.5%，用水行业集中。2020 年，这九个行业中仅有化学原料和化学制品制造业、黑色金属冶炼和压延加工业两个行业用水量较上年同期增长，分别增长 4.6% 和 13.0%，其他高耗水行业用水量均有不同程度下降，其中有色金属冶炼和压延加工业、农副食品加工业、非金属矿物制品业、煤炭开采和洗选业等四个行业用水量降幅超过全部规模以上工业平均用水降幅，分别下降 13.0%、9.8%、8.4% 和 4.9%（见图 4-14）

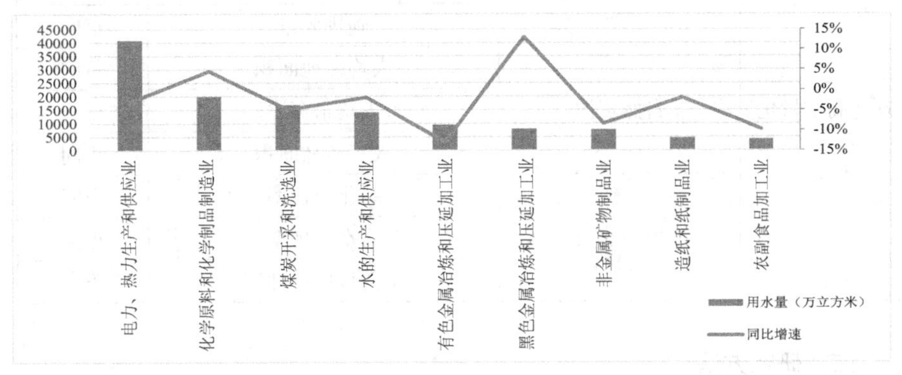

数据来源：河南省统计局。

图 4-14　2020 年河南省高耗水行业用水情况表

二、河南省制造业高质量发展实证研究

(一) 指标体系构建

依据前文所述，本书在借鉴前人（陈佳佳、郑雅男等，2022）的基础上，构建了制造业高质量发展的指标体系（见表 4–1）。

产业高质量化主要是从制造业高质量化方面选取指标，包括工业劳动生产率、工业单位产值能耗、工业单位产值主要污染物排放量、废弃物综合利用率、第三产业与第二产业产值比。

环境高质量化主要是从环境质量、自然资源和生态建设三个大的方面进行指标选取，包括空气质量优良天数、工业废水排放量、碳排放量、人均绿地面积、人均水资源、人工造林面积、绿化覆盖率、污水处理率及生活垃圾处理率。

表 4–1　制造业高质量发展的指标体系

系统指标	一级指标	二级指标	属性
产业高质量化	制造业高质量化	工业劳动生产率	正向
		工业单位产值能耗	正向
		工业单位产值主要污染物排放量	负向
		废弃物综合利用率	负向
		第三产业与第二产业产值比	正向
环境高质量化	环境质量	空气质量优良天数	正向
		工业废水排放量	正向
		碳排放量	负向
	自然资源	人均绿地面积	负向
		人均水资源	正向
		人工造林面积	正向
	生态建设	绿化覆盖率	正向
		污水处理率	正向
		生活垃圾处理率	正向

(二) 研究方法

设有 p 个样本，每个样本有 m 个发展级别和 n 个测定指标。记为 k=1，

2，…，p；j=1，2，…，m；i=1，2，…，n。级别区间为：

$$\lambda=\left\{\left[\lambda_j^{(1)}(i),\lambda_j^{(2)}(i)\right],j=1,2\cdots,m;i=1,2\cdots,n\right\}$$

实测集合为：

$X_k^*=\left\{X_k(i)\middle|i=1,2\cdots,n;k=1,2,\cdots,P\right\}$，其中 $\lambda_j=\left[\lambda_j^{(1)}(i),\lambda_j^{(2)}(i)\right]$ 为属于第 j 个级别的第 i 个指标的标准范围，而 $X_k(i)$ 为第 k 个评价样本的第 i 个评价指标的实测值。为了保证模型包含所有的信息，采用“降半梯形”结构，其基本的隶属函数为：

$$\mu_{ji}=\begin{cases}1, & x_k(i)<\lambda_j^{(1)}(i)\\ \frac{\lambda_m^{(2)}(i)-x_k(i)}{\lambda_m^{(2)}(i)-\lambda_j^{(2)}(i)}, & \lambda_j^{(1)}(i)<x_k(i)<\lambda_m^{(2)}(i)\end{cases}$$

$$\mu_{ji}=\begin{cases}\frac{x_k(i)}{\lambda_j^{(2)}(i)}, & x_k(i)\leqslant\lambda_j^{(2)}(i)\\ 1, & x_k(i)>\lambda_j^{(2)}(i)\end{cases}$$

$$\mu_{ji}=\begin{cases}\frac{x_k(i)}{\lambda_m^{(2}(i)}, & x_k(i)\leqslant\lambda_j^{(1)}(i)\\ 1, & \lambda_j^{(1)}(i)<x_k(i)<\lambda_m^{(2)}(i)\\ \frac{\lambda_m^{(2)}(i)-x_k(i)}{\lambda_m^{(2)}(i)-\lambda_j^{(2)}(i)}, & x_k(i)>\lambda_j^{(2)}(i)\end{cases}$$

式中 $j=m$；μ_{ji} 为 i 个指标对第 j 级别的隶属函数，显然其定义域为[0，$\lambda_m^{(2)}(i)$]，即在最高允许范围内的污染物的任何实测值对每个级别都有不为0的隶属度(除端点外)。建立隶属函数后，求出评判矩阵(除端点外) $R_k(k=1,2,\cdots,p)$。

1. 权重

反映各个指标在评价中的作用的方法是根据各评价指标的超标情况进行加权，超标情况越多，加权就越大。公式如下。

$$a_{ki}=\frac{(x_k(i)/S_{0i})}{\sum_{k=1}^{p}(x_k(i)/S_{0i})}$$

式中 a_{ki} 表示第 k 个监测点第 i 个评价指标的权重；S_{0i} 为第 i 种评价指标的参考标准，有的文献把它取为第 i 个评价指标各级标准的平均值。

2. 灰色关联度

评价点 k 的评价指标值 $x_{ki}(i)$ 相对于第 j 级别的隶属度为：

$$\mu_{kj}(i)=\left[\mu_{kj}(1),\mu_{kj}(2),\cdots,\mu_{kj}(n)\right]$$

如果对任意的 i 都有 $\mu_{ki}(i)=1$，则评价点 k 的各种评价指标都属于第 j 级，该评价点的循环经济发展级别为 j 级，所以若取 $\mu_{0j}(i)=(1,\ 1,\cdots,\ 1)$，则 μ_{0j} 是一个清晰综合评判。以 μ_{0j} 为参考数列，以 $\mu_{kj}(i)(k=1,2,\cdots,p)$ 为比较数列，计算它们之间的关联度 $\gamma_{ki}(i)$，即：

$$\varepsilon_{ki}(i)=\frac{\min\limits_{k}\min\limits_{i}\Delta_{ki}(i)+0.5*\max\limits_{k}\max\limits_{i}\Delta_{ki}(i)}{\Delta_{ki}(i)+0.5*\min\limits_{k}\min\limits_{i}\Delta_{ki}(i)}$$

$$\gamma_{ki}(i)=\sum a(k,i)*\varepsilon_{ki}(i),i=1,\cdots,n$$

$$\Delta_{ki}(i)=|\mu_{ki}(i)-1|$$

3. 评判

按照最大原则确定评价指标级别 $\max\limits_{j}\gamma_{kj}=\max\limits_{l}\gamma_{kl}$，则该样本的循环经济发展级别为 L 级。

（三）数据来源

本书就河南省 18 个地市进行研究，所需数据主要来源于 2010—2020 年河南省统计年鉴、各市统计年鉴以及各市国民经济和社会发展统计公报，无法获得的数据采用间接法来计算，对于缺失的数据，通过线性差补法进行补齐。

（四）实证分析

本书将河南省 18 个地市的制造业高质量发展水平分为 3 个等级，所用公式为 $V=\{V_k|k=1,2,3\}$，式中 V_1 优，V_2 为良，V_3 为中，求每个指标对

应不同级别的量化值。该量化值既是一个评判标准，也是一个将统计数据转换成不同级别隶属度的依据。为了求得每个指标对应不同级别的量化值，首先搜集河南省 18 个地市产业高质量发展水平在某年的统计数据 $Y_{ij}(i=1,2,\cdots,18;j=1,2,\cdots,14)$（见表 4–2）。根据不同指标的优化方向，求出每个指标对应级别的量化值：

$$\begin{cases} V_{1j}=\mathrm{Max}\,\mathrm{Y}_{ij}\left(i=1,2,\cdots,N;j=1,2,\cdots,18\right) \\ V_{2j}=\mathrm{Min}\,\mathrm{Y}_{ij}\left(i=1,2,\cdots,N;j=1,2,\cdots,18\right) \\ V_{3j}=\dfrac{1}{2}\left(V_1+V_2\right)\left(j=1,2,\cdots,14\right) \end{cases}$$

式中 V_{kj}—第 j 项指标对应 K 级别的量化值（$K=1,2,3;j=1,2,\cdots,14$）。

表 4–2　河南省产业高质量发展指标

指标	优	良	中
工业劳动生产率（元 / 人）	290413.54	190022.95	89632.36
工业单位产值能耗（吨标煤 / 万元）	0.05	1.68	3.31
工业单位产值主要污染物排放量（吨 / 万元）	7.48	15.77	24.07
废弃物综合利用率（%）	97.97	53.28	8.58
第三产业与第二产业产值比（%）	159.63	109.63	59.64
空气质量优良天数（天）	299.00	240.00	181.00
工业废水排放量（万吨）	4709.57	54553.13	104396.68
碳排放量（万吨）	75.89	4198.11	8320.34
人均绿地面积（平方米 / 人）	15.75	13.82	11.88
人均水资源（立方米 / 人）	2135.26	1101.70	68.15
绿化覆盖率（%）	47.10	41.95	36.80
人工造林面积（公顷）	26990.00	14500.00	2010.00
污水处理率（%）	99.74	97.82	95.90
生活垃圾处理率（%）	100.00	99.25	98.50

为此，选取河南省 18 个地市的部分指标如图 4-15 和 4-16 所示。

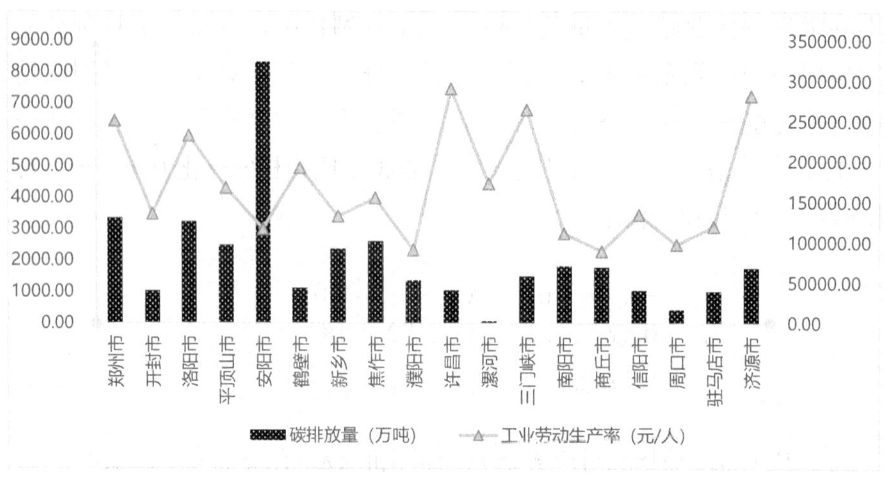

数据来源：根据河南省统计局数据整理。

图 4-15(a)　河南省 18 个地市部分评价指标

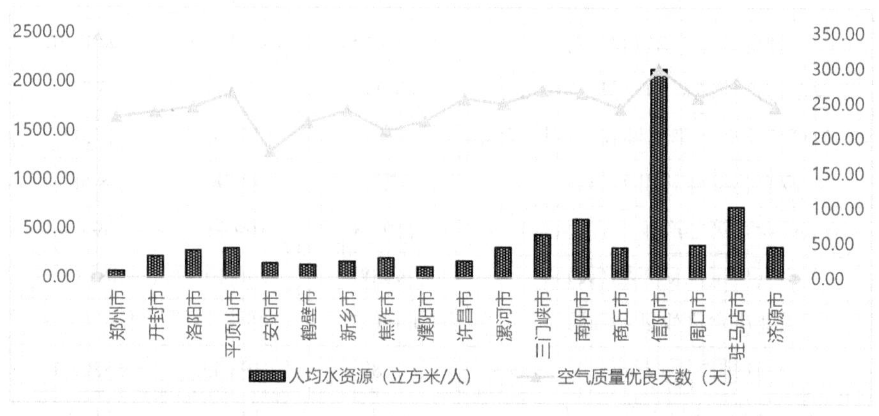

数据来源：根据河南省统计局数据整理。

图 4-15(b)　河南省 18 个地市部分评价指标

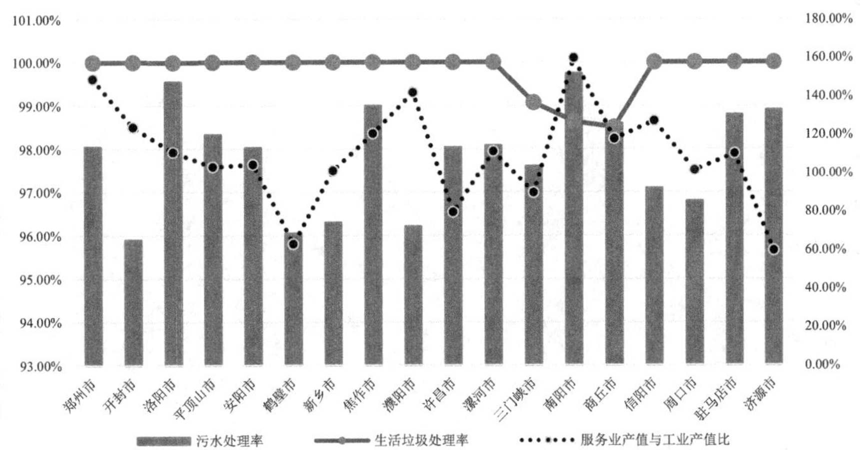

资料来源：根据河南省统计局数据整理。

图 4-16(a)　河南省 18 个地市部分评价指标

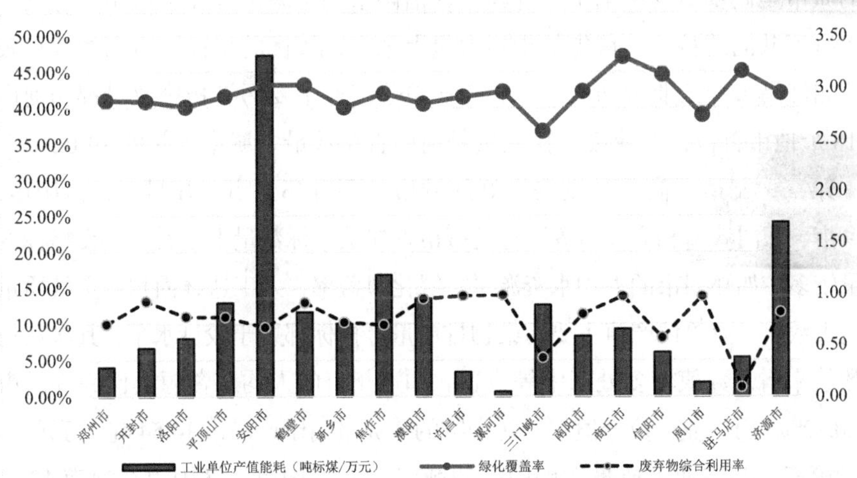

资料来源：根据河南省统计局数据整理。

图 4-16(b)　河南省 18 个地市部分评价指标

在 $P=14$、$m=3$、$n=14$，参考数列 $\mu_{0j}=(1,1,1)$ 的情况下，应用前面的算法步骤计算河南省 18 个地市对各级评价标准的隶属度，得出评价结果如图 4-17 所示。

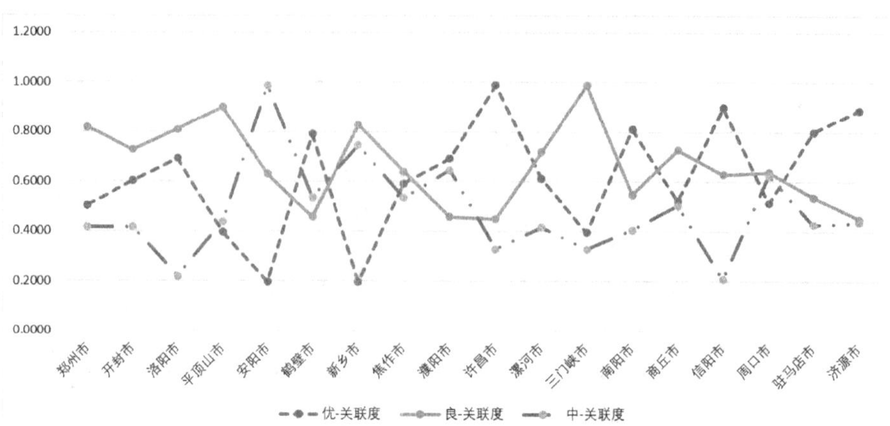

资料来源：作者根据数据计算整理。

图 4–17　河南省 18 个地市耦合隶属度数据

从图 4-15、图 4-16 和图 4-17 中可以看出，第一，制造业高质量发展较优的城市是鹤壁市、南阳市、许昌市、信阳市和济源市等几个城市。这几个城市有着共同的特征，首先从指标数量上来看，较优的指标所占据的数量较多。如许昌市的工业劳动生产率和工业单位产业主要污染物排放量都居河南省 18 个地市首位，工业废水排放量是河南省排放最多城市郑州的 13.02%。

第二，制造业高质量发展良好的城市主要有郑州市、开封市、洛阳市、新乡市、三门峡市和商丘市等。这类城市首先从指标数量上来看，较良指标的数量较多，如郑州市的人均水资源量、绿化覆盖率、人工造林面积、空气质量优良天数、工业单位产值主要污染物排放量等指标都处于较良水平；其次从指标数值来看，数值较多处于中等位置。如郑州市的人均水资源量仅为许昌市的 40.12%，而工业单位产值主要污染物的排放量高于许昌市 14.54 吨 / 万元。

第三，制造业高质量发展中等的城市——安阳市。安阳市在河南 18 个地市中，耦合隶属度指标较优的指标仅有 2 个：工业废水排放量和生活垃圾处理率。其他指标诸如工业单位产值能耗、碳排放量、空气质量优良天数等在河南 18 个地市中均排在末位，而其工业劳动生产率处于最后的梯队中。这主要跟安阳市作为河南重要的工业生产基地有关，其产业结构中，钢铁、焦化、建材、铁合金等高耗能高污染行业和能源原材料行业占比偏高，也使得安阳市工业单位产值能耗偏高，如安阳市的工业单位产值能耗是许昌市的 13.80 倍，这充分说明了安阳在产业高质量发展过程中的进程仍任重而道远。

第三节　黄河中下游流域制造业高质量发展的瓶颈障碍

一、相关企业绿色创新不足以支撑制造业绿色转型驱动高质量发展

目前，黄河流域中下游区域与绿色相关的企业发展相对比较滞后，可以说还处于初级发展阶段，而且发展规模普遍相对较小，产业集中度较低，在企业发展中的龙头骨干企业带动作用不强。

首先，从数据上来看，以河南省为例，2015—2020年规模以上企业从22892家减少到19811家，减少了13.45%，其中大型企业从681家减少到501家，小型企业从22892家减少到14321家。但从企业占比来看，小型企业占比从71.02%上升到了72.29%，增加了1.27个百分点，大型企业占比下降了0.44个百分点（见图4–18）。2022年废弃资源综合利用业有99家企业，占比仅为0.5%。虽然工业节能减排技术改造大大提高了大型工业企业的绿色制造水平，但中小型企业工业装备普遍落后，能耗、水耗、土地和矿产资源消耗相对较多，污染物排放量大。

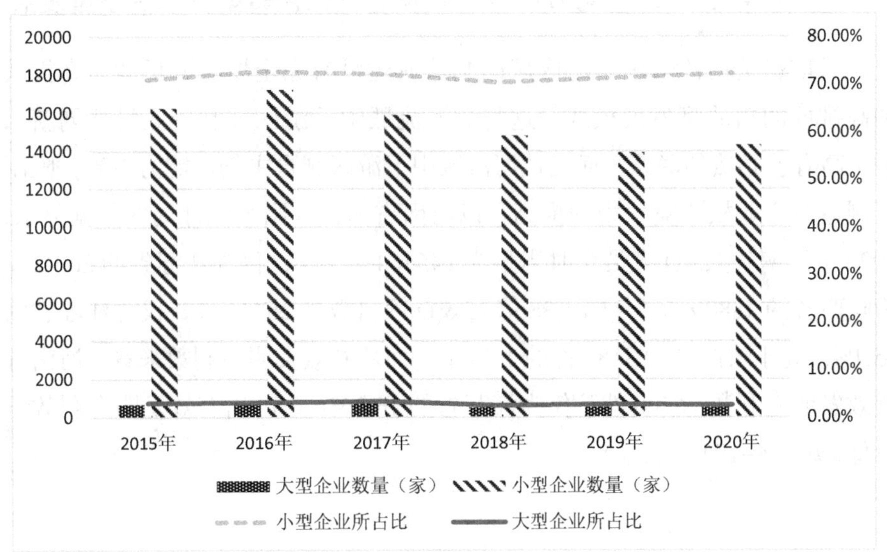

数据来源：河南省统计局。

图4–18　2015—2020年河南省大型企业和小型企业的数量及占比

其次，从工业增加值上来看，规模以上工业中，五大主导产业增加值

下降0.9%，占规模以上工业的46.8%；传统产业增长2.5%，占规模以上工业的46.2%；战略性新兴产业增长2.6%，占规模以上工业的22.4%；高技术制造业增长8.9%，占规模以上工业的11.1%；高耗能工业增长3.5%，占规模以上工业的35.8%。高能耗产业增长比重较高。

综上所述，黄河流域中下游区域各地市规模以上工业中，主要以小型企业为主，产业集中度低，规模效应不明显，企业缺乏市场竞争力，具有一体化综合解决能力的大型综合性环境服务企业较少。同时，以小型企业为主的产业组织特征，将导致产业技术创新不足，环保技术自主创新较少，进而导致相关支撑企业的发展水平还不能满足其绿色转型的发展需要。因此，黄河流域中下游区域绿色转型驱动高质量发展必须突出基础研究和技术创新，一方面要下大力气改革教育体制，努力提高培养人才的质量；另一方面，要加强与新兴产业发展关联度大的基础研究，建立以企业为主体的技术创新体系，全面提高企业的技术创新能力，力图通过创新促进产业结构调整，优化产业组成，实现制造业绿色转型驱动高质量发展的目标。

二、绿色自主创新能力不强阻碍制造业绿色转型驱动高质量发展

目前，黄河流域中下游区域的制造业还没有完全摆脱高耗能、高投入和高排放的粗放型发展模式。这与黄河流域中下游区域制造业科技创新水平不高有着必然的联系，而且黄河流域中下游区域自主创新能力不高，限制了制造业企业核心竞争力的提高。以河南省为例，国家统计局的数据显示，2020年河南省R&D人员全时当量为145464人/年，仅为江苏省的26.97%，为陕西省的48809人/年的1.98倍；R&D项目数为26416件，仅为江苏省的25.1%，高于陕西省的8181件的1.23倍；而从有效发明专利数来看，河南省有效发明专利数36500件，仅为江苏省的16.26%，产出有效发明专利数量较低（见图4-19）。

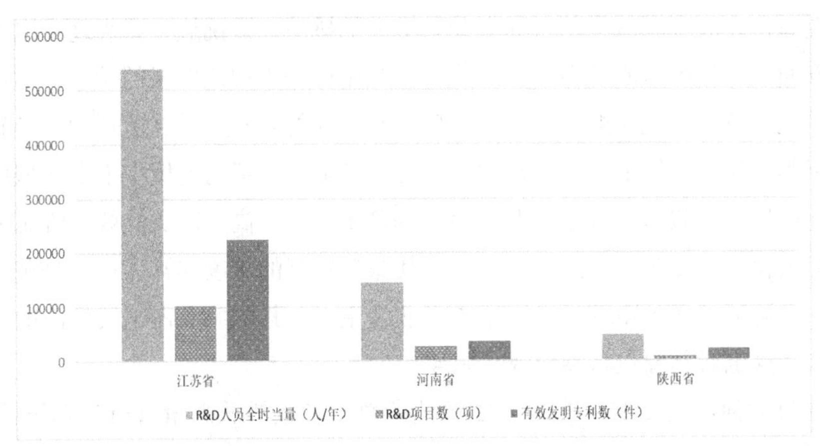

数据来源：河南省、陕西省和江苏省统计局。

图 4–19　2020 年河南省、陕西省和江苏省的 R&D 人员全时当量、R&D 项目数和有效发明专利数

另外，从参与企业创新的数据来看，2020 年河南省和江苏省企业总数分别为 41872 个和 50142 个，但从企业参与创新的比例来看，2020 年河南省和江苏省的比例分别为 37.00% 和 52.17%，落后江苏省将近 20 个百分点，参与创新的企业数量较少。

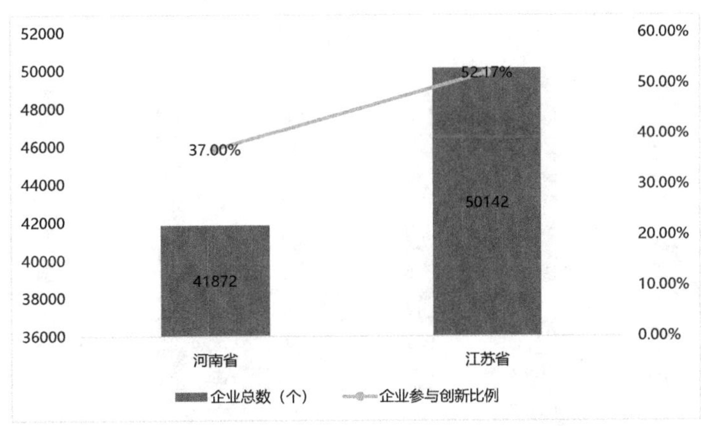

数据来源：河南省和江苏省统计局

图 4–20　2020 年河南省和江苏省企业总数及企业参与创新的比例

三、制造业非绿色进程的加速阻碍其绿色转型驱动高质量发展

目前，黄河流域中下游区域呈现工业化加速的特点，而这个特点也对

其实现绿色发展和碳减排的目标有着非常大的挑战，该挑战主要表现在以下三个方面：一是黄河流域中下游区域的工业化正处于加速发展的阶段，而该阶段最大的特点就是对能源的需求呈现不断增加的趋势，对制造业的绿色转型乃至其高质量发展形成了非常大的压力；二是当年黄河流域中下游区域的工业化发展以高投入、高能耗和高污染为特征的“三高”以及低效益资源密集型的重化工工业为主，这也就决定了其绿色转型的难度非常大；三是黄河流域中下游区域各地市的经济以第二产业为主导，其服务业占国民经济的比例较低，这也对其绿色转型形成了阻碍。

通过对河南省2015—2020年能源消费总量和碳排放总量进行计算统计，我们可以看到，2020年全省能源消费总量中，煤炭消费占比67%左右，高出全国约10个百分点；非化石能源消费占比11%左右，较全国平均水平约低5个百分点(见图4–21)。作为全省煤炭消费主体，六大高耗能行业煤炭消费量占全部煤炭消费的80%以上。从规模以上工业看，六大高耗能行业煤炭消费占比在“十三五”时期上升了将近8个百分点，煤炭消费占比突出问题越来越明显。其中，部分高耗煤行业煤炭消费量甚至不降反升，加剧了降碳压力，以煤为主的高碳型能源消费结构成为绿色转型驱动高质量发展的主要瓶颈。

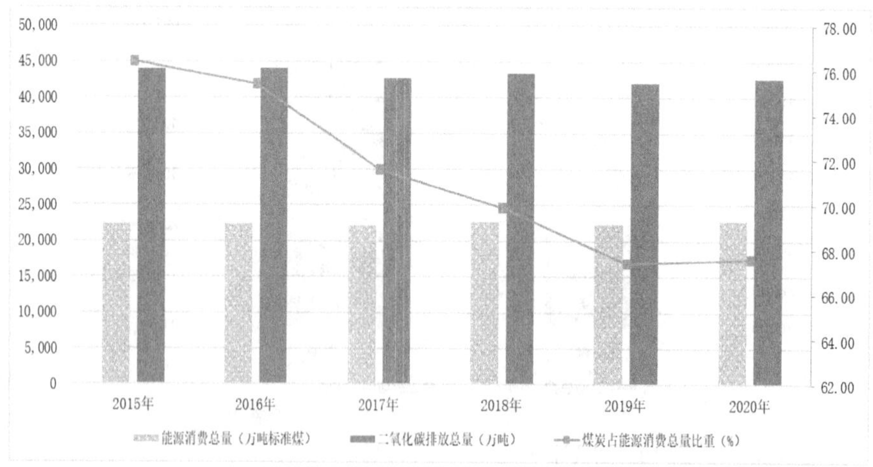

数据来源：根据河南省统计局数据计算所得。

图4–21　2015—2020年河南省能源消费总量、煤炭占能源消费总量比重和二氧化碳排放总量

与其他区域相比，黄河流域中下游区域的新能源、新材料、节能环保

装备等新兴产业的发展较慢，而且差距较大。同时，在资源利用方面，黄河流域中下游区域的资源效率有待提高，主要原因在于相关的核心技术没有太大突破，而在引进外部技术方面又存在着困难，使得整个区域的能源利用效率较低，创新层次不高，缺少高层次、高质量的发展人才，这也成为阻碍区域制造业绿色转型驱动高质量发展的一大因素。因此，黄河流域中下游区域制造业要实现绿色转型驱动高质量发展，必须以产业为突破口，提升制造业的技术创新能力或者说以发展高端装备制造业为突破口，在强调经济增长的同时，把降低单位 GDP 能耗、发展绿色技术作为重要目标，同时增加制造服务业的比重，以达到限制高污染、高排放和高消耗行业的发展，实现制造业高质量发展的目的。

四、绿色转型相关法律法规体系滞后阻碍制造业的高质量发展

目前，黄河流域中下游区域工业用能指标体系相对完善，但很多行业的能耗限额标准限定值和准入值偏低，尤其是有色金属行业和高耗能、高排放、高污染行业约束指标的调整相对滞后，如钢铁和石化行业。这主要是因为缺少制造业绿色转型具体的技术规范，标准体系难以满足制造业绿色发展的需求。此外，我国生态立法中环境保护责任划归不明确，导致部分地区仍然看重 GDP，制造业绿色转型受到一定的约束，另外，坚持谁污染谁治理的原则，表面上为环境污染提供了解决方案，但实际上未将环境保护落到实处。虽然为了激励制造业的节能环保和绿色转型，国家出台了绿色信贷、绿色金融和相应的税收减免等财税金融政策，但由于这些激励政策的设计过于复杂，操作难度大，加上一些机构过于强调资金回报率和安全，广大制造业企业特别是一些中小企业，无法真正享受到政策红利。而且由于补贴金额偏低，即使有些企业从中获益，也无法真正弥补环保投入，因此大多数企业在达到法定最低标准目标后，很少主动承担更多的社会责任，从而导致制造业绿色转型非常缓慢。

此外，一些地市片面强调 GDP 总量，而不是经济发展质量。例如，通过给予能源资源价格优惠，放宽环保执法力度来进行招商引资，从而导致高耗能、高排放企业无法及时淘汰，不利于产业的绿色转型。监管不到位，违规成本低，存在违规行为的企业只要付出较少的代价，就可以获利，而遵守

法律法规的企业虽然付出了较大的额外成本，却难以获得新的竞争优势，这种不良的局面最终使得制造业绿色转型的难度进一步加大。

第五章　黄河流域中下游区域制造业高质量发展的机制与路径

第一节　黄河流域中下游区域制造业高质量发展的机制

一、制造业高质量发展的产业层面机制

（一）积极创造有利条件，发挥产业转移的绿色低碳

在全国倡导绿色发展的大环境下，实施碳减排需要从全方位入手，尤其要从政策层面出发改善碳减排的环境，发挥高碳产业转移过程中“碳减排”的门槛效应。但就目前黄河流域中下游区域的发展情况而言，需要把承接产业转移以数量为导向转变为以发展为导向，在产业转移过程中要以生态环境的发展为要求，以生态环境和产业绿色协调发展为目标，并调整产业布局；还要建立科学的外资效益评估机制，加强对环境效益的反馈，提高能源资源的使用效率。另外，在承接产业转移的过程中，要在引进技术的同时，防止承接产业对生态环境的破坏，要创造有利的条件，在提升区域经济发展水平和生态环境技术吸收能力的同时，在产业层面实现绿色发展。

在黄河流域中下游区域对外承接产业转移的过程中，将要承接的产业与本地现有的产业链整合，助力其产业结构的进一步优化。以河南省为例，河南省的产业结构与其他省份相比，仍然处于相对滞后的状态。诸如河南省的第二产业占比较大，但在整个产业链所处的层次较低，且多数属于加工制造类，缺乏相对核心的绿色技术，创新能力较低，仍处于相对滞后的状态。因此，河南省可通过承接产业，特别是承接先进的绿色环保技术实现产业的绿色发展。为此，河南省要加快构建现代产业体系，确保承接产业过程绿色发展目标的实现。要加大投入大力发展绿色产业技术，支持重点耗能企业实施高效用能设备推广、余热余压高效回收利用、用能系统优化、能量梯级利

用等节能改造，提高能源利用效率。支持企业采用先进适用的清洁生产工艺技术，实施节能环保综合改造、节水、资源综合利用等清洁生产改造。鼓励企业采用先进工艺、设备，减少物料、能源消耗和污染物的排放，推进“互联网＋节能”“互联网＋环保”融合发展，按照国家的部署，开展绿色产品、绿色工厂、绿色园区示范建设，提升产业绿色发展水平。

（二）注重绿色技术的发展，打造高端智能化制造业转型

在制造业高质量发展的背景下，科技发展已成为主要动力因素。为此，推动高端智能化制造业的转型，首先，要构建集云端资源库、先进数字化工具、虚拟仿真环境等于一体的协同研发体系，实现基于用户数据分析的产品创新和协作研发，提升基于大数据分析的生产线智能控制、生产现场优化等能力。聚焦几条优势产业链，加快智能化改造，扩大数字化、智能化装备应用规模，加快智能车间、智能工厂建设。支持企业将新一代信息技术和智能技术集成应用于企业研发、生产、管理等过程，推进数字化、智能化深度融合，重点支持软件的集成应用。其次，推进数字赋能工业绿色低碳转型，面向高耗能、高排放领域，聚焦绿色集约生产、能源动态配置、能耗和排放管控等应用场景，通过平台上部署的工业 App 以及汇聚的系统解决方案，打通生产和运营环节的能源数据链条，赋能企业研发设计、生产制造、运营服务等环节，同时监测能耗数据，提升能源管理水平和利用效率，从源头、过程到整体推动工业节能与绿色发展。

在此背景下，黄河流域中下游区域各地市应努力引导投资资金投向高技术含量、高附加值项目。根据目前产业转移的资金流向来看，直接投资的资金流入第二产业的比例较大，而且主要集中在劳动密集型制造加工产业。长此以往，对黄河流域中下游区域的产业结构优化十分不利。因此，政府应当出台相应的产业扶持政策，如优惠的税收政策、相应的金融扶持政策等，改善产业环境，有计划地引导投资资金流向其他两个产业部门，特别是技术和资本密集型产业，重点扶持高技术农业、高端服务业等，诸如无土栽培、绿色金融服务等，促进第一产业和第三产业的发展。同时，要依托国家“中国制造 2025”的发展战略，着力推动第二产业特别是制造业向产业链的高端发展，尤其是在现有高质量发展的背景下，引导资本流入低能耗、低污

染、低排放产业，并向高技术相关产业倾斜，从而达到促进产业绿色转型的目的。

二、制造业高质量发展的区域层面机制

实施环境规制，充分发挥绿色技术溢出的政府保障。黄河流域中下游区域各地市要继续加大环境治理投入，可将引入资本和选择资本相结合，通过实施相应环境规制，提升产业在发展中的绿色技术溢出效应。现有的研究结果表明，在区域的环境治理的初级阶段，环境规制对区域的经济增长能够起到有效的促进作用。换句话说，黄河流域中下游区域各地市政府必须坚持“绿色发展”的产业理念，切实按照相关法律的要求，承担起环境治理的主体责任，继续加大对生态环境的保护力度，特别是要严格控制对防治污染资金的转入以及其他危害生态环境的财政投入，同时要严格执法，实施最严格的环境规章制度，可在市场准入、融资、财税等方面对承接产业的绿色技术溢出能力实施强制干预，进而对本区域内现有的绿色技术资源进行融合创新，以达到改善产业在绿色技术创新宏观环境的目的。同时，要建立覆盖所有固定污染源的排放许可机制，并加强实时在线的环境监控系统机制，形成政府、企业和公众三方协同治理体系，从而达到促进产业高质量发展的机制。

三、制造业高质量发展的企业层面机制

(一) 积极发挥投资技术外溢效应

在制造业高质量发展的要求下，根据黄河流域中下游区域产业结构的现状，若单纯依靠外资和相关技术扩大生产规模已不现实，必须通过相关的绿色技术和机制引导产业的绿色转型。另外，可积极发挥资本的技术溢出效应，提升黄河流域中下游区域的绿色技术吸收能力，达到促进产业绿色技术升级和高质量发展的目的。为此，黄河流域中下游区域各个地市应做到以下几点。一是鼓励外来资本创办研发中心。将引进的绿色先进技术与本地产业发展相融合，促进黄河流域中下游区域绿色技术水平的提升，促进产业的绿色转型。在这样的条件下，不论是外来资本独自对绿色技术进行创新还是与

黄河流域中下游区域企业共同研发，都会产生相应的关联效应，这种效应不仅会提升企业的绿色技术水平，还会促进相关产业的绿色发展。二是可以在政策环境上给予外来企业一定的优惠措施，诸如优惠的税收政策，引导外来资本进入科技含量和产品附加值双高企业的相关研发或设计环节，促进黄河流域中下游区域各地市的相关产业向产业链中高端发展，提高产品的附加值，从而达到促进产业绿色转型的目的。三是黄河流域中下游区域各个地市的相关企业应更新经营、管理、营销等观念，积极主动学习先进企业的长处。尤其是消化并吸收相关的绿色技术，实现黄河流域中下游区域产业的绿色转型，实现产业结构的高级化跃升。

(二) 制定制造业相关政策促进其高质量发展

企业是从事经营生产的组织，也是产业结构调整与优化的微观基础。要促进黄河流域中下游区域制造业绿色转型，就要优化产业结构，使区域内的企业真正按照市场的规则实现自主经营、自负盈亏，自觉成为产业转型的微观基础。为此，就需要政府制定和运用相关的产业政策进行引导，主要做好以下几点。一是在企业经营制度方面需尽快转换机制，促使产业组织结构合理化。二是充分发挥市场机制的作用，减少政府的行为，健全市场体系，改善市场环境，通过市场机制的作用推动产业组织结构合理化，从而达到促进产业绿色转型的目的。三是加强对智能制造和绿色制造工作的组织领导和统筹协调，建立工作推进机制，形成工作合力，强化政策措施落地见效。对绿色转型工作表现突出的单位和个人，予以通报表扬，加强典型宣传，形成担当作为、比学赶超、竞相发展的浓厚氛围。加大执法检查力度，各级节能主管部门、生态环境执法部门要组织开展综合督查和专项检查，督促各项措施落实，加大对重点行业、重点单位、重点设备执法检查力度，依法严厉查处各类违法违规行为，确保法律、法规、规章和强制性标准有效落实。四是制定制造业相关政策，优化产业组织结构，实现黄河流域中下游区域制造业高质量发展。

第二节　黄河流域中下游区域制造业高质量发展的路径与实施建议

一、黄河流域中下游区域制造业高质量发展的路径

(一) 明确规划、目标和技术发展路线，完善高质量发展相关技术的研发格局

发展规划和目标能够指导企业按照既定的目标和方针来进行研发和生产，在产业转型过程中起着重要的作用。美国等发达国家在产业绿色转型发展初期就已经制订了较为明确的发展规划和目标，并且随着实际发展的需要及时进行调整，如划分了各个阶段的任务及目标，以协助产业实现绿色转型。德国在很早的时候就制订了完备的产业发展规划和产学研发展路径，如由政府、学校和科研机构共同创立的巴伐利亚能源研究中心。巴伐利亚能源研究中心的成功表明，要想在产业绿色转型的相关技术研发方面取得成功，就要开发出一个囊括政府、企业、学校及科研机构等多方主体的研发网络。就目前黄河流域中下游区域制造业绿色转型的发展状况而言，其在产业绿色转型发展中的最大障碍不是资金的短缺，而是没有一个完整的规划目标，还没有建成一个集产学研于一体的发展格局，从而导致产业的绿色转型的步伐与其他国家或地区相比有些慢。

(二) 将制造业高质量发展纳入中长期发展战略

黄河流域中下游区域各级政府在进行经济规划时，应把制造业高质量发展纳入中长期发展战略，将绿色 GDP 作为约束性指标纳入国民经济和社会发展中长期规划，制定相应的统计、监测、考核、奖惩办法，并做好与现有节能减排、绿色经济发展政策措施的衔接，摒弃“先污染后治理、先低端后高端、先粗放后集约”的发展思路。同时，加大智能制造、绿色制造标杆奖励力度，提升智能化、绿色化改造水平，推进智能制造和绿色制造诊断服务，提升为企业服务质效，支持解决方案服务商、工业互联网平台、装备企业做大做强，支持相关企业全方位实现绿色低碳转型，达到节能减排的目

的，实现高质量发展。

（三）制定特色鲜明的高质量发展的财税扶持政策

政府可以通过直接补贴、持续奖励和延长奖励的方式扶持绿色产业相关企业的发展；还可以实施差异化的税收政策，通过对非实施绿色技术与实施绿色技术的企业采取不同税赋扶持政策，强调产业绿色转型的重要性。如可以实施专项的补贴政策和对实施绿色转型的企业实施“绿色税制”来扶持其发展，这里的“绿色税制”就是根据企业废弃物排放量或者废弃物循环利用量实行不同的税收政策。另外，还可以引入清洁能源使用的专项税收政策，按照企业使用清洁能源的实际情况调整其税赋结构，即实行差异化税收战略，以逐步提高企业使用清洁能源的比例。

（四）加强制造业高质量发展扶持政策的灵活性和连续性

在产业绿色技术推广的同时，各级政府应该注重市场导向，跟随市场机制的引领，完善价格机制，并给予产业绿色技术的使用者一定的优惠待遇，从而增加未使用绿色技术的企业使用绿色技术的意愿。最简单的做法就是政府可以制定一些能给使用绿色技术的企业带来好处的政策，强调政策的灵活性和连续性，如简化相关手续、延长相关扶持政策年限等，从而达到鼓励企业使用绿色技术清洁生产的目的。应该避免“等待博弈”现象的出现，激发绿色生产活力，充分利用财政补贴和税收优惠，弥补正外部性，促进企业清洁生产的发展。

（五）构建伙伴关系体制，解决市场失灵和政府失灵

鼓励学习发达国家“产学研”相结合的方式，积极推动多层次主体参与黄河流域中下游区域制造业绿色转型。黄河流域中下游区域各级政府起着指导的作用，在确保产业扶持政策满足当地产业绿色转型的情况下，努力消除政府与企业之间的信息不对称性，密切结合市场环境，按照市场环境的变化及时调整产业布局，促进产业的绿色转型；顺应政策发展的方向是有效规避政策风险的良好办法，应避免政府失灵情况的出现；按照市场配置资源，完善清洁能源市场准入机制，有效解决市场失灵，实施清洁能源市场自由化、

活跃化，制定定向差异化补助和税赋政策，这是对促进产业绿色转型发展起关键作用的办法。

（六）加强政策监督和绩效考核，健全政策评估和反馈体系

建立长期的监督和绩效评估机制，并把产业的绿色发展作为地方政府绩效评估指标，引入第三方监督评估机构，通过媒体、互联网等宣传渠道，确保相关产业政策的实施。按照国家绿色工厂标准及相关要求，坚持全生命周期绿色管理理念，围绕生产方式绿色化、生产过程绿色化、生产装备绿色化，根据企业的规模和行业的不同，分类分层开展绿色化诊断，带动企业加大绿色化改造投资力度，系统提升工厂、产品和供应链绿色化发展。全面推进重点行业节能诊断，实施电力、钢铁、有色金属、建材、石化化工等重点行业免费节能诊断，“一行一策”推进电机、风机、泵、压缩机、变压器、换热器、工业炉窑、工业锅炉等重点用能设备节能增效。另外，为使产业绿色转型发展的扶持政策取得良好效果，应合理利用财政补贴，努力提高资源配置效率，将资源协调与绩效考核相结合，促进产业绿色转型的进一步发展。只有产业绿色转型发展的扶持政策绩效及产业绩效得到提升，才能最终实现制造业的高质量发展。内部评价和外部评价相结合确保了绩效管理的多样性和评价方法的多样性。完善政策绩效评价的反馈体系，通过听证、座谈等方式引入专家咨询系统和民意调查，对产业绿色转型发展扶持政策的绩效进行评价。公开监管反馈电子邮件和微信公众号，确保消费者、生产者和销售者及时沟通。根据绩效考核结果，及时取消、合并、置换、分解、减少相关产业绿色转型发展扶持政策，从政策上使制造业高质量发展得到支持和保障。

（七）加强政策保障

对于产业绿色转型而言，政策是保障其顺利进行的重要因素。只有加强政策保障，产业绿色转型才能得以健康有序发展。第一，黄河流域中下游区域需要完善准入管理制度。产业绿色转型是需要投入大量资本的，也可以说产业绿色转型是存在门槛的，只有有实力、合格的企业才有资格进入。因此，完善准入管理制度必不可少。第二，黄河流域中下游区域要建立长期稳

定的激励和约束机制。清洁能源的使用量是衡量一个企业绿色与否的重要标志，相关污染物的排放必须符合排放法规标准。第三，强化黄河流域中下游区域产业绿色转型扶持政策的系统性与连续性。任何政策都需要完整的体系，这是政策有效性的基本条件。同时，在连续性的支撑之下，政策才能最大限度地发挥作用。为此，政府要加大对产业绿色转型扶持政策支持，包括科研、技术创新、专项资金、扶持资金等各方面。第四，黄河流域中下游区域要制定基础设施顶层设计。在产业绿色转型中，与相关服务保障设施相适应的顶层设计也必不可少，如完善的产业绿色转型的规范体系，是产业绿色转型走向规范化的关键。

（八）完善以制造业企业为主体、以市场为导向的创新平台

制造业高质量发展的主体最终还是企业，市场起到的也仅仅是导向作用，因此要注重完善以企业为主体、以市场为导向的创新平台。第一，建立产业绿色转型发展的创新平台。构建创新平台的意义主要在于，为企业分摊各种技术成本，让企业在较小的经济负担之下开展产业绿色相关技术的研发工作。第二，深化开展技术创新工程。客观来说，产业绿色转型属于比较新鲜的事物，其投入成本较高，技术效应也有待提升。只有建设相关绿色技术创新工程，才能使黄河流域中下游区域产业绿色转型稳步前进。第三，促进“互联网＋”与制造业绿色发展的广泛融合。随着智能时代的到来，各行各业都或多或少地与互联网建立了联系，黄河流域中下游区域产业绿色转型也要积极利用互联网提供的便利，用大数据、物联网等技术推动产业绿色转型的跨部门、跨行业的综合协同发展。

二、黄河流域中下游区域制造业高质量发展的实施建议

在高质量发展的背景下，黄河流域中下游区域各级政府也要学会放权，不管是审批还是吸引投资方面，政府都应当摆脱原有的主导性质的需求型和供给型政策，转而以引导的姿态鼓励产业环境绿色转型的发展。总而言之，促进产业绿色转型发展就是一个从政策驱动到市场驱动的转变过程，为了实现这个完美的过渡，可从以下七个方面加以努力。

(一) 发挥市场机制作用促进制造业的高质量发展

欧洲是最早开始实施产业绿色转型的区域，欧盟的人均能源消耗和二氧化碳排放量只有美国的50%左右，很大程度上就是因为欧洲的能源价格要比美国高出许多。黄河流域中下游区域各级政府应尽早研究并适时出台提高污染排放量价格的制度设计，为生产和消费的绿色转型提供激励机制。实现绿色排放，清洁生产，既需要政府的推动和支持，更需要积极发挥市场的调节作用，形成产业绿色转型发展的长效机制。只有这样，黄河流域中下游区域才能实现真正的产业绿色转型，才能更好地实现清洁生产，实现生态环境的和谐发展。

(二) 加强多元环境型政策的引导

黄河流域中下游区域制造业高质量发展需要多元环境型政策的引导，在这样的政策下，以补贴为主的需求型政策的应用空间相应缩小。具体来说，需要做到以下几个方面：第一，为黄河流域中下游区域产业绿色转型发展制定更多的优惠政策，从切实的利益出发支持其发展；第二，从增强民众的环保意识入手，积极普及产业绿色转型对于生态环保的重要意义，让更多的资本进入产业绿色转型领域。这样，制造业企业不仅有了产业绿色转型的相关资本，还有了相关技术研发的资本。

(三) 重构产业结构实现制造业优化升级

信息技术、金融服务几乎没有什么碳排放，是产业绿色转型的重点领域。另外，黄河流域中下游区域各级地方政府应实施绿色新兴产业培育工程，培育一批引领绿色产业发展的领军企业。全力打造集成电路、生物医药及医疗器械(材)、物联网、软件等产业地标，着力打造高端装备(含“两机”)、新能源、新能源汽车、高端纺织服装、新材料、节能环保等优势产业链，抢占人工智能、储能和氢能、第三代半导体、量子科技、深海装备等未来产业技术制高点。同时，要实施产业链融通发展工程，引育一批产业链控制力强、资源整合能力强的“链主”企业，培育一批在细分领域掌握核心技术的专精特新、隐形冠军企业，孵化一批中小型科技企业，加快形成以龙头企业为引领、以专精特新“小巨人”企业为骨干、大中小企业融通发展新格局。搭建企业协作配套大数据平台，实现企业供需信息发布、智能匹配推送、产业链公共信息共享等功能，破解企业间存在的“信息孤岛”，实现制造业的高质量发展。

（四）建立碳监测核算体系与技术标准体系，实现数据互联互通与主体协同

目前，黄河流域中下游区域尚未制定科学、完备的碳核算体系，这就造成不同行业、不同领域的碳核算缺乏统一、规范的标准。因此，亟待建立产品、项目、企业、行业、城市、省域乃至大区域层面的碳核算体系，通过核算体系明确数据标准、计算方法、计算流程、结果校验等一系列原则与规范，指导黄河流域中下游区域各领域、各层次科学、规范、统一地开展碳监测评估工作。此外，还需建立信息技术标准，在碳监测评估相关信息技术开发、信息系统建设、信息化产品开发、信息安全与管理等领域建立操作指引，指导信息化建设安全、合规运行。再者，碳监测评估信息化建立在丰富的数据资源基础之上，其中涉及黄河流域中下游区域能源、环保等多个部门和领域，需要打通数据入口，实现数据共享。在实施层面可以推动建立地区层面的“双碳”大数据中心，统筹数据接入与共享，聚合各部门数据资源、提供统一的数据服务，以此提升数据价值，更好地服务黄河流域中下游区域制造业的高质量发展。

（五）提升制造业高质量发展的技术水平

相比于发达地区，黄河流域中下游区域的高质量发展技术仍然比较落后，要在短时间内提高其高质量发展水平，就要聚焦设计、生产、管理、服务等制造全过程，突破设计仿真、混合建模等基础技术，开发应用增材制造、超精密加工等先进工艺技术，攻克智能感知、高性能控制、人机协作、精益管控、供应链协同等共性技术，研发大数据、人工智能、5G、边缘计算等工业领域的适用性技术。鼓励引导企业加大研发投入，加快智能制造创新成果转化，支持企业重大装备及关键部件研发和首试，加速智能制造装备和系统推广应用。

（六）为制造业高质量发展的各类需求主体提供智慧化服务

黄河流域中下游区域制造业高质量发展的过程中，必然要为在不同层面的各类需求主体提供智慧化服务，具体可以从三个方面进行。一是污染物排放的全景监测与智慧监测。在污染物排放的全景监测方面，要综合运用观测数据、业务数据及能源数据等多源数据，将数据进行参数化处理，通过模型计算获取污染物排放的时空变化，同时利用高清卫星影像、AI 视觉算法等智慧化技术手段对污染物排放的变动进行科学监测预警和分析。二是企业污染排放的智慧监测管理。未来，各企业需要借助综合化的信息管理平台来把控污染物排放的进度、加强污染物排放的监管、落实减排行动。因此，各地需要结合自身的实际情况及污染物排放的特点，构建智慧化综合管理平台，实现污染物排放的动态管理，最终利用大数据技术帮助企业进行用能分析和污染物排放的监测分析，为企业改善生产流程和改进落后技术工艺提供建议。三是区域污染物排放监测与智慧管理。构建区域污染物排放监测指挥平台，利用智慧化技术提升区域碳监测水平。

（七）通过对核心算法与反演推算模型的研究，实现关键监测技术突破与创新

在污染物排放监测评估信息化过程中，算法与模型处于核心地位。为保证评估结果的准确性，应从以下四个方面对算法与模型进行研究。一是加强机器学习和区块链算法研究，将机器学习中的神经网络、决策树、随机森林、关联规则等算法嵌入碳监测评估过程，实现碳足迹的精准定位和动态监测。二是在黄河流域中下游区域制造业污染排放核算方法的基础之上结合现有的数据基础，建立计量模型并进行模型试算，选择最优模型，以保证批量计算结果的真实性与可靠性。三是利用智能监测设备实时采集数据并进行模拟推算，追踪污染物排放的时空变化及演变趋势，进行有效监测与预警。四是利用基站测量、遥感测量和气象观测等技术，进行污染物排放自上而下的反演推算，实现数据的交叉验证，保证数据的科学、可靠。从目前的信息化实践情况来看，由于监测技术限制，普遍采用能源使用情况监测手段，这难免存在一定的局限性。因此，需要利用新的监测技术手段实现精准、高效、

动态监测，遥感监测技术等新技术发展为该领域技术突破提供了新的支撑，应加大相关技术的研究与创新。特别是在能源制造业排放的监测领域，由于监测评估难度大，对检测技术的突破和创新诉求更大，应逐渐加强生态系统模拟、卫星遥感、AI 视觉算法等前沿技术探索，实现对制造业在生产过程中污染物排放的动态监测。

第六章　黄河流域中下游区域制造业高质量发展中财务风险的形成机理

第一节　制造业高质量发展中财务风险的“五维能力”

自然界任何事物的发生都是各种因素相互作用的结果，制造业高质量发展财务风险的发生也不例外，它是各种主体之间相互博弈的结果。企业财务风险的发生有利于整合或调节企业间的力量，管控所面临的财务风险，要想确定在制造业高质量发展下企业财务风险发生的可能性，就要分析影响制造业财务风险发生的企业发展环境约束结构图（见图 6-1）。

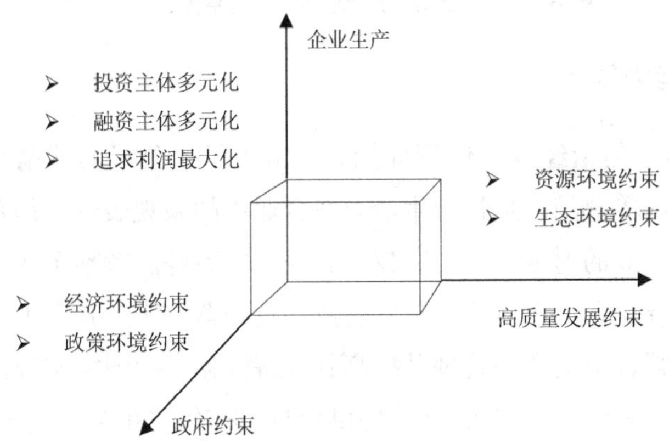

图 6-1　企业发展环境约束结构图

本书在分析影响制造业企业高质量发展中财务风险发生的内外诸多因素后，按照其相互作用的机理构建了分析财务风险的“五维能力”结构，即制造业企业的运营能力维度、盈利能力维度、偿债能力维度、发展能力维度和高质量发展能力维度。这五个维度的平衡状态决定着制造业企业财务风险发生的概率，具体结构如图 6-2 所示。

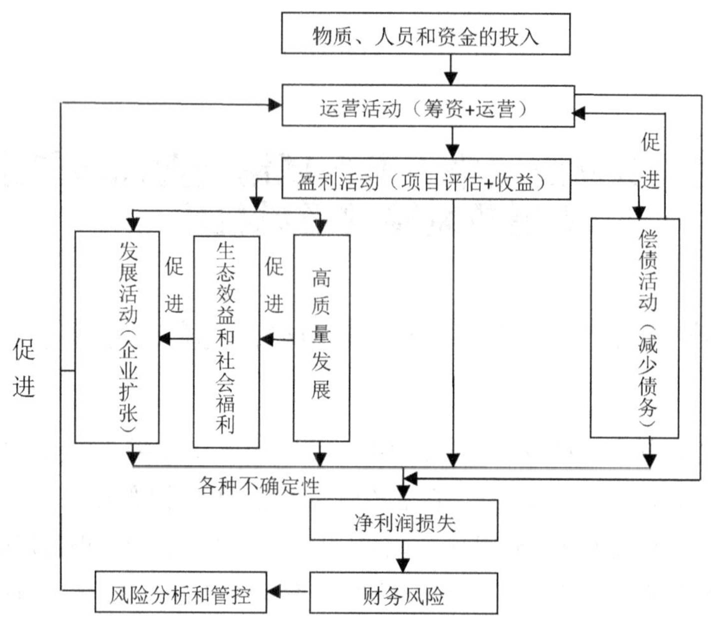

图6-2 “五维能力”结构平衡关系图

一、运营能力维度

运营能力本义是指经营运作管理能力，常规是指公司的营销系统，包括市场部、销售部等部门，是社会生产力在企业中的微观表现，是企业各项经济资源，包括企业的财务、人力、技术和生产资料等。考察企业的运营能力有助于正确引导企业经营行为，帮助企业寻找经营差距及其产生的根本原因，促进企业加强各项资产的管理并提高其经济效益，为国家宏观经济政策的制定及投资者、相关利益人的决策提供依据（朱玲，2013）。运营能力的应用价值主要体现以下几个方面。

（一）改善企业的资产结构

资产结构主要是指固定资产、流动资产等各种资产间构成的比例。资产结构间不同的比例关系将会对企业的经营绩效产生不同的影响。因此，通过对企业资产结构之间比例的分析，查找与企业经营不协调的资产结构，并对其进行改善和优化，使之达到与企业经营相协调的状态。

(二) 优化企业的财务状况

财务状况主要指企业的资产存量状态，是企业发展的根本。企业财务状况出现问题的主要表现为企业的固定资产投资过多或者是资金难以收回，出现资产不良的状况，企业运营资金不足。因此，企业必须注重和优化其资产结构，保持资产的流动性，实时监控企业财务状况，这样有利于及时处理有问题的资产，防止和消除资产经营风险。

(三) 加速资金周转

资金周转是企业实现从商品状态向资金状态转化的能力的重要反映指标。在资产总量不变的前提下，非流动性资产的比例越高，说明企业实现从商品状态向资金状态转化的能力就越低，其资金周转速度也就越慢。所以，企业在其日常运营过程中，必须合理调整流动资产和其他资产的比重，使其处于一个适宜的比例。

企业运营能力分析是对企业财务安全和资产收益能力的判断，是企业决策的重要依据。一般从以下三个方面进行分析。一是对企业流动性资产的分析，即分析流动性资产所占的比例，如果流动性资产所占的比重比较大，那么企业的财务安全性也就会越高。二是对资产结构和资产管理效果的分析。在资产结构和资产管理的过程中，资产的净损失不能使得资本金有所减少。否则，将危及企业的资本安全。三是分析企业的资产结构。资产结构的分析主要表现为资产的周转速度分析，如果企业的资产周转速度越快，表明企业的收益能力越强，取得的利润也就越大。反之，则表明企业取得的利润越少。

综上所述，运营能力分析可以用来评价一个企业的经营业绩、管理水平，乃至预期它的发展前途，关系重大。企业运营活动资金流向如图 6-3 所示。

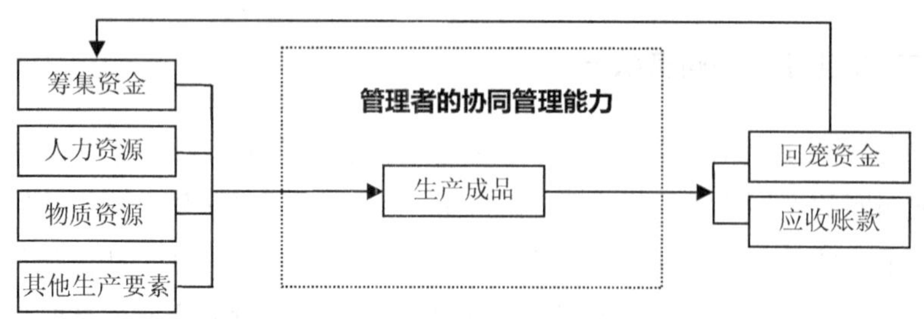

图 6-3 企业运营活动资金流向图

二、盈利能力维度

盈利能力是指企业获取利润的能力，它是一个相对的概念，可以用企业的利润率来衡量。总的来说，企业的利润率越高，盈利能力就越强；反之，盈利能力就越差。从企业的发展视角来看，企业的经营与赚取利润相辅相成，企业经营和发展的直接目的就是最大限度地获取利润。而获取的利润是企业维持经营和发展的保证，从这个意义上说，获取利润越多的企业，其发展的前景就越好。因此，企业的盈利能力是企业管理人员经营绩效的重要衡量标准和改进其管理的突破口。对企业的管理人员来说，进行企业盈利能力分析具有以下两个方面的意义。一方面是盈利能力分析能够反映企业的经营绩效。企业盈利能力越强，企业的经营绩效就越好；反之，企业经营绩效就越差。另一方面是通过盈利能力分析可以发现企业日常经营中的不足。企业在经营中的各种表现和企业经营的好坏最终都会通过企业的盈利能力来表现。而通过对企业盈利状况的分析，可以发现企业经营中存在的不足，为帮助企业管理层提出解决措施奠定基础，以提高企业的利润。另外，对企业投资人来讲，获取利润是其最重要的目的，而企业盈利能力决定其投资是否能够收回，所以企业的盈利能力对投资人来说是非常重要的；对债权人来讲，企业所取得的利润是企业偿债的重要来源，也是企业偿债能力的基础。因此，企业盈利能力对企业债权人来说也是非常重要的。企业盈利活动资金流向如图 6-4 所示。

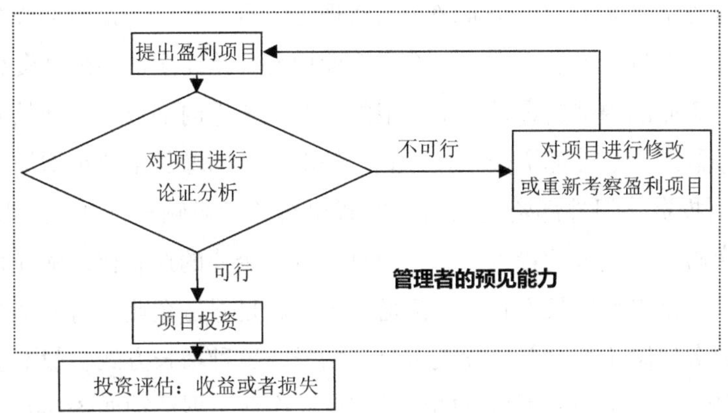

图 6-4　企业盈利活动资金流向图

三、偿债能力维度

企业的债务可以分为短期债务和长期债务，企业的偿债能力也可以分为短期偿债能力和长期偿债能力。短期偿债能力反映的是企业短期偿还债务的能力，也指流动资产偿还流动负债的能力，通常的衡量指标有流动比率、速动比率和现金流动负债比率。长期偿债能力通常是反映企业长期偿还债务的能力。根据不同的种类，长期债务可以分为长期借款、应付债券、长期应付款、专业应付款、预计负债等。分析企业的偿债能力必须与企业的获利能力、现金流量指标相结合，才能真实反映企业实际的偿债能力。企业偿债活动资金流向如图 6-5 所示。

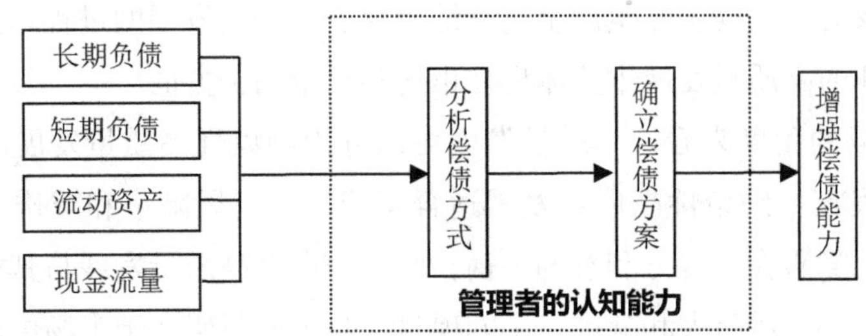

图 6-5　企业偿债活动资金流向图

四、发展能力维度

企业的发展能力通常是指企业通过其经营积累获得的不断扩大其规模

的潜能。从资金来源上看，企业增长的实现方式有三种。一是内部资金增长方式。企业内部资金增长主要发生在小企业内部，是完全依靠内部资金来支持增长，但企业的内部资金是非常有限的，所以依靠内部资金的增长方式受到较大的限制。二是外部资金增长方式。外部资金的增长主要是增加企业的债务和吸引投资，但外部资金的增长方式也有负面影响——不仅会增加企业的财务风险和投资人的投入成本，而且会分散企业的控制权，稀释企业的盈余资金。三是平衡增长方式。平衡增长方式就是保持企业的财务结构和与此有关的财务风险不变，并以此支持企业增长，这种增长方式一般不会消耗企业的财务资源，是一种可持续的增长速度。企业发展活动如图 6-6 所示。

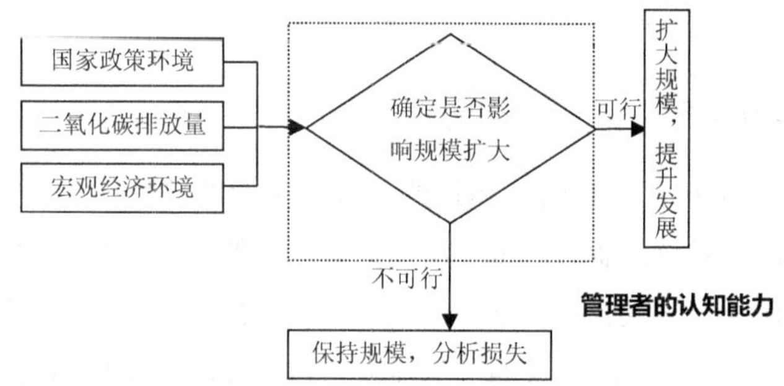

图 6-6 企业发展活动示意图

五、高质量发展能力维度

如前所述，高质量发展就是以资源集约利用和环境友好为导向，以绿色创新为核心，实现工业生产全过程绿色化、可持续发展的过程。就目前来看，制造业的高质量发展主要体现在市场和技术两个方面。

从市场的角度来看，高质量发展可以分为约束性高质量发展和非约束性高质量发展。约束性高质量发展适合于成本大、风险小和减排量大的项目，其主要障碍在于各方利益的平衡；而非约束性高质量发展与其相反，它适合于成本小、风险大和减排量小的项目，其主要障碍在于市场供求关系的充分发掘。目前，这两种模式在机制上是完全隔离的，但非约束性高质量发展已经建立了自身的风险管理系统。若未来能够建立起非常有效的评估和防范措施，将为非约束性高质量项目进入约束性高质量发展提供可能。

从绿色转型技术角度来看，以碳减排技术为例，碳减排技术是用化学、物理、生态等方法从烟气或煤气中分离、回收利用或处理一氧化碳以减少或分离化石燃料燃烧生成的二氧化碳，或分离煤气或天然气中的二氧化碳，也称碳整合技术。此类技术主要包括以下四部分内容。一是分离回收技术，主要包括以氨气为吸收液的化学吸收法，用类似于沸石等固体吸附剂的物理吸收法，以及利用高分子膜对不同气体的不同渗透速度将二氧化碳从烟气中分离出来的膜分离法等。二是利用技术。目前，液化二氧化碳已广泛应用于焊接、冷却、生产碳酸盐和尿素及饮料等领域，但规模利用二氧化碳的技术，如二氧化碳与氢气在高温高压和催化剂条件下合成甲醇、甲烷，与乙醇、环氧化物及不饱和碳化氢合成各种含氧有机化合物等技术则正在研究之中。三是储存技术，如将分离出来的二氧化碳封存旧油气田、难开采煤层、深层地下水层和深海等。四是加强对自然界的补偿。陆地植被和海洋及大气中的二氧化碳之间交换量巨大，为此，只要扩大森林种植和复种面积，增加碳循环中二氧化碳的吸收量，就会对大气中二氧化碳浓度的降低起显著作用。但就目前的实践来看，二氧化碳的回收处理需要大量的建设资金和运行费用。相关资料显示，对于一座600MW的火电厂，如采用化学吸收法从烟气中吸收高浓度二氧化碳进行70公里外油田驱油，每吨二氧化碳的捕集成本约760元，整体运行成本偏高，大规模推广的难度较大。

第二节　制造业高质量发展中财务风险成因分析

近年来，随着高质量发展的逐步深入以及黄河流域生态保护意识的增强，制造业实施高质量发展已经成为必然趋势。然而，我们注意到在制造业实施高质量发展后，其生产要素成本全面上升、投入成本加大。这不仅会使制造业企业面临较大的财务支出，产生较大的财务风险，而且也会影响整个制造业的发展。

一、内部成因分析

为了分析制造业企业高质量发展所产生的财务风险的内部成因，本书假设考察高质量发展和非高质量发展的两种制造企业所具有的财务风险成因。

(一)基本假设

我们假设在制造业高质量发展中存在两种企业，为方便本书进行分析，分别设为高质量发展企业和非高质量发展企业，假定这两种企业分别存在数量大于1的同类型企业。根据现实经济的发展状况，由于高质量发展企业要进行环境、生态和企业效益等多方面的投入，因此在相同的技术条件下，高质量发展企业所投入的成本要高于非高质量发展企业所投入的成本。因此，高质量发展企业产生财务风险的可能性较大。

(二)市场需求选择

随着国内民众环保意识的增强，产品消费者对这两种类型企业的产品需求存在着一定的差异。另外，从企业的角度考虑，企业的生产是以企业所取得的利润最大化为目标，换句话说是以企业成本最小化为目标，即在财务风险最小的情况下进行产品产出、高质量发展和选择最佳的生产技术。所以，为使发展变动成本最小化，企业会选择在最优技术条件下进行产品生产。从长期来看，高质量发展企业和非高质量发展企业所生产的产品是可以完全替代的，非高质量发展企业所获得的长期利润正好抵消其高质量发展所需的成本。此时，非高质量发展企业转型的总成本取决于需求规模、总的变动成本、转型所需的固定成本及企业数量。故此，可以得出制造业企业形成财务风险的成因。

财务风险成因1：技术水平是制造业企业高质量发展形成财务风险的决定因素。

毋庸置疑，在市场需求一定的情况下，高质量发展企业进行技术创新所需的成本要大于采用非高质量发展企业所需的成本。若高质量发展企业采用传统的技术，则高质量发展企业的成本也将减少，企业面临的财务风险也将会减小；反之，如果采用高质量发展技术，非高质量发展企业的生产成本也将增加，企业面临的财务风险也将会增大。

财务风险成因2：制造业企业间的激烈竞争也将影响非高质量发展企业向高质量发展企业转型的成本。

根据国家相关政策和发展战略，企业间竞争出现的结果是非高质量发展企业向高质量发展企业转型成功、企业的破产或增加新进入者。具体可从以下三个方面进行分析。一是若在制造业企业总数保持不变的情况下，高质量发展企业数量增加或者非高质量发展企业数量的减少将会进一步加大非高质量发展企业转型的成本，从而使高质量发展企业的财务风险增加；相反，高质量发展企业财务风险将减少。二是若在制造业企业总数变少的情况下，即高质量发展企业和非高质量发展企业总数减少，这种情况可以分为三个方面。一方面是在非高质量发展企业数量减少而高质量发展企业数量不变的情况下，高质量发展企业面临的财务风险减小。另一方面是在高质量发展企业数量减少而非高质量发展企业的数量不变的情况下，在同一产出水平下非高质量发展企业的边际成本大于高质量发展企业的边际成本，此时高质量发展企业面临的财务风险增加。最后一个方面是在高质量发展企业的数量和非高质量发展企业的数量都减少的情况下，若非高质量发展企业下降的数量大于高质量发展企业的数量，则高质量发展企业的财务风险将下降；反之，则高质量发展企业的财务风险将上升。三是若在制造业企业总数增加的情况下，即高质量发展企业和非高质量发展企业总数增加，这种情况可以分为三个方面。一方面是在非高质量发展企业数量增加而高质量发展企业数量不变的情况下，高质量发展企业所面临的财务风险减小。另一方面是在高质量发展企业数量增加而非高质量发展企业的数量不变的情况下，高质量发展企业面临财务风险的减小。最后一个方面是在高质量发展企业的数量和非高质量发展企业的数量都增加的情况下，若非高质量发展企业下降的数量大于高质量发展企业的数量，则高质量发展企业的财务风险将上升；反之，则高质量发展企业的财务风险将下降。

财务风险成因 3：制造业企业市场的需求规模和外部不确定性特征也直接增加了企业高质量发展的成本。

根据经济行为学理论，在产品同质化的情况下，产品市场需求规模的扩张必将引起企业生产规模的扩大，而生产规模的扩大也将降低企业的生产成本，增强产品的竞争力。同时，由于我国政府对高质量发展的大力扶持，也必将压缩非高质量发展企业的市场空间，增大其财务风险。由以上分析可知，需求函数的增长将造成转型成本的增加，使得高质量发展企业的财务风险增加。

二、外部成因分析

近年来，随着高质量发展的提出，国家对高质量发展的重视程度以及国内民众对环保意识的增强，作为高质量发展的重点关注大户，黄河流域中下游区域制造业企业进行高质量发展已经成为必然趋势。制造业企业高质量发展产生的财务风险的外部成因分析如下。

（一）技术创新是实现高质量发展的直接动力

从某种意义上讲，技术创新是研究人员对当前技术的进一步认识，通过投资开发并研究或将多种技术相互结合应用，并产生经济效益过程的活动。技术创新活动通常也会伴随产品在技术方面的突破或者是产品的升级换代，因此，可以说技术创新包含着对产品升级的阐释。美国学者 Abernathy 和 Utterback 研究并提出的 A-U 模型较好地验证了技术创新是推动企业发展和产品升级的直接动力。第一，技术创新需要政府介入。技术创新需要企业对其自身的生产资料、管理条件等进行优化组合，以达到更好地改进生产流程的目的。但在技术创新的过程中，实施技术创新的主体是企业自身，经济实力较好的企业可以通过技术改造促进企业发展，实现企业高质量发展。但是，企业的技术创新过程存在着较多的不确定性因素，特别是高质量发展技术的具有周期长、资本投入大的特征。因此，在黄河流域中下游区域制造业企业高质量发展外部环境不完善的状况下，政府有必要加以辅助。第二，政府介入对制造业企业技术创新的影响。一般来讲，政府介入企业技术创新的方式通常是直接投资，政府直接投资可以降低企业的研发投入成本，同时也有助于激励企业增加研发投入。不过，对于技术创新中政府起的作用，不同的学者有着不同的观点，但基本都认同两个方面：一是随着技术创新的不断增大，企业需要投入更多的人、财和物，需要政府进行宏观调控和引导；二是技术创新的过程充满较多的不确定性，任何一个技术创新的环节都可能因不确定性因素造成技术创新的失败，为此，参与技术创新的主体将会采取有效的措施规避技术创新风险，这也包括政府的资金注入。政府介入有利于高质量发展相关活动的开展，促进企业技术创新。

为方便研究，本书将政府介入具体化为政府修正性税，即税收——补贴办法。在国家科技政策的实施中，政府补贴一般是指政府采用直接投入、政府购买等方式对技术研发的投入（陈景岭，2012）。根据政府采用的投入方式不同，本书将政府补贴分为直接补贴和间接补贴。直接补贴主要是指政府通过直接的研发投入对技术研发给予直接的激励。间接补贴主要是指政府的税收激励，税收激励是世界各国对技术创新共同采用的经验。而在实际的应用中，政府采用的补贴和税收方式存在两个方面的问题。一是政府对技术创新的支持力度的问题。这主要是指如果补贴力度过大，政府将面临较大的压力；如果政府补贴力度不到位，就会对技术创新起不到有效的激励，也会弱化政府补贴的支持力度。二是政府补贴对技术创新支持的效率问题。技术创新的过程包括研发投入、产品生产、销售等各个环节，科技政策对不同环节产生的作用是不同的。下面运用博弈论中的激励模型说明。

（二）基本假设

在实际的经济行为中，政府往往不能准确得知企业的具体行动。从政府的角度来讲，其主要的问题是取决于政府所审计的财务指标和制定有效的激励手段，为此特设计如下的激励模型。

$$
\begin{aligned}
&\max_{\alpha,\mathrm{s}(\pi)}\int v\left\{\pi\left(\alpha,\theta\right)-\mathrm{s}\left[\pi\left(\alpha,\theta\right)\right]\right\}g(\theta)d\theta\\
&s.t.(IR)\int u\left\{\mathrm{s}\left[\pi\left(\alpha,\theta\right)\right]\right\}f\left(\theta\right)d\theta-c\left(\alpha\right)\geqslant\bar{u}\alpha\in A\\
&(IC)\int u\left\{\mathrm{s}\left[\pi\left(\alpha,\theta\right)\right]\right\}f\left(\theta\right)d\theta-c\left(\alpha\right)\geqslant\int u\left\{\mathrm{s}\left[\pi\left(\alpha',\theta\right)\right]\right\}f\left(\theta\right)d\theta-c\left(\alpha'\right)\alpha'\in A
\end{aligned}
\tag{6-1}
$$

式中，两个约束条件分别是参与约束和激励相容约束。参与约束表示企业接受合同时得到的期望效用不能小于不接受合同时能得到的最大期望效用。激励相容约束是指政府希望的任何行动只能通过理性企业效用最大化行为实现。下面对模型变量进行说明。

α 表示企业努力水平的一个变量，A 为企业所有可以选择的行动组合；

θ 表示外生随机变量，不受企业和政府的影响；

$\pi(\alpha,\theta)$ 是技术创新可观测的产出，假定产出 π 是 α 和 θ 的严格单调增函数；

s[π（a,θ）] 是政府设计的激励合同；

$\bar{u}$ 是企业的保留效用，即能接受的最低期望效用；

$g(\theta)$ 是政府认为外生变量 θ 的分布函数；

$f(\theta)$ 是企业认为外生变量 θ 的分布函数；

$c(\alpha)$ 是企业努力化的货币成本，且满足 $c'(\alpha)>0,c''(\alpha)>0$；

$v[\pi-\mathrm{s}(\pi)]$ 是政府的期望效用，且满足 $v'>0,v''<0$；

$u[s(\pi)]-c(\alpha)$ 是企业的期望效用，且满足 $u'>0,u''<0$。

假设 1：技术创新活动是一项风险性和高收益的活动，企业技术活动所产生的利润与企业的努力程度呈现如下的函数关系。

$$\pi = Ay^{\gamma}\alpha^{\eta}+\theta$$

其中，γ,η 分别为企业研发活动的物质投入水平 y 和人员投入水平 α 的产生利润的弹性系数，并假设 $0<\gamma<1,0<\eta<1,$ 且 $\gamma+\eta=1$，这说明该函数规模效益不变，边际收益递减。θ 表示外生变量的不确定性因素，其性质是服从 μ 为 0，方差为 σ 的正态分布。

假设 2：政府给予企业的激励形式为直接补贴和间接补贴，且政府的风险中性，企业的效用函数具有不变的绝对风险规避特征，即：

$$\mathrm{u}=-e^{-\rho\omega}$$

其中，ρ 为绝对风险规避度，ω 为实际货币收入。

$$\rho=-\frac{u''}{u'}$$

模型推导。在现实的经济行为中，如果政府可以观测到企业的努力水平 α，则激励约束是多余的，此时式 6-1 可以进一步变形为：

$$\begin{aligned}&\max_{\alpha,\mathrm{s}(\pi)}\int v\{\pi(\alpha,\theta)-\mathrm{s}[\pi(\alpha,\theta)]\}g(\theta)d\theta\\&s.t.(IR)\int u\{\mathrm{s}[\pi(\alpha,\theta)]\}f(\theta)d\theta-c(\alpha)\geqslant\bar{u}\alpha\in A\end{aligned}\qquad(6\text{–}2)$$

在理想状况下，政府可以通过企业的统计数据观察企业的物质和人员投入水平。为此，我们求得政府期望效用函数的条件极值，构造拉格朗日函数如下。

$$L[s(\pi)] = \int v\{\pi(\alpha,\theta) - s[\pi(\alpha,\theta)]\} g(\theta) d\theta + \lambda\left\{\int u\{s[\pi(\alpha,\theta)]\} f(\theta) d\theta - c(\alpha) - \bar{u}\right\} \tag{6-3}$$

式 6-3 满足的条件极值为一阶求导为 0，那么解之得：

$$\lambda = \frac{v'\{\pi(\alpha,\theta) - \mathrm{s}[\pi(\alpha,\theta)]\}}{u'\{\mathrm{s}[\pi(\alpha,\theta)]\}} \tag{6-4}$$

对 λ 进行隐含求导，可以得出：

$$-v''(1-\frac{ds}{d\pi}) + \lambda u''\frac{ds}{d\pi} = 0 \tag{6-5}$$

将 λ 代入上式得出：

$$\frac{ds}{d\pi} = \frac{-\frac{v''}{v'}}{-\frac{u''}{u'} - \frac{v''}{v'}} \tag{6-6}$$

根据假设 2，则上式可以转化为：

$$s[\pi(\alpha,\theta)] = \xi + \psi\pi(\alpha,\theta) \tag{6-7}$$

其中，可以 ξ 和 ψ 分别可以看作企业的直接投资和政府激励强度系数（即产出增加一个单位，激励报酬增加 ψ 个单位）。

根据阿罗 - 普拉特定理，政府的期望效用等于其期望收入：

$$Ev[\pi - s(\pi)] = E(\pi - \xi + \psi\pi) = -\xi + (1-\psi)\pi$$

为方便研究，我们不妨认为企业的物质投入和人员投入具有同质性，共同代表企业的技术创新强度，用 z 表示，则式 $\pi = Ay^{\gamma}\alpha^{\eta} + \theta$ 可以转化为 $\pi = Az + \theta$，其成本函数可以设定为 $c(z) = \frac{1}{2}kz^2$，k>0 表示投入强度的成本系数。

在现实的经济行动中，企业总会选择自己的效用最大化。这时政府所需要的是满足企业的激励合同，由边际成本等于边际收益的原则，企业的激励相容约束意味着 $z=\frac{A\psi}{k}$，并根据阿罗－普拉特的研究结论，企业的风险成本为 $\frac{1}{2}\rho\psi^2\sigma^2$。则政府的最优化问题变为：

$$\max_{\xi,\psi} -\xi+(1-\psi)\pi$$
$$s.t.(IR)\xi+(1-\psi)(Az+\theta)-\frac{1}{2}\mathrm{k}z^2\geqslant\bar{u} \tag{6-8}$$
$$(IC)z=\frac{A\psi}{k}$$

求得上式的一阶条件为

$$\frac{A^2}{k}-\frac{A^2}{k}\psi-\rho\psi\sigma^2=0 \tag{6-9}$$

解之得：

$$\psi=\frac{A^2}{A^2+\rho k\sigma^2} \tag{6-10}$$

根据以上综述，结合相关的研究，企业的预期利润的净损失值为：

$$\Delta E(\pi)=\frac{A^2\rho\sigma^2}{A^2+k\rho\sigma^2}=\frac{A^2}{A^2+k\rho\sigma^2}\times\rho\sigma^2 \tag{6-11}$$

根据式 (6-10)，上式可以简化为：

$$\Delta E(\pi)=\frac{A^2\rho\sigma^2}{A^2+k\rho\sigma^2}=\frac{A^2}{A^2+k\rho\sigma^2}\times\rho\sigma^2=\psi\rho\sigma^2 \tag{6-12}$$

由此，可根据下列情况进行分析。

第一，当 ψ =1 时，$\Delta E(\pi)=\rho\sigma^2$，此时企业的净利润损失最大，这意味着企业要承担全部风险。

第二，当 ψ =0 时，$\Delta E(\pi)=0$，此时企业的净利润损失最小。

第三，由式 6-10 可知，ψ 是风险规避度 ρ 的递减函数，即企业的风险规避度越大，其所承担的风险就越小。而在现实经济中，企业需要承担一定的风险，为此，政府就需要掌握企业的努力程度或其风险规避度，然而，基于政府和企业之间的信息不对称性，想要获得这样的数据十分困难。而企业则需要最大限度地规避自身的风险，降低自身的代理成本。这不但会增加政府的财政压力，同时也降低了其补贴效用，最终结果是造成企业创新产出的降低，碳减排效果下降。

综上所述，从企业外部来看，造成企业财务风险的外部成因为：政府对企业碳减排技术研发的激励起着重要作用。但是，基于政府和企业间的信息不对称性，在政府对企业激励的实际操作中，政府对企业的激励程度较难把握，这种激励程度不足或激励程度过度都将难以达到预期效果，从而增大企业的风险成本。

第三节　制造业高质量发展中财务风险的形成机理

一般来说，机理是指为实现某一特定的功能，一定的结构中各要素的内在工作方式和诸要素在一定环境条件下相互联系、相互作用的运行规则和原理。为分析制造业企业财务风险的形成机理，本书从企业自身和外部环境进行具体分析。

一、企业——非约束性财务风险发生的实体

众所周知，企业作为市场经济中的基本单位，其经营目的是盈利，基本特征是具有自主经营和自负盈亏最终走向市场的经济组织。根据企业自身所具有的基本特征，在实际的经济发展中，制造业企业不仅要促进自身的发展，而且要承担由此产生的财务风险，经济实力较强的企业和经济实力较弱的企业其财务风险发生的概率也有所不同。因此，从微观的视角来看，制造业企业的经济实力对其高质量发展下的财务风险有着重要影响。

首先，史密斯收益性空间界限分析理论认为，能够得到最大利润的区域是总收入超过总费用金额最大的地点。我们可以用它来解释制造业企业自身发展的动机。一般而言，企业以追求利润最大化为目标，在特定的情况下，企业会随时检查自身的盈利状况，如果企业自身所处的环境或者硬件设施的改变使得企业盈利水平下降，那么企业进行产业转移势在必行。

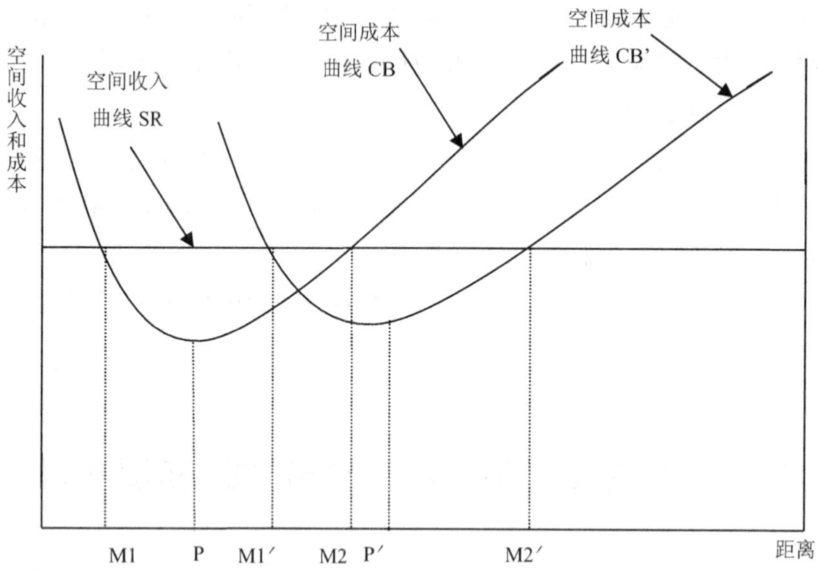

资料来源：周江洪，陈翥. 论区际产业转移力构成要素与形成机理 [J]. 中央财经大学学报，2009(02).

图 6-7　企业盈利空间界限变化

如图 6-7 所示，SR 和 CB 分别表示企业的空间收入曲线和空间成本曲线，区间 [M1,M2] 为企业的盈利区间，P 点为企业的最大盈利点。随着外部环境的变化，企业的空间成本曲线由 CB 变为 CB′，盈利的区间由 [M1,M2] 变化为 [M1′ ,M2′]，企业的最大盈利点也由 P 变为 P′ 。这时，过去的盈利区间也将变为亏损区间，由于外部环境的变化，过去盈利的最优点也将变为企业的亏损点，促使企业必须通过迁移区位到新的最大盈利点 P′ 才能获取最大盈利水平。一般而言，当企业处于盈利空间界限之外，企业将会考虑采取迁移的办法来提高当前的盈利水平。然而，在大多数情况下，企业仍在盈利空间界限之内，企业决策者也会发现可获得更高的预期盈利水平（周江洪、陈翥，2009）。

其次，完全竞争市场理论很好地解释了企业的行为。根据微观经济学理论，在完全竞争市场价格给定的条件下，企业在长期生产中一方面会对最优的生产规模进行选择，另一方面会对进入或退出行业进行决策。而企业在长期生产中进入或退出一个行业时，生产要素在各个行业之间会进行调整，生产要素总会流向能获得最大利润的行业，也总会从亏损的行业流出，使得完全竞争企业长期均衡时的利润为零（高鸿业，2010）。

综上所述，企业作出经营决策，要考虑对企业发展最为重要的影响因素，即如何获得对企业自身最为有利的经营条件，以达到降低成本取得利润最大化的目的。这样一来，即使在没有政府干预的情况下，其逐利的市场化行为也会促进企业的技术进步，促使企业财务风险的下降。但是，从另一个方面来看，企业的逐利行为将会使企业过分看重自身的利益而忽视社会和生态效益，造成环境污染问题，成为碳减排约束下提高企业财务风险的因素之一。由此可以看出，在没有外部环境的约束下，企业的市场行为会有助于企业的技术进步，降低企业的财务风险，但同时也会使失业率上升和污染环境事件增多，增加生态环境风险。

二、外部环境——约束性财务风险发生的必要条件

市场经济并不是完全竞争市场，需要政府进行干预，尤其是在市场经济体制还不健全的条件下，企业的发展不能脱离政府政策的宏观调控。虽然在市场经济条件下，资源配置要通过市场机制来实现，但我们不能忽略市场机制的缺陷——市场的配置是盲目的，其结果是造成资源的浪费。企业自身的利益追求也容易造成市场成本过高，这些都需要对企业发展的外部环境进行约束，以达到在企业发展过程中实现信息共享和资源合理配置的目标。

对于外部环境的干预和政府宏观调控，制造业企业高质量发展过程中会面临怎样的变化，我们用图 6-8 进行说明。根据科斯定理，我们将制造业生产过程中污染物排放本身定义为一种生产要素，只要其权利得到明确的界定，只要排放本身的所得大于所失，排放就会继续直到得失相同为止。由此我们可知，政府应该在鼓励制造业高质量发展的同时，为激励企业减少污染物的排放，参与到减少污染物排放的行为中来。为方便研究，我们假定企业在必须进行高质量发展相关法律法规的约束下，降低法律风险的合理区间就应该是政府改善投资环境，共同与企业承担减少污染物的责任。然而，一旦超出了这个范围，企业的生产行为将被国家禁止，同时也面临一定的法律风险。这种风险包括国家对企业优惠政策的丧失，这也使得企业管理层重新调整自身的资源分配行为，以实现企业的高质量发展。

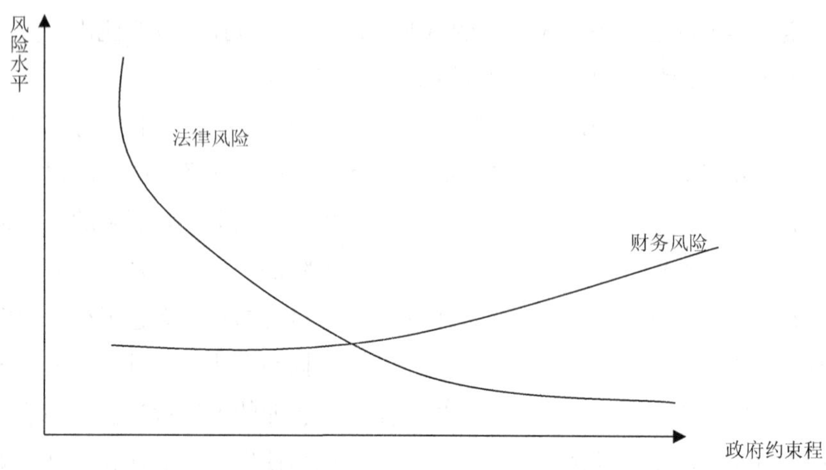

图 6-8　风险水平与政府约束程度

对于企业而言，要实现高质量的发展必然要进行技术创新，实现产业的升级，这需要面对外部环境的合法性。与此同时，当企业面临高风险和高投入技术创新时，政府应从国家经济利益和国际竞争的角度进行考虑，不仅需要从资金上对企业进行支持，鼓励企业进行技术创新，还要从制度上进行考虑，包括创新激励制度、社会保障制度、绩效考评制度等。如果政府制度制定合理，那么企业的外部环境将得到较好的完善，也将会有力地增强企业的发展，从而降低其财务风险。相反，如果政府缺乏这种制度的安排或者说现有的制度阻碍了企业的发展，那么既会影响企业的积极性，又有增加企业财务支出的可能性，进而引发企业的财务风险。由此可知，政府对制造业企业高质量发展相关制度的制定，有助于降低制造业企业发展中的财务风险。但如果制造业企业高质量发展相关制度缺失或制度阻碍制造业企业的发展，将会增大其财务风险。

综上所述，制造业企业的形成机理如图 6-9 所示。

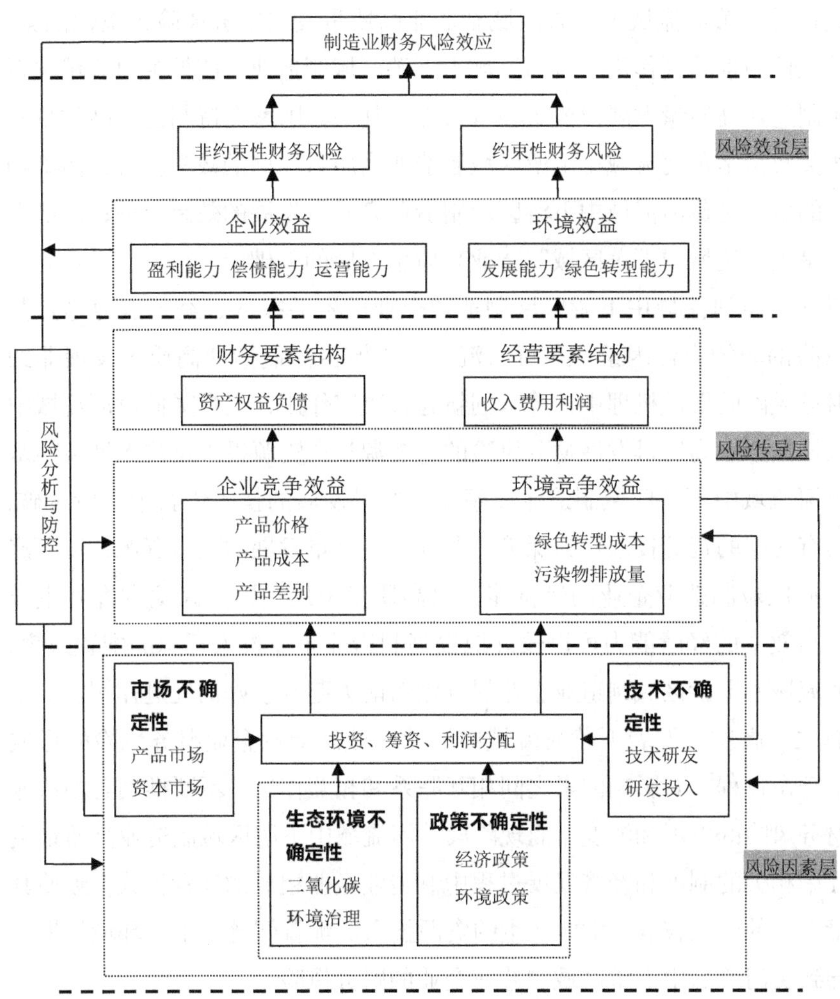

图 6–9　制造业企业财务风险的形成机理

财务风险的形成机理主要是指在财务风险的形成过程中，影响财务风险形成的诸因素在特定的环境中相互联系的作用、运行规则和原理。在黄河流域中下游区域制造业高质量发展财务风险的形成过程中，影响因素是多个方面的，总体上可以归结为两类：一类是外部因素，也可以称之为约束性因素；另一类是内部因素，也可以称之为非约束性因素。这两类因素的共同作用构成了黄河流域中下游区域制造业高质量发展财务风险的形成机理。

首先，经济发展水平、生态环境和国家对黄河流域高质量发展出台的相关政策等是黄河流域中下游区域制造业高质量发展财务风险约束性因素，这些约束性因素共同作用于黄河流域中下游区域制造业，使得黄河流域中下游区域制造业高质量发展形成了独有特点。其中，国家支持制造业高质量发展的相关政策是黄河流域中下游区域制造业高质量发展的政策基础；污染物排放量的多少是黄河流域中下游区域制造业高质量发展的效果参数；经济发展水平是黄河流域中下游区域制造业高质量发展的基础。

其次，黄河流域中下游区域制造业企业的资源投入、经营能力等是其财务风险的非约束性因素。在黄河流域中下游区域制造业高质量发展非约束性财务风险的形成机理中，技术创新起着决定作用，也是降低黄河流域中下游区域制造业高质量发展财务风险的重要源泉；资源投入是技术创新的基础，黄河流域中下游区域制造业要想在高质量发展的技术创新中有所突破，就必须有相应的资源投入作为保障，尤其是高质量发展的人力资源；黄河流域中下游区域制造业企业的经营能力对高质量发展中财务风险发挥着主导作用，高效率的经营能力可以较好地提高制造业企业投入资源的配置效率，对黄河流域中下游区域制造业企业提升创新能力起到较好的促进作用。

总之，高质量发展下黄河流域中下游区域制造业企业财务风险的形成是一个动态过程，其影响因素之间相互联系和相互作用，不断推动着制造业企业财务风险的发展和演变。而现阶段黄河流域中下游区域制造业高质量发展过程中相关的制度和经济发展过程中制造业企业粗放的运营模式，致使其高质量发展的效果较弱，由此产生的资源投入的配置问题和生态环境的损失也会导致黄河流域中下游区域制造业企业的财务风险。

第七章　黄河流域中下游区域制造业高质量发展中财务风险识别与管控机制

第一节　制造业高质量发展的技术与财务状况分析

一、制造业高质量发展的技术现状分析

黄河流域中下游区域制造业高质量发展是一项长期且艰巨的任务，通过技术进步实现高质量发展是制造业企业的突破口和关键点。如1981—2010年技术进步对制造业中钢铁企业碳减排的平均贡献率为20.56%（张凯、何维达，2013）；1978年以来技术进步对节能率的贡献为65.8%（张瑞、丁日佳，2017）。可见，黄河流域中下游区域制造业要实现高质量发展，提高能源利用效率，减少污染物的排放，成功进行绿色转型，必须依靠技术进步。目前，在高质量发展背景下，黄河流域中下游区域制造业企业正大力推广已经成熟的节能减排技术，并在努力研发新型绿色发展技术。随着高质量发展工作的进一步展开，黄河流域中下游区域制造业的高质量发展也将取得更大的进步。本书以钢铁制造企业为例，介绍现有成熟的节能减排技术。

（1）先进的直接还原技术——ULCORED

该项技术的基本原理：采用气基（气基包括天然气、甲烷或者纯净的氢气等）对二氧化碳进行捕集和封存，从而达到降低二氧化碳排放的目的。该项技术最大的优势：将能源消耗降到最低。因此，根据所用的原料不同，可以将该项技术分为天然气基还原技术和合成气基还原技术。该项技术的特征：一是不增加二氧化碳的使用量；二是将炉顶气中的一氧化碳转化为氢气和二氧化碳；三是利用吸附技术对炉顶气进行净化，将分离出来的二氧化碳进行封存，而氢气可以再次作为气基循环利用。

其中，天然气基还原技术主要适用于天然气储量较为丰富的地区。该项技术所需的能量比目前的技术减少能量消耗20%左右，不仅可以对二氧

化碳进行捕集，而且还可以分离出来纯净的氢气作为气基进行再次利用，从而达到降低能源使用量的目的。合成气基还原技术主要适用于以煤为主要能源的炼钢企业，该技术的应用可以将吨钢二氧化碳的排放量减少 30% 左右，其基本原理是利用焦炉煤气或者将煤气化生成合成气净化（净化主要是指分离出二氧化碳）后直接还原铁矿石和用作其他用途。焦炉煤气主要用于“直接还原 + 高炉冶炼”工艺中，使用焦炉煤气可以达到减少二氧化碳，增加钢铁产量的目的。另外，先进的直接还原技术中不含催化剂氧化，反应器还可以在焦炉煤气进入高炉之前进行整改。这一工艺可以提高一氧化碳和氢气的混合气体的比重以减少炉中的燃料比和二氧化碳的排放量。

（2）高炉炉顶煤气循环工艺技术——碳捕集技术。该项技术的基本原理是将高炉煤气分解为两种富集煤气——一氧化碳和二氧化碳。一氧化碳进行回炉重新利用，二氧化碳经过两次的净化压缩存储到存储器中。另外，在高炉炉顶煤气循环工艺中，可以用氧气替代余热空气，这样有利于对高炉炉顶煤气中二氧化碳的捕集（见图 7–1）。

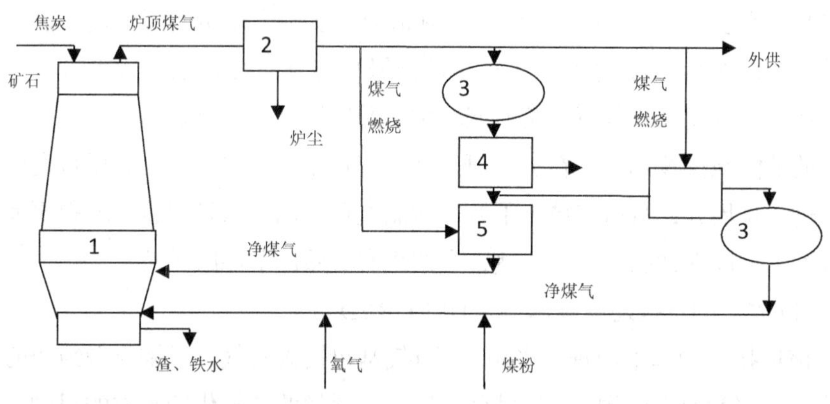

注：1：高炉；2：除尘；3：加压；4：二氧化碳和水脱除；5：加热。

图 7–1　高炉炉顶煤气循环原理图

（3）二氧化碳捕集与封存 CCS 技术。该项技术的主要原理是捕集钢铁企业废气中的二氧化碳，并利用地质条件储存二氧化碳，从而达到减少二氧化碳排放的目的。该项技术对捕集后的二氧化碳进行压缩，并通过特殊的管道进行运送和存储。其存储的方法主要分为三种：一是利用已经报废的油田或者气田封存二氧化碳；二是利用地下含盐的蓄水层封存二氧化碳；三是利用未开采的煤层封存二氧化碳。实践证明，无论是从经济还是技术的角度来讲，该项技术的应用前景都非常好。

（4）转炉余热蒸汽发电技术。该项技术的主要原理是通过回收转炉烟气的余热，进行低压（饱和）蒸汽发电。如果吨钢发电量和钢铁生产量分别按照15kWh和6亿吨进行计算，则每年的发电量为90亿kW·h，折合300万tce左右，产生效益40多亿元。此时，转炉余热蒸汽所发的电量可以替代从其他电厂所购的电量，达到节能减排的目的。

（5）轧钢氧化铁皮生产还原铁粉技术。该项技术的主要原理是采用隧道窑固体碳还原法生产铁粉，即通过还原、破碎、筛分和磁选等多道工序生产出合格的还原铁粉，再通过二次还原提高铁粉的含铁量，降低O、C、S等元素的含量，最终达到减少二氧化碳排放的目的。

（6）能源管理中心技术。该项技术主要通过现代智能化技术在钢铁生产的工序中对能源的使用进行全程监控，对数据进行收集、分析和处理和反馈，对能源系统实施集中管理，实现企业的能源转换、余热利用的回收利用等全方位的管理，达到提高能源使用率和节能的效果。

二、制造业高质量发展的技术潜力分析

从以上的论述可以看出，黄河流域中下游区域制造企业在资源利用率等方面有很大的提升空间，但与国际上先进的制造业企业相比还有一定的差距。以钢铁企业的高炉炼铁技术为例，与国际先进技术相比，差距最大的地方是热风温度偏低，差80℃～100℃；其次是高炉入炉铁矿石品位偏低、炼铁炉料质量偏低等。炼铁企业应尽快扭转这种局面，促进高炉工序节能减排。

根据目前高质量发展的要求和制造业企业自身的发展现状，制造业企业的高质量发展不仅面临资源的约束，而且面临生态环境的约束。但在制造业企业的发展过程中，也存在着优化产业结构的发展机遇。因此，从这个角度来看，黄河流域中下游区域制造业企业的高质量发展仍面临一定的压力。具体可以从三个方面进行分析。首先，从黄河流域中下游区域制造业企业的能耗来看，随着制造业企业对研发的进一步投入，其技术水平也必将得到较大的提升，从而不断带动和优化黄河流域中下游区域制造业企业的生产流

程，这就为其高质量发展奠定了较好的基础。其次，从黄河流域中下游区域制造业企业的经济技术指标来看，以钢铁企业轧钢技术能耗为例，2021年的指标值比上一年同期有所降低（见表7-1），但相对而言，黄河流域中下游区域制造业企业技术进步的速度放缓，这主要是因为企业原材料成本上涨和企业盈利能力下降。另外，原材料价格上升不仅影响制造业企业原料质量，也为黄河流域中下游区域制造业的高质量发展增加了一定的难度。最后，近几年来，政府对相关制造业的技术创新加大了投入，使得其技术创新能力有所提高。以钢铁企业的高炉燃料比技术为例（影响炼铁燃料比的技术因素见表7-2），随着技术的进步，钢铁企业的高炉燃料比有所下降。因此，黄河流域中下游区域的制造业企业要想实现高质量发展目标，应该加大技术创新力度。

表7-1 2020—2021年重点钢铁企业轧钢技术能耗

项 目	2020年	2021年	增减量（kgce/t）	增减（%）
钢加工	52.52	52.37	–0.15	–0.29
线材	49.19	48.28	–0.91	–1.84
热轧宽带钢	47.49	47.28	–0.66	–1.37
热轧窄带钢	47.10	47.47	0.36	0.77
热轧无缝钢	91.11	91.01	–0.10	–0.11
冷轧工序	62.17	60.90	–1.27	–2.04
冷轧宽带钢	49.76	49.17	–0.59	–1.19
万元工业增加值能耗	27432.94	20851.79	–6851.15	–23.99

资料来源：https://www.sohu.com/a/532494266_121118710.

表7-2 影响炼铁燃料比（煤比+焦比+小块焦比）的技术因素

项 目	变动量	燃料比变化
入炉品位	+1.0%	–1.5%
烧结矿 FeO	± 1.0%	± 1.5%
烧结矿碱度	± 0.1（倍）	± .0%~0.35%
熟料率	+10%	–4%~5%
烧结矿＜5mm 粉末	± 10%	± 0.%
矿石金属化率	+10%	–5%~6%

续表

项 目		变动量	燃料比变化
焦炭	M40	± 1%	−5.0kg/t
	M10	−0.2%	−7.0 kg/t
	灰分	+1.0%	+1.0%~2%
	S 分	+0.1%	+1.5%~2%
	水分	+1%	+1.1%~1.3%
	粒度＜ 5mm	+7%	+1.6 kg/t
入炉石灰石		+100kg	+6%~7%
碎铁		+100 kg	−20~−40 kg/t
矿石含硫		+1%	+5%
风温	＞ 1150℃	+100℃	−8kg/t
	1050℃ ~1150℃	+100℃	−10 kg/t
	950℃ ~1050℃	+100℃	−15 kg/t
	950℃	+100℃	−20 kg/t
顶压提高		10kPa	−0.3%~−0.5%
鼓风湿度		+1g/m^3	+1kg/t
富氧		1%	−0.5%
生铁含 Si		+0.1%	+4~5kg/t
煤气二氧化碳含量		+0.5%	−10kg/t
渣量		+100kg/t	+40 kg/t
矿石直接还原度		+0.1	+8%
炉渣碱度		0.1（倍）	3%
炉顶温度		+100℃	+30kg/t
焦炭 CRS CSI		+1% +1%	−0.5%~−1.1% −2%~−3%
烧结球团转鼓		+1%	−0.5%

资料来源：王维兴 . 科学对标 探寻节能潜力 [J]. 中国钢铁业，2010（11）.

综上所述，根据国民经济的发展和生态环境的要求，制造业的高质量发展已经成为黄河中下游区域社会发展的必然趋势。而综合其制造业企业的发展现状来看，黄河中下游区域制造业企业高质量发展仍具有较大的潜力。以钢铁企业为例，随着高质量发展战略的进一步发展和碳减排成本的日益增加，改善钢铁企业的生产流程，构建强健的减排管理模式，实现最优效益，已经成为钢铁企业高质量发展的最优战略。表 7-3 列出了钢铁企业不同阶段的二氧化碳排放潜力。

表 7-3 钢铁企业减排潜力情况

单位：kg/t

时段	支撑技术	主要活动	长流程	短流程
过去		高炉－转炉 / 电炉	2300	600
现在及短期	联合循环发电	高炉－转炉 / 电炉	2100	460
中期	COREX 熔融还原炼铁技术 FINMT 基于煤气的粉矿还原技术 EURO-STRIP 带钢连铸技术	精炼 / 冶炼排放 高炉－转炉 / 电炉 喷吹煤粉 喷吹天然气 喷吹塑料 直接还原铁—天然气	2050 1800 1600 1500 850	275
长期	无碳基发电 奥联钢开发的 HYDROMET	高炉 +H2 H2—还原矿石 电解	850 ~0 ~0	~0 ~0

三、制造业企业财务状况分析

(一) 盈利能力

根据前文对企业盈利能力的分析可知，企业盈利能力的分析是企业财务分析的核心内容，并且企业的盈利能力受到诸多相关者的广泛关注，如企业的投资者、债权人等，这是因为他们自身的相关利益需要以企业的盈利能力为保证，企业的盈利能力越强，其财务风险就会越低。根据现有的财务指标状况，企业盈利能力主要根据企业的营业收入、总资产等指标与利润的比率获得。根据黄河中下游区域制造业企业的发展现状（见图 7-2），本书着重依据总资产贡献率、利润利率等指标分析其盈利能力状况。

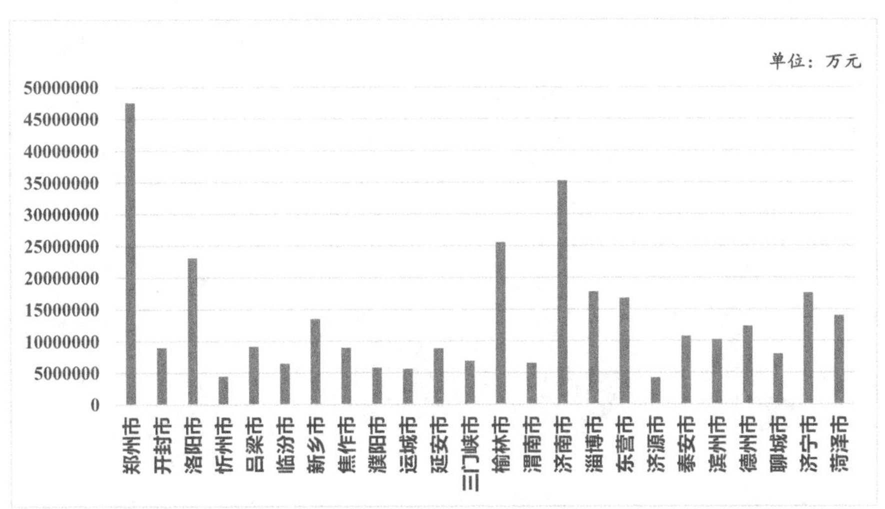

资料来源：河南省、山西省、陕西省和山东省统计局。

图 7-2　2020 年黄河中下游区域地市制造业产值

第一，主营业务、利润率分析。以河南省为例，2020 年制造业企业实现主营业务收入 48606.5 亿元，比 2019 年同期减少 1470.08 亿元，同比减少 2.94%；成本费用利润率为 6.2%，同比减少 1.5 个百分点。2020 年全年，由于疫情的影响，制造业企业的主营业务收入和成本费用利润率都出现了同比减少，经营状况都有所下降。另外，山东省统计数据显示，2020 年山东省制造业成本费用利润率为 5.38%，比 2019 年同期的 4.25% 增长了 1.13 个百分点，资产负债率为 60.57%，同比减少了 1.98 个百分点。制造业的经营状况相比河南省较好。再者，从黄河流域中下游区域先进制造业生产与经营指标来看，先进制造业企业数、从业人数以及营业收入所占比重偏低，且流域内各省区先进制造业发展存在较大差距。其中，山东省和河南省目前已经成为我国先进制造业基地之一，山西省和陕西省相对较弱，迫切需要实施制造业的转型升级（见图 7-3）。

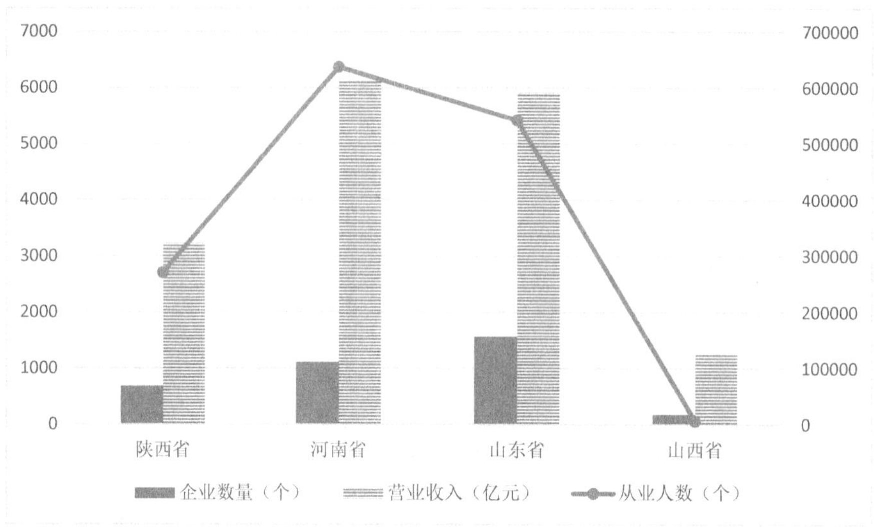

资料来源：中国高技术产业统计年鉴（2020）。

图 7–3　黄河流域中下游区域先进制造业生产与经营指标

第二，行业利润总额同比下降。从盈利状况看，以河南省为例，2020年河南省制造业企业累计实现利润总额2823.18亿元，较2019年的3547.88亿元，同比减少20.43%；行业总资产贡献率、成本费用利润率分别为8.6%和6.2%，同比分别减少2.4和1.5个百分点。从2020年全年来看，受疫情影响，河南省制造业企业处于弱势运行状态，其抗风险能力在逐步下降。在当前制造业企业的经营活动中，原材料价格仍然是影响利润的重要因素。河南调查总队的资料显示，2020年1—12月，制造业企业原材料价格呈现震荡的走势（见图7–4），但总体上呈现上涨趋势，如黑色金属材料类上涨3.0%，燃料、动力类价格上涨2.7%，农副产品类上涨1.7%，有色金属材料及电线类价格上涨1.1%，建筑材料及非金属类上涨0.5%，纺织原料类上涨0.3%，化工原料类价格上涨0.2%。这在很大程度上增加了生产成本，同时在下游需求不足的影响下，制造业企业的出厂价格比去年同期下降0.8%，制造业企业产品的低位运行进一步压低了制造业企业的利润，需要继续做好应对经营状况可能出现恶化的准备。

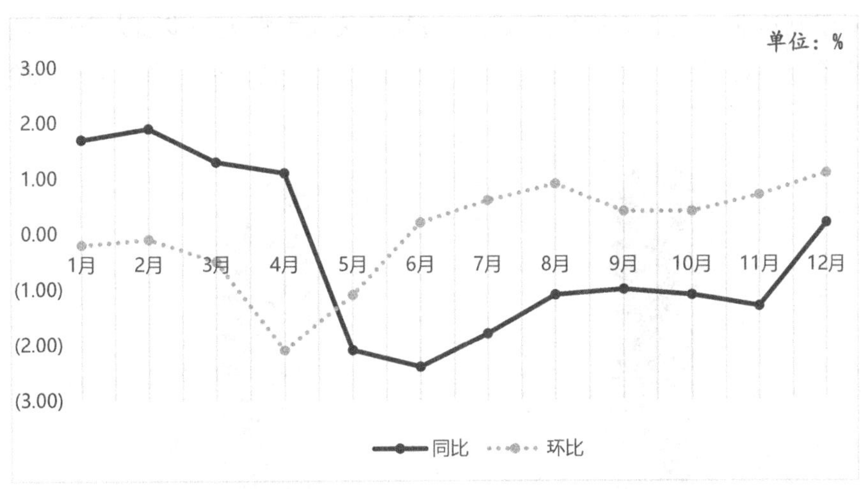

资料来源：河南省统计局。

图 7-4　2020 年河南制造业企业生产者购进价格涨跌幅

（二）偿债能力

企业的偿债能力分为短期偿债能力和长期偿债能力，偿债能力越强表明企业的经济实力越强，财务风险就越小；反之，表明企业的经济实力越弱，财务风险就越大。因此，企业的偿债能力是衡量企业财务风险的重要指标。根据现有的研究资料，本书主要选择制造业企业的资产负债率反映其偿债能力。

以河南省为例，截至 2020 年 12 月末，河南省制造业资产总额为 54669.23 亿元，同比增加 1971.19 亿元，同比增长 3.74%；负债总额为 30863.49 亿元，同比增加 1474.63 亿元，同比增长 5.02%；资产负债率为 56.5%，同比提高 0.7 个百分点（见图 7-5）。从细分行业来看，石油和天然气开采业资产负债率最高，为 91.2%，同比下降了 10 个百分点；计算机、通信和其他电子业资产负债率为 74.2%，与往年保持持平；电力、热力的生产和供应业资产负债率为 71.1%，同比下降 0.5 个百分点；废气资源综合利用业资产负债率为 46.4%，同比提高 0.1 个百分点。各细分行业中，只有电力、热力的生产和供应业负债率小幅下降，多数行业资产负债率上升。受疫情影响，下游需求低迷导致企业经营状况不佳，资金回收比较缓慢，同时较高的负债率使得企业长期偿债能力下降，资金链风险大增，企业偿债风险增加。特别是在行业低迷时期，银行对于制造业企业的信贷政策收紧，过高的负债率将进一步加大企业获取信贷资金的难度。因此，制造业企业应注意控制负债，尽量降低资金风险。

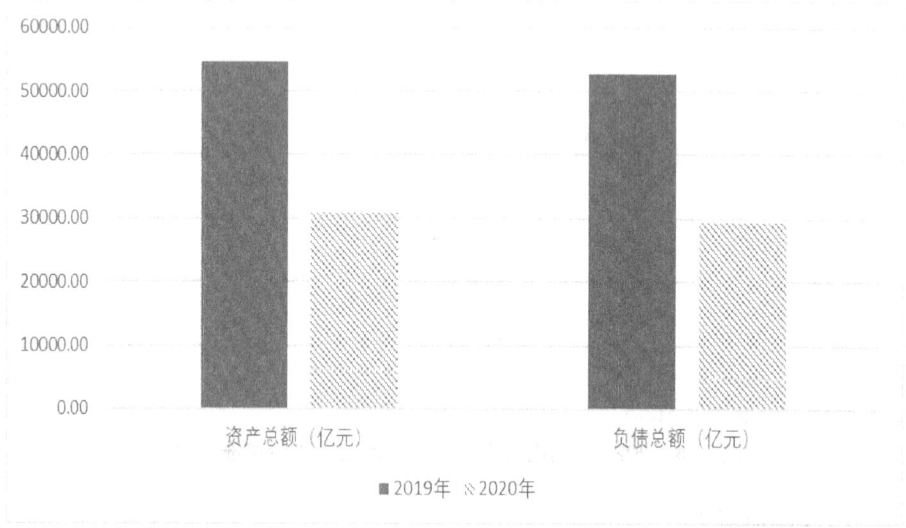

资料来源：河南省统计局。

图 7-5　2019 年和 2020 年河南制造业企业资产总额与负债总额

(三) 运营能力

企业资产管理水平和使用效率越高，资产周转率越快，企业的运营能力就越强，其财务风险就越小；反之，企业的运营能力就越弱，其财务风险就越大。提高企业运营能力的主要方法是加快企业资产的周转速度，提高企业资产的创造价值。根据现有反映企业财务风险指标，本书主要选取流动资产周转率对黄河中下游区域制造业企业的财务风险进行衡量。

以河南省为例，2020 年河南省制造业企业流动资产周转率为 1.9，同比减少了 7.6%，说明 2020 年河南省制造业企业的营业能力呈现下降的趋势（见图 7-6）。2020 年河南省制造业主营业务收入为 48606.5 亿元，比 2019 年同期减少 1470.08 亿元，同比减少 2.94%；从增加值来看，河南省制造业同比下降 0.3%，而其他行业诸如采矿业增长 4.2%，电力、热力、燃气及水生产和供应业增长 4.8%。高技术制造业增加值增长 8.9%，高于规模以上企业 8.5 个百分点。综上所述，河南省制造业企业运营效率呈现小幅下滑态势，增加了资金运营方面的风险。

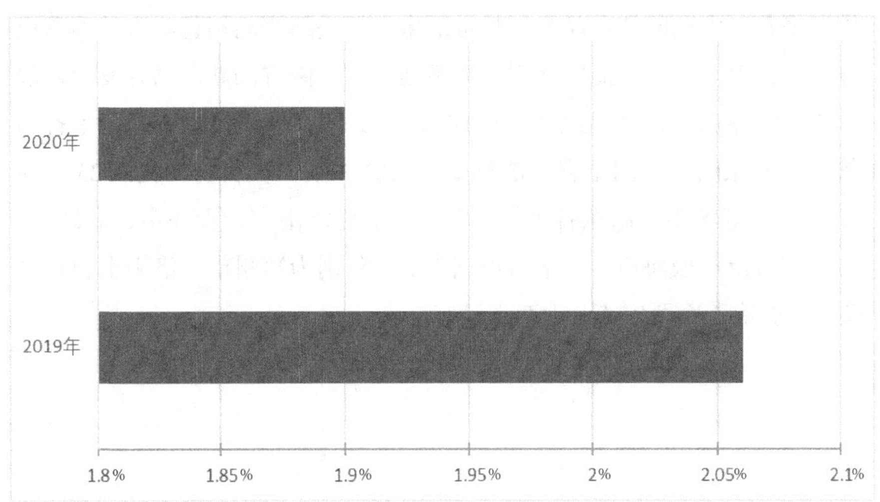

资料来源：河南省统计局。

图 7-6　2019 年和 2020 年河南省制造业企业流动资产周转率的对比

（四）发展能力

企业的发展能力主要是指企业发展规模不断扩大、不断积累的过程。企业的发展能力提高有助于提高企业的盈利能力和运营能力，从而降低企业财务风险的发生概率。根据现有的研究文献，技术创新与产品研发能力是衡量产业发展后劲的重要维度。持续不断的新产品研发与专利申请不仅是实现企业品牌竞争力的关键，也是实现产业持续健康发展的关键。因此，本书选择专利申请数、有效发明专利数、新产品开发项目数以及新产品销售收入四个指标来反映企业的发展能力（见图 7-7）。

第一，专利申请数和有效发明专利数的分析。相关统计数据显示，黄河流域中下游区域的陕西、山西、河南和山东四个省份中，专利申请数最多的是山东省，河南省次之，陕西省紧随其后，山西省最少。而从有效发明专利数来看，山东省最多、陕西省次之，河南省紧随其后，山西省最少。

第二，新产品开发项目数和新产品销售收入的分析，在黄河流域中下游区域的陕西、山西、河南和山东四个省份中，山东省的新产品开发项目数最高，河南省次之，陕西省紧随其后，山西省最少；而从新产品的销售收入来看，河南省的销售收入最高，山东省次之，陕西省紧随其后，山西省最少；横向来看，山东的新产品开发数量最多，但是新产品销售收入并不是很高，也就是说山东省新产品的变现能力不强，如河南省的新产品开发项目数仅为3353项，占山东省项目数的40.21%，但其新产品销售收入是山东省的1.21倍。究其原因，这四个省份的创新平台载体较少。目前，我国23个国家自主创新示范区中，山东省占据6个，分别为济南市、青岛市、淄博市、潍坊市、烟台市和威海市；河南省占据3个，分别为郑州市、洛阳市和新乡市；陕西省只有1个西安市；山西省没有。

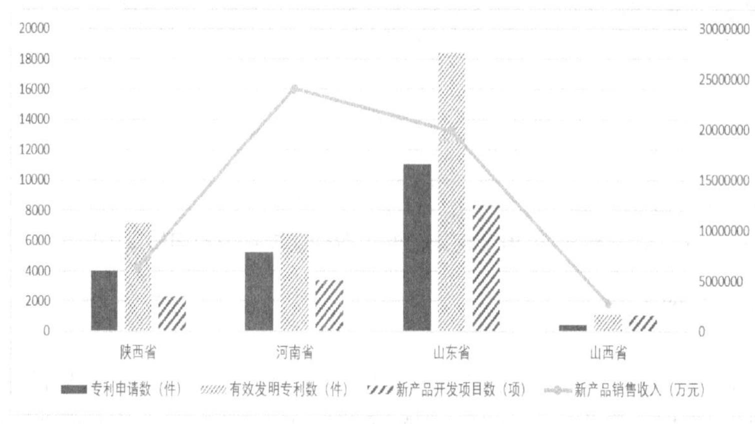

资料来源：中国高技术产业统计年鉴（2021）。

图7–7　黄河流域中下游区域制造业发展能力相关指标

从以上分析可以看出，黄河流域中下游区域制造业企业的主营业务收入和成本费用利润率都出现了同比减少，制造业企业的经营状况都有所下降；以河南省为例，2020年河南省制造业企业累计实现利润总额2823.18亿元，较2019年的3547.88亿元，同比减少20.43%，这表明黄河流域中下游区域制造业的抗风险能力逐步降低，资产负债率同比小幅提高，资金回收比较缓慢，同时较高的负债率使得企业长期偿债能力下降，资金链风险大增，企业偿债风险增加。另外，生态环境的污染问题越发严重，严重影响了居民正常的生产生活，政府将治理大气污染放到非常重要的位置，先后出台了多部相关政策法规用于加强污染治理，包括《工业领域应对气候变化行动方案（2012—2020年）》《工业污染防治技术政策》《大气污染防治行动计划》等，这些政策均提出了针对制造业企业环保治理的具体措施与目标，包括减少制造业单位工业增加值污染物的排放量、更新及添置相关设备、加强科技研发降低污染物排放量等诸多方面。可见，制造业企业污染治理相关政策、法律法规的出台，既反映了当前治污的重要性，也彰显了政府对实现制造业高质量发展的重视程度。可以预见，未来黄河流域中下游区域制造业要实现高质量发展的目标，其面临的环保压力很大。另外，目前国内制造业产品的供给和需求的矛盾仍然较大，虽然未来预期将继续小幅度的回暖，但制造业企业还将维持着微利的局面。在这种背景下，企业进行绿色转型无疑将给企业的财务带来更大的压力，并对企业的经营管理提出进一步的挑战；还有政府已经发布了多个文件，明确了在高质量发展背景下对尚未进行绿色转型或者尚未达到排放标准企业的处罚措施，这就要求企业严格按照政府的要求进行生产，否则就有可能因环保不达标而承担相应的成本，甚至可能退出市场。从这些方面来看，制造业企业必须进行绿色转型，实现高质量发展，其转型的成本也不可避免。

综上所述，黄河流域中下游区域各地市的制造业企业效益低下，且销售情况不佳，这也导致企业资产负债率较高、长期偿债能力较差的后果，加之银行对制造业信贷规模的进一步收缩，相关制造业企业获取信贷资金的难度更大。在这种情形下制造业企业财务风险发生的概率进一步加大。为此，黄河流域中下游区域各地市的制造业企业需要特别注意控制负债率，避免发生资金链断裂等较大的财务风险。

第二节　制造业企业高质量发展中财务风险的识别与描述

根据财务风险发生的作用领域不同，黄河流域中下游区域制造业企业高质量发展中面临的财务风险分为两类：一类是非约束性财务风险，即发生实际财务结果与预期财务结果不一致的可能性，隐含着企业净利润损失的概率；另一类是约束性财务风险，是指政府在涉及公共利益领域对制造业企业高质量发展提出明确的目标要求，也就是说，政府要通过合理配置公共资源和有效运用行政力量，确保有关指标的实现。约束性指标体现外部环境的约束，这时制造业企业的发展面临因外部环境的改变而造成制造业企业发展成本增加的可能。

一、制造业企业高质量发展中财务风险的识别

(一) 非约束性财务风险识别

非约束性财务风险是风险因素直接作用于财务成本领域，使得企业实际的财务结果与预期的财务结果出现不一致的可能性。根据前文对财务风险识别理论的评述和影响财务风险五维结构的构建可知，非约束性财务风险主要是涉及传统的财务领域，具体包括企业的运营能力、盈利能力和偿债能力，这也是保障企业稳定发展和实现预期财务结果的基础性条件。其中，运营能力实际上是企业在资产管理方面所表现的效率维度，而这种维度首先表现在各项资产周转率的贡献上，通过这种贡献对增值目标的实现产生基础性影响。从这种意义上讲，运营能力维度决定着企业的偿债能力维度和盈利能力维度，是整个财务分析的核心。

(二) 约束性财务风险识别

约束性财务风险是间接作用于企业的财务领域。政府对二氧化碳排放的要求，使得企业财务领域出现的风险因素影响扩散到社会领域，影响社会环境的改善或员工福利的提高，最终使得企业的实际财务结果小于企业的预期财务结果。关于员工福利的提高，许多学者做了有益的探索，曾使用多种方法来衡量社会福利，比如成分指数方法。但所有方法都取决于企业员工对企业价值和文化的判定，因此这些衡量方法也有不足之处，即不能准确衡量社会福利的价值。为弥补这一不足，本书基于澳大利亚学者 Clark 和 Islam 的研究，将员工增长率和绿色转型等相关技术研发纳入制造业企业的发展能力维度中，以此解释财务风险对员工福利的影响 (见图 7-8)。

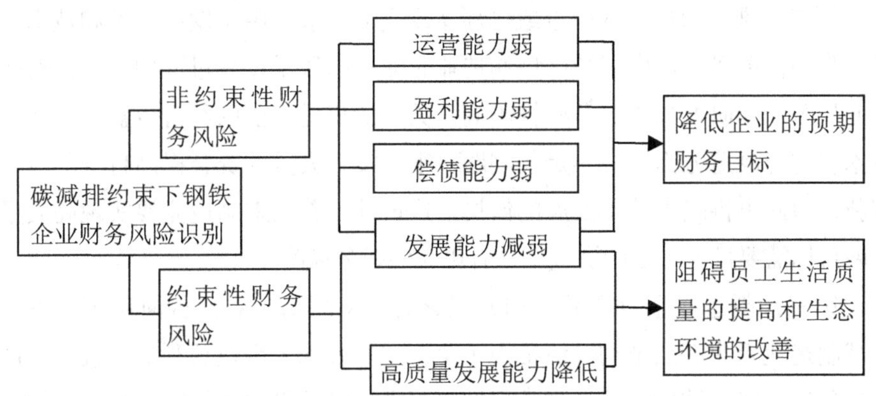

图 7-8　制造业企业财务风险识别内容构成

二、制造业企业高质量发展中财务风险的描述

(一) 制造业企业非约束性财务风险的描述

由于宏观经济存在下行压力，黄河流域中下游区域制造业企业的生产难以提速，需求的低迷状态使制造业市场缺乏回升基础，未来一段时间内淘汰落后产能是黄河流域中下游区域制造业高质量发展最主要的任务之一。制造业企业未来将面临较大的环保压力和成本压力，最终都将转化为企业发展的资金压力，因此在高质量发展下，黄河流域中下游区域制造业企业将面临较大的财务风险。具体可以从以下四个方面进行分析。

第一，投入高质量发展的资金所带来的效益主要侧重科技研发和生态环境保护，短期内对企业经济效益的拉动作用几乎为零。因此，黄河流域中下游区域大多数制造业对高质量发展，特别是对作用于生态环境资金投入的积极性不高。另外，黄河流域中下游区域制造业企业依然属于资源密集型和劳动密集型的经济实体，大多数企业从事传统加工贸易产业和一般性的产品生产，仍然处于产业链的底端，产品附加值比较低而且竞争激烈。如果企业在高质量发展的过程中，依旧坚持传统发展，而不努力将自身的优势条件转化为企业的竞争力，其结果也必然是企业难以实现高质量发展的目标和可持续发展，面临亏损的财务风险。

第二，难以通过技术引进或创新实现企业发展。由于发展条件和技术水平的制约，黄河流域中下游区域制造业企业在高质量发展过程中，往往对制造业相关创新研发投入的积极性不高，关注的只是眼前的经济效益，存在对技术引进与改造方面重视不足的问题，很难投入大量的资金提高自身的技术创新，由此也将陷入技术发展的僵局。这也预示着未来制造业要实现高质量发展目标需要投入更多的资金，具有更大的财务风险。

第三，制造业企业产品结构升级乏力。从目前来看，黄河流域中下游区域制造业企业产品结构升级推力不足，主要表现为企业盈利能力较弱、产能过剩等。产品结构滞后、产品附加值不高，以及科技创新能力和自主知识产权的缺失，使得黄河流域中下游区域制造业企业缺乏产品结构升级的技术基础，缺少产品结构升级的动力，未来需要投入更多的资金进行转型，也将会面临较多的盈利不确定性，从而存在着较大的财务风险。

第四，企业消费能源结构的制约。黄河流域中下游地区分布有多个老工业基地，有较大比重的能源资源依赖型产业，迫切需要进行转型升级。而且黄河流域中下游区域制造业以化石能源为主的能源结构使得其工业企业污染严重，其中大气污染最为突出，且制造业污染占区域污染排放的比例很高。在能源日益短缺和生态环境污染日益严重的今天，黄河流域中下游区域制造业企业要想保持过去的快速发展已经非常困难了。再加上制造业能源利用技术的相对落后，黄河流域中下游区域制造业企业在未来要想保持长期发展，实现高质量发展，转变其发展方式，就必须提高能源效率，寻找替代新能源，以缓解能源缺乏的目的。在黄河流域中下游区域制造业企业寻找替代新能源的缓冲期内，加大对清洁能源的研究是解决黄河流域中下游区域制造业未来发展的有效手段，这就需要投入较多的研发资金，面临多种因素的制约，使得企业财务收益具有较大的不确定性。

（二）制造业企业约束性财务风险描述

随着国家对高质量发展的重视和关于生态环保的法律法规的日益完善，黄河流域中下游区域制造业企业的发展也必将面临较大的外部发展环境的约束，因此其未来的发展具有较大的约束性风险。这主要表现在以下方面。

第一，生态环保的法律法规的约束使得黄河流域中下游区域制造业企业面临高质量发展的战略选择。高质量发展战略的实行需要国家的宏观调控，而国家的宏观调控主要通过制定法律法规来贯彻执行。只有这样，国家才能控制企业未来的发展方向和促进社会的可持续发展。就目前来说，黄河流域中下游区域制造业企业要实现高质量发展是相对比较困难的。根据高质量发展的战略要求，要真正实现黄河流域中下游区域制造业的高质量发展，就必须投入大量的资金。而在制造业高质量发展的研究过程中会产生有悖于企业盈利目标的研究投入，这在无形中增加了制造业企业的财务负担，也增加了财务风险发生的可能性。从市场机制的角度来看，制造业企业是一个营利组织，进行高质量发展的同时也要顾及自身的经济利益。因此，黄河流域中下游区域制造业企业需要投入较多的资金，由此可能产生较大的财务风险。

第二，生态环境的约束使得黄河流域中下游区域制造业企业需要投入较多的资金。在粗放型生产方式下，黄河流域中下游区域制造业的生产已经对当地的生态环境造成了较为严重的污染，加上生态环境自身承载能力的有限性，未来黄河流域中下游区域制造业企业的高质量发展将面临生态环境的极大约束。同时，制造业属于劳动密集型产业，若进行高质量发展也必将会带来劳动力的大量流动，员工生活质量的提高也将难以维持，这会加剧日益突出的企业发展和社会发展问题，造成企业额外的资金投入，增加制造业企业的财务风险。

第三节　制造业高质量发展中财务风险的防范措施

一、提高企业盈利能力，降低预期财务风险

从前文的分析中我们可以看出，企业的盈利能力对黄河流域中下游区域制造业企业财务风险的影响最为显著，这与企业的本质有着密切关系。企业是以营利为目的组织，即追求企业利润最大化，这也是企业生存的基础。

提高企业的盈利能力是防范此类财务风险的有效方法，然而该方法的应用也存在一定局限性，即盈利能力的失效。盈利能力的失效具体表现为企业运营过程中管理效率的下降和投资决策的失败。为了防范企业非约束性财务风险的出现，企业要不断创新自己的业务，并在此基础上严格控制自身的

经营成本，全面提高企业盈利能力。而对于一些实力较弱的制造业企业，可以通过引进人才进行自行开发等有效途径提升自身的盈利能力，降低自身的财务风险。

二、完善企业发展的外部环境，弱化约束性财务风险

在黄河流域中下游区域制造业企业高质量发展过程中，造成其约束性财务风险的原因主要是政府的“不恰当”的行为，如不切实际地加大对污染物排放的限制或对二氧化碳排放征收较高的税额，虽然这对生态环境的改善有着积极的促进作用，但黄河流域中下游区域制造业却要承担更多的财务压力或严格的环境规则的制约。这些“不恰当”的行为在较大的程度上归结于政府对企业污染物实际排放状况的不了解，因此，政府要完善黄河流域中下游区域制造业企业的外部发展环境，预防此类风险的发生。一方面，政府要让制造业企业真正认识到高质量发展对其自身发展的好处；另一方面，政府要建立自身科学的考核体系，对黄河流域中下游区域制造业企业的高质量发展形成科学的规范。目前，在政府考核体系中的生态观和民生观已逐步明确，但力度稍显不够，其结果就造成了黄河流域中下游区域制造业企业高质量发展的后劲不足。

政府的考核体系应包括政府对企业的补贴政策。由前文分析可知，政府对黄河流域中下游区域制造业企业的补贴政策对企业的财务风险影响较大。因此，政府补贴政策应该体现出企业发展的差异性，即对于黄河流域中下游区域制造业企业，政府应该采取一套完全不一样的补贴政策，侧重对企业高质量发展的补贴。各个企业由于自身的自然资源条件、管理绩效和人员素质等的不同，不可能都追求相同的高质量发展目标。而我国现行的针对制造业企业的考核体系，恰恰是用完全相同的指标对企业高质量发展进行评估，这就严重降低了制造业企业进行高质量发展的积极性，也使得企业不能实事求是地制定合理的高质量发展目标和工作重点，阻碍了制造业企业的可持续发展。因此，黄河流域中下游区域各级政府要针对不同的制造业企业制定不同的高质量发展目标，以体现企业发展及其高质量发展的实力差异性，具体应该包括合理地制定企业高质量发展目标，以及这一揽子目标制定以及实现的可行性，避免黄河流域中下游区域制造业企业产生较大财务风险。

三、建设科学及时有效的信息互动平台，监控财务风险

一个科学并有效、及时的信息互动平台，能够收集企业发展中各相关因素的有效信息，这些信息构成了利益相关者的指标体系。如果企业的各部门或者说企业与政府之间能够及时有效地实施信息共享，彼此之间进行信息交流互通，那么就可以大大增强信息的透明度，从而降低企业的财务风险。

建立科学、及时、有效的信息互动平台应该包括三个子单元，即政府子单元、企业子单元和员工子单元。其中，政府子单元应包括国家的产业政策、政府服务和经济发展规划等；企业子单元应包括企业的服务领域，企业的技术、人才和服务等的需求；员工子单元应是企业与员工的交流区域，更是员工有条件地参与对企业的评价和监督、动态监控风险及潜在风控的区域。各相关影响因素的信息通过信息互动平台进行流转的过程，是对企业财务风险进行协同治理的实现过程的具体体现。信息互动平台在信息源头上可以将治理信息规范化和标准化，在沟通的渠道上打破了信息之间传输的壁垒，实现了信息的自动分析和处理，在流程上实现了协同治理的流程化和固定化。可见，建立科学、及时、有效的信息互动平台，可以实现制造业企业发展过程的透明化、科学化和民主化。

四、提高企业的技术研发能力，预防财务风险

黄河流域中下游区域制造业企业高质量发展中财务风险的预防是一个系统工程，需要黄河流域中下游区域各级政府、企业和员工的共同努力才能实现。

对于发展实力较强的制造业企业，优化产品结构是其首选的发展战略，企业在高质量发展的同时，应该寻求新的经济增长点。首先，黄河流域中下游区域制造业实力较强的企业的发展重心应该是提高技术能力。一方面，企业可以通过引进国外先进的技术，通过“引进—消化—创新”模式，实现技术的创新和产品的跨越；另一方面，政府可以联合本地的制造业企业、高等学校和科研院所建立产学研相结合的技术创新机制，共同研发绿色发展技术，提高黄河流域中下游区域制造业企业高质量发展的技术水平和创新能力。其次，黄河流域中下游区域制造业企业还应努力提高自身的技术吸收能力，以达到引进技术吸收和自身技术创新均衡发展的目的。最后，黄河流域

中下游区域制造业企业还应该注重人力资本培育，大力提高人力资本的规模和质量，加强自主性技术创新。

对于一些发展实力较弱的黄河流域中下游区域制造业企业，政府应注重企业与技术水平的转接。首先，对发展实力较弱的企业，政府应着重改善其硬件条件，为促进其技术创新创造出更好的环境；其次，发展实力较弱的企业应该从未来的企业战略上真正确立自主创新的地位，在不断强化自身对技术引进和消化的基础上，提高对高质量发展中关键技术的自主研发能力，达到高质量发展的目的。

第四节　制造业高质量发展中财务风险的管控策略

一、财务风险控制方法的依据：成本—收益分析

黄河流域中下游区域制造业高质量发展中财务风险的产生是由企业自身投入的成本和回收的经济效益所决定的。黄河流域中下游区域制造业企业进行碳减排能够产生较好的生态效益，但制造业企业进行高质量发展投入的成本所带来的经济效益非常小，并且严重滞后，因此制造业企业进行高质量发展会产生一定的财务风险。根据前文的研究，黄河流域中下游区域制造业企业高质量发展中的财务风险分为非约束性财务风险和约束性财务风险，非约束性财务风险着眼于企业的长远利益，或者说更强调企业的可持续发展。当黄河流域中下游区域制造业企业进行高质量发展的成本和收益相抵后，净收益为正，企业就会积极进行高质量发展；如果净收益为零，就会严重挫伤企业进行高质量发展的积极性，使企业对高质量发展产生模棱两可的态度；如果净收益为负，则企业就会明确反对进行高质量发展。

二、制造业高质量发展中财务风险的控制策略和方法

结合现有的风险管理理论和企业实际运营中风险的管控方法和管控策略，可以对风险实行规避、转移、控制和自留四种管控策略。下面结合黄河流域中下游区域制造业企业发展中面临的财务风险的特点，具体讨论这四种策略的适用范围和应用方式。

（一）财务风险规避

财务风险规避策略是黄河流域中下游区域制造业企业进行高质量发展的综合分析之后制订的一种事前控制策略，是企业通过对高质量发展中影响企业财务风险的相关因素进行分析而主动放弃或改变其预先高质量活动的一种消除财务风险的方法。

风险规避策略常见于高质量发展的规划阶段，主要是基于风险存在和发生的可能性，放弃可能会导致风险发生的方案。因此，黄河流域中下游区域制造业企业在高质量发展的规划阶段，应充分考虑自身面临的各种风险，进行综合考查评估。若风险发生频率较高或者达不到预期效益，制造业企业应采用规避策略。通过风险规避策略，可以消除高质量发展给黄河中下游区域制造业企业造成的种种损失。另外，风险规避策略具有简单和彻底的特征，但也应该认识到财务风险的规避只能在特定的视角才能有效。在该策略的使用过程中，有可能出现避免了某种风险而又导致另一种风险的情况。

（二）财务风险转移

财务风险转移也是黄河流域中下游区域制造业企业财务风险管理中较为常用的一种策略，其主要特点是为避免风险发生以及由此所产生的净损失而人为地通过合同或者其他方式将风险部分转嫁给第三方的行为活动。其主要方式是外包，即将其认为风险较高或者是风险发生频率较高的部分转移给其他经济活动主体。例如，对于政府为主要投资方的技术较为复杂、风险较高的部分，企业可以将其分给具有专业人才的科研机构或具有丰富经验的部门共同承担。

（三）财务风险控制

财务风险控制包含两方面的含义：一是指在风险发生前消除风险发生的根源因素；二是指在风险发生后减少损失的程度。换句话说，也就是消除风险发生的根源或者是减少风险损失的程度。结合黄河流域中下游区域制造业企业的实际生产和经营状况，可以采用风险控制策略在企业高质量发展过程中加强风险控制活动，增强风险意识，对风险进行预测，并制定相应有效的防范措施，以降低企业自身的损失。

(四) 财务风险自留

财务风险自留是目前为止黄河流域中下游区域制造业企业高质量发展中财务风险处理过程中采用比较多的方法。它是指有能力承担或出于某种目的而不得不承担财务风险的处理方法。之所以采用这种方法，主要有以下几点原因：一是因为制造业企业在高质量发展之前已经经过多方的论证和评估，企业有较强的实力来应对这样的风险；二是黄河流域中下游区域制造业企业在高质量发展的过程中所体现出的社会价值的特征，较大地限制了企业采取其他高质量发展方式的选择；三是黄河流域中下游区域制造业企业高质量发展跟不上步伐，或者是黄河流域中下游区域制造业企业的管理层对其在高质量发展中财务风险意识相对薄弱，造成了企业自身不得不选择风险自留的策略。

参考文献

[1] Godby, R. There's a new normal in our economies[J]. Wyoming Business Report, 2012,12(11).

[2] Yohem, R. As the economy recovers there is a 'new normal[J]. Inside Tucson Business, 2013, 22(36).

[3] Jim Dator. "New beginnings" within a new normal for the four futures[J].fores fight, 2014, 16 (6).

[4] Hays.,D. Comp Carriers Must Be Leaner In "Shrunken New Normal" Economy[J]. National Underwriter, 2010,114(3).

[5] Morley,S. Winners and Losers in the "New Normal Economy" [J]. American Salesman, 2011,56(3).

[6] Smith, R. New normal for Oklahoma economy may depend on trade education, infrastructure [J].Southwest Farm Press, 2014, 41(23).

[7] Ellison G., Glaeser E. The Geographic Concentration of Industry: Does Natural Advantage Explain Agglomeration?[J].American Economic Review, 1999,89.

[8] Jat Mohsin Nasir, Jajja Muhammad Shakeel Sadiq, Shah Syed Aamir Ali, Farooq Sami.Manufacturer's servitization level and financial performance: the role of risk management[J].Journal of Manufacturing Technology Management, 2023,34(1).

[9] Fu Guomin, Zhu Sijia.Innovation, financial risk and natural resources for sustainable development: Fresh evidence from BRICS economies[J].Resources Policy, 2023,80.

[10] Sun Yongping, Zou Ya, Jiang Jingning, Yang Ying.Climate change risks and financial performance of the electric power sector: Evidence from

listed companies in China[J].Climate Risk Management, 2023,39.

[11] Zhang Shirui.Research on Enterprise Financial risk Prediction Method Based on Regression Analysis[J].SHS Web of Conferences, 2023,154.

[12] Dang Viet Anh, Gao Ning, Yu Tiancheng.Climate Policy Risk and Corporate Financial Decisions: Evidence from the NOx Budget Trading Program[J].Management Science, 2022,154.

[13] Zheng Yuhang, Peng Jiaying, Wei Xiangzhong, Zhang Jing.Low-Carbon Transition of Enterprises and Financial Market Stability: From the Perspective of Stock Price Crash Risk[J].Emerging Markets Finance and Trade, 2022,58(15).

[14] Bensouda Mehdi, Benali Mimoun.Overcoming Risk Aversion Regarding Energy Efficiency Practices through Mimetic Pressure and Financial Slack: Findings from the Moroccan Manufacturing Sector[J].Sustainability, 2022,14(23).

[15] Karydas Christos, Xepapadeas Anastasios.Climate change financial risks: Implications for asset pricing and interest rates[J].Journal of Financial Stability, 2022,63.

[16] 陆根尧，盛龙，唐辰华 . 中国产业生态化水平的静态与动态分析——基于省际数据的实证研究 [J]. 中国工业经济，2012(03) .

[17] 郑若谷，干春晖，余典范 . 转型期中国经济增长的产业结构和制度效应——基于一个随机前沿模型的研究 [J]. 中国工业经济，2010(02) .

[18] 干春晖，郑若谷，余典范 . 中国产业结构变迁对经济增长和波动的影响 [J]. 经济研究，2011(05) .

[19] 刘永焕 . 德国产业结构调整及其经验借鉴 [J]. 对外经贸实务，2014(01) .

[20] 李新安 . 承接产业转移与区域低碳化转型的协同发展研究——以河南为例 [J]. 河南牧业经济学院学报，2017，30(06) .

[21] 陈诗一. 能源消耗、二氧化碳排放与中国工业的可持续发展 [J]. 经济研究，2009，44(04) .

[22] 涂正革. 中国的碳减排路径与战略选择——基于八大行业部门碳排

放量的指数分解分析 [J].中国社会科学，2012(03).

[23] 林伯强，刘希颖. 中国城市化阶段的碳排放：影响因素和减排策略 [J].经济研究，2010，45(08).

[24] 何维达，张凯 . 我国钢铁工业碳排放影响因素分解分析 [J]. 工业技术经济，2013，32(01).

[25] 姚西龙，于渤. 技术进步、结构变动与工业二氧化碳排放研究 [J]. 科研管理，2012，33(08).

[26] 杨俊峰 . 新常态下我国产业结构转型的动力与优化路径 [J]. 商业经济研究，2016(09).

[27] 金碚 . 经济发展新常态下的工业使命 [J]. 中国工业评论，2015(02).

[28] 李扬，张晓晶 . "新常态"：经济发展的逻辑与前景 [J]. 经济研究，2015，50(05).

[29] 赵秀娟 . 低碳转型目标下产业结构优化的机制与政策研究——以广东省为例 [D].2015.

[30] 王岳平 . 中国产业结构调整和转型升级研究 [M]. 合肥：安徽人民出版社，2013.

[31] 史言信 . 新型工业化道路：产业结构调整与升级 [M]. 北京：中国社会科学出版社，2006.

[32] 张凯 . 碳减排约束与我国产业结构转型升级研究 [M]. 北京：地质出版社，2018.

[33] 张瑞，丁日佳 . 技术进步对我国节能的贡献率测算 [J]. 统计与决策，2017(07).

[34] 何苗 . 黄河流域先进制造业的高质量发展 [J]. 宁夏社会科学，2022(03).

[35] 李志学，孙敏 . 中国各省区域碳排放水平及其成因分析 [J]. 统计与决策，2016(10).

[36] 熊华文，任远等 . 区域工业绿色转型发展研究 [M]. 北京：中国经济出版社，2020.

[37] 卫华 . 基于低碳经济的产业升级路径研究——以河南为例 [J]. 生态经济，2015，31(12).

[38] 史丹. 中国工业绿色发展的理论与实践——兼论十九大深化绿色发展的政策选择 [J]. 当代财经，2018(01).

[39] 韩超，崔敏. “双碳”目标约束下的高质量发展：内在冲突、机遇与应对 [J]. 天津社会科学，2022(04).

[40] 郑鹏程，张妍钰. “双碳”目标实现的市场化路径及其制度完善 [J]. 湖南大学学报 (社会科学版)，2022，36(04).

[41] 杨博文，尹彦辉. 我国双碳目标的实现路径：从行政规制到市场约束 [J]. 中南财经政法大学学报，2022(04).

[42] 王双进，田原，党莉莉. 工业企业 ESG 责任履行、竞争战略与财务绩效 [J]. 会计研究，2022(03).

[43] 贾利民，程鹏，张蜇，等. “双碳”目标下轨道交通与能源融合发展路径和策略研究 [J]. 中国工程科学，2022，24(03).

[44] 邱小燕，蔡元纪，陈启鑫. “双碳”目标下电力转型路径分析及启示建议 [J]. 科技管理研究，2022，42(12).

[45] 金秋实，王晓，倪依琳，等. “双碳”背景下光伏行业发展研究与展望 [J]. 环境保护，2022，50(Z1).

[46] 徐丽笑，王亚菲. 我国城市碳排放核算：国际统计标准测度与方法构建 [J]. 统计研究，2022，39(07).

[47] 熊程程，廖原，赵佳佳. 金融业碳排放核算体系方法研究 [J]. 中国金融，2022(08).

[48] 卢露. 碳中和背景下完善我国碳排放核算体系的思考 [J]. 西南金融，2021(12).

[49] 李治国，王杰. 中国城乡家庭碳排放核算及驱动因素分析 [J]. 统计与决策，2021，37(20).

[50] 韩枫，彭华福，唐肖彬，等. 全球碳定价机制发展趋势、现状及对我国的启示 [J]. 环境保护，2021，49(24).

[51] 何京东，曹大泉，段晓男，等. 发挥国家战略科技力量作用，为“双碳”目标提供有力科技支撑 [J]. 中国科学院院刊，2022，37(04).

[52] 杨泽至，舒清态. 遥感技术在森林树种多样性监测中的应用研究进展 [J]. 世界林业研究，2022，35(04).

[53] 谭显春，郭雯，樊杰，等 . 碳达峰、碳中和政策框架与技术创新政策研究 [J]. 中国科学院院刊，2022，37(04) .

[54] 刘良云，陈良富，刘毅，等 . 全球碳盘点卫星遥感监测方法、进展与挑战 [J]. 遥感学报，2022，26(02) .

[55] 王兵，牛香，宋庆丰 . 基于全口径碳汇监测的中国森林碳中和能力分析 [J]. 环境保护，2021，49(16) .

[56] 刘婵婵，邹雪，毛丽莉 . 亚洲地区碳定价机制发展的国际经验及对我国的启示 [J]. 武汉金融，2022(02) .

[57] 郭振，王小龙，任健，等 . 二氧化碳排放连续在线监测过程的模拟与不确定度评定 [J]. 计量学报，2022，45(01) .

[58] 陈向阳 . 碳排放权交易和碳税的作用机制、比较与制度选择 [J]. 福建论坛(人文社会科学版)，2022(01)：75—86.

[59] 阳建中，陈慧蓉，刘志现，等 . 信息熵和多因素灰色系统模型在碳排放的分析与预测 [J]. 中南民族大学学报(自然科学版)，2022，41(01) .

[60] 张瑾华，陈强远 . 碳中和目标下中国制造业绿色转型路径分析 [J]. 企业经济，2021，40(08) .

[61] 金凤君，马丽，许堞，等 . 黄河流域产业绿色转型发展的科学问题与研究展望 [J]. 中国科学基金，2021，35(04) .

[62] 何苗 . 黄河流域先进制造业的高质量发展 [J]. 宁夏社会科学，2022(03) .

[63] 陈家涛，张坤鹏，苗长虹 . 高质量发展背景下黄河流域中下游绿色生产率时空分异研究 [J]. 人文地理，2021，36(05) .

[64] 辛怡，郭阳 . 以“绿色智造”引领甘肃工业绿色转型与黄河流域高质量发展——以天水市为例 [J]. 天水行政学院学报，2021，22(06).

[65] 曹雷，翟玉美 . 河南在中部地区实现高质量发展路径研究 [J]. 中国国情国力，2022(06) .

[66] 徐君 . 模糊关联分析法在煤炭企业循环经济评价中的应用 [J]. 矿山机械，2011，39(03) .

[67] 李新安 . 承接产业转移与区域低碳化转型的协同发展研究——以

河南为例 [J]. 河南牧业经济学院学报，2017，30(06).

[68] 高燕，杜玥，曾森 . 基于 BP 神经网络的制造企业财务风险预警研究 [J]. 会计之友，2023(01).

[69] 杭慧芹，许苏兰 . 数字化转型背景下企业财务风险识别与管控探讨 [J]. 财会通讯，2022(24).

[70] 杨云，仲伟周，王佳淇等 . 碳达峰情景下碳价对高耗能行业违约风险影响研究——基于高碳省份微观财务数据的视角 [J]. 苏州大学学报 (哲学社会科学版)，2022，43(06).

[71] 张昊 . 以大数据手段助力企业防范化解财务风险 [J]. 财务与会计，2022(20).

[72] 张昌兵，余梅丽，华丽香，等 . 研发投入对战略性新兴产业企业财务风险的影响——基于融资结构门限回归模型的实证检验 [J]. 工业技术经济，2022，41(03).

[73] 李心地 . 人工智能在企业财务风险防控中的应用——基于大数据环境 [J]. 财会通讯，2021(22).

[74] 黄世忠，叶丰滢，李诗 . 碳中和背景下财务风险的识别与评估 [J]. 财会月刊，2021(22).

[75] 郝清民 . 融资约束下的研发与长期财务风险 [J]. 科研管理，2020，41(10).

[76] 潘艺，张金昌 . 数字金融、财务风险与企业高质量发展——基于我国 A 股和新三板制造业上市企业的经验证据 [J]. 武汉金融，2022(11).

[77] 张雨薇 . 制造业企业财务风险防范路径研究 [J]. 农村经济与科技，2020，31(07).

[78] 吴淑艳 . 制造业上市公司财务风险评估实证研究 [J]. 会计之友，2016(14).

[79] 何珊 . 高端装备制造业上市公司财务风险预警研究 [J]. 会计之友，2016(11).

[80] 曹彤，郭亚军 . 基于神经网络模型的上市公司财务风险预警研究——来自山东省制造业数据 [J]. 财会通讯，2014(09).

[81] 朱清香，刘佳，冷冬署 . 河北省制造业上市公司财务风险预警研究

[J]. 会计之友，2012(27).

[82] 陈黎，昌天赐，张婉云，等. 智能制造企业供应链转型中的财务风险研究——以锐科激光为例 [J]. 湖北经济学院学报（人文社会科学版），2022，19(11).

[83] 贺爽爽，白冰. 我国钢铁行业上市公司财务风险评价研究 [J]. 生产力研究，2022(10).

[84] 刘蕊. 大数据背景下企业财务风险与内部控制措施探究 [J]. 中国集体经济，2022(23).

[85] 张凯，王冠. 碳监测评估信息化发展的战略导向、体系架构及应用探索——基于科技支撑“双碳”目标的前瞻性思考 [J]. 企业经济，2023，42(01).

现代信息技术与人工智能应用研究

舒万畅　冯云　金红华　著

中国商业出版社

图书在版编目（CIP）数据

现代信息技术与人工智能应用研究 / 舒万畅，冯云，金红华著. -- 北京 : 中国商业出版社，2023. 12
ISBN 978-7-5208-2768-3

Ⅰ. ①现… Ⅱ. ①舒… ②冯… ③金… Ⅲ. ①信息技术－研究②人工智能－研究 Ⅳ. ①G202②TP18

中国国家版本馆CIP数据核字(2023)第236007号

责任编辑：袁　娜

中国商业出版社出版发行
（www.zgsycb.com　100053　北京广安门内报国寺1号）
总编室：010-63180647　编辑室：010-83128926
发行部：010-83120835/8286
新华书店经销
天津和萱印刷有限公司印刷

*

787毫米×1092毫米　16开　16.5 印张　280千字
2023年 12月第 1 版　2023年 12月第 1 次印刷
定价：65.00 元

* * * *

（如有印装质量问题可更换）

前　言

21世纪，信息技术和人工智能技术取得了空前的发展，对社会、经济、科学和教育等领域产生了深远的影响。随着互联网、大数据、云计算、物联网等技术的不断发展，信息的获取、处理、传输和应用变得日益便捷，给人类带来了前所未有的机遇和挑战。同时，人工智能技术的快速发展，如机器学习、深度学习、自然语言处理等，使计算机系统具备了以前难以想象的智能和学习能力。

基于此，本书以“现代信息技术与人工智能应用研究”为题，阐述了现代信息技术的基本认知，分析了计算机技术、物联网技术、云计算技术、大数据技术及其应用，讨论了信息安全技术与管理，对人工智能基础原理、人工智能技术系统、人工智能技术的创新应用进行论述，研究了现代信息技术在药品安全中的创新应用。

本书系统全面，结构清晰，内容通俗易懂，涵盖了现代信息技术和人工智能领域的多个方面，从信息技术的基础概念到人工智能的最新进展，再到它们的融合应用，使读者能够全面了解这两个领域的发展和应用情况。本书面向广大科技爱好者、学生、研究者和从业者，尤其是对现代信息技术和人工智能应用感兴趣的读者群体，致力于将复杂的信息技术和人工智能领域的知识以简洁、系统和易懂的方式呈现给读者，为广大读者提供一本深入了解和应用现代信息技术与人工智能的实用性读物。

本书由舒万畅（江西师范高等专科学校）、冯云（河北省药品医疗器械检验研究院）、金红华（吉林广播电视大学延边分校）共同撰写，同时感谢康振（山东省聊城市第四人民医院 ）、翟士光（山东省聊城市第四人民医院 ）为本书撰写提供的帮助。

在本书写作过程中，笔者得到了许多专家、学者的帮助和指导，在此表示诚挚的谢意。由于笔者水平有限，加之时间仓促，书中所涉及的内容难免有疏漏之处，希望各位读者多提宝贵意见，以便笔者进一步修改，使之更加完善。

目 录

第一章　现代信息技术的基本认知

现代信息技术已广泛地渗透到国家经济、科技、文化以及人们的生产、生活和社交方式中，全面地重塑和影响着国家综合国力和人民基本生活。本章主要研究现代信息技术的内涵与特征，现代信息技术的内容、应用的意义及发展趋势，信息资源的配置、开发与利用，以及人工智能技术的应用领域及发展展望。

第一节　现代信息技术的内涵与特征

随着人类进入信息社会，以现代信息技术为核心的科技革命迅猛发展，大数据、物联网、AI智能、区块链等技术，已成为引领数字经济转型、国家创新驱动发展、提升国际竞争力的核心技术和重要影响因素，重塑了全球科技版图和经济结构。

信息化建设是实现现代化的首要方式和有效途径，是推动社会发展的根本动力，因而信息化程度也是衡量和代表当前经济社会发展的重要指标和显著标志。信息化建设是动态可持续创新变革的过程，是带动经济发展、引领社会进步的主要手段，因此，信息化本身是社会科技发展的核心、枢纽和平台，而信息化发展的结果必然是信息社会形态的表现。信息化的意义在于以数据为核心、以技术为渠道服务于社会创新发展，拓宽信息化应用方式和技术层次，提高国民经济现代化水平，加速社会整体运行效率，从而提升人民生活质量和满足感。同时，信息化赋能传统行业改造升级，促进产业融合和协调发展，提高生产效率，实现经济结构、行业、产业的信息化，达到现代信息技术与社会进步和经济改革均衡发展。

现代信息技术发展正在面临着新阶段、新机遇和新挑战，也为适应经济和产业发展需求而高速发展。就目前而言，我国初步建立了互联网、大数据、物联网等现代信息技术与实体经济融合发展的基础框架。在此框架的驱动下，从宏观而言，现代信息技术对国家治理、经济发展和人民生产、生活均产生了重大影响，提高运用现代信息技术加强社会治理和民生保障的能力，推进现代化信息技术手段在教育、金融、制造、医疗、交通等领域的普及应用尤为重要；从微观而言，在行业和部门之间的运行管理中推进信息化建设，合理运用现代信息技术手段，完善行业互联网平台，为行业现代化发展注入了强大的科技动能，同时推动了现代信息技术与行业经济深层次相融发展，在生产制造等各个环节加快大数据应用，从而在更高水平更深层次上推动现代化信息技术的应用。

一、现代信息技术的内涵

信息技术是在信息科学指导下实现信息收集、存储、传输、处理和挖掘利用等功能的技术统称，其以计算机科学和通信技术为基础，以网络技术和控制技术等现代化技术为支撑，实现对信息资源的管理、开发和利用，广泛应用于政府部门、企事业单位、社会组织和个人。信息技术是当今时代新的技术变革的核心动力，引领了科技创新发展的方向，它将孤立分散的信息整合成价值资源甚至是战略资源，使经济、市场体系、产业运行、文明进步和生产、生活等有了根本性转变和创新性发展，并逐步形成人工智能化的标准。

20世纪70年代以来，信息技术得到迅猛发展，与此同时，微电子学、通信工程、仿生学等领域也得到长足发展，在众多学科的专业理论和技术支持下，跨学科、跨领域的结合应用模式下出现的全新信息技术群就被统称为现代信息技术。它归属于信息技术，又突破了信息技术本身，与多学科、多领域、多范畴进行技术集成整合，加速了拓宽和推进了信息技术应用的广度、深度和维度。它主要应用于对多媒介和多载体信息进行采集、存储、传递、整合、分析和挖掘处理，如数字化的文字、图形、声音、影像以及传感信号等信息，形成信息资源挖掘利用的技术群。

现代信息技术在当今社会运行体系、生产模式和社会生活中发挥了举足轻重的作用，它打破了物理世界的空间格局并基于对海量信息的智能分析，改变和克服了传统模式下生产、生活水平的局限性和片面性，如“互联网+”、AI智能以及区块链等多种信息技术的广泛应用，极大提高了国家综合治理和产业科学发展能力，更好地保障了人民利益，提高了人民生活水平。

二、现代信息技术的特征

（一）网络化特征

现代信息技术具有网络化特征。网络是对事物或系统关系的一种泛化的表达或表述，即说明事物间的纵横交错、相互交织和特有的关联。网络在不同的社会环境或学科领域中引申出的含义并不相同，但它的主旨始终是事物之间不可回避的关联关系。

物理学领域中的网络是指从大量个体及个体之间的某种相连关系中抽离出来的实际关联的模型或相互作用的系统。

计算机领域中的网络通常指的是互联网。它是人类发展进程中最重要的创造之一，是指通过同一特定协议相互连接起来的一组终端计算机的集合。它是信息传输、接收、共享的虚拟平台，突破了空间和时间的壁垒，按照规定的网络通信协议把处于不同位置地点和时域的计算机、终端设备和用户联系起来，实现终端用户间的信息互通、服务互联和资源共享。

随着模拟通信技术和人工信息模式被逐渐淘汰，数字通信和电子信息相继取而代之，现代信息技术的网络化不再单纯地指计算机网络技术。它是通过网络化将通信技术、计算机、信息数据这三者之间相互关联，以结构化或非结构化形式形成的全新信息网络结构，使置身于网络各端的人们在不需了解它的空间位置、物理属性和连接方法的情况下，便能在迅速传递流动的多元信息流中获得信息资源服务。现代信息技术的网络化特征，提高了现代化科技水平和促进了人类社会发展，在各行各业建设发展中以及人们工作和生活中都得到广泛的应用，已成为人们获取信息，进行沟通和服务的最主要方式。

（二）智能化特征

现代信息技术具有智能化特征。智能化始终是信息技术发展的长远追求，判断信息产品智能与否，需评估分析它是否能够采取与人类大脑智能活动相似的方式进行反应处理，是否具有较多判断或联想等能力，或者是否已经达到人类才能达到的水平。现代信息技术智能化是指通过类脑神经网络算法，利用计算机在既定的程序下模拟人的思维和感觉过程，以实现满足用户各种需求的属性。现代信息技术具备智能化特征，即在以计算机为核心的控制下，以脑科学与认知科学为支撑，实现机械、设备、仪器的自感知、自分析、自决策和自适应等类似人类智慧的思维能力。

随着科技发展的突飞猛进，大数据、物联网和AI智能等技术都是基于现代信息技术智能化发展的产物，特别是人工智能技术在医学分析诊断治疗、语音识别、导航系统、棋类竞技等众多领域，甚至超越了人类的智慧表现。现代信息技术智能化特征，从专家系统到元学习以及深度学习均呈现出向人工智能发展技术的发展趋势，未来将会是以大数据为基础、以云计算技术为核心、以技术的不断进步与发展为保障，全面提升社会运行方式智能化水平。

（三）数字化特征

现代信息技术具有数字化特征。一般来说，数字化就是将许多复杂多变的信息转变为可以度量的数字、数据，再以这些数字、数据建立适当的数字化模型，把它们转变为一系列二进制代码，引入计算机内部，进行统一处理。这是进行数字转化的过程，也是信息本身的延续。究其本质，数字化是在信息化成果基础上产生的，是信息化的延伸发展，换言之，它是对现实世界的真实客观反映。现代信息技术的创新和发展，突破了原有物理空间的限制和屏障，将人类行为和生活模式由所处的物理世界向数字化虚拟空间转移，全方位、全角度、全链条地重塑了社会生产组织形式和社会活动方式。

现代信息技术所具备的数字化特征，也充分预示了未来主要发展趋势，即通过移动互联网、物联网、区块链、人工智能等信息技术将物理世界进行数字化全息重构，把处于物理世界的信息转变为二维数字，并延伸到更为广阔的数字化世界。数字化打破了以往的信息整合方式，利用新技术手段驱动社会新的生产要素产生，实现了独立个体之间、业务单元内外部之间以及产业上、下游之间的紧密连接，改变了人们固有的思维方式和固化的生产方式，实现了人类社会的基本活动的高效可控，为社会的管理创新、产业发展、科学探索等领域带来了前所未有的发展机遇和挑战。

（四）数据化特征

现代信息技术具有数据化特征。如果说信息化和数字化是在现代信息技术这条藤蔓上不同时期先后开出的花朵，那么数据化则是花朵结出的果实。现实世界所涵盖的所有片段记录都蕴含着碎片化信息，相对于数字化而言，数据化过程就是将这些分散信息进行数字化解读，并对其收集、聚合、分析与应用，使之转化为以编码形式存在的结构化数据。通俗来讲，现代信息技术数据化，是以数字形态描述和记录所有事物以及所有事物之间的联系，它更侧重于结果，将数字化信息进行分析、量化以及结构化组织，形成标准化的、非线性的、具有开放性的和通用性的数据对象，通过数据发现问题、描述问题、分析问题和处理问题。因此，现代信息技术具有数据化特征，代表着信息技术与生产要素和生产功能的深层次应用以及信息技术与社会活动的深层次融合。数字化向数据化发展，既代表了现代信息技术的主要特征，也标志着现代信息技术的未来发展趋势。

（五）集成化特征

现代信息技术具有集成化特征。从一般意义来讲，集成是指将客观实体的两个或多个要素，集（组）合成一个整体的过程。该整体并非要素与要素之间的加权关系，而是基于特定公式和算法规则，实现整体结果的增强和涌现，以完成集成主体的集成目标。从集成含义的一般性描述中可以看出：集成是一个活动过程和结果，同时也是一种方法，突出强调集成主体的目的性、组织性和行为性。现代信息技术所具有的集成化特征，是在市场需求和技术进步的驱动下形成的，特别是随着物联网和信息物理系统（CPS）等集成化的信息技术发展应用，将集成化提升到全新的创新领域和发展高度，为现代信息技术应用范围更广泛、层次更深入、管理更开放提供了更多的机遇。

现代信息技术的集成，已不是技术集成、产品集成、业务集成、管理集成或数字集成等某一事物内部的集成，而是实现事物内部和外部的网络化的集成。因此，如果没有现代信息技术的集成化，就难以推动社会发展进步，难以实现产业发展改革。

（六）虚拟化特征

现代信息技术具有虚拟化特征。所谓虚拟化，就是利用信息技术构造出现实世界中不存在的虚拟事物，通常是指虚拟的逻辑计算机，它们在相互独立的虚拟空间内运行。信息技术虚拟化应用则更加广泛，它的本质是实现人与计算机通信的技术，在现实事物或世界的基础上，通过集成化的信息技术手段实现事物或世界的虚拟再生和衍生。

现代信息技术具有的虚拟化特征，打破了现实世界的空间壁垒，通过计算机网络化和数据化等创造出具有逻辑性和结构化的数据资源，以视觉形式还原多维度的信息空间。现代信息技术通过模拟、分析、改进现实世界中的事物和事物关系，已发展成为促进认识和改造世界、改善生产和生活的全新手段。虚拟现实、计算机通信、自然人机交互等技术的不断发展，将会大规模提升各个行业产业的生产运行效率，改变行业形态和服务模式，在取得巨大经济和社会效益的同时为人们的社会生活带来全新体验和更多的精彩。

第二节　现代信息技术的内容、应用的意义及发展趋势

一、现代信息技术的内容

目前，现代信息技术已成为世界范围内实现政治、经济、社会发展的重要技术保障和有力手段。现代信息技术主要包括微电子技术、计算机技术、通信技术、传感技术、控制技术、互联网技术、物联网技术、云计算技术、人工智能技术等高新技术。现代信息技术的主要设备载体有计算机、网络设备、移动通信设备、电子商用设备等。现代信息技术的主要应用形式有互联网、物联网、区块链、AI智能等。

（一）微电子技术

微电子技术是现代信息技术的根本保障，是以集成电路为核心的超小型和微型电子技术。微电子技术的兴起和发展直接带动了现代信息技术的发展，因为所有的现代信息技术产品都离不开集成电路，这也说明了微电子技术对现代信息技术的发展起到关键性作用。

微电子技术最初起源于晶体管的发明，这是微电子革命的开端和导火线，用晶体管代替电子管是电子设备转向微小型化和轻量化的标志。20世纪60年代，美国公司研发的第一块集成电路板问世，与晶体管相比较，集成电路不仅具有轻、小、微、强等优势，而且具有高可靠性，因此得到应用研究和发展，逐步代替了晶体管，同时开启了微电子技术的新纪元。集成电路不是单个或多个电路元器件的连接组合，而是在特定工艺下，将满足功能要求的电阻、电容和晶体管等电器

元件微小型化地集成于半导体晶片或其他介质。集成芯片发明和大量生产应用后，被广泛地应用于通信、交通、金融、医疗等领域。微电子技术是现代信息技术的主要组成部分，它的发展水平和应用程度直接代表了国家综合实力和科学技术水平。

微电子产品的更新、迭代，推动了计算机和通信等专业领域的更新换代，如在计算机中实现了中央处理器集成化。因此，微电子技术不断推广并迅速应用到各个领域，对国民经济和现代科学技术发展进步起到了极大的推动作用。

（二）计算机技术

计算机技术涉及内容广泛，通常泛指与计算机硬件、软件及其应用相关的科学技术，是在计算机领域内满足特定功能和目标所运用的方法和手段。可以将计算机技术形象地比喻为人类的大脑，它与电子工程、机械工程、通信工程、物理工程和数学等学科领域紧密结合，运用和支配与之相关的科学技术，以高精度和高强度的运算处理和分析达到决策控制的目的。它集合了多种学科和技术，并在此基础上形成和发展，而后又广泛应用于各个学科和社会发展的众多领域，已成为衡量国家现代化程度的重要指标。1946年，第一台电子计算机（电子管数字机）“ENIAC”采用真空电子管为逻辑元器件，被用于进行弹道计算。它的出现带来了历史性变革，以此为开端，计算机技术开始实现创新发展，现已基本上涉及所有科学技术领域，成为具有战略意义的科学技术手段。计算机技术的先进性代表着工业技术和竞争能力的水平，对社会发展具有不可忽视的影响力。

（三）通信技术

通信技术是电子工程的重要分支和基础。通常是以可靠媒介为载体，实现点对点的信息传递和处理等各类技术的统称。1937年，莫尔斯电码电报是最初的通信技术形式，随着通信工程与信息技术的不断发展，通信技术也从最初的模拟通信转变为数字通信，并渗透到社会发展的各个方面。作为一种有效的信息交流技术，通信技术突破了物理空间的限制，实现了人与人、人与物、物与物之间的信息传递和交换，同时具有高可靠性和高可用性。如今，通信技术已融入社会发展之中并发挥着至关重要的作用，特别是与计算机技术的结合应用，正影响着科技进步和高新技术的时代变革。由于通信技术在信息形式、通信方式、通信业务、通信网络、通信设备等方面继续发展并取得突破，已成为驱动社会发展的重要力量，因此，通信技术被普遍认为是国民经济发展的加速器。

（四）传感技术

传感技术是以传感检测理论为基础，利用传感器、换能器和显示器等进行探测和识别不同形式的信息和目标的综合技术，它是衡量国家信息化程度的重要指标，是实现信息化建设的重要途径。可以将传感技术形象地比喻为人类的感知器官，只有感官灵活才能保证大脑的高效运转。传感技术将收集的信息成功转化成数字信号，在工业制造、能源、交通、航天等方面得到广泛的应用，可以说社会发展和人民生活的各个方面都离不开传感技术，传感器无处不在。它涉及物理学、材料科学、机械制造、化工化学、生物科学等众多学科领域，是多学科技术相互交叉形成的集合技术。

就目前发展趋势而言，伴随相关学科的高速发展，未来传感技术将在生物模拟技术、人工智能领域中得到长足发展并实现学科发展和延伸。

（五）控制技术

控制技术是通过特定的组织行为和规定程序，使系统或装置实现目标功能的手段和方法。一般来说，现代信息技术领域所涉及的控制技术主要是计算机科学与控制技术结合后的计算机控制技术。20世纪60年代，以经典控制理论为基础的控制技术得到了成功应用，此后自动控制技术的出现，弥补了经典控制技术难以支持复杂控制系统应用的不足，在无人力参与的条件下实现了控制过程的自动化。随着计算机科学技术更迭，计算机技术与控制技术的集成运用，实现了对信息的传导与控制，拓宽了自动控制技术的发展之路。目前，计算机控制技术的应用日趋广泛，如工农业生产、航空航天以及智能化机器人等方面。进入互联网时代，计算机控制技术将会得到更加广泛的应用和发展。

（六）互联网技术

互联网又称国际网络，它是全球性的网络互连，以信息交流为目的，利用通用协议将全世界的计算机跨国家、跨时域、跨平台的网络相互连接，从而形成庞大的信息网络，因此，可以形象地将它比喻为一张看不到、摸不着的巨大国际网络。社会普遍认为互联网技术是继造纸术和印刷术发明以来，人类又一个信息存储与传播的伟大创造。互联网技术经过数十年的研究发展，在生产制造、新闻传媒、电子商务、即时通信等各个领域得到充分运用，已成为社会生产、生活中不可或缺的一部分。

（七）物联网技术

通俗来讲，物联网即万物互联，它是基于传感技术，通过传感设备、射频识别、全球定位系统等技术，按照约定和协议实现任何物与物、物与人之间的信息的交换。表面上是物与物、物与人之间的网络，实则是信息流的实时传递、分析、加工和处理并得出有价值数据。目前，物联网受到社会高度重视，已广泛应用于医疗、交通、工业、农业、环保、安全等行业和领域。作为国家新兴战略性产业，物联网技术对推动产业发展具有至关重要的作用，也具有良好的市场前景。

（八）云计算技术

云计算是基于互联网具备的超大规模、虚拟化存储、超级计算能力而产生的资源运行方式，属于分布式计算技术。云计算的兴起与宽带互联网的发展紧密相关。百兆乃至千兆高速稳定的互联网为即时、大容量、无间断传输文件和应用提供了硬件基础。在此条件下，个人和机构（特别是中小型组织）基于现实经济效益考虑，采用信息技术基础设施及服务集中交付和使用的各种外包模式，而云计算服务商则将大量的计算资源统一网络化管理和调度，面向用户需求再次传递。实际上云计算构成了计算能力的智慧化，即通过连通整合计算资源和满足个性化需求，实现硬件和软件使用的大范围集约化。随着云计算技术的不断成熟，阿里云、腾讯云、百度云等云计算服务平台相继而生，它们是云计算发展的产物，满足了产业和企业等组织的海量数据的超级计算和实时管理。

（九）人工智能技术

人工智能是基于计算机科学、仿生学、心理学和控制理论等专业学科发展形成的，利用计算机系统使机器实现类人脑的智力活动的理论和技术，实现模拟和延伸人类思维的智能机器，因此人工智能也被称为智能模拟。人工智能理论涉及认知科学、知识工程、专家系统、定理证明、问题求解、自然语言理解、模式识别、博弈、决策、机器人控制等广泛领域，其关键问题是知识表达，即用一种计算机可解释的人工语言精确表示非数学的知识，以便用机器演算和推理，得出有用的结果。目前，人工智能技术属于科学技术的前沿领域，在工业、商业、教育、军事、医学等方面取得了较好的应用成果。

二、现代信息技术应用的意义

以大数据、区块链、AI智能等为代表的现代信息技术已经全面渗透、融合、带动和引领了人们的生产及生活方式、经济运行模式和社会治理等各个方面。在信息化的大时代背景下，信息技术创新和普及应用已成为数字经济发展和确立竞争优势的重要手段，这也预示着，我国的信息化发展将会进入一个新的发展阶段，信息技术也随之呈现出创新发展的趋势。

现阶段，现代信息技术已全面融入社会经济发展中的众多领域以及人们的生产、生活和社会交往之中，它由原本的推动经济发展的科学技术手段，逐渐衍化为服务社会经济活动的基础设施保障，成为引领社会改革和转型发展的强大的核心内生动力。现代信息技术为经济社会发展和科技创新提供了新途径和新模式，充分利用它助力科学技术创新，推动产业发展转型升级，完善社会治理以及转变政府服务等正成为趋势。

（一）现代信息技术推动科技改革和创新发展

科技是第一生产力，是社会发展的内生动力。科学技术创新是永无止境的，是推动国民经济快速发展的强大动能和关键变量。蓬勃发展的现代信息技术对科学技术的引领、带动作用日益增强，已成为引领科技创新的重点方向和重要突破点之一。现阶段科技创新多极化趋势日益突出，现代信息技术正在推动着科技创新意识和创新模式的根本性转变，为科技创新的加速突破提供坚实基础。第五代移动通信技术（5G）、量子通信、超级计算等新一代信息技术的应用，为国家科技创新发展提供了内生动力和技术保障，为科技创新提供了功能强大的研发工具和形式多样的协同科研平台，使得科技创新活动朝着个性化、网络化、全球化、集群化的方向发展。同时，现代信息技术实现和促进了数据资源的价值挖掘，将原本零散、冗余的海量信息转变为数据资源，形成了服务经济社会各个领域的新的生产要素。因此，现代信息技术的应用顺应了时代的要求，加快和推动了科技创新发展，改变了科技创新模式，为重大科学问题的突破开辟了新方向。

（二）现代信息技术推动产业可持续发展和创新转型

现代信息技术加快了社会发展的数字化步伐，也促使产业发展迈入了数字化转型阶段。它为经济社会的产业创新升级和提质增效，以及实现可持续的高质量发展提供了强大动能和创新发展形态。现代信息技术与产业发展的碰撞融合，也为传统产业的转型和实体经济的发展注入了新活力和新动能。以区块链、物联网、人工智能、数字孪生、第五代移动通信技术（5G）等为核心的新一代信息技术与基础产业的融合与发展，大大提升了产业发展的智能化程度和水平，推动了产业链上、下游之间的全面资源互通。与此同时，现代信息技术在加速产业改革与发展、促进产业结构调整、创新产业模式和理念以及提升产业核心竞争力等方面起着重要作用。

现代信息技术以点、网、面的全覆盖模式打造了各具特色的产业互联网基础设施，实现了产业发展的网络体系构建和数字资源整合，形成了电子商务、共享经济、移动互联等新兴产业态势，并取得了蓬勃发展。因此，现代信息技术已全面融入产业发展的各个环节，在引导产业经济和数字经济高效协同，实现提质增效的同时，为产业可持续发展和创新转型变革注入了强劲动力。

（三）现代信息技术促进政府服务的转型发展

现代信息技术为政府的信息化发展开启了全新的局面，推动和引领了政府服务的数字化变革，实现了政府决策科学化、社会治理精准化、公共服务高效化。现代信息技术的应用对政府创新服务和稳定社会秩序产生了巨大的影响，为政府行政管理和服务方式的创新提供了新形式和新途径，打破了传统政务服务的空间限制，突破了地域、部门和层级限制，构建了协同服务体系。加速了政府治理从“分散化”走向整体化、从“碎片化”走向系统化，重塑了政府行政权力运行体系和模式，有效地打破了权力壁垒和“信息孤岛”，提升了政府决策、政务服务和监督执纪的能力。利用现代信息技术发展电子政务，有助于推进数字政府建设，实现政府服务、监管和运行的数字化转型发展，促进数字时代政府治理能力和治理水平以及公共服务质量和政府公信力的全面提升，打造良好的社会运行秩序。

因此，实现现代信息技术与政府服务数字化转型逐步深化融合，重塑政府治理体系，转变政府服务职能，创新治理模式，已成为创新和提升政府的社会治理效率和群众协同效应的有效途径。

（四）现代信息技术推进数字经济高质量发展

现代信息技术的跨越式发展，形成了以信息化驱动经济增长的新态势，促进了全面实现社会信息化，在提高生产效率的同时重构了生产方式和组织模式，带动了数字经济迅速和充分地发展，是促进经济转型发展的主要动能。在推进数字经济发展进程中，现代信息技术已成为重要的信息基础保障。大数据、云计算、人工智能等现代信息技术在各行业领域的深入探索和创新应用，为数字经济发展和产业转型带来了机遇与挑战。在新一代信息技术驱动下，数据资源成为经济发展的核心动力，是实现产业数字化和数字产业化的基础保障和创新动能。当前，数字经济已成为经济发展主要增长点，也是衡量国家经济实力的显性指标之一。因此，不断迭代改进现代信息技术，贴合经济发展的关键点，已经成为提高社会运行效率和增加经济增长幅度的核心要素。

（五）现代信息技术加速技术革新和全面升级

现代信息技术推动着产业发展方向，能够全面提升产业创新能力和驱动竞争力，提高产业生产力和运行效率。现代信息技术嵌入传统的产业中，不仅可以显著提高企业的技术水平，促进企业实现产品升级换代，使之更加网络化和智能化，还可以显著提高企业的生产效率，提高产品质量和成品率。现代信息技术突破和重构了原有的行业界限，促使产业重组与政策调整，促进企业技术革新和转型创新，保障规范化和科学化的企业经营管理，整体优化了企业的资源配置。

就信息技术本身而言，特别是以大数据、人工智能、移动互联为代表的现代信息技术，已成为促进产业技术发展和变革的新引擎。原有的关键技术短板是制约现代信息技术发展的主要因素，如高端芯片、核心电子元器件、重要基础软件等。随着我国对信息化建设的持续关注和增加投入以及信息产业布局的转变，资本市场增加了对网络科技企业投入的力度，关键信息技术的研发攻关已形成乘势崛起的势头，有效地缓解了关键技术的短板问题。近年来，我国不仅在产业生态打造和商业应用等诸多方面取得一定突破，而且在云服务、手机芯片、物联网操作系统、网络数据库、5G智能终端、语音图像识别技术等领域有望实现全球领跑。随着现有技术逐步成熟，前沿技术不断延伸，我国必将实现技术革新和全面升级的多元化飞速发展格局。

（六）现代信息技术影响促进人类文明进步

现代信息技术带来的前所未有的新动能，对人类文明进程产生了深刻影响，尤其是互联网技术进入了人类社会生产、生活之中，形成了覆盖全球的开发和使用信息资源的信息网络。信息网络拓宽了人与人之间的交往渠道，大量信息资源成为文化传播的重要载体，正在根本性地改变着人们的生产、生活方式。信息网络融入社会生活、生产的各个方面，为文化的传播提供丰富便捷的渠道的同时，也对文化的发展产生了深远的影响，新时期下适应网络时代和信息经济的新文明、新文化将逐渐形成。

三、现代信息技术的发展趋势

现代信息技术是目前全球研发力量最集中、涉及最为广泛的科学技术之一。现代信息技术的发展革新将引发连锁式突破，形成数字经济创新增长点，为产业发展提供全新领域的探索空间。我国将人工智能、移动智能终端、第五代移动通信（5G）、先进传感器等作为新一代信息技术产业创新重点进行发展，将进一步拓宽新兴产业发展空间。因此，平稳、快速、高效地促进现代信息技术的稳定发展是重中之重。而不同发展需求，预示着现代信息技术有不同的发展方向。但总体而言，其正逐渐朝着产业化、集成化的方向发展，并形成了一定的产业链。现代信息技术也已从传统的技术驱动模式向应用驱动模式转变，从而更好地适应经济社会发展和顺应市场变化。

（一）现代信息技术的技术创新和前沿趋势

随着虚拟现实技术、第五代移动通信技术（5G）、云计算技术、大数据技术、量子信息技术、信息安全技术等先进信息技术的发展成熟，将呈现全学科、多领域的前沿技术应用趋势。就技术本身而言，反过来也迎接着新的发展机遇和变革的挑战。

1. 虚拟现实技术

现今世界各国都很重视实施虚拟现实产业的布局，未来虚拟现实不只是戴上VR头盔的虚拟游戏体验或是3D成像的画面显示，而是将现实世界映射形成虚拟的现实世界，通过人机交互方式，实现“两个世界”的共存互通和融合衍化。现在，虚拟现实技术已成为促进中国制造转型升级的新途径，除了应用于高端制造领域外，还在教育文化、健康医疗等领域进行深入融合，其应用前景不可估量，有助于创新社会服务方式及促进社会和谐发展。

2. 第五代移动通信技术（5G）

5G是新一代移动通信技术，是高数据速率的信息通信服务。用户体验速率、连接数密度、端到端时延、峰值速率和移动性等都将成为5G的关键性能指标，5G用户体验速率应达到Gbps量级。5G的应用已正式步入商用成熟阶段，未来，在5G时代下的虚拟现实、自动驾驶、远程手术、智慧城市的探索研究将成为新趋势。

3. 云计算技术

云计算技术成熟的关键是虚拟技术，体现为服务器虚拟化和存储介质虚拟化，也即将用户操作集中到云端，利用云计算技术加快行业数字化发展、产业智能化转型，实现人与物、人与人、物与物之间的数据传递，使产品本身不再是日常生活和办公的辅助工具，而是从生产、生活的辅助品转变为必需品。云计算技术对用户体验和生产效率产生了颠覆性影响，运用云计算技术能够推动经济创新发展，提升社会治理能力和政务服务能力。

4. 大数据技术

大数据技术是将神经网络计算、语义计算以及AI智能等领域整合并分析，通过数据挖掘分析实现数字汇聚形成数据流，将数据资源化。随着大数据产业链不断完善，行业数据中的商业价值和潜在资源将得到充分挖掘，未来，随着大数据技术与物联网、智慧城市、虚拟现实、区块链等技术的融合和突破，在数据汇流的影响下，社会生产和日常生活中的任何事物将可量化并实现数据分析。

5. 量子信息技术

量子信息技术是新兴战略性的科学技术，基于光纤网络的量子保密通信技术和星地量子密钥分发技术，突破了信息技术原有的物理空间和计算能力极限，在电子政务、电力、金融、军事等对安全等级要求较高的行业领域具备巨大的发展潜力和应用前景。量子计算、量子通信、量子测量是量子信息科学发展的三个重要领域，量子中继、量子存储、光纤复用及量子密钥空中分发等量子保密通信是关键技术，也是技术创新和产业升级的关注焦点。

6. 信息安全技术

随着区块链、物联网和云计算等前沿新兴技术在国家安全、政治、军事和金融领域不断深入发展，数据安全和隐私安全等问题成为影响社会安全的关键，究其根本是互联网信息安全。目前，应用安全与云安全已经成为信息安全技术的发展重点，信息安全技术向安全服务转型势在必行。

（二）加速技术的交叉融合与延伸

现代信息技术在各自技术领域已经得到长足发展，未来，除发挥自身技术优势之外，多技术交叉融合和延伸运用将成为现代信息技术发展的主要趋势。在各产业领域中，信息技术不再是单独存在和应用，而是加快交叉融合步伐以综合体形式将数据汇流，释放出新的动能和催生新的产品，从而促进产业发展壮大和产业结构的调整以及实现经济转型发展。以企业发展为例，企业受自身信息化建设水平的束缚和限制，往往仅以管理信息系统作为企业信息化应用的重点，未来，物联网、人工智能和云计算技术的组合应用，将完全覆盖企业生产运营的全过程，实现数字控制，形成数字企业，完善企业链条和实现创新发展。随着现代信息技术应用程度的逐步深入，尤其是在社会治理模式、智慧城市、电子政务、互联网金融等方面的强化应用，都体现出现代信息技术重要价值，未来它还将进一步引领产业和经济发展，真正实现产业生态链的闭环应用。

第三节　信息资源的配置、开发与利用

信息资源的配置是信息服务的第一步，而优化资源的配置是实现信息服务的前提和基础。信息资源的配置既受使用者的分配、需求的限制，也与信息科技的环境有关。现代信息技术的迅猛发展和广泛应用，给我国的信息服务行业带来了多方面的冲击，其中，信息资源的配置是处于第一位的。

一、信息资源的变化

（一）载体形式与传递方式的增加

现代信息技术的发展对信息资源的载体形态和传播途径有着最为直接和根本的影响。当前，纸质信息资源、光盘信息资源、网络信息资源共存的格局已基本形成，并且印刷品信息资源所占比重逐步下降，光盘资源和网络信息资源在不断增加。很多资料以印刷品、光盘和网络的方式进行传播。比如，国内和国外的资料搜寻工具都是以印刷品、光盘和网页的方式进行发布的。

（二）内容扩展和数量的增加

虽然信息资源的内容变化并不完全是科技发展和应用的结果，但是科技的确

对信息资源的变迁有着不容忽视的影响。现代科技和社会经济的发展，极大地促进了信息资源内容的丰富和规模的增长。

二、信息资源配置理念

（一）以需求为中心理念

在任何情况下，根据使用者的需求来进行信息资源的配置，都是最基本的原则。由于信息资源的变化会对资源的配置产生很大的影响，因此，在进行信息资源的配置时，一定要充分考虑到这种变化和影响，但是，这并不能否认用户对信息资源的引导性。信息资源的配置原则是最大限度地满足使用者的需要，如果忽视了使用者的需要，则必然是不合理的。在信息时代，信息服务机构和管理部门要从需求角度出发，将信息资源的变化和使用者的需要相结合。

（二）协调共享理念

信息资源的配置不是其一个信息服务单位的单独活动，而是一个复杂的系统工程。以往我国信息资源的配置，普遍存在“大而全”和“小而全”的观念，部分信息管理部门将其归集的文献信息量作为其工作质量和服务水平的重要指标，各信息机构只重视文献种类及册数、轻信息量，重视信息的拥有权、轻信息的使用权，并将其作为私人财产，极少向外部使用者开放。造成这一状况的原因，除了长期以来形成的传统思维方式和条块分割、各自为政的管理制度之外，还有技术上的局限性。由于信息技术水平的限制，纸质文献在很大程度上无法进行大规模的共享，从而制约了信息资源的配置。

现代信息技术的迅速发展，为大规模协调、大规模通信提供了必要的条件。但核心问题是要对信息系统及配置方式进行改革。为了解决“碎片化”“零散化”的问题，必须在全国范围内建立统一的全国信息管理体系，并通过宏观调控国家的信息资源配置实现对信息资源的整体规划；打破传统的“大而全”和“小而全”的思维，建立新的信息资源协作交换思想；信息服务的信息资源从注重信息的数量向注重信息资源的可利用性转变，使全国信息管理体系成为具有自身特色的独立系统。

（三）虚实结合理念

信息资源配置时，通常将以有形载体为载体的各种信息按一定比例储存在信息服务组织中，这种方法实为对信息资源进行实际分配。图书馆、情报机构和档案馆过去一直采用实际配置模式进行信息资源分配。然而，这种配置方式投入资金巨大，并且很难完全满足用户的信息需求。除了实际配置方法之外，还可以采用虚拟配置的方法。

信息资源的虚拟配置，是指储存在其他信息组织中的资料，如同自己所拥有的一样，可随时向使用者开放。该方法不仅可以节省资金，而且可以更好地满足使用者的需要，但是对技术有很高的要求。随着信息技术的不断发展和应用，信息资源的虚拟配置已经成为现实，利用信息网络，不但可以实现网络资源的虚拟配置，而且可以实现光盘资源的虚拟配置。

（四）动态发展理念

目前，人们对信息的需求不断发生变化。随着科学技术和社会经济的发展，信息技术将得到进一步的发展，光驱动和网络化的信息资源将越来越多，信息的传播范围也会越来越广，网络的功能也会更加完善，电脑将成为信息处理与应用的重要手段。因此，必须确立动态发展的思想，在资源配置上要做到以目前为起点，以未来为导向，科学规划，逐步实现。

信息服务单位提供的信息资源，既要符合使用者目前的需求，又要兼顾其未来的需求。一些现在不需要或不方便使用但未来需求量大、易于使用的资料，也要妥善保存，以防以后由于绝版而买不到；对一段时期内需要的时效性强的数据，可以通过虚拟配置的方法来解决，而不需要每一个信息服务单位都花费巨大的资金进行重复采购。信息资源的组织形式既要符合当前的信息技术状况，又要考虑其发展给社会带来的新变革。

在信息资源的分配上要有长期、短期的规划，在不同的时间内要有不同的分配目标和优先次序，要适应现代信息技术的发展和使用者的需要，适时地调整信息资源的分配对象和已经形成的信息资源系统。

三、信息资源配置的结构与模型

（一）微观的信息资源配置结构

电子信息资源具有多种优势，如小型、大容量、低廉；文字、声音及影像并用、易于收集和保存、方便信息的多种处理；呈现出全球化的分布格局，多种语言共存，可以跨越国家边界进行传播等。信息时代，必须打破纸质资料一统天下的状况，在信息资源的微观布局上，应该对印刷品、光盘、网络等信息资源进行合理的分配。

根据信息服务组织的性质与使命，不同时期、不同情况下，信息资源的构成有不同的特点，目前及未来，图书馆应该以纸质资料为主，其次是光盘资料，然后是网络资料；情报机构应该以光碟资料为主，其次是网络资料，然后是纸质资料；档案馆藏以纸质资料为主；咨询机构主要以网上形式的信息资源为主，其次是光盘类的，然后是印刷类的。随着现代信息技术的不断发展，这种组织形式也将随之改变。

确定信息资源的微观载体形式时，也要关注信息资源的多重配置，即内容相同、载体不同的信息资源的配置。如有些资料是以两三种形式同时发表和传播的，彼此之间存在着某种互补关系。

（二）宏观的信息资源配置模型

首先，把“区域协调”改为“全国协调”。信息资源的宏观配置，是指在不同层次的信息组织中，对信息资源的配置进行分工和协调。在传统的信息技术条件下，区域间的信息资源协同共享存在着一定的可能性，但区域间的信息资源整合却是不太可能的，因此，区域间的信息资源配置具有重要的现实意义。随着互联网技术的发展，各种信息网络的建设，为实现全国范围内的信息资源的协同共享创造了条件。在此背景下，要打破区域界限，建立起全国协同、共享的宏观信息资源配置格局。

其次，由“纸质资料整合”模式改为“电子信息资源整合”模式。过去，信息资源的协同配置是以纸质信息资源为主，缺乏相关的规范。信息时代，信息资源的协同目标应该是电子形式的信息资源，它可以通过网络进行传输，方便了不同的信息服务单位的信息交换与分享。

最后，由“层级中心化”向“网络中心化”转变。传统的宏观信息资源配置侧重于在各个层面上构建信息中心，以满足不同层面的用户需求。这种层级式的中央管理方式，不利于各个信息中心的直接连接，导致信息传输缓慢。在现代信息技术的背景下，信息资源的宏观配置应该转变为以网络为中心的方式，构建一个没有层级的网络中心。

四、信息资源开发

（一）信息资源开发的顺序

随着现代信息技术的发展，信息资源的开发也不可避免地需要进行相应的调整。信息发展的重点是经济、科技、教育、管理、政策、法规，最后是文化、娱乐和生活。

社会发展状况对信息资源开发的影响最大。随着知识经济时代的来临，经济发展成为提升国家实力的必然选择，科技成为经济发展的“第一生产力”，因此，应该把经济信息资源和科技信息资源放在首位。在知识经济的今天，我们要加强教育、管理、政策的指导和保障，因此就要充分利用教育、管理、政策、法规等信息资源。当然，现代信息科技的运用，也为发展这些信息资源提供了有利的环境。

随着信息技术的发展，人民生活日益富足，文化娱乐也日益丰富，生活、文化、娱乐等信息成为人们生活的重要组成部分，而现代信息技术可以方便、快捷、准确地向人民传递信息，极大地满足人民的物质生活和精神需求。

（二）信息资源的形式开发

信息资源的开发方式与信息技术的发展水平密切相关，在当今信息技术快速发展的背景下，信息资源的开发以网络、文献、智力为主。

随着信息技术的发展，网络已成为人们获取信息的最主要的载体和途径，网络信息资源的规模庞大、发展迅速、内容复杂，如果不进行科学的组织与处理，将无法得到最好的利用。

文献资料是一种重要的信息资源。随着现代信息技术的发展，传统的纸质文献资料更加便捷、快速，而且电子出版物的种类越来越多。当前，文献资料资源依然是信息资源的主要来源，而文献资料的利用也不容忽视，要加强对纸质文献资料和电子出版物中所包含的信息资源的利用。

脑力信息资源也是一种重要的信息资源，因为其通常通过言语表达，利用声波、电话等方式进行传递、沟通，不利于积累，因此，以前对这些信息资源的开发与利用并不充分。现在运用现代信息技术，可以高效地收集和整理信息。

（三）信息资源开发的深度

信息资源开发的深度与信息技术的发展水平有很大关系，为了适应各层次的用户需要，应采取多层次的信息资源开发。随着知识经济的来临，现代信息技术的不断发展，人们对信息的需求也越来越多样化，对信息的要求也越来越高。在这样的背景下，单纯挖掘和处理信息资源，显然是不够的。过度重视信息资源的深度挖掘，虽然可以节约使用者的信息获取与使用时间，但也会造成大量的“零”信息（原始数据）流失，从而增加了信息内容失真的可能性。同时，深层的信息资源开发还需要具备一定的信息分析与研究能力，并具备一定的专业知识，而信息资源的多样化发展，可以满足不同层面的使用者对信息的需要。

（四）信息资源开发的方式

随着信息技术的发展，人们对数据库的要求越来越高。不同类型的信息服务组织应该分工合作，在开发题录型数据库、文摘型数据库的基础上，把全文数据库、数字数据库、事实数据库等作为重点，进行各种数据库开发服务。

我国一次信息资源非常丰富，但以印刷版为主，利用现代信息科技，可将一次印刷资料数字化，由电脑进行处理与访问，并在网络上进行大范围、长距离的传送，方便使用者进行第二、第三次开发，以提升一次文献的利用率及使用效率。

信息分析研究是信息资源发展的一种先进方式，采用传统的信息分析方式，会限制信息的来源，进而影响信息分析的研究速度；信息服务单位应在信息分析研究中拓宽信息收集的范围，运用多种方式收集信息，运用电脑进行信息的分析与研究，以提升信息分析的效能与质量。

信息资源共享规模的大小，直接关系到用户对信息的使用和对信息的需求。信息资源的共享程度越高，使用者越能获得更多的信息来源，越能更好地满足信息需要，各信息组织与信息系统存储的信息才可以被更多的人利用，从而提高信息资源的利用率。

第四节　人工智能的应用领域及发展展望

一、人工智能的认知

（一）人工智能的界定

近年来，人工智能发展迅速，已成为科技界和大众都十分关注的一个热点领域。尽管目前人工智能在发展过程中还面临着很多困难和挑战，但人工智能已创造出了许多智能产品，并将在越来越多的领域制造出更多智能的产品，为改善人类的生活作出更大贡献。“人工智能是新一代‘通用目的技术’，对经济社会发展和国际竞争格局产生着深刻影响。”①

智能是指学习、理解并用逻辑方法思考事物以及应对新的或者困难环境的能力。智能的要素包括：适应环境，适应偶然性事件，能分辨模糊的或矛盾的信息，在孤立的情况中找出相似性，产生新概念和新思想。

自然智能是指人类和一些动物所具有的智力和行为能力。人类智能表现为有目的的行为、合理的思维以及有效地适应环境的综合性能力。智力是获取知识并运用知识求解问题的能力，能力则指完成一项目标或者任务所体现出来的素质。

人工智能是指计算机系统或机器模拟、模仿和执行人类智能活动的能力。它涉及使机器能够感知、理解、推理、学习、决策和交互等一系列复杂的认知过程。

（二）人工智能的应用领域

人工智能是一门应用性学科，而其基础理论支持下与各应用领域相结合进行研究，产生多个应用领域的技术的，是人工智能学科的下属分支学科。目前，这种与应用领域相关的分支学科随着人工智能的发展而不断增加。人工智能应用性技术研究的是用“模拟”人类智能的方法与各应用领域相融合所建立的理论。在人工智能学科中，有很多以应用领域为背景的学科分支，对它们的研究是以基础理论为手段，以领域知识为对象，通过这两者的融合最终达到模拟该领域应用的目的。目前，这种学科分支的内容有很多，并且还在不断的发展中。

① 张鑫，王明辉.中国人工智能发展态势及其促进策略[J].改革，2019（9）：31.

1. 自然语言处理

自然语言处理（NLP）是计算机科学领域与人工智能领域的一个重要部分，甚至是核心部分，也是人工智能中最为困难的部分之一，它研究能实现人与计算机之间用自然语言进行有效通信的各种理论和方法。自然语言处理是一门融语言学、计算机科学、数学于一体的科学，它与语言学的研究有着密切的联系，但又有重要的区别。自然语言处理并不是一般地研究自然语言，而是研究能有效地实现自然语言通信的软件系统，包括进行大规模的智能处理。从广义上讲，自然语言处理可分为两部分：自然语言理解和自然语言生成。自然语言理解是使计算机能理解自然语言文本的意义，而自然语言生成是让计算机能以自然语言文本来表达给定的意图、思想等。

自然语言理解是一项综合的系统工程，它包含很多细分学科，有代表声音的音系学，代表构词法的词态学，代表语句结构的句法学，代表理解的语义句法学和语用学。语言理解涉及语言、语境和各种语言形式的学科。而自然语言生成则恰恰相反，它是从结构化数据中以读取的方式自动生成文本。该过程主要包含三个阶段：文本规划（完成结构化数据中的基础内容规划）、语句规划（从结构化数据中组合语句来表达信息流）、实现（产生语法通顺的语句来表达文本）。

2. 认知与推理

人工智能的目标是使计算机能够具有和人类一样智能的系统，而认知与推理一直被认为是人工智能最集中的体现。在实际运行的系统中实现智能系统的认知与推理，具有非常重要的意义。要想实现智能系统的认知与推理，就要它融合神经网络、计算机技术、智能决策等多种技术。因此，认知与推理作为一个多种技术的综合体，为分析和处理各类数据提供了有效途径。

人工智能主要是研究人的智能行为，就是把人的行为人工化、工程化。从人工智能的发展史看，其实专家系统可以说是最早的人工智能技术，它在工业领域产生了较大影响。专家系统是一种基于规则的知识库，最出名的是MYCIN系统，它能够帮助诊断疾病。不同领域有不同的专家系统，如采矿系统、计算机设计系统、银行的贷款和审批系统。要想真正达到人工智能，需要一个完整的智能体，这个完整的智能体需要全方位的人工智能技术。例如，大家熟知的家庭服务机器人，一个能独立工作的机器人，必须对人类有认知、能进行推理。因此，认知与推理一直被认为是人工智能最集中的体现。

3. 机器人学

机器人学是一项涵盖了机器人的设计、建造、运作以及应用的跨领域科技，就如同电脑系统的控制、感测回授以及资讯处理，这些科技催生出能够取代人力的自动化机器，可以在险境或制造工厂运作，或塑造成外表、行为、心智仿人的机器人。

让机器代替人类手工劳动，从而让人从简单、危险的工作中脱离出来，这是研究智能机器人的主要初衷。目前，智能机器人在服务方面的应用最为广泛，如清洁型智能机器人能够完成高空作业，并在不同的环境下完成清洁工作。

随着科技水平的不断提升，智能机器人是当前也是后续研究的热点问题，通过研制智能机器人，能够帮助人类完成烦琐的工作，推动发展。尽管目前智能机器人的研究已经取得了重大的研究成果，但是要想进一步发挥出智能机器人的积极作用，还需要加强综合运用，在智能机器人的独立生产以及网络化控制模式等方面进行突破，使智能机器人技术不断成熟，为人类社会的发展注入新的活力。

4. 机器博弈

机器博弈是人工智能在博弈领域的应用，旨在开发智能系统能够与人类进行博弈竞争并作出优化的决策。机器博弈包括了各种形式的游戏，如棋类游戏、扑克游戏、电子游戏等以及博弈论中的理论模型。

机器博弈的发展源于对人工智能技术的探索和对博弈理论的研究。通过深度学习、强化学习和其他机器学习算法，智能系统能够从大量的数据中学习和优化策略，以在博弈中取得更好的结果。

二、人工智能的发展展望

随着信息技术的飞速发展，人工智能也得到了迅猛的发展，给我国的基础生产业与高端技术行业都带来了新的发展前景与前进方向，同时人工智能的逐渐成熟也能从根本上改变人类劳动的速度、广度与深度，提高科技生产力。“人工智能所生产的科技产品能够模拟人的意识和思维，伴随着现代科技的快速发展，未来的应用场景也会不断丰富，从而带动市场规模得到进一步的扩大。”①

第一，通用人工智能。当前的人工智能主要是狭义的人工智能，即专门针对特定任务的算法和模型。未来，人们期望发展人工通用智能（Artificial General

① 马敏.论人工智能技术发展及应用[J].科技创新与应用，2023，13（8）：173.

Intelligence，AGI），它能够像人类一样在多个领域被灵活应用，具有学习能力和自主决策能力。AGI的实现可能会带来巨大的社会变革和经济影响。

第二，自主机器和机器人。未来，我们可能会看到更加自主和智能的机器和机器人，它们能够在各种环境中工作，解决复杂问题，并与人类进行更加复杂和自然的交互。这将在制造业、农业、医疗保健和物流等领域引发深刻的变革。

第三，人机融合。随着技术的进步，人类与机器之间的界限将变得模糊。我们可能会看到更多的生物医学技术与人工智能相结合，提高人类的认知能力和生理能力，如包括大脑—机器接口、智能假肢和生物计算等技术。

第四，可解释性和透明性。人工智能系统通常被认为是黑盒子，难以解释其决策过程。未来，我们需要更多的研究来提高人工智能系统的可解释性和透明性，以确保其决策过程能够被理解和信任。

总体而言，人工智能的发展前景是非常广阔的。尽管存在挑战和风险，但随着技术的进步和社会的共同努力，我们有望实现更加智能、高效和可持续的未来。重要的是，在人工智能的发展过程中，我们始终要高度关注伦理和社会责任，确保其发展符合人类的最大利益。

第二章　计算机技术及应用

计算机技术及应用是指对计算机科学理论和技术进行实际应用的过程。它包含了广泛的计算机相关领域，从基本的计算机硬件和软件到网络、图形图像处理等多个方面。本章重点介绍计算机及其类型划分、微型计算机系统、计算机技术的主要内容和计算机技术的创新应用。

第一节　计算机及其类型划分

一、计算机的发展历程

计算机的发展历程是一个漫长而充满成就的过程，它从早期的机械计算设备逐步演变为现代高度智能化的计算机系统。

第一，早期计算设备。计算机的历史可以追溯到古代的算盘和其他早期计算工具，然而，真正意义上的计算机发展始于19世纪。在此期间，许多重要的机械计算设备被发明，如差分机和分析机。分析机设计被认为是计算机设计的先驱，虽然这些设备还没有达到现代计算机的智能水平。

第二，电子管计算机时代。20世纪40—50年代，电子管技术的出现推动了计算机的进一步发展，电子管计算机在处理速度和功能方面远远超过了机械计算设备。1946年，世界上第一台电子管计算机“ENIAC”（电子数字积分计算机），在美国诞生。“ENIAC”能够执行复杂的数值计算任务，为科学、军事等领域提供了前所未有的计算能力。

第三，晶体管计算机时代。晶体管发明于1947年，它开创了另一个计算机时代。晶体管是一种取代电子管的半导体元件，具有更小、更快、更可靠的特性。由于晶体管计算机的问世，计算机的体积缩小、功耗降低、运算速度大幅提升，这为计算机在商业和科学领域的广泛应用奠定了基础。

第四，集成电路计算机时代。20世纪60年代，集成电路的出现进一步推动了计算机的发展。集成电路是将多个晶体管和其他电子元件集成在一块芯片上，大大提高了计算机的性能和可靠性。IBM公司的System/360系列计算机，是第一台广泛使用的商用计算机，标志着计算机行业进入标准化和商业化时代。

第五，个人计算机时代。20世纪70年代末至80年代，个人计算机的兴起彻底改变了计算机的使用方式。苹果公司和IBM等公司相继推出了个人计算机，计算机逐渐走入普通家庭和办公室。图形用户界面的引入使得计算机更易于操作，计算机软件和硬件的快速发展进一步促进了个人计算机的普及和使用。

第六，网络与互联网时代。20世纪90年代至21世纪初，互联网的兴起引领了计算机的新发展阶段。计算机的联网能力使得全球范围内的信息共享和通信成为可能，互联网的普及加速了信息时代的来临。同时，计算机的性能不断提升，数据存储技术也取得重大突破，云计算和大数据技术的出现进一步推动了计算机技术的发展。

第七，科技融合时代。进入21世纪以来，计算机技术逐渐与其他科学技术领域融合，形成了交叉学科的发展趋势。人工智能、机器学习、物联网等新兴技术与计算机紧密结合，推动了计算机技术的迅速发展。深度学习和神经网络技术的兴起，使计算机在图像识别、自然语言处理等领域取得了显著成果，进一步拓宽了应用范围。

总结起来，计算机的发展历程经历了从机械计算设备到电子管计算机、晶体管计算机、集成电路计算机、个人计算机，再到互联网时代的演变。而现在，计算机正处于科技融合的时代，随着人工智能和其他技术的发展，计算机必将继续在科学、商业和社会各个领域发挥更加重要的作用。

二、计算机的特征

计算机作为一种重要的现代信息技术工具，在不断发展进化的过程中，逐渐形成了一系列显著的特征。

第一，可编程性。计算机最重要的特征之一是其高度的可编程性。它能够根据用户的需求和程序的指令，在不同的任务和应用之间进行切换，并灵活地执行各种算法和操作。这种可编程性使得计算机能够适应不同的应用领域，从科学计算到商业管理再到娱乐等，大大提高了计算机的通用性和适用性。

第二，存储与记忆。计算机具有存储和记忆信息的能力。通过内存和外存储设备，计算机能够保存程序和数据，从而实现数据的长期保存和多次使用。这种特征使得计算机可以进行复杂的数据处理和决策，也使得用户能够保存和获取个人数据，增强了计算机的实用性。

第三，自动化。计算机是一种自动化工具，它能够根据预先定义的指令和算法，自主地执行各种操作和任务。这种自动化特征使得计算机在大规模数据处理和复杂计算方面具有巨大优势，也使得计算机在自动控制、自动化生产等领域得到广泛的应用。

第四，速度与效率。计算机的运算速度非常快，而且能够同时处理多个任务，这决定了它能够在短时间内完成复杂的计算和数据处理任务。计算机的高效率使得人们能够更快地获取信息、进行决策，并提高了各种工作和生产过程的效率。

第五，精确性。计算机在进行计算和数据处理时，能够保持较高的精确性。它不像人类那样因为疲劳、情绪等因素而容易出现错误，这使得计算机在科学研究、数据分析等领域得到广泛的应用，并能够提供高精度的结果。

第六，交互性。计算机的另一个显著特征是交互性。用户可以通过输入设备（如键盘、鼠标）与计算机进行交互，发送指令、输入数据，从而控制计算机的行为和获取信息。而计算机则通过输出设备（如显示器、打印机）向用户反馈结果和信息。这种交互性使得计算机能够成为一个强大的工具，满足用户个性化的需求。

第七，网络连接性。随着互联网的发展，计算机具有了广泛的网络连接性。这使得计算机可以在全球范围内共享信息和资源，实现远程通信和协作。网络连接性让计算机变得更加智能，让人们能够充分享受到信息时代带来的便利与优势。

综上所述，计算机的特征涵盖了可编程性、存储与记忆、自动化、速度与效率、精确性、交互性和网络连接性等方面。这些特征使计算机成为现代社会不可或缺的工具，广泛应用于科学、工程、商业、教育、娱乐等各个领域，为人类社会带来了巨大的发展和进步。

三、计算机的类型划分

（一）按处理方式分类

根据处理方式的不同，可以把计算机分为模拟计算机、数字计算机以及数字模拟混合计算机。

第一，模拟计算机。模拟计算机主要用于处理模拟信息，如工业控制中的温度、压力等。模拟计算机的运算部件是一些电子电路，其运算速度极快，但精度不高，使用也不够方便。

第二，数字计算机。数字计算机采用二进制运算，其特点是解题精度高，便于存储信息，是通用性很强的计算工具，既能胜任科学计算和数字处理，也能进行过程控制和CAD/CAM等工作。通常所说的计算机，一般是指数字计算机。

第三，数字模拟混合计算机。数字模拟混合计算机是取数字、模拟计算机之长，既能高速运算，又便于存储信息，但这类计算机造价昂贵。

（二）按功能分类

根据计算机的功能，可将计算机分为专用计算机与通用计算机。

专用计算机功能单一，可靠性高，结构简单，适应性差。但在特定用途下却最有效、最经济、最快速，是其他计算机无法替代的，如军事系统、银行系统均属于专用计算机。

通用计算机功能齐全，适应性强，目前人们所使用的大多是通用计算机。

（三）按规模分类

按照计算机规模，并参考其运算速度、输入/输出能力、存储能力等因素，通常将计算机分为巨型机、大型机、小型机、微型机等。

1. 巨型机

巨型机是一种计算机系统，具有以下特点。

（1）运算速度快。巨型机采用高性能的中央处理器（CPU）和优化的硬件进行设计，具有极高的运算速度，能够在短时间内完成复杂的计算任务。

（2）存储量大。巨型机通常配备大容量的主存储器（RAM）和辅助存储器（硬盘、磁带等），能够存储大量数据和程序。

（3）结构复杂。由于巨型机需要处理庞大而复杂的任务，其内部结构和设计也相应复杂，包括多个处理器、高速互联网络等组件。

（4）价格昂贵。巨型机的制造和维护成本高昂，其价格远高于其他类型的计算机。

巨型机主要应用于尖端科学研究领域，如天文学、气象学、核物理学等，以及其他需要大规模计算和数据处理的领域。例如，银河机就是一台著名的巨型机。

2. 大型机

大型机是计算机系统的一种，相对于巨型机规模稍小，但仍然具有较高的性能和功能。大型机拥有较为完善的指令系统，支持复杂的指令集和丰富的操作功能。同时，大型机通常具备多种外部设备接口，方便与其他设备和网络进行连接和通信。大型机广泛应用于计算机网络和大型计算中心，如大型企业、政府机构和科研机构，用于处理大规模数据、提供服务和支持重要业务。

3. 小型机

小型机是一类中等规模的计算机系统，相对于大型机成本较低，维护也相对容易，适合中小型企业或组织采用，以满足一定规模的计算需求。小型机用途广泛，既能用于科学计算和数据处理，也可用于生产过程自动控制、数据采集及分析处理等。

4. 微型机

微型机是一类小型计算机系统，由微处理器、半导体存储器和输入/输出接口芯片等组成，其体积更小、价格更低、灵活性更好、可靠性更高、使用更加方便。现代微型机的性能已经超过以前的大中型机，甚至一些性能优秀的微型机能够处理较为复杂的任务。微型机广泛应用于家用、个人办公、教育等领域以及嵌入式系统、物联网设备等场景。

（四）按工作模式分类

按照计算机的工作模式，可将其分为服务器和工作站两类。

1. 服务器

服务器是一种可供网络用户共享的、高性能的计算机，其特点如下。

（1）共享性。服务器是为多个网络用户提供服务的，他们可以同时访问服务器上的资源，如网页、数据库、文件等。服务器的设计目的是支持大量用户的同时访问和处理请求。

（2）高性能。服务器通常配置强大的硬件资源，如大容量的内存和存储设备以及多个中央处理器（CPU）。这样做是为了能够高效地处理大量请求，确保网络用户获得极快的响应速度。

（3）网络操作系统。服务器上运行着专门用于网络环境的操作系统，如Windows Server、Linux服务器等。这些操作系统具有良好的网络管理和资源共享功能，能够支持多个用户同时连接。

（4）可靠性。服务器需要具备高度的可靠性和稳定性，因为它们可能24小时不间断地运行，不能出现故障，以确保网络服务的连续性和稳定性。

（5）服务提供。服务器可以提供多种服务，如网页服务器（Web Server）、文件服务器（File Server）、数据库服务器（Database Server）、邮件服务器（Mail Server）等，根据不同的功能进行配置。

2. 工作站

工作站是高档微机，其特点如下。

（1）专业应用。工作站通常配备强大的处理器和大容量的内存，用于处理复杂的专业应用软件，如CAD（计算机辅助设计）、CAM（计算机辅助制造）等。这使得工作站成为处理图形、影像和数值计算等任务的理想选择。

（2）易于连网。工作站具备连接网络的功能，可以与其他计算机或服务器进行通信，便于数据交换和协作。

（3）大屏幕显示器。为了满足专业应用的需要，工作站通常配备较大的高分辨率显示器，以展示更多的信息和更复杂的图形。

（4）办公自动化。除了专业应用，工作站也适用于日常办公任务，如文档处理、电子表格、演示文稿等。

第二节　微型计算机系统

微型计算机的特点是利用大规模集成电路和超大规模集成电路技术，将运算器和控制器做在一个集成电路芯片上（微处理器），因此，微型计算机简称为微机。微机具有体积小、质量小、可靠性高、价格低廉等优势，通常所说的PC机都属于微型计算机。

一、微型计算机硬件

（一）主板

主板又称系统板或母板，它是一块控制和驱动微机的电路板，也是CPU与其他部件联系的桥梁，微型计算机的性能主要由主板的性能决定。主板主要由以下部分组成。

1. 主板芯片组

芯片组是主板的核心组成部分，按照在主板上的排列位置的不同，通常分为北桥芯片和南桥芯片。北桥芯片是主板上离CPU最近的一块芯片，负责与CPU的联系并控制内存、AGP、PCI数据在北桥内部的传输。南桥芯片则主要负责I/O接口和IDE设备的控制等。其中，北桥芯片起着主导性的作用，也称为主桥。

2. 内存芯片

主板上还有一类用于构成系统内部的存储器，统称为内存芯片，包括ROM BIOS芯片和CMOS RAM芯片。

（1）ROM BIOS芯片。BIOS是基本输入/输出系统。ROM BIOS芯片是只读存储器的基本输入/输出系统。它是一组固化到计算机主板上的一个ROM 芯片中的程序，用于保存计算机最重要的基本输入/输出的程序、系统设置信息、开机上电自检程序和系统启动自检程序。

（2）CMOS RAM芯片。CMOS是计算机主板上的一块可读/写的RAM芯片，它用于保存当前系统的硬件配置和用户对某些参数的设定。现在的厂商们把CMOS程序做到了BIOS芯片中，当开机时就可按Del键进入CMOS设置程序对系统进行设置，所以这一操作又被人们叫作BIOS设置。

3.CPU 和内存插槽

CPU需要通过某个接口与主板连接才能进行工作。CPU经过这么多年的发展，采用的接口方式有引脚式、卡式、触点式、针脚式等，而目前采用的是针脚式接口，对应主板上相应的插槽类型。因为CPU接口类型不同，在插孔数、体积、形状上都有变化，所以不能互相接插。

从目前主流CPU的封装形式看，主要采用芯片式的封装，即Socket类型，它所对应的CPU接口称为Socket插槽。

目前主流的内存插槽是DIMM（双列直插内存模块）插槽。可接入DDR（双倍数据速率）系列内存条。

4.I/O 接口

在现代计算机系统中，I/O接口是连接计算机与外部设备之间的重要桥梁，它扮演着实现数据输入/输出功能的关键角色。随着计算机技术的快速发展，I/O接口不断演化和改进，以满足不断增长的数据交互需求，并为计算机与外界交互提供更高效、更稳定的通信渠道。

I/O接口旨在实现计算机与外部设备之间的数据传输和通信。为此，I/O接口在设计上通常具备高可靠性、传输速率高、兼容性和易用性强的特点。高可靠性是保障数据传输正确的重要因素，尤其在数据密集型应用中，任何数据传输错误都可能导致系统性能下降或系统崩溃。传输速率直接影响计算机系统的性能，随着数据量和速率的增加，I/O接口的传输速率需不断提升，以满足日益增长的数据交互需求。兼容性和易用性则是确保I/O接口在不同设备间稳定运行和用户友好操作的关键因素，这有助于提高计算机系统的易用性和可扩展性。

5.L/O 扩展插槽

L/O扩展插槽是计算机主板上用于扩展输入/输出功能的物理接口。它们是一种重要的硬件架构，允许用户通过插入适当的扩展卡或插件设备来连接各种外部设备，以满足特定的计算需求和应用场景。这些插槽通常位于主板的特定位置，并提供电力和数据通信接口，使用户可以轻松地增加计算机的功能和性能。

L/O扩展插槽的重要性在于其为计算机系统提供了高度的可扩展性和灵活性。通过插入适当的扩展卡，用户可以根据需要添加各种外围设备，如显卡、声卡、网络接口卡、存储控制器卡等，从而满足特定应用的要求。例如，图形设计师可以安装高性能显卡以提高图形渲染能力，游戏玩家可以增加专业的声卡以提供更出色的音效体验，服务器管理员可以安装额外的网络接口卡以增强网络数据传输能力。

（二）CPU

CPU是计算机系统的核心部件，也被称为处理器。它是负责执行指令、控制数据流和进行算术逻辑运算的硬件组件。CPU作为计算机的“大脑”，负责处理计算机程序中的指令，协调和管理计算机的各种操作，以实现对数据的处理和操作。CPU由以下关键部分组成。

第一，控制单元。控制单元是CPU中的一个关键组件，它负责从计算机内存中获取指令、解码指令并协调计算机各个部件的操作。控制单元根据指令的类型和操作码，向执行单元发出相应的控制信号，以执行特定的操作。

第二，算术逻辑单元（ALU）。ALU是CPU中负责执行算术和逻辑运算的部件。它可以执行各种算术运算（如加法、减法、乘法、除法等）以及逻辑运算（如与、或、非、异或等）。ALU执行这些运算以处理数据并生成结果。

第三，寄存器。寄存器是CPU内部的高速存储器，用于暂时保存指令、数据和运算结果。寄存器是CPU执行指令时的主要工作区域，通过使用寄存器可以加快数据访问速度，提高计算效率。

CPU的性能直接关系到计算机的整体性能。随着技术的发展，CPU不断增加处理核心（多核处理器）、提高时钟频率、改进指令集等，以增强计算能力和运行效率。现代计算机通常采用多核CPU，允许同时执行多个任务，从而提高计算机的并行处理能力。

（三）内存储器

内存储器是计算机系统中的一种关键组件，用于存储数据和指令，以便CPU能够快速访问和处理。内存储器是计算机的临时存储空间，数据在其中被存储和读取，并在CPU和外部存储设备之间进行数据交换。

内存储器通常分为两类：主存储器和辅助存储器。主存储器是CPU直接访问的存储区域，包括随机访问存储器（RAM）和只读存储器（ROM）。RAM是一种易失性存储器，它的内容在计算机断电时会丢失，用于存储运行中的程序、数据和临时信息，因为它的访问速度非常快，CPU可以在其中快速读写数据。ROM是一种非易失性存储器，其内容在计算机断电时保持不变，通常存储着计算机的启动程序（BIOS/UEFI）和固化的系统信息。

内存储器在计算机系统中起到了临时存储和数据交换的重要作用。当计算机运行程序时，相关的指令和数据被加载到主存储器中，CPU从内存中读取这些数据并执行指令。因此，内存储器的容量和访问速度直接影响计算机的性能。较大的内存容量允许计算机处理更多的数据，而较快的访问速度可以提高计算效率。

（四）外存储器

外存储器是计算机系统中用于持久存储数据的设备，也被称为辅助存储器或二级存储器。与内存储器（主存储器）相对应，外存储器的特点是容量较大、数据可以长期保留，并且不依赖电源维持存储状态。

第一，硬盘驱动器（HDD）。HDD是一种机械式存储设备，通过磁盘旋转和磁头读写的方式存储和检索数据。HDD具有较大的存储容量，常用于计算机系统的主要数据存储和操作系统安装。

第二，固态驱动器（SSD）。SSD是一种基于闪存存储技术的存储设备，它没有机械部件，数据的读写通过电子存储器实现。由于SSD具有较高的读写速度和较低的访问延迟，因此在许多场景下取代HDD成为主要的系统存储设备。

第三，光盘。光盘是一种以激光读写数据的存储介质，主要有CD（光盘）、DVD（数字多媒体光盘）和蓝光光盘等。光盘通常用于存储和传输音频、视频、软件安装文件和备份数据。

第四，闪存驱动器。闪存驱动器，也称为USB闪存盘或U盘，是一种便携式存储设备。它使用闪存技术，可通过USB接口与计算机连接，并用于数据传输、备份和存储。

外存储器在计算机系统中扮演着重要的角色，它提供了长期存储数据的能力，并且在计算机断电时数据不会丢失。与内存储器相比，外存储器的读写速度通常较慢，但它能够存储大量的数据，并且数据可以长期保存。因此，外存储器常用于存储用户文件、应用程序、操作系统和其他大型数据集。

（五）基本输入/输出设备及其他外部设备

1. 基本的输入 / 输出设备

（1）显示器。显示器按其工作原理分为四种类型，即较常见的阴极射线管显示器（CRT）和液晶显示器（LCD），还有等离子体显示器（PDP）和真空荧光显示器（VFD）。

衡量显示器的主要性能指标有点距和分辨率。点距是显像管上两个同色荧光点之间的最短距离，点距越小，显示器的清晰度越高，但同时成本也越高。分辨率越高，屏幕上可显示的信息越多。

（2）键盘与鼠标。键盘是微型计算机最常用的输入设备，主要采用PS/2接口、USB接口，或者蓝牙连接。常用的键盘有104个键位，分为主键盘区、功能区、数字小键盘区和编辑区四个部分。

鼠标因其外观像只拖着长尾巴的老鼠而得名，它是微型计算机最常用的输入设备，按其工作方式分为滚轮式鼠标、光电式鼠标和指纹鼠标等类型。

滚轮式鼠标在外观方面的最大特点是在底部的凹槽中有一个起定位作用从而使光标移动的滚轮。光电式鼠标是最常见的鼠标，它利用光的反射来启动鼠标内部的红外线发射和接收装置。指纹鼠标是一种特殊功能鼠标，具有指纹采集、识别功能，适用于对安全性要求较高的场所使用，如个人、办公、企事业等。

（3）打印机。打印机是在计算机的控制下，快速、准确地输出各种信息的输出设备。打印机有针式打印机、喷墨打印机和激光打印机三种类型，随着打印技术的发展，喷墨打印机和激光打印机已成为打印机中的主流产品。

2. 其他外部设备

（1）扫描仪。图像扫描仪简称扫描仪。主要作用是将图片、照片、各类图纸图形以及文稿资料输入计算机中，进而实现对这些图像和信息的处理、管理、使用和输出。扫描仪的类型一般有台式扫描仪、手持式扫描仪和滚筒式扫描仪。

（2）声卡。声卡是多媒体计算机的主要部件之一，它由记录和播放声音所需的硬件构成。其作用是从话筒中获取声音，经过模/数转换器对声音进行采样得到数字信息，这些数字信息可以存储到计算机中。在播放声音时，再把这些数字信息经数/模转换器以同样的采样频率还原为模拟信号，以音频形式输出。声卡分为集成声卡和独立声卡。集成声卡包括集成软声卡和集成硬声卡，独立声卡以PCI声卡为主，也是现在的主流声卡。

（六）网络硬件设备

1. 网卡

网卡（NIC）又称为网络适配器，是连接计算机和网络硬件的设备。网卡一端插在微型计算机主板的扩展槽上，另一端与网络传输介质相连。常用的网络传输介质有双绞线、同轴电缆和光纤。

2. 网关

网关又称网间连接器、协议转换器。网关在传输层上实现网络互联，是最复杂的网络互联设备，仅用于两个高层协议不同的网络互联。网关既可以用于广域网互联，也可以用于局域网互联。网关是一种充当转换重任的计算机系统或设备。在使用不同的通信协议、数据格式或语言，甚至体系结构完全不同的两种系统之间，网关是一个翻译器。与网桥只是简单地传达信息不同，网关对收到的信息要重新打包，以适应目的系统的需求。同时，网关也可以提供过滤和安全功能。

3. 路由器

路由器是连接各局域网、广域网的设备，它会根据信道的情况自动选择和设定路由，以最佳路径，按前后顺序发送信号。

路由器是互联网的主要节点设备。路由器通过路由决定数据的转发。转发策略称为路由选择，这也是路由器名称的由来。作为不同网络之间互相连接的枢纽，路由器系统构成了基于TCP/IP的国际互联网络Internet的主体脉络，也可以说，路由器构成了Internet的骨架。它的处理速度是网络通信的主要瓶颈之一，其可靠性则直接影响着网络互联的质量。

4. 集线器

集线器属于数据通信系统中的基础设备，它和双绞线等传输介质一样，是一种不需任何软件支持或只需很少管理软件管理的硬件设备。它被广泛应用于各种场合。由于集线器工作在局域网环境，像网卡一样，应用于OSI参考模型第一层，因此又被称为物理层设备。集线器内部采用了电器互联，当维护局域网的环境是逻辑总线或环形结构时，完全可以用集线器建立一个物理上的星形或树形网络结构。在这方面，集线器所起的作用相当于多端口的中继器。其实，集线器实际上就是中继器的一种，其区别仅在于集线器能够提供更多的端口服务，所以集线器又叫多口中继器。

5. 中继器

中继器是连接网络线路的一种装置，常用于两个网络节点之间物理信号的双向转发工作。中继器是最简单的网络互联设备，主要完成物理层的功能，负责在两个节点的物理层上按位传递信息，完成信号的复制、调整和放大功能，以此来延长网络的长度。由于存在损耗，在线路上传输的信号功率会逐渐衰减，衰减到一定程度时将造成信号失真，因此会导致接收错误。中继器就是为解决这一问题而设计的，它完成物理线路的连接，对衰减的信号进行放大，保持与原数据相同。一般情况下，中继器的两端连接的是相同的媒体，但有的中继器也可以完成不同媒体的转接工作。从理论上讲，由于中继器的使用是无限的，网络也因此可以无限延长。事实上这是不可能的，因为网络标准中都对信号的延迟范围作了具体的规定，中继器只能在此规定范围内进行有效的工作，否则会引起网络故障。

二、微型计算机软件

微型计算机软件系统是指在微型计算机硬件系统上运行的一系列程序、相关文档和数据的集合。它是支持计算机实现各种功能和任务的核心组成部分。软件系统可分为两大部分：系统软件和应用软件。

（一）系统软件

系统软件是微型计算机中控制和管理计算机硬件资源的基本软件。它为计算机提供运行环境，使得其他应用软件能够在计算机上运行。系统软件通常包括以下关键组件。

第一，操作系统（OS）。操作系统是计算机的核心软件，它管理计算机的硬件和资源，为用户和应用程序提供统一的接口。操作系统负责任务调度、内存管理、文件系统管理、设备驱动程序等。

第二，设备驱动程序。设备驱动程序是系统软件的一部分，用于管理计算机的各种硬件设备，如打印机、键盘、鼠标等。它们允许操作系统与硬件之间进行通信和协调。

第三，系统工具。系统工具是用于辅助计算机管理和维护的实用程序。例如，磁盘清理工具、防病毒软件、备份和恢复工具等。

（二）应用软件

应用软件是为满足特定任务和需求而开发的软件，它们运行在系统软件之上。应用软件广泛覆盖各个领域，满足不同用户的需求。常见的应用软件如下。

第一，办公套件。办公套件是用于处理文档、电子表格、演示文稿等的软件集合，其中包括文字处理软件、电子表格软件和演示软件等。

第二，图形图像软件。这些软件用于图像编辑和设计，如Adobe Photoshop、CorelDRAW等，以及用于绘图和插图的工具。

第三，数据库管理系统（DBMS）。数据库管理系统是用于创建、管理和查询数据库的软件。常见的DBMS包括MySQL、Oracle、Microsoft SQL Server等。

第四，通信和互联网软件。这些软件用于实现网络通信和互联网连接，如Web浏览器、电子邮件客户端等。

第五，多媒体软件。多媒体软件用于处理音频和视频文件，如Windows Media Player、VLC Media Player等。

第六，游戏软件。游戏软件提供各种娱乐和休闲游戏，从简单的益智游戏到复杂的电子游戏，都属于这一类。

第七，行业特定软件。还有许多面向特定行业的软件，如医疗保健软件、金融软件、制造业软件等，用于满足特定行业的专业需求。

微型计算机软件系统的不断发展和创新，为用户提供了丰富多样的功能和体验。随着技术的进步，软件系统的功能不断扩展，使得微型计算机在各个领域得到广泛的应用。

三、微型计算机总线

微型计算机的系统结构是总线结构。所谓总线，就是微型计算机在部件之间、设备之间传送信息的公共信号线，它连接着微型计算机的各个部件和设备。不同型号的微型计算机，所采用的总线标准一般不相同。

总线可分为三个层次，第一层是微处理器级总线，也叫前端总线，包括地址总线、数据总线和控制总线，Pentium级CPU的地址总线已达36位。第二层是系统级总线，也称为I/O通道总线，用于CPU和接口的连接。第三层是外设总线，是指计算机主机与外部设备接口的总线。

从总线标准的发展过程来看，先后采用的系统级总线标准有XT总线、ISA总线、EISA总线、MCA总线、VL总线和PCI总线等。

第三节　计算机技术的主要内容

一、计算机网络技术

（一）计算机网络的定义

对于计算机网络，从不同的角度看，有着不同的定义。从物理结构看，计算机网络定义为：在网络协议控制下，由多台计算机、终端、数据传输设备及通信设备组成的计算机复合系统。从应用目的看，计算机网络是以相互共享资源（软件、硬件和数据）的方式而连接起来的，且各自具有独立功能的计算机系统的集合。

一种比较通用的计算机网络的定义为：将地理位置不同的、具有独立功能的多台计算机及其外部设备，通过通信线路和通信设备连接起来，在网络操作系统、网络管理软件及网络通信协议的管理和协调下，实现资源共享和数据通信的计算机系统。

（二）计算机网络的功能

计算机网络的主要功能，即资源共享和数据通信。在这里，可共享的资源主要包括软件资源（如应用软件、工具软件、系统开发的支撑软件、数据库管理系统等）、硬件资源（如大容量存储设备、各种类型的计算机、打印机、绘图仪等）、数据资源（数据库文件、办公文档、企业生产报表等）。数据通信，即在通信通道上传输各种类型的信息，包括数据、图形、图像、声音、视频等。

计算机网络的功能除了实现计算机之间的资源共享和数据通信外，还具有对计算机的集中管理、负载均衡、分布处理和提高系统安全性与可靠性等功能。

在没有连网的条件下，每台计算机都是一个“信息孤岛”。在管理这些计算机时，必须分别管理。而计算机连网后，可以在某个中心位置实现对整个网络的集中管理，如交通运输部门的订票系统、国家的军事指挥系统等。

计算机网络还可以在网上各主机之间均衡负载，将在某时刻负载较重的主机的任务传送给空闲的主机，利用多个主机协同工作来完成单一主机难以完成的大型任务。

计算机网络是一个大的分布式处理系统，与单机系统相比，它的可靠性不依赖其中的任何一台主机，从而提高了整个系统的安全性与可靠性。

二、计算机数字控制技术

（一）计算机数字控制技术的特点

计算机数字控制是正在蓬勃发展的一种自动控制技术。数字控制是相对于模拟控制而言的，数字控制系统的控制信息是数字量，而模拟控制系统中的控制信息是模拟量。数字控制系统有以下特点。

第一，可用不同的字长表示不同精度的信息，表达信息准确。

第二，可进行逻辑运算、算术运算及复杂的信息处理。

第三，有逻辑处理功能，可根据不同的指令进行不同方式的信息处理，从而可用软件改变信息处理的方式或过程，而不用改动电路或机械机构，具有功能的柔性化。

由于数字控制系统具有上述特点，故而被广泛应用于机械运动的轨迹控制。轨迹运动是机床数控系统和工业机器人的主要控制内容。此外，数字控制系统的逻辑处理功能可方便地用于机械系统的开关量控制。

数字控制系统的硬件基础是数字逻辑电路。最初的数字控制系统是由逻辑电路构成的，因而被称为硬件数控系统。随着微型计算机的发展，硬件数控系统已逐渐被淘汰，取而代之的是计算机数控系统，简称CNC。由于计算机可以完成由软件来确定数字信息的处理过程，并可以处理硬件逻辑电路难以处理的复杂信息，因此数字控制系统的性能大大提高。目前，已有许多用数控系统装备的加工设备，如数控机床、数控线切割、数控电火花加工、数控绘图仪、数控割字机及工业机器人等，其中数控机床的发展最为突出。

（二）计算机数字控制技术的应用

计算机数字控制技术在工业生产领域有着广泛的应用，在提高生产效率、加工精度和灵活性等方面具有重要作用。

第一，加工精度与重复性。CNC技术通过计算机程序控制机床的运动，大大提高了加工精度和重复性。相比于传统手工操作，CNC机床能够实现更加精确的切削，从而保证了零件尺寸的稳定性和一致性。这对于高精度零件的制造至关重要，如航空航天和汽车工业的发动机零件。

第二，自动化与生产效率。CNC技术实现了加工过程的自动化。只需在计算机上编写适当的加工程序，机床就能自动完成加工过程，无须人工干预。这样不仅可以降低人工成本，还能大幅提高生产效率。一台CNC机床可以连续运转24小时，大大缩短了加工周期，提高了产量。

第三，灵活性与快速调整。CNC技术使得机床的加工过程可以根据需要快速调整，只需修改控制程序，即可实现不同零件的加工，而无须更换机床部件。这使得生产过程更加灵活，能够满足不同产品的生产需求。

第四，复杂零件加工。对于复杂的零件结构，CNC技术表现出其强大的优势。通过多轴控制和高级编程，CNC机床能够实现对复杂曲线、曲面和三维结构等零件的加工，这在航空、医疗设备等领域具有重要意义。

第五，减少人为错误。传统机床操作依赖操作工人的技能和经验，而CNC技术可以减少人为错误的出现。由于加工程序是在计算机上预先编写和模拟的，操作工人只需负责监控和调整过程，从而降低了错误和事故的发生率。

第六，数据采集与优化。CNC机床可以与企业的信息系统集成，实现生产数据的采集和分析。通过数据分析，企业可以优化加工过程，提高生产效率和产品质量。

总的来说，计算机数字控制技术在制造业中的应用带来了革命性的变化。它不仅提高了加工精度和生产效率，还增强了工业生产的灵活性和自动化程度。随着计算机技术的不断发展，CNC技术将继续在制造业中发挥重要作用，推动制造业的持续发展和进步。

三、计算机通信技术

计算机通信是一种以数据通信形式出现，在计算机与计算机之间或计算机与终端设备之间进行信息传递的方式，它是现代计算机技术与通信技术相融合的产物。

（一）计算机通信的特点

计算机通信主要是以数据传输为基础，但又不是单纯的数据传输。它包括数据传输和数据交换以及在传输前后的数据处理过程，这都与计算机相关技术紧密相关。相比于电话通信，计算机通信的主要特点表现在以下方面。

第一，适用于多媒体通信。文字、语言、数值、图像等多媒体信息都可以用二值信号来传输和再现，对于数据传输与交换过程中的监控和管理也是采用计算处理的二值信号。

第二，数据信息传输效率高。在一条语音模拟信道上的数据传输速率为2400bit/s，每分钟可传18000个字符，而在一条数字信道上数据传输速率为64kbit/s，每分钟可传送48万个字符，可见数字信息传输速率比模拟信息的数据速率要高得多。

第三，计算机通信每次呼叫平均持续时间短。现代计算机通信很多时候是通过即时通信应用实现的，这些通信方式通常是瞬时的、快速的，用户之间可以实时交流。

第四，抗干扰能力强，有利于安全加密。计算机通信所处理和传递的信息均是二进制形式表示的数据信号，很容易通过简单整形来清除噪声，且易于加密运算处理，变换成另一种码型，达到保密的目的。

（二）计算机通信系统的组成

随着计算机分时、分批处理能力的增强以及数据传输技术和信息处理技术的发展，形成了不同用途的计算机通信系统，并已大量地应用于实际中。但不论哪种用途的计算机通信系统，它的任务就是把数据源计算机所产生的数据迅速、可靠、准确地传输到数据宿（目的）计算机或专用外设。

计算机通信的特点是：它的信源设备和信宿设备都可以是用户终端设备或电子计算机。当计算机与计算机通信时，信源和信宿都是计算机；当用户终端和计算机通信时，由用户终端向计算机发数据，则用户终端为信源，计算机为信宿。反之，则用户终端为信宿，计算机为信源。一个完整的计算机通信系统，一般由以下部分组成。

1. 数据终端设备

数据终端设备（DTE）通常是以计算机和终端设备作为信源和信宿。它们能完成消息/数据之间的转换，即将发送的信息变换成二进制信号输出，或者把接收的二进制信号转换为用户能够理解的信息形式。终端设备包括用户终端及各种输入/输出设备等，如键盘终端、显示器、打印机或电传打字机，以及能够发送和接收数据的其他设备，而计算机主要完成数据处理任务。

2. 数据处理子系统

数据处理子系统由通信控制器（或称前置处理机）、主机及其外围设备组成，具有处理从数据终端设备输入的数据信息，并将处理结果向相应的数据终端设备输出的功能。

通信控制器（或前置处理机）是数据传输子系统和计算机系统的接口，控制与远程数据终端设备连接的全部通信信道，接收远程终端发来的数据信号，并向远程终端发送数据信号的设备。通信控制器的主要功能：对远程终端来说，是完成差错控制、终端的接续控制、确认控制、传输顺序控制和切断控制等；对计算机系统来说，其功能是将线路上的串行比特信号变成并行比特信号，或将计算机输出的并行比特信号变成串行比特信号。另外，它在远程终端有时也有类似的通信控制功能，但一般作为一块通信控制板合并在数据终端设备之中。常见的通信控制器有微机内部的异步通信适配器和数字基带网中的网卡。

主机又称中央处理机，由中央处理单元（CPU）、主存储器、输入/输出设备以及其他外围设备组成，其主要功能是进行数据处理。

3. 数据传输子系统

数据传输子系统起着传输和转接的作用，它把终端和计算机连接起来，能够实现高效率无差错地传送数据。它通常包括通信线路和信号变换器。通信线路是信息传输的通道，它一般采用电缆、光缆、微波线路等有线线路。

信号变换器的功能是把通信控制器提供的数据转换成适合通信信道要求的信号形式，或把信道中传来的信号转换成可供数据终端设备使用的数据，最大限度地保证传输质量。在计算机通信系统中，最常用的信号变换器是调制解调器和光纤通信网中的光电转换器。调制解调器的基本作用就是完成数据和信号之间的变换，匹配通信线路的信道特性，完成数据终端与传输信道之间的信号变换和编码，低速线路和高速线路的速率匹配、传输同步等功能。显然，对于不同的通信线路，所采用的信号变换设备也不同。

另外，信号变换器和其他的网络通信设备，又统称为数据通信设备（DCE）。DCE为用户设备提供入网的连接点。

四、计算机图形技术

（一）计算机辅助图形处理的含义及作用

计算机辅助图形处理就是利用计算机存储、生成、处理和显示图形，把过去由人工一笔一画完成的绘图工作交给自动绘图机等图形输出设备来完成。

实际上，计算机处理的图形不仅包括可由绘图机等绘图工具绘出的工程图样，还包括客观世界的景物、照片、图片、美术绘画及雕塑等。这些图形在计算机内部是采用不同的方法描述的，一种为矢量图形，另一种为点阵图形。所谓矢量图形，即计算机所记录图形的形状参数与颜色、线形等属性参数。所谓点阵图形，即用点阵的填充来表示图形，构成点阵的所有点都具有一定的灰度和色彩。通常，将点阵图形称为图像，而将矢量图形称为图形。

计算机辅助图形处理是指计算机对矢量图形的处理。绘图是工业生产，尤其是机械行业中不可缺少的重要环节。计算机绘图不仅可以形象地产生和复制各种类型的图形，如二维的平面曲线、三维的曲面和立体图以及机械零件图、部件装配图、传动系统图等，还可方便地对图形进行存储、调用、编辑和修改，完善之后通过绘图机输出。由于计算机的运算速度快，数据精度高，且绘图机本身速度和精度很高，因此，计算机绘图能迅速地绘制高精度、高复杂程度的图形，可以大大提高绘图的质量和效率，减少人工工作量，在改革传统的工程制图技术方面发挥了重要的作用。

（二）计算机绘图系统的类型

计算机绘图系统按其工作方式，可分为静态自动绘图系统和动态交互式绘图系统两种类型。

静态自动绘图系统是将要绘制的图形编成绘图程序的系统，该系统在绘图过程中不允许人工干预和修改，如果所绘图形不符合要求，则须手工在图纸上改动或修改绘图程序。这种类型的系统，多用于设计图形已较成熟或对图形要求不严格且不需对图形进行修改的情况。

动态交互式绘图系统是用户通过输入设备，实时动态地控制显示屏上图形的内容、形式、尺寸和颜色等的计算机应用系统。在这种系统中，人和计算机的通信是双向的，使用者可以对屏幕的输出不断进行修改，直到建立满意的物体模型。对于新产品的设计，需要在设计过程中进行反复研讨、修改、分析、计算，因此，应该采用交互式绘图系统实现图形设计的实时编辑。

（三）计算机绘图系统的组成

计算机绘图系统由硬件和软件组成。硬件部分由计算机主机、外存储器（硬盘、光盘、U盘等）、输入设备（键盘、数字化仪、鼠标等）和输出设备（图形显示器、绘图机、打印机等）组成；而软件部分则由图形软件、应用数据库、图形库、应用程序组成。

计算机绘图系统的硬件部分和软件部分共同协作，使得用户可以实现各种复杂的图形创作和处理任务。这种系统的发展使图形设计、工程制图、多媒体创作等变得十分便利，也使这些领域得到了极大的发展，对现代社会的发展和进步产生了积极的影响。

第四节　计算机技术的创新应用

计算机技术的创新应用在现代社会中起着至关重要的作用。随着计算机技术的快速发展和普及，它已经深入我们生活的各个领域，并为我们带来了前所未有的便利和效率。

一、人工智能和机器学习

人工智能和机器学习技术的突破让计算机可以模拟人类的认知过程。通过分析和学习大量数据，人工智能能够自主地作出决策和预测。这在医疗诊断、金融风险评估、智能交通系统等领域具有广泛的应用，大大提高了效率和准确性。

二、云计算

云计算技术将计算和存储资源集中在数据中心，并通过网络提供给用户。它为企业和个人提供了灵活的计算资源，使数据处理和存储更加高效和经济。同时，云计算还为跨地域合作和远程工作提供了便利。

三、物联网

物联网将各种设备和物品连接到互联网上，使其能够实施信息和数据的交换。通过物联网技术，智能家居、智能城市、智能工厂等概念成为可能。物联网的应用使我们的生活更加智能化、自动化，并且提高了资源的利用效率。

四、虚拟现实和增强现实

虚拟现实（VR）技术和增强现实（AR）技术让用户能够与计算机生成的虚拟世界或增强现实世界进行互动。这些技术在游戏、教育、医疗、设计等领域具有广泛的应用，为用户带来了更加沉浸式的体验。

五、区块链技术

区块链是一种分布式的数据库技术，它通过加密和去中心化的特性确保数据的安全和可信。区块链技术被广泛应用于数字货币（比特币等）交易、供应链管理、智能合约等领域，为数据的可靠性和安全性提供了保障。

六、生物信息学

计算机技术在生物学和医学领域的应用，被称为生物信息学。通过大数据分析、基因组学、蛋白质结构预测等技术，生物信息学为医学研究、药物研发和疾病诊断提供了新的途径。

七、自动驾驶技术

自动驾驶技术是将计算机的视觉、传感器技术和控制系统结合起来，使汽车能够自主地行驶。这项技术有望大幅减少交通事故，提高交通效率，同时为驾驶者带来更多的便利。

八、数字货币和支付技术

虚拟货币等基于区块链技术的创新，正在逐渐改变传统金融领域。同时，移动支付技术也在不断发展，通过移动设备进行支付已成为我们日常生活中的常见方式。

九、数据安全和隐私保护

随着计算机技术的广泛应用，数据安全和隐私保护变得尤为重要。加密技术、身份验证和访问控制等措施被广泛采用，以确保数据在传输和存储过程中的安全性。

十、教育科技

计算机技术为教育带来了巨大的变革。在线学习平台、教育游戏和智能教育系统等创新应用正在改变传统教育的方式，使教育更加个性化和智能化。

十一、能源管理和环保

计算机技术被广泛应用于能源管理和环保领域。智能电网、能源优化系统和环境监测技术有助于提高能源利用效率，减少能源浪费，并推动能源的可持续发展。

十二、艺术和创意产业

计算机技术的创新应用在艺术和创意产业中也产生了巨大影响。计算机图形学、虚拟现实艺术、数字音乐等技术为艺术家和创意工作者提供了新的表现手段和创作工具。

十三、城市智能化

计算机技术的创新应用推动了城市的智能化进程。智能交通系统、智慧城市规划和智能公共服务等项目有助于提高城市管理效率和居民生活质量。

综上所述，计算机技术的创新应用正在不断地改变着我们的生活和工作方式，它给各行各业带来了前所未有的机遇和挑战。随着科技的进步，计算机技术的应用将继续推动人类社会朝着更加智能化、便捷化的方向发展。

第三章　物联网技术及应用

物联网指的是万物互联。互联网和物联网是相互依存、相互联系的关系，物联网以互联网为基础。本章主要对物联网及其社会影响、物联网的技术体系、物联网的产业化发展和物联网技术的创新应用进行简要说明。

第一节　物联网及其社会影响

一、物联网

（一）物联网的背景

物联网的出现改变了人们的思维习惯和生活方式。传统的思维认为车站、公路、机场等物理基础设施和计算机、宽带、数据中心等IT基础设施是相互独立的，但随着物联网的出现，物理基础设施和IT基础设施逐渐形成一个整体，成为统一的基础设施。可以说，基于物联网的基础设施创造了一个崭新的地球。

物联网的定义体现在字面意思中，“物”即物体、物品，“网”指网状、网络，“联”指关联、联系，将这些含义组合起来可以得到物联网的初步定义，即通过类似网状的形式将各个物体之间联系起来的一种体系结构。这种网状结构和互联网差不多，只是互联网是人与人之间的联系，而物联网是将物与物联系起来，它的主要目的是进行信息交换与通信。

（二）物联网的发展

尽管物联网的发展面临着诸多困难与挑战，但在国家大力推动信息融合与工业化的背景下，物联网技术将是各行各业信息化过程中一个重要的突破口。物联网是促进经济发展的众多新兴因素中最有潜力的一个，发展好物联网，不仅能推动现有经济产业的转型和发展，还可以引领未来产业，促进战略性新产业发展，实现社会产业和经济增长模式的变革。目前，射频识别技术已经在一些领域内进行了应用，在这些应用中，有些物联网的功能已经实现了。

绿色环保、低碳经济现在已成为全球关注的热点问题。近年来，海洋石油污染以及我们身边随处可见的雾霾等现象已经严重影响了人类的生存环境，因此，改变经济运行模式已经迫在眉睫，随着技术的发展创新，物联网技术已成为实现低碳经济的重要途径之一。它所带来的经济效益主要体现在生产、销售和投资等领域，这些都是可以直接观测到的。但物联网对环境所产生的经济利益无法通过货币形式直接估量，造成的影响也难以界定。虽然有诸多现实问题，但是物联网技术仍然是发展低碳经济的重要手段。

物联网技术已经在世界多个国家有了很大发展，并被认为是促进经济发展的有效手段之一。目前，我国物联网产业的发展目标是实现关键技术突破，进行试点应用。物联网产业发展迅速，已经在交通、农业、家居、环境监测、物流管理、企业管理等领域有了一定的技术积累，带来了爆发性的利润增长点，未来有着广阔的应用场景。

从我国物联网产业发展形势可以看出，国家对物联网技术的发展十分重视。随着科技的不断进步，物联网技术的优势逐渐显露出来，越来越多的国家认识到了物联网的重要性，并将其广泛应用在科技行业中。未来，物联网的标准体系将会随着物联网的发展需要、市场对物联网的需求、政策性引导等多方面因素的制约而出现衍生与变化。这带来的是物联网核心竞争力与市场适应力的不断发展与提升。物联网的相关标准将会成为人们广泛接受的一种行业规定。

在我国，物联网的应用已经渗透到生活的各个方面，对经济的快速发展发挥了重要作用。在农业方面，农业物联网技术包括了智能农业和精细农业等，从生产到销售的整个环节，完整地构成了农业物联网的体系架构。

总之，物联网技术将会成为社会经济快速发展的有力推手。目前，我国物联网产业的发展正在稳步推进中，虽然取得了一些成果，但仍面临着很大的挑战和问题，如物联网技术不够成熟、发展规划不清晰等。只有合理解决这些问题，才能让物联网技术为我国社会、经济的发展更好地提供支持和服务，并且促进和完善我国物联网的全局性、科技性部署，最终实现物联网的可持续与快速发展。

（三）物联网的原理

人们对互联网的相关概念早已耳熟能详。互联网是指通过计算机信息技术将两个或多个计算机终端、客户端和服务器互连，人们可以一起工作，甚至可以在数千英里之外进行聊天、视频通话、发送电子邮件和娱乐，互联网将世界各地的人连接起来，打破了人与人之间时间和空间的限制。目前物联网功能更进一步，不仅可以连接人，还可以连接物，互联网构建了虚拟的网络世界，而物联网则连接了真实的物理世界。互联网是物联网的基础，而物联网是互联网的延伸和发展，因为物联网中的信息传播需要通过互联网进行。物联网将用户端延伸到了物与物、人与物之间。

在互联网上，人是使用和控制互联网的主体，信息的产生和传播都是由人进行的；物联网以物为中心，进行信息的收集、传输和编辑。互联网主要应用在个人和家庭中，物联网则更突出行业、个人和家庭市场。

从如何连接的角度来看，物联网中的对象或人具有与当前互联网访问地址相似的唯一网络通信协议地址。泛在网络是物联网发展的高级阶段，是物联网旨在实现的最高目标，它代表了未来网络发展的趋势和方向，它可以支持人对人、人对物（如设备和机器）以及物对物的通信。泛在网络意味着通过服务订阅，个人和设备可以在最小的技术限制下，随时随地以任何方式访问服务和通信。简言之，泛在网络是无处不在且全面的网络，包括各种应用程序在内，实现随时随地的人与物之间的通信。

（四）物联网的特征

物联网是在互联网的基础上建立和发展的，其运行离不开互联网。但是物联网和互联网又有许多明显的区别，从网络的角度来看，物联网主要有以下三个特征。

第一，互联网特征。互联网为物联网中的各个设备之间的通信提供网络基础，实现了物联网间的信息传递。物联网中存在大量的传感器，传感器收集到的信息需要通过互联网传输，物联网的重要特征就是“物品触网”，通过对互联网各种协议的支持，保证信息传输的可靠性。

第二，识别与通信特征。物联网中的传感器种类和功能各不相同，所收集到的信息囊括了生活的方方面面，由于这些信息具有时效性，因此要对信息不断进行刷新。这些传感器将物理世界信息化，将分离的物理世界和信息世界高度地融合在一起。

第三，智能化特征。物联网不是单纯地收集信息，而是根据信息对相关的设备实现智能化的自动控制。物联网以收集到的信息作为基础，对这些信息进行处理和计算，并利用各种关键技术，实现相关的操作和管理，进而满足不同用户的各种需求。物联网使自动化的智能控制技术深入了生活中的各个领域。

二、物联网的社会影响

（一）物联网推动颠覆性技术创新

颠覆性技术创新其实是产品、设备和服务的创新以及颠覆原始加工和制造方法的创新。颠覆性技术意味着新技术和新产品的出现将对原始技术产生破坏性，如新技术代替旧技术、新产品代替老产品，或新企业代替旧企业。延续性技术是指对原有技术的延续和创新。破坏性技术的主要效果是“替代”，而延续性技术的效果是“完善”。

物联网的颠覆性创新将导致市场、制造方法的颠覆以及原始数字中心的颠覆。颠覆性技术创新不仅是技术的颠覆创新，还是对装备、产品、制造方式等的大规模替代与更新，这一过程虽然是逐步发展和演变的，但其产生“产品换代、机器换人、制造换法、商业换型、管理换脑（云脑替代人脑）”的变化却是无法逆转的。

物联网技术的创新与应用，带来了网络智能产品、网络智能成套装备的颠覆性大面积的逐步换代。正如在线音乐取代汽车音频一样，网络控制空调也不可避免地取代了室内的遥控空调，这种颠覆性技术带来的产品和设备的大规模更换将在未来三到五年内逐步发生，并将对市场产生重大影响。无论是技术还是市场，都在加快其发展速度，这种具有联网、智能和环保功能的大面积物联网技术正在逐步升级。

物联网技术和物联网工厂提供的“机器换人”和“绿色、安全、经济”的制造方法取代了“污染、危险和浪费”的制造方法。物联网制造是一种更加先进的制造方法，它逐渐消除了现有的手动、半机械和纯机械制造方式，这正是国内外专家普遍认为物联网将会引发第三次工业革命的原因。同时，全球现代化发展的副作用使人类正经受环境恶化的威胁，而物联网制造是一种绿色、先进、安全、环保的制造方式，它与重视生态环境、人类健康、和谐发展并创造每个人都期望的社会协同作用的全球生产观点非常一致。

物联网技术将带来“三大改变”：①出现无人车间、无人工厂。这样的企业解放了工人的双手，确保生产制造环节不再对操作人员造成伤害，甚至取消了工人之间的区别。②“零排放”生产。在物联网时代，整个制造过程已实现准确投资、高质量处理、在线检查、废物再利用以及“零排放”管理和控制，真正实现了绿色和经济的制造方式。③高度的安全防范和控制。制造企业对每套装置每个环节都进行网络化、智能化管控，形成了系统的安全生产监管体系，所有的生产环节和所有处理步骤均内置于数字管理、云计算服务、可视监控、实时协调和快速响应中，以保障生产的安全可靠。

（二）物联网促进产业发展

1. 物联网促进网络化、智能化产品的发展

物联网是在大数据、云存储和云计算的支持下，实现物与物相连并高速运作、发挥作用的网络。因此，物体的网络化是物联网的本质要求。同时，它也促使各类固定或不固定（移动的）的物体实现了智能化、服务化以及绿色化。在物联网“云、管、端”三者的实际应用中，智能终端的使用量远远大于“云”与“管”的规模，不仅远远大于第一次工业革命带来的产品与装备的开发规模与业务价值量，而且远远大于第二次工业革命带来的开发规模与业务价值量，还大于第三次工业革命的开发规模与业务价值量。这是物联网带给人类社会发展最大的“礼包”，从战略全局来看，这也是最值得重视的领域，因此，要把网络化、智能化的新产品、新装备开发作为物联网最大的机遇来利用。物联网带来新型产品、装备开发的机遇，具有领域广、层级高的特点。

（1）可开发的产品与装备的领域相当广泛。智能产品的开发主要是通过创新的设计，把各种智能传感器、芯片安装到传统产品和设备上通过操作软件实现控制。例如，在衣服上装上传感器，可以随时定位，有效防止老人儿童走失；玩具加上智能控制部件就变成智能玩具；在建筑物、桥梁、隧道上等装上传感器，可以检测风力、受力以及各建筑工程结构构件的负荷变化状况，以确保建筑物的安全，还可以起到智能安防的作用，监控并记录各种非法侵入行为，保证建筑物使用者的安全。各种网络化、数字化及可视化的新型检测计量装备的开发，为“零”排放、“零”伤亡的工业制造与工程建设开辟了绿色安全的新通道，为环境安全、生产安全的物联网制造方式，特殊工程的物联网建设模式提供了保障。

（2）可供开发的水平层级非常广泛。虽然物联网的应用还处于初级阶段，但无论在哪一个阶段，物联网都有广泛的应用市场。我国是一个发展中国家，部

分地区仍以低端制造业为主，这样的市场为物联网的应用提供了良好的基础。可以先从初级水平的物联网智能产品中打开市场，在不断积累技术、客户、经验的过程中逐步向中级、高级水平过渡。

2. 物联网促进电子产业的大发展

物联网设备终端、机器和设备终端以及引擎终端的发展推动了专用电子行业的发展，包括各种类型、规格的传感器、射频识读终端、视频监控设施、空间定位装备、芯片、软件、机器人等专用电子器件的应用迅速增加。虽然有的专用电子器件的生产规模要比各种市场通用的电子器件小，但是由于其应用时间早，具有先发的市场优势，可以获得巨大的利润；之后投入系统化开发过程，可以获得更多的回报和稳定的客户。

可以连接到互联网的新型智能产品和设备的迅速发展，扩大了芯片的庞大市场；各类物联网的建设开辟了一个庞大的传感器市场；通过开发各种自动化生产线和系统设备，打开了许多机器人的使用市场；道路、隧道和桥梁的安全要求为大型双计量检测器打开了市场，该检测器可以全面检查车辆是否超重、超长、超高，以及司机是否在疲劳驾驶。

各类专用电子的应用迅速扩张，其中一个值得关注与利用的特点就是呈现不同水平的多层次发展态势，这给我国提供了积累性开发的难得机遇。

3. 物联网促进网络服务产业的大发展

物联网技术的发展，将会促进网络产业大规模化的蓬勃发展，主要表现在两个方面：①促进云服务产业的发展。大数据和云计算行业爆发出巨大的发展潜力，促进了都市高端产业的发展。②促进云工程产业的发展。云工程行业是一种新的业务模型，是驱动物联网行业和新的工业革命的“引擎”，可加速物联网应用程序的开发。它体积虽小，但能量很高，消耗的资源很少，并且经济效益良好，应该特别加强培育，资助创业创新，支持做强做大。各类云服务公司、云工程公司，不仅用地用能少、排放少、产出高、贡献大，还可以迅速抢占物联网产业制高点，抓住物联网的产业命脉，受到了人们的高度重视。因此，要大力引进、引导新建、积极培育云服务、云工程公司，全力以赴加快市场的示范开发。

4. 物联网加快了在线实时识别、检测装备的创新发展

在线和实时视觉识别、定位和测量测试设备的开发源于电子信息技术的创新发展。随着网络应用的发展，与质量、温度、湿度、浓度相关的数字化计量技

术迅速获得了突破，并在智能感知领域广泛应用；与长度、宽度、高度相关的数字化计量技术，反映时间、空间动态变化的时空位置定位服务与计量技术、远红外，高清成像，电子射频传感等技术的大量出现，形成了可视化的定位、计量、检测技术集群，改变了过去定位和检测单纯依赖物理与化学分析的方法，从而为在线实时可视化定位与计量检测装备的发展奠定了坚实的基础。

在线实时视觉识别、定位和测量测试设备的开发也受益于推动网络行业的应用需求。化工、建材、皮革、印染、造纸、钢铁等制造工业，尤其是流程工业制造过程中对绿色、安全、节约的控制，特别需要在相应环节进行实时可视化的计量与检测；各类工程建设，尤其是大型、复杂环境的工程施工，同样需要实时与准确的定位与计量；智慧交通，对油、气、水、电等管网的安全监控同样需要实时的定位与计量装备；室外的大气雾霾、河流水质、土壤分析的环境检测，无论是正常天气还是恶劣天气，都需要精确的检测数据；人们开会、上班的出勤登记，食品与药品的便携式检查，也同样需要精准与可靠的检测装备；从农业的棉花采摘、西红柿采摘到茶叶采摘的智能采摘机、自动化机器人，更需要准确、可靠、高水平的色彩辨识与计量定位技术。随着物联网的出现，在线实时视觉检测定位设备的应用领域和市场不断扩大，原有的检测定位模式已经发生了改变，对视觉实时定位检测的要求也不断提高，并且显得越来越重要。

在线实时可视化定位检测设备的开发非常重要，具有较高的附加值、较高的技术水平和较大的市值，同时关系到物联网的应用，是物联网产业链中的相对“短板”，因此要大力发展。要加大对在线实时视觉定位和检测技术的创新和投入，突出自主创新的技术领导地位，抓住这一物联网产业的生命线，促进基于此的应用程序的开发；充分展示市场机制对企业技术创新的激励作用，政策引导，财税鼓励，强化产业链，指导企业大力开发用于制造实时视觉和定位探测器的专用设备，推动石化、医化、造纸、印染、皮革等网络成套制造装备向绿色、安全、节约方向发展；大力发展油、气、水、电的专用可视化分段计量、检测与适度控制装备，为智慧油、水、气、电管网的应用提供保障；要大力发展实时可视化的复杂环境定位检测装备，与环境检测物联网加以集成，为人民群众提供准确的环境检测报告服务，食品、药品安全检测监管服务和更加方便可靠的医疗健康保障服务等。

（三）物联网促进市场升级

要想更好地发挥政府的作用，就要加强对市场规律的研究。如果不了解市场规律，就不能很好地发挥政府作用。只有先学好市场知识，掌握并遵守市场规律，才能充分发挥出政府的作用。只有学习市场、了解市场、尊重市场，才能驾驭市场，并弥补市场的不足。

1. 物联网与市场升级的表现

（1）物联网带来消费市场的升级。要满足经济学上讲的“需求”，须具备两个基本条件：一是具有支付能力；二是具有满足需求的产品、装备与服务的供给。两者缺一不可。物联网的发展，提供了满足新需求的产品、装备与服务，创造了新的市场需求，从而引发了市场的升级和扩张。

首先，物质消费市场不断扩张，如智能家居的应用，针对老年人的智能护理装置和满足健身需求的智能健身设备等。

其次，发展精神需求的网络服务市场，满足人们全面发展的需求。应运而生的是网络在线知识学习、考证培训，它们让人们获取新知识更方便，学习和提升技能更高效。满足人们精神需求的，有文化娱乐、网络电视、在线阅读、在线音乐、个人与家庭的照片、资料数据的云存储服务外包等。随着监管的加强，云存储服务市场还会继续扩张。

最后，推动传统服务业创新。如网购的发展，提升了传统商业；互联网金融，引领着传统金融的创新；网络购票，拓展了传统客运市场；“智慧旅游”，开发了更多的旅游客源；智能护理，加快了护理市场的发展；智能陪护，细分了老年人等不同人群的陪护市场，促进了陪护市场的发展。

（2）物联网促进投资市场的升级。智能化、网络化、服务化、绿色化的物联网装备与服务，开启了一个崭新的投资市场。

首先，对现有装备进行更新换代。用先进的制造方式代替传统的人工制造、半机械制造和机械化制造，拓展了巨大的投资市场。企业为了降低成本、减少污染、提高产品质量，纷纷在内部进行现代化制造方式的改造。一些原半机械化的冲压、打磨、铆焊、上涂料等环节的“自动化机床+机器人”的更新改造，改善了劳动条件，保障了员工的生产安全与职业健康，还获得了很高的投资回报。“无操作人员车间”“无操作人员工厂”模式的“机器换人”，虽然投资回报率相对较低，但和其他领域相比，已经高出不少；而且其投资的装备与系统服役时间相对比较长，长期来看相当合算。

其次，增加了一系列新项目的投资。物联网的投资成本低、回报率高，这刺激了企业对新项目、新工程的投资兴趣，物联网启动的是服务与装备一体化的投资市场，吸引了制造企业和各类事业单位在城市公共服务方面的投资。

（3）物联网带来出口市场的升级。智能化的产品与装备往往具有节约利用能源与资源的功能，不仅提高了我国产品与装备的国际市场竞争力，也为开发发展中国家的装备市场创造了机遇。原来只为国内市场生产装备的企业，已开始转向国内外市场一并开发；原来专做一般消费品进出口贸易的大型贸易企业，有的已开始组建技术装备研究院，建立装备工程公司，开发“技术创新研发+装备工程施工+国内外市场营销”的新业务。这种技术贸易、工程服务、货物贸易相结合的新型贸易公司，将谱写“科技兴贸”的新篇章。

消费、投资、出口是推动经济发展的“三驾马车”，打通内外循环，三者协调推动经济增长，是目前经济发展的内在要求，应该充分利用物联网带来的宝贵机遇，切实转变经济的发展方式。

2. 物联网是促进市场升级的关键

物联网带来的市场，无论是消费市场还是投资市场，无论是出口市场还是进口市场，都是升级版的新型市场，是消费升级、投资升级、出口升级的新型市场。要占领这个新型市场，就必须抓好技术开发与市场开发的工作。

加强技术开发，关键是要提高物联网的各项服务供给能力。培育提升企业的技术创新能力，以提高企业的竞争力。

首先，企业要认识到创新发展的重要性，提高物联网技术创新的组织能力、协调能力、决策能力。

其次，企业要加大投资，招揽网络、物联网方面的优秀人才，加强硬件配置和研发投入。

最后，要深化体制创新，努力营造尊重人才、激活创新的小环境。“鼓励创新、尊重创新、投资创新、支持创新、服务创新”的氛围要更浓厚，体制要更完善，要充分激活创新的每一个细胞。

要想加强市场开发，就要加强商务模式与商务方式的创新。在商务方式创新方面，要充分使用多媒体技术，以新的方式对产品、装备的功能进行宣传；要以多种方式吸引、鼓励顾客对智能产品装备与服务进行亲身体验；要通过对产品装备与服务的示范、对典型工程的考察等手段，提高客户对智能产品、新型装备、新型服务的认知与认同。在企业内部，还要抓好营销队伍的建设，充实营销工程师的力量，从单纯的商业营销向商业与技术服务结合型营销转变。成功的技术开发、高效的市场开发，是促进物联网市场开发的两翼，缺一不可。

第二节　物联网的技术体系

一、物联网的架构技术

（一）物联网目前的架构技术

物联网通过将各种智能设备、传感器和其他物体连接到互联网上，实现数据交换、信息共享和智能控制。物联网的架构技术是构建和支持这种互联设备网络的基础，它需要考虑多个方面，包括物联网设备、通信网络、云计算与边缘计算、数据处理与分析、安全性和标准化以及互操作性等。

第一，物联网设备。物联网设备是物联网的核心组成部分，它们可以是传感器、执行器、智能终端等。这些设备负责感知环境并采集数据，或者根据接收到的指令执行相应的操作。物联网设备具有多样性和分布性，从小型传感器到复杂的嵌入式系统，都可以作为物联网设备。在物联网的架构中，需要考虑设备的连接性、通信协议、能耗管理和设备管理等方面。

第二，通信网络。由于物联网涉及大量设备和数据的通信，因此一个稳定、高效的通信网络是至关重要的。通信网络可以包括局域网（LAN）、无线传感器网络（WSN）、蜂窝网络、低功耗广域网（LPWAN）等。在设计物联网架构时，需要考虑设备与网络的互连性、数据传输的延迟、带宽要求和网络覆盖范围等因素。

第三，云计算与边缘计算。由于物联网设备产生的数据量庞大，传统的中心化数据处理方式可能会面临挑战，因此，物联网架构技术需要考虑将数据处理分布在云端和边缘端的方案。云计算可以提供强大的计算和存储能力，适用于大规模数据处理和高级分析。而边缘计算则将部分数据处理移至物联网设备附近，以降低延迟和减少云端数据传输，适用于实时性要求较高的场景。

第四，数据处理与分析。物联网产生的海量数据需要进行有效的处理和分析，包括数据的采集、传输、存储、清洗、处理和可视化等环节。数据处理技术包括大数据处理、实时数据流处理、机器学习和人工智能等。通过对数据的分析，可以获取有价值的信息，用于支持决策和改进服务。

第五，安全性。在物联网中，由于涉及大量敏感数据并且能对物联网设备进行控制，因此安全性是不可忽视的问题。物联网架构技术需要考虑设备的身份认证、数据加密传输、访问控制和安全更新等机制，以确保数据和系统的安全。

第六，标准化与互操作性。由于物联网涉及各种不同类型的设备和系统，因此需要制定通用的标准和协议，以确保设备之间可以互相通信和协作。标准化和互操作性是实现物联网普及和发展的关键因素。

综上所述，这些技术的合理结合和应用，不但能实现物联网系统的高效运行，还能实现各类应用场景，推动物联网技术不断发展。

（二）物联网架构技术展望

第一，具备大型的开放框架，在进行各个部分不的同系统的操作环节和分布式资源之间的操作时，根据操作环节来满足各种分布式资源的需求。这些信息和资源主要来源于信息服务的使用者和信息服务的客户。物联网的未来发展是由抽象数据模型、数据接口和协议之间相互关联构成的，这些模型稳定、具体地绑定在各种开放的技术与信息资源之上，方便整个物联网框架与结构能得到更广阔的操作空间和各种程序语言的连接。

第二，物联网的发展要有更优良、更清晰的阶段性划分。物联网组成框架的技术理应以用户的体验感为重点，增加用户的选择，而不应该对用户进行使用限制。比如，不应通过用户必须使用处于垄断环节的某公司的服务方案和解决问题的方法，将用户限制在自家公司的应用范畴之内。

第三，在物联网的结构中需要创立可以防御互联网中各种干扰和中断信息等因素的模式，尽量将干扰和负面影响程度降至最低。同样地，物联网的结构还需要考虑到这种情况：未来在网络中的各种结点与各种装置将会转型成为可便携式的、可移动的。

二、物联网的感知技术

物联网感知识别层主要进行信息的感知与采集，如温湿度、音视频信号等。

感知识别层运用的关键技术主要包括以下两个方面。

（一）射频识别技术

射频识别技术（Radio Frequency Identification，RFID）是一种无接触自动识别技术，它可以在不与特定目标之间建立机械或者光学接触的条件下，通过无线电信号识别特定目标并读写相关数据。除此之外，RFID穿透能力强，可以同时识别多个物体。目前，RFID主要应用在建筑物门禁系统、食品安全溯源等方面。

RFID指的就是无线射频识别，俗称为电子标签，其实现方式是在无接触的情况下利用射频通信实现自动识别，它能够利用射频信号对目标物体进行识别，将目标物品的信息进行登记、标记、存储和管理。RFID在工作过程中不需要人工进行协助，适用于多种工作环境。当前，RFID已经在诸多行业和领域得到广泛应用。

1.RFID 的基本组成

（1）电子标签。电子标签是由耦合元件和芯片结合形成的，所有标签都拥有唯一的电子代码，依附在物体上作醒目的标记对象。

（2）读写器。读写器是能随意读取和写入标签信息的装置，通常分为手持式和固定式。

（3）天线。负责标签信息与读写器之间射频信号的传递。

以上三个部分能组成一个完整的综合系统。电子标签芯片的主要分工为先进入数据储存的区域对数据进行扫描和导入，等待数据读取用途辨别分类；读写器的主要分工是将需要辨别分类的数据信息储存在电子标签范围内，或者使用导出功能在读写器使用的过程中将标签内保存的数据进行提取；天线的分工则是对数据信息的交互进行处理与连接。三者在活动过程中缺一不可，互相之间进行信息的传递。

读写器使用无线传输把信息传送给电子标签，电子标签对已经收到的无线电波能进行相应的辨别与分类，如果在辨别过程中出现无源头的标签，就使用感应电流将芯片中储存的信息经过天线发送给读写器。如果在辨别过程出现源头标签，就能自主地、直接地将信息通过天线发送给读写器；读写器在接收到相关数据时，会立即作出相应的反馈，将数据信息输送给应用软件进行相关处理。随着科学技术的不断进步，软件与读写器之间的数据传输越来越快、越来越稳定，传输方法也得到了改善与推进，可以使用有线方式进行信息传递，也可以用无数据链接进信息传递。

2.RFID 的主要分类

（1）标签供电方式。按照射频标签工作时获得能量的方法不同，将RFID系统归纳为有源、无源、半有源系统。

（2）标签的数据调节方式。标签的数据调节方式就是指通过某种方法与读头之间产生一定的信息进行交互与交换，将RFID分为主动式、被动式、半主动式。

（3）工作频率快慢的方式。RFID系统所使用的工作频率相当于读头发送无线信号时的频率，一般分为低频、高频、超高频、微频等几类。根据不同频率的独有特征，它们之间的用途也会不同。低频标签相对于高频标签更加节能，性价比相对较高，金属物体的穿透性强，适用于水分过多的物体；超高频率相对于其他标签的涵盖范围大，数据的传递速度快，适用于监控和测量从海上运输至仓库的物体。

（4）标签可读方式。射频标签内部的储存器类型各不相同，它包括读写卡、只读卡、多次读出卡。

RFID系统通过标签与读头之间的通信工作进行顺应时间的、有序的分层次、分类别。关键问题就是究竟应该先标签后读头还是先读头后标签，换一种方式来讲，就是究竟是采用读头主动唤醒标签还是标签先自行唤醒读头的方式。

3.RFID 的具体应用

RFID已经被广泛应用，其中包含物流运输、实时跟踪、供应链的具体管理等区域。随着科学技术的不断发展，RFID能与其他各种技术相互融合、相互促进。在数据信息涵盖范围不断扩大的背景下，通过物品对物品进行实时追踪和多种方式的位置信息共享，提升了人民的生活水平和生活质量。所以，RFID的覆盖范围越来越大，使用也越来越广泛，其主要使用在以下领域。

（1）物流存储管理。现代物流产业发展已经相对完善，产业链相对成熟，将传输、存储、装载、卸货、加工、整理、运送等环节进行直接集合，能让使用者有良好的体验，为使用者提供相应的统一服务。随着RFID的不断进步，其能对产业链进行更准确的操作与调控，对供应环节的各个功能进行资料的读写。在物流产业链的关键环节可以使用电子标签的方法进行调整，从而达成有效的管理与监测。

（2）宠物管理。RFID的信息辨别技术，具有完善的信息储备和信息辨别功能，可管理宠物的实时位置，辨别宠物猫狗的基本信息，保证信息的隐私安全性，避免宠物猫狗的走失。因为各个流浪宠物援助中心、宠物医院的信息数据库和定位系统的信息是互通的，所以搜索信息的效率会比较高，能快速地查找到宠物的饲养者。宠物所携带的RFID标签可以迅速连接定位系统，确定宠物的实时方位，防止走丢。

（3）煤矿管理。虽然我国在煤炭生产方面有着巨大优势，但难免也存在着一些安全问题。煤炭在开采的过程中具有一定危险性，事故频频发生，在这种状况下，急需专业的信息化生产管理，RFID在这方面能发挥很大的作用：对下井的工作人员和相应物品进行免接触的信息辨别；在重要的节点进行人员工作的实时定位和分站；完善工作结构和框架，使人力与物力正确配合；对工作区域进行检查，对工作人员进行合理安排，对下井的工作人员和物品进行实时定位并追踪。

（4）智能停车场管理。为了人们的生活更加便捷，很多高档的小区、物业、机构和企业都对停车场的建设有着一定的要求，如自动监控、智能安全保护系统、完善的安全措施等。所以，人们经常采用RFID的智能程序管理停车场，对汽车的信息进行辨别和认证，将电子标签与已识别的信息对机关系统进行发放。经过检测区域时，程序会依据系统内的已存信息，从各个角度、各个层面进行辨别，只有登记的信息与门禁相匹配，才能被门禁判定为可进入，才会放行车辆。在认证无效或者失败的时候，系统会发出相应的警报，启动紧急处理设备，对不合法、未认证的车辆信息进行备份和拍照，录下该车辆所经过的轨迹。此方法能保证停车场的停车安全和通行效率。

（二）传感器技术

虽然RFID可以识别特定物体，但信息的采集还是需要通过传感器。传感器是一种信息收集和检测装置，可以采集物体或环境的状态信息，并将收集到的信息转化为电信号传输出去。传感器类似于人的神经末梢，是整个物联网体系架构中的核心部件，物联网功能的实现离不开各种传感器的大规模部署和应用。在物联网中，传感器始终处于很重要的位置，是物联网取得相关数据的基本设备。传感器有很多种，同类型被测量物体能使用不同类型传感器来进行测量，同时，因为同类原理的传感器能测量多种物理量，所以传感器有很多的分类方式。常用的分类有以下两种。

1. 网络传感器

网络通信技术在不断革新中渐渐地发展并且融入社会的各个领域，各种可靠性强、耗能低、性价比高、体积微小的网络芯片被研发出来，在加工微电子机械的技术中，将网络接口芯片与智能传感器相结合，通过相应协议强化到智能传感器的缓存里，就成为网络传感器；人们要想解决各个智能传感器之间存在的兼容性问题，就要在网络条件下首先保证智能传感器接口的精确度，电气与电子工程师协会（Institute of Electrical and Electronics Engineers ，IEEE）完善了针对网络化智能传感器接口的精确数据。IEEE1451.2创设了智能传感器的接口模块组件的标准，这个标准定位了传感器网络适合运作的设备和微处理器之间的硬件、软件接口，是组成IEEE1415标准的重要部分，为传感器与各种网络之间的信息传送提供了便捷。

2. 智能传感器

智能传感器的运作方式与人体各种器官磨合方式相似，是以模仿人体各个器官之间在工作时相处的行为模式为出发点进行设计的，并经过一定的科学测试，最后再确定。它的发展使信息检测的范围逐渐变宽阔，将硬性标准不断降低，在相对范围内使传感器的性能趋于稳定，增强了在使用方面的表现。它的优点主要包括以下四点。

（1）信息存储和传输。将深度的研究与科技手法相融合，全智能的集散系统就得到了相对巨大的发展与促进，社会中对智能系统的功能和包含的领域范围的需求也逐渐增多，最重要的就是要满足人们对通信功能的基本需要。智能传感器通过对人们所需要的功能进行辨别与监控，帮助人们获得想要得到的各类数据。

（2）自行补偿与计算。近年来，专家们一直在对传感器的温度漂移与输出非线性等问题进行深入研究，将自行补偿的方式作为主要研究内容并深入探索，希望在解决问题中实现较大的突破。例如，在智能传感器的设计中，在自行补偿的方式与计算的功能方面作了许多尝试与变革，提高对智能传感器加工密度与精度的要求，运用多次测量的方式进行信息的辨别与测试，再将数据通过计算机软件进行运作，得到了较准确的检测结果。

（3）智能传感器自行诊断。在电源开启时，系统进行自我检测，将传输出来的信息进行辨别，经过反馈环节与数据分析环节将信息传送至系统内。

（4）符合敏感效能。在广阔的大自然里存在着很多神奇的物种与自然现象，很多现象目前也是用科学无法解释的，所以，人们在探索大自然的过程中使用并创造了各种方法，并且能透过一些自然现象看清事物背后的本质，如视觉的产生、光是怎样传播的、水为什么会流动等问题。敏感元件可以使用直接和间接的检测方法。智能传感器具备了一定的符合效能，满足了人们使用的需求，如能精准地捕捉物品在运动中的转变以及物品所需要的必备条件。

三、物联网的通信技术

（一）通信协议

物联网的价值在于其智能服务和业务应用程序。物联网不是“独立的”，而是与现有网络集成，适用于不同的网络环境，并最终成为“泛网络”，同时，随着通信和信息技术的兴起，“智能”对象成功加载后，便激发了大型应用程序的潜力，并在物联网方面发挥了巨大作用。此外，现阶段传感器的应用进一步增强了网络意识，并增强了物联网与人及互联网之间的互动。物联网是新时代的革命性技术，需要众多研究人员研究其高价值业务的应用程序。

当前，物联网的智能业务存在两个主要问题：一是向用户提供令人满意的服务，如何对应用进行开发和提供服务；二是如何在有限的用户需求资源下提供安全、稳定和高效的通信服务，并与现有网络进行交互，使物联网的智能业务可以广泛应用于无处不在的网络中。如果不能有效地解决这些业务应用协议，那么不是所有的物联网智能服务都能实现，更不用说为用户提供完整的物联网解决方案了。

对物联网智能业务应用协议进行研究，其目的就是为物联网智能业务提供应用协议，并且提供一个能够稳定运行的环境和标准的接口。在协议中还需要满足可移动性、通用性和便捷性，以满足物联网智能业务在日常中的应用。与此同时，对于物联网智能业务和传统智能业务之间的交互问题也需要进行研究，并加以解决。

物联网是一个新概念，不同于传统网络的被动性质，物联网也是智慧和意识的网络。物联网业务应用协议的研究，不仅是为了物联网关键技术的突破，还能使物联网渗透到社会的各个角落。

伴随网络的普及和发展，在未来会有越来越多的客户端和终端设备进入网络，以往传统的以C/S（Client/Server，客户端/服务器）模式为基础的应用通信协议也会遇到发展阻碍。在这样的背景下，服务器一旦出现问题就会波及整个网络。因为物联网的流量比互联网的流量更大，所以网络工程师需要设计出更高效的协议来满足网络中数以亿计的用户需求。

（二）无线低速网络

在物联网范围内，有智能的物体同时也有非智能的物体。为了适应物联网中功能较少的节点速度效率低下、通信范围半径较窄、计算效率低、能量较小的要求，就要对物联网中的各种物体进行操控前的链接，低速率网络协议是推动全面互通的基础。

1. 蓝牙技术

蓝牙技术指的是在10m的范围内支持设备之间进行短暂连接的无线电技术，能在各种便携设备如笔记本电脑、无线耳机等设备中进行通信和数据交换。蓝牙技术能够有效地将移动通信设备的通信进行快捷、方便操作的转化，也能够便捷地进行无线设备与互联网之间的信息传递，使信息在传输过程中不断提高传输效率，提升传输速度，为无线通信的发展提供了有效的保证。

蓝牙设备在技术上使用了高速跳频和时分多址，在最窄的半径之内将数台数字设备相互连接，呈现网状趋势。蓝牙技术是互联网中对外围设备间产生接口的唯一路径，它消除了设备的线路，使无线连接逐渐普及。

蓝牙技术的结构一般呈现为发散状，在点与点之间、点与多点之间进行通信连接。工业、科技、医学领域的频段为2.4GHzISM，蓝牙发布的1.2版本中的速率为1Mb/s，4.0版本中的速率为24Mb/s。

蓝牙技术是全球范围内的开放性无线数据语音通信，它以成本低下的近距离无线连接作为起点，为不便携的移动设备创建特殊的链接，有关它的数据与信息被浓缩在微芯片里。

蓝牙以时分的方法运作全双工通信，协议基本是将电路交换与分组交换进行结合，每个跳频的频率被发送到各自相对应的同步分组，每个同步分组都会占用相对的时隙，时隙可以同时扩增到5个。蓝牙技术可以接受3个或者3个以内并发的话音功能。每个话音功能都可支持64kb/s的速率；异步通道可支持的最大速率为721kb/s，对称连接速率为432.6kb/s，非对称链接速率为57.6kb/s。

按照传输出去的平均功率的不同，蓝牙在传输中存在着3种距离分层：第一层为100m范围内，第二层为10m范围内，第三层为2～3m范围内。在正常状况下，蓝牙技术可在半径为10m的圆形范围内工作。在这种范围内多台设备可以进行连接并传输数据。

社会生活的各个方面都能运用到蓝牙技术，比如，将蓝牙技术与移动便携设备相结合，就能去掉链接的线路与缆线进行无线通信。传真机、打印机、游戏操作杆等其他数字设备都能使用蓝牙技术。蓝牙的无线技术应用还能为已经健全的数字网络和外来设备提供通用的接头，构成减少固定网络使用次数的个人独特链接的设备群聚。

2. 紫蜂技术

紫蜂技术是动能消耗低、简易、速率低、性价比高的双向通信无线技术。它主要的功能是在动能消耗少、半径范围小、传输速率低的各种电子设备中传递信息和在具有时间性的数据、间歇性数据，反应时间较短的信息输送中使用。紫蜂技术使用直接系列扩频技术（DSSS技术），被用作无线传感器构成的网格状网络。

（1）紫蜂技术特点。紫蜂技术可以活跃在三个阶段中：全球流行，拥有最高250kb/s的传送速率；欧洲流行，拥有最高20kb/s的传送速率；美国流行，拥有最高40kb/s的传输速率，它的传送半径基本在10～75m区间内，在特定情况下还可以接着扩大。

第一，功耗低。因为传输的效率较低、速度较慢，发射的功率只有1mw，同时开启了休眠模式，设备的功耗非常低，所以非常节省电能。研究人员进行了大概的计算，紫蜂设备在只用两节5号电池的情况下就可以使用6个月至两年的时间，这是别的无线电设备所达不到的。

第二，时延短。从休眠状态中激活的时间延迟和通信的时间延迟都非常短，基本的搜索设备的时间延迟一般为30ms，从休眠状态中启动的时间延迟是15ms，活动设备的通信接入的时间延迟是15ms。所以，紫蜂技术适合用在对于时间延长方面要求严格的无线控制设备的应用中，如工厂控制。

第三，网络容量大。紫蜂网络展现出星状结构时，最多可以包含254个子设备与1个主设备，在一定的范围内最多能存在100个网络，并且它的网络构成相对灵巧。

第四，可靠。使用避免碰撞的方案，为需要固定通信业务预留了专用的时隙，避免了传输数据的竞争与摩擦。MAC使用完整确定的数据传送方式，每个传输的数据包都必须等待接收方的认定信息。假如在传输的过程中出现了问题，可以将数据进行重新传输。

第五，安全。紫蜂技术具有完整、包含面广的检测功能，它允许鉴定版权与认证服务，使用AES-128的加密计算，各个应用都处于安全范围内，从而受到保护。

（2）紫蜂技术的应用领域。紫蜂技术具有大众化与普及化的优势，在人们的工作和日常生活方面都体现出了一定的支持与便捷性，耗能低、速率低、成本低的优势使紫蜂在各个领域都能被有效地使用。

第一，日常生活中的电子设备和建筑物智能自动化的操控。紫蜂技术不仅能对灯光、空调、自动窗帘等设备进行遥控和远程操控，更加便捷，并且节约能源；还能对烟、煤气等威胁生命的气体进行探测，并能自动对异常事件或事故进行监控，提高了使用的安全保障。

第二，消费性设备。包含紫蜂功能的便携式设备或者遥控器就可以实现对电视机、DVD/VCD等设备的远程操控。

第三，PC外设。无线耳机、电子键盘、鼠标等。

3. 红外通信技术

红外通信是一种利用红外线进行点对点通信的技术，是第一个实现无线个人局域网（PAN）的技术。目前它的软硬件技术都很成熟，在小型移动设备，如PDA、手机上广泛使用。事实上，现在每一个出厂的PDA及许多手机、笔记本、计算机、打印机等产品都支持红外通信。

红外通信的方便高效，使之在PC、PC外设以及信息家电等设备上的应用日益广泛，如目前PDA的红外通信收发端口已成为必需的通信接口，因此，应用PDA的红外收发端口对某些受红外控制的设备进行控制与通信正成为一个新的红外通信技术应用方向。

4.近距离通信技术

有NFC的设备能在主动或被动的情况下进行信息交换。NFC通信设备可以以任意一种速率传输，如106kb/s、212kb/s或424kb/s，将信息传送到其他设备。其他设备被叫作NFC的从属设备，不用产生射频场，运用负载调制技能，能以同样的速率将信息传输回原本输出信息的设备。

移动编写装置的操纵模式是被动的，能很大程度地减少能耗，为电池的使用时长奠定了基础。在装置会话进行中，NFC能在初始设备和目标设备之间随意变换充当的角色。使用这个功能，电池电量较少的设备能要求以被动模式作为目标设备。

在主动的情况下，在设备向其他设备传送数据时，必须具有自己的射频场。原本设备和目标设备都要产生自我射频场，便于通信，这是对等网络进行通信的基本方式，能便捷且迅速地进行连接。

跟RFID相同，虽然NFC的数据也会通过频谱中无线频率环节的电磁感应耦合方式进行输出，但是还是存在着不同之处，主要有以下三点。

（1）NFC是基于无线连接便捷、隐私性高、传播速度快的技术，它的覆盖半径比RFID小，RFID的覆盖半径可达到几米或者几十米，但因为NFC使用了较为特殊的信号衰减方法，所以对比RFID，它具有半径小、能耗低等特征。

（2）NFC能与现在智能的非接触技术融会贯通，目前已经是各个厂商支持的普遍规定。

（3）NFC是范围半径短的连接协议，能给予设备全方位安全、速率高、便捷的通信。

与无线设备领域中的其他连接方法对比来看，NFC的通信半径范围较小。RFID技术大多数用在工厂、物流、追踪定位、实时监控等方面；NFC技术大多数用在停车场扫描、门禁、乘车等方面。它们都为人们的日常生活提供了便利。

在一般情况下，NFC比红外线和蓝牙传输方式更优秀。作为主要为消费者服务的交易规则，NFC的使用比红外线更安全、稳定，无须达到非常严苛的对齐要求就能传送信息。与蓝牙传送相比较，NFC更趋向于范围小的交易，适合用在财务信息交换和个人隐私等方面；蓝牙在一般情况下能够弥补NFC通信距离小的弱点，延长了通信的距离并扩大了覆盖范围。所以，NFC和蓝牙之间为互补关系，两者之间相互依存。在便捷迅速的NFC协议中，它的作用是匹配两台设备之间的蓝牙传输环节，提高蓝牙的应用效率。

手机内包含的NFC芯片构成了RFID模式的整体，能被当作RFID无标签源头进行应用，并用来支付一定的费用，同时也可以作为RFID的读写器，对数据进行收集与传输。

NFC技术能推动多种应用的使用，其中包括移动便携支付和二维码通行、移动中数据的询问等。有了该技术不管人们在哪个位置、哪个时间、哪个设备和终端，都能获取数据、完成交易等。

使用NFC设备涵盖的范围主要是接触的智能卡和智能卡的读写器终端以及设备与设备之间的信息连接线路：①支付和买票；②开具电子凭证；③智能化多媒体；④输送、交换信息。

（三）移动通信网络

移动通信指的是通信的双方至少有一方在移动环节进行信息传递与数据交换的通信方法。移动通信包含无线电话、无线呼叫、蜂窝数据链接、卫星移动通信等。因为移动设备之间的信息传递只能依靠无线技术，所以，移动通信是无线通信的基础，移动通信的快速发展以无线通信为基本出发点。

1. 移动通信系统构成

移动通信指的是动态物体之间进行的信息传递和数据通信。移动体可以是任何正在运动的物质，如人、收音机、手机、火车等正在移动中的物体。移动通信涵盖无线输送、整合信息、处理信息、储存信息等，以无线发信机、移动控制系统、移动终端装置为主要设备。

移动通信的无线覆盖区域由多个正路变形的小区域组成，呈现出蜂窝状，通过接口与各种通信网相互串联。移动通信系统主要涵盖移动交换子系统（SS）、操作维护管理子系统（OMS）、基站子系统（BSS）和移动台（MS），是完整统一的整体。

移动通信的呼叫创意是BSS和SS共同完成的。BSS负责无线传输的过程，SS负责管理控制的工作，全部的整合呼叫都是由SS进行关联的；OMS负责控制整个移动框架。

MS是传输过程中的子系统，它是移动终端设备与用户信息结合的综合体；移动终端也可以成为移动设备，用户的信息存储在能与移动设备进行分离的部分，这个部分被叫作用户识别卡。

2. 移动通信的工作方式

从多方位的传送视角来看，无线通信分为广播式输送和应答式输送。广播式输送仅仅用于无线电的传呼。应答式输送具备单工、双工、半双工的输送方式。单工通信指的是通信双方经过电台不断进行替换的收入、传递的过程。根据不同的收发频率能分成同频单工和异频单工。

半双工通信与双工通信有很大程度的相似之处，移动台运用“按住”的行为，按下并且持续按电源，发射机才会正常进行活动，而接收机一直维持着工作状态。

3. 移动通信的组网

蜂窝式组网的最终目标是一般移动通信系统的频谱稀缺、容量少、服务水平不高、频谱使用效率差的问题。移动通信技术的快速发展和新一代功能完善的设备的出现，都是以蜂窝式组网理论为基础的。

移动通信使用无线蜂窝式的小区覆盖、小功率传送的方案。它摒弃了原本点对点的输送方法和广播覆盖方法，将完整的服务区域分为数个较小的区域，各个区域都使用功率小的发射机进行服务，所有小区就被蜂窝状的网格覆盖，同时也能覆盖所有形状的服务区。

功率较低的发射器服务于一个蜂窝状的小区，按照不同系统的制定和用户密度的不同选择适合自己的小区。一般小区类别有以下四种。

（1）超小区：小区半径＞20km，适合人口稀薄的农村区域。

（2）宏小区：1km＜小区半径≤20km，适合高速两旁与人口稀疏的区域。

（3）微小区：0.1km＜小区半径≤1km，适合城市的中心区域。

（4）微微小区：小区半径≤0.1km，适合工作室、家庭环境区域。

小区用户增多到频道数目不够时，应用相当的分裂技术进行分类，采用更小的区域创设更小的蜂窝小区，使用低效发送和大容量概括的方法解决，这样做优点非常鲜明。

第三节　物联网的产业化发展

物联网产业指的是物联网相关产业功能的集合，其中包括物联网制造业和物联网服务业。“近年来，我国物联网产业发展总体形势向好，已形成包括芯片和元器件、软件、电信运营、物联网服务等较为完善的产业链。”[①]物联网产业在发展的过程中成为一种以信息产业为主的产业，其发展的最终目的并不是重新划分已有的信息产业，而是通过应用推动新市场、新业态的生成。

一、物联网产业的特征

（一）物联网产业以市场需求为驱动力

物联网完整架构体系的形成需要相关行业共同参与业务合作和信息交流模式的创新，可以对社会领域中在未来有较大发展空间和潜力的内容进行深度扩展。物联网产业不仅可以满足人民群众生活中的个性化需求体验，还可以成为政府提升基层范围内基础建设覆盖程度的重要手段。我国的物联网体系及相关行业的发展还处于初级构建阶段，只有借助不同行业专业学者的研发成果和实践性检验方案的应用，才能确保后续推进步骤的准确性。伴随现今世界范围对信息传播方式和显示模式不断创新发展的环境，在改善各行业原有产品制作模式和销售运行方式基础上，还应关注如何满足目前使用群体更个性化的需求，获得更多经济利益。

（二）物联网产业的发展对外部环境要求较高

首先，在物联网模式体系建构关联度较高的实体设备保障方面，由于物联网带动信息交流方式的扩充，原有承担信息内容传递的设备无法满足大量的使用需求，因此，如果社会范围内基础层面设备建设开发的层次不能满足物联网带动的需要，那么其他行业之间开展合作过程中就会有更多突发性和不可预测性问题出现。物联网相关建构体系正常运行无法离开虚拟网络体系的应用，物联网上面商品物质的沟通量较大，如果虚拟网络介质不能在信息传达的速度方面满足基础性的要求，会使需求群众对物联网体系的印象较差，从而降低后续使用度。

其次，物联网应用范围逐渐加大对政府部门的管理工作提出更多要求，在物联网应用于传统产品交流模式的城市环境中，等同于将原本正常发展的城市形态以更智能化和信息化的方式更新。

最后，在群众使用这些虚拟设备过程中，对登记信息的安全性提出更多要求，如果不能保障群众使用过程中个人私密信息的封闭性就无法保证人们对物联

① 赵桂丹，骆骁.当前形势下我国物联网技术产业发展及频率规划建议[J].产业创新研究，2022（24）：13.

网体系的信任度。

（三）物联网产业链覆盖面大

物联网涉及的合作企业自身都有固定的产业发展模式和销售路径，部分行业还涉及与其他企业合作的扩展业务，都会根据社会领域相关技术理念的更新将产业发展模式向现代化方向改进。目前，物联网建构体系应用的主要领域有：①以政府为主体，提供基础性社会服务的业务和开展不同行业管理检查任务的业务；②与社会空间内各开发企业合作，在与信息及交流方式密切相关的领域之间进行组合；③将生活中占大多数的群众作为消费行为的主要针对主体，将虚拟信息交流方式与购物行为进行结合。物联网这种新型的产品交流模式在应用原有实体销售路线基础上，增加了与社会范围内各行业密切合作的智能化改造应用，使关系密切的家庭群体和社会实际生产机构之间的合作沟通度大大提升。

（四）物联网产业链的联动效应明显

由于物联网架构与涉及的相关行业的长久发展程度同专业技术的创新变革情况有重要联系，物联网相关产业结构和加工方式不断深入开发的方向需要根据该产品的特征进行取舍，要对各类实物产品未来阶段的销售空间和群众认可度进行预测。加之各行业衡量自身产业模式体系是否合理的标准不同，因此将其与物联网体系模式相联系后对重要性步骤的划分和群众的需求性记录也存在差异。在物联网体系模式的中间领域主要是以往历史背景下掌握各行业核心专业技术的群体，他们自身较高的专业技术优势可作为开发创新的条件。

例如，在与物联网运行程度和群众认可度关联较大的虚拟网络介质运行速度方面，如果物联网想有更大的发展空间和与其他行业合作的机会，就需要保障自身信号传输的实体设备有较强的支撑运行能力。同时也不能因为某一行业开发要素保持较高水平，而降低与其他机构行业开展对应性合作的频率。

二、物联网产业的战略布局

从本质来说，作为进行多维分析的技术路线图，其目的是充分将物联网推动新兴战略产业的积极作用发挥出来，同时，从产业战略发展的方面来说，为了对物联网产业进行更为合理的布局，需要借助技术路线图从其发展要求以及核心技术的层面来进行分析。

第一，市场需求。有学者在我国高层次教育类学校中针对物联网相关技术要素开展了综合性探究，并对这项虚拟信息交流传播技术未来的发展模式和创新表现进行预测。认为这种新型创新技术的应用不仅可以帮助群众满足目前社会空间背景下的个性化需求，还可以使国家整体经济收入的来源方式得到有效扩充，使各区域的生活方式得到更深刻的形式改变。

第二，关键技术。将物联网模式建构过程中需要的核心型技术以分类剖析的形式进行专项探索，这样可以使针对不同领域的应用技术都有专业性的探索人才作为创新动力。同时，把物联网架构相关技术向更深层次开发，使社会空间内其他行业有扩展发展空间的基础。

三、物联网产业的发展趋势

第一，IP化发展。目前，虽然物联网的未来参考体系架构还很难推测，但IP化作为物联网参考体系架构的必然趋势是可以肯定的。之所以要采用IP协议，主要是因为IP技术可以有效解决物联网在发展中所面临的可发展性、大规模性、应用多样性、互通性、低功耗、低成本等问题。随着互联网的快速发展，IP端到端的架构体现出了IP的稳定性、通用性和可扩展性。因此，IP化发展是物联网的最佳选择。

第二，智能化发展。虽然当前的物联网仅可以进行产品的识别和信息收集，但物联网的真正意义在于未来能够实现实时感知、信息交互以及应用平台的可操控性，实现信息在物理世界与信息世界之间的传递。

第三，协同化发展。随着物联网产业和标准的不断规范和完善，未来物联网将具有协同化的特点，可实现不同企业、地区、国家之间不同物体的信息的互联、互通、互操作，应用模式也将进行融合，形成适用于不同行业和领域的全球化物联网应用体系。

第四，规模化发展。伴随物联网产业与技术的发展，物联网逐渐在各大产业中发挥出相应的作用。

物联网的发展在当前还处于初级阶段，在全球范围内物联网能够得到的产业支持还不足。物联网的发展也需要正确的引导和制定相应的制度进行规范，距离能够实现大范围普及和应用还有很长一段路要走，这需要全球各国对物联网给予重视，引导其正确的发展。因此，在未来物联网的发展中，各国都要根据本国的实际发展情况，发展优势行业以带动物联网产业。我国重点发展物联网产业的领域主要包括交通、电力、物流等具有战略性的基础设施领域，以及能够促进我国经济发展的其他重点领域。

第四节　物联网技术的创新应用

物联网技术通过传感器、通信技术和云计算等手段，实现设备之间的智能互联和数据交换。“身为新世纪工业变革的标志性科技，物联网深入关注社会运行方面，透过‘万物互联’，把原来分别运作的中小企业、基础设施以及居民、私人等经济社会单位，紧紧捆绑为经济社会这一有机整体。”①随着物联网技术的不断发展，它已经在许多领域引起了广泛的关注并得到应用。

一、智能家居

智能家居是指通过物联网技术将家庭中的各种设备连接到互联网，使它们能够相互通信和远程控制，从而实现更智能、便捷、安全的家居生活。

第一，智能灯泡。智能灯泡可以通过互联网连接，家庭成员可以使用智能手机或其他智能设备远程控制灯光的开关、亮度和颜色。例如，当家庭成员不在家时，可以通过手机App关灯，以节约能源。同时，可以设置定时开关灯，让灯光在晚上自动开启，模拟有人在家，增加家庭的安全性，防止潜在的入侵。

第二，智能插座。智能插座可以将传统电器设备变为智能设备。家庭成员可以通过手机App远程控制插座的开关，实现电器设备的远程控制。这样，即使外出时忘记关闭家中电器，也可以随时关闭，避免浪费电能，提高能源利用效率。

第三，智能锁。智能锁可以通过手机App或其他授权方式进行开锁。家庭成员可以在不在家的情况下，远程控制门锁的开关状态，方便亲友的进出，或者在忘记带钥匙的情况下解决进出问题。智能锁还可以记录开锁历史数据，提供更安全的居家体验。

第四，远程监控。通过智能摄像头和传感器，家庭成员可以远程监控家中

① 袁纳新.智能物联网技术及应用发展趋势研究[J].现代雷达，2023，45（1）：98.

的情况。这对于照顾孩子、宠物或老年人特别有用。家长或照顾者可以通过手机App随时查看家中的实时画面，确保家庭成员的安全和健康。

第五，能源节约。智能家居系统还可以通过收集各种设备的能耗数据，进行能源管理和优化。家庭成员可以根据实时数据，合理使用电力，降低能源浪费，节约家庭支出。

二、智慧城市

智慧城市是利用物联网技术在城市中部署大量传感器和监测设备，实现城市资源和信息的智能化管理，提高城市的运行效率和居民的生活质量。“智慧城市建设已成为现代化城市建设的重点，物联网技术在此过程中发挥着关键作用，实现多种事物、多个部门之间的有效连接。”①

第一，实时交通监测。通过在交通要道、公交车站和交通信号灯等地点部署传感器，可以实时监测交通流量和拥堵情况。城市管理部门可以利用这些数据，实时调整交通信号灯，减少交通拥堵，提高交通运输效率。

第二，空气质量监测。部署空气质量传感器可以实时监测城市中的空气质量状况，包括$PM_{2.5}$、PM_{10}、二氧化氮等指标。这些数据可以帮助城市管理部门制定有效的环境保护措施，提高空气质量，保障居民的健康。

第三，垃圾桶填充监测。在垃圾桶中安装填充传感器可以实时监测垃圾桶的填充情况。这样，城市管理部门可以合理安排垃圾收集路线和频率，避免垃圾溢出和满载，提高垃圾处理的效率。

第四，智能路灯。智能路灯可以根据交通和人流情况自动调整亮度，实现智能照明控制。当交通稀少或无人经过时，路灯会自动降低亮度以节能减排。而在交通繁忙或有行人经过时，路灯会自动提高亮度，确保行人安全行走。

第五，公共设施管理。物联网技术可被应用于公共设施的智能管理。例如，通过智能传感器监测公园的人流量，城市管理部门可以根据实时数据优化公园资源的分配，改善游客的游园体验。

三、工业自动化

随着物联网技术的不断发展，工业领域也迎来了新的变革和提升。工业自

① 俞晓辉，郑伟，张轶凡.物联网技术在智慧城市建设中的融合运用[J].中国新通信，2023，25（10）：72.

动化是指通过将生产设备和生产线连接到互联网，实现自动化和智能化的生产过程。这种方式可以使生产过程更加高效、灵活和可靠。

在工业自动化中，传感器扮演着重要的角色。通过将传感器安装在生产设备上，可以实时监测设备的运行状态、温度、湿度、振动等数据。这些传感器数据通过物联网连接到云端，经过数据分析和处理后，企业可以获得设备的健康状况和预防性维护提示。这意味着企业可以在设备出现故障前进行预防性维护，从而避免生产线停机和损失，并大幅提高生产效率。

此外，物联网技术还能使工业生产过程更加智能化。通过数据分析，企业可以优化生产计划，减少能源和资源的浪费。智能制造系统可以自动调整生产参数和流程，以适应不同产品和批量的生产需求。这样，企业可以更快速地响应市场需求，提高产品质量，降低生产成本，从而提高市场竞争力。

另外，物联网技术还支持远程监控和远程操作。通过远程监控，企业的管理人员可以实时了解生产现场的情况，及时作出决策。在某些情况下，远程操作也可以用于危险环境或者人无法直接到达的地方，减少员工的风险，提高生产安全性。

四、农业智能化

物联网技术在农业领域的创新应用，被称为农业物联网（Agri-IoT）。农业是人类生存的基础，而物联网技术为农业带来了新的发展机遇。

物联网“应用到农机领域，可有效降低人工成本，提高工作效率，为农业机械化发展提供精准化服务”。①通过在农田中部署土壤湿度传感器、农业气象监测仪等设备，可以实时获取土壤的湿度、气温、降水量等信息，从而实现智能灌溉和精准施肥。传感器数据通过物联网连接到云端，农民可以在手机或电脑上查看农田的实时情况，根据数据分析的建议，调整灌溉和施肥的方案，最大限度地提高农作物产量，并节约水资源。

农业物联网技术还可以用于动物追踪和养殖管理。通过让动物佩戴传感器或植入身体的设备，可以监测动物的健康状况、行为习惯和体重等信息。这些数据可以帮助养殖者更好地了解动物的健康状态，并及时发现潜在的健康问题。此

① 潘正仁，高刚毅.浅谈农业物联网技术与农业机械化发展[J].南方农机，2023，54（16）：84.

外，通过物联网技术，养殖者可以远程监控动物场地的情况，及时作出调整和处理，提高养殖效率。

农业物联网技术的应用还有助于推动农业的智能化管理。通过数据分析和人工智能算法，可以为农民提供更准确的农业建议，包括最佳的播种时间、种植区域选择、病虫害防治等。这些信息可以帮助农民作出更明智的决策，提高农业产值，同时减少对环境的不良影响。

五、医疗保健

物联网技术在医疗领域的应用也日益增多，为医疗保健行业带来了革命性的变化。医疗物联网是指将传感器和设备与互联网连接，实现医疗设备的智能化和远程监控。

穿戴式设备和健康监测传感器是医疗物联网的代表性应用。这些设备可以实时监测患者的生理数据，如心率、血压、体温、血氧等。患者的生理数据通过物联网传输到云端，医护人员可以远程访问这些数据并进行分析。通过对数据的监测和分析，医护人员可以更好地了解患者的健康状况，及时采取措施，提供更个性化和有效的医疗服务。

医疗物联网技术对于慢性疾病患者和老年人的健康管理尤为重要。患者可以通过穿戴式设备或家庭监测设备，随时监测自己的健康状况，并与医生和护士进行远程沟通。这种远程监护和远程诊断模式可以减少患者的医院就诊频率，同时提供及时的医疗干预，避免疾病恶化。对于老年人而言，医疗物联网技术可以监测他们的日常生活活动和健康状况，及时发现异常情况，并在必要时向护理人员或家人发送警报，确保老年人的安全和健康。

另外，医疗物联网技术在手术和治疗方面发挥着重要作用。通过将手术设备和患者监测设备连接到物联网，医生可以实时获取患者的生理数据和手术进程，更准确地进行手术操作和监控患者的病情。此外，物联网技术还支持远程手术和远程诊断，使得专业医疗资源能够覆盖偏远地区或医疗资源匮乏的地方，从而拓宽了医疗服务的边界。

综上所述，物联网技术的创新应用已经渗透到各个领域，从智能家居到智慧城市，从工业自动化到农业智能化，再到医疗保健，都展现出了巨大的潜力和优势。随着技术的不断发展，物联网技术将继续推动社会的进步和发展，为人们的生活和工作带来更多便利。然而，我们也需要注意物联网技术带来的安全和隐私问题，加强相关的技术和法律监管，确保物联网技术的健康发展。

第四章　云计算技术及应用

随着信息技术的不断发展和普及，云计算作为一种新型的计算模式和服务交付模式，已经在全球范围内广泛应用，极大地提高了计算的利用率和存储能力，降低了企业和个人的IT成本，促进了数字化转型和创新的发展。本章将重点关注云计算技术及应用，包括云计算及其类型、云计算服务的基本架构、云计算的虚拟化技术以及云计算技术的创新应用。

第一节　云计算及其类型

一、云计算的认知

（一）云计算的基本内容

云计算以虚拟化机制为核心，以规模经济为驱动，以互联网为载体，以由大规模的计算、存储和数据资源组成的信息资源池为支撑，按照用户需求动态地提供虚拟化的、可伸缩的信息服务。云计算本质上是一种分布式计算，即通过将需要处理的海量数据信息分割成大量“小块”，再交给无数个小程序分别处理后合并结果，最后反馈给用户。

（二）影响云计算的因素

在云计算模式下，不同种类的信息服务按照用户的需求规模和要求动态地构建、运营和维护，用户一般以量入为出的方式支付其利用资源的费用。影响云计算的因素主要包括以下三个方面。

第一，技术因素。云计算的技术使能支撑，包括虚拟化机制、Web Service技术、分布式并行编程模式、全球化的分布式海量存储系统、网络服务，以及面向服务的体系架构、计费管理等。

第二，政策因素。保证云计算服务质量的合法性及客户数据的安全性，如政府的支持政策以及各种法律法规监管制度。

第三，经济因素。云计算商业化使能的支撑，如合理的商业模式、清晰的产业结构等。

二、云计算的特点

第一，可靠性高。云计算系统使用数据多副本容错、计算节点同构可互换等措施来保障服务的高可靠性，可以达到7×24小时不间断运行和提供服务。

第二，虚拟化。虚拟化是云计算中的主要支撑技术之一，云计算利用虚拟化技术将传统的计算、网络和存储资源转化成可以提供弹性伸缩服务的资源池。

第三，资源规模大。云计算产生规模经济效益的关键在于资源具有相当的规模。例如，Google、Amazon、IBM、Microsoft、Yahoo等云数据中心均拥有以百万计的服务器集群。

三、云计算的类型

云计算模式涵盖的范围非常广，从底层的软硬件资源聚集管理，到虚拟化计算池乃至通过网络提供各类计算的服务。因此，具体的云计算系统具有多种形态，提供不同的计算资源服务。

针对云计算系统可以提供何种类型的计算资源服务，以服务类型为划分标准，可以将云计算划分为基础设施类、平台类、应用类三类不同的云计算系统；以所有权为划分标准，可以将其分为公有云、私有云和混合云三类。

（一）按照所有权划分

将云计算系统的所有者与其服务用户作为划分依据，可以将云计算系统划分为公有云、私有云和混合云。具体如下。

1. 公有云

公有云，又称为公共云，即传统主流意义上所描述的云计算服务。公有云由服务供应商创造各类计算资源，诸如应用和存储，社会公众以免费或按量付费的方式通过网络来获取这些资源，公有云运营与维护完全由云提供商负责。随着信息技术及云计算技术的发展和普及，企业的传统客户关系管理和拓展方式的弊端日益凸显，需要通过信息化技术来提高效率。目前，大多数云计算企业主打的云计算服务就是公有云服务，一般可以通过互联网接入使用。此类云一般是面向社会大众、行业组织、学术机构、政府机构等，由第三方机构负责资源调配。

（1）公有云的优点。

第一，公有云具有灵活性。在公有云模式下，用户几乎可以立即配置和部署新的计算资源，从而将精力和注意力集中在更值得关注的方面，提高整体商业价值，并且在之后的运行中，用户可以快捷方便地根据需求变化进行计算资源组合的更改。

第二，公有云具有可扩展性。在使用应用程序或数据增长时，用户可以轻松地根据需求进行计算资源的增加。同时，很多公有云服务商提供自动扩展功能，帮助用户自动完成增添计算实例或存储。

第三，公有云性能高。当企业中部分工作任务需要借助高性能计算（HPC）时，企业如果选择在自己的数据中心安装HPC系统，那将会大大增加成本。而公有云服务商可以轻松部署，且在其数据中心安装最新的应用程序，为企业提供按需支付使用的业务服务。

第四，公有云成本低。由于规模原因，公有云数据中心可以取得大部分企业难以达到的经济效益，公有云服务商的产品定价通常也处于一个相当低的水平。除了购买成本，通过公有云，用户同样也可以节省其他成本，如员工成本、硬件成本等。

（2）公有云的缺点。

第一，安全问题。企业放弃自己的基础设备并将其数据和信息存储于云端时，很难保证这些数据和信息会得到足够的保护。同时，公有云庞大的规模和涵盖用户的多样性也让其成为黑客们喜欢攻击的目标。

第二，不可预测成本。按使用付费的模式分析，公有云其实是把“双刃剑”，一方面它确实降低了云计算系统的使用成本，另一方面它也会带来一些难以预料的花费。

2. 私有云

私有云，是指某个公司或社会组织单独构建的云计算系统，该组织拥有云计算系统的基础设施，并可以控制在此基础设施上部署应用程序的方式。私有云可部署在组织的防火墙内，也可以交由云提供商进行构建与托管。私有云是仅在一个企业或组织范围内部所使用的“云”。使用私有云可以有效地控制其安全性和服务质量。

（1）私有云的优势。

第一，安全性。通过内部的私有云，企业可以控制其中的任何设备，从而部署任何自己觉得合适的安全措施。

第二，法规遵从。在私有云模式中，企业可以确保其数据存储符合相关法律法规的要求。而且，企业能够完全控制安全措施，必要的话可以将数据保留在一个特定的地理区域。

第三，定制化。内部私有云还可以让企业精确地选择存储自身程序应用和数据的硬件，不过这些是由服务商来提供服务。

（2）私有云的劣势。

第一，总体成本高。由于企业购买并管理自己的设备，因此私有云不会像公有云那样节约成本，而且在私有云部署时，员工成本和资本费用依然会很高。

第二，管理具有复杂性。企业建立私有云时，需要自己进行私有云的配置、部署、监控和设备保护等一系列工作。此外，企业还需要购买和运行用来管理、监控和保护云环境的软件。而在公有云中，这些事务由服务商来完成。

第三，有限的灵活性、扩展性和实用性。私有云的灵活性不高，如果某个项目所需的资源尚不属于目前的私有云，那么获取这些资源并将其增添到云中的工作可能会花费几周甚至几个月的时间。同样，当需要满足更多的需求时，扩展私有云的功能也会比较困难，而其实用性则需要由基础设施管理和连续性计划及灾难恢复计划等工作的成果决定。

3. 混合云

混合云就是将单个或多个私有云和单个或多个公有云结合为一体的云计算系统。它既拥有公有云的功能，又可以满足客户基于安全和控制需求对私有云的需求。出于信息安全方面的考虑，某些组织机构的信息无法放置在公有云上，但又希望能使用公有云提供的计算资源，由此出现了混合云。混合云可以让应用程序运行在公有云上，把最关键的数据和敏感数据的应用程序运行在私有云上。这样就能够拥有公有云的高可扩展性与私有云的较高安全性，并可以根据应用需求的不同和节约成本的考虑，在私有云和公有云之间灵活选择。

混合云的独特之处在于：混合云集成了公有云强大的计算能力和私有云的安全性等优势，让云平台中的服务通过整合变得更加灵活。混合云可以同时解决公有云与私有云的不足，如公有云的安全和可控制问题，私有云的性价比不高、弹性扩展不足的问题等。当用户认为公有云不能够满足企业需求的时候，在公有云环境中可以构建私有云来实现混合云。

（二）按照服务类型划分

1. 基础设施类

基础设施类云计算系统通过网络向企业或个人提供各类虚拟化的计算资源，包括虚拟计算机、存储、虚拟网络与网络设备，以及其他虚拟化技术应用所提供的相关功能。

虚拟化技术是指通过对真实的计算元件进行抽象与模拟，虚拟出多个类型的计算资源。虚拟化技术可以在一台服务器中虚拟出多个虚拟计算资源，也可以使用多台服务器虚拟出一个大型的虚拟设备。例如，一台计算机中可以虚拟出多个虚拟机，分别安装不同的操作系统，就可以将一台服务器当多台服务器使用；也可以将多个存储设备虚拟成一台大的存储服务器。在基础设施类的云计算系统中，用户远程操纵所有虚拟的计算资源，接近于操作真实的计算机硬件服务。

最为典型的基础设施类云计算系统当属亚马逊虚拟私有云服务。亚马逊是全球最大的在线图书零售商，在发展主营业务的过程中，亚马逊为支撑业务的发展，全面部署IT基础设施，其中包括存储服务器、带宽、CPU资源。

亚马逊将闲置资源，如存储服务器、带宽、CPU资源租给第三方用户，将该云服务命名为亚马逊网络服务（AWS）。同时，亚马逊成立了网络服务部门，专为各类企业提供云计算基础架构网络服务平台，用户（包括软件开发者与企业）不仅可以通过亚马逊网络服务获得存储、带宽、CPU资源，还能获得其他IT服务，如亚马逊私有云（VPC）等。

AWS主要由四项核心服务组成：简单存储服务（S3）、弹性云计算（EC2）、简单排列服务，以及尚处于测试阶段的Simple DB。AWS提供的服务非常简单易用，主要应用可以概括为提供虚拟机、在线存储和数据库、类似大型机时代的远程计算处理及一些辅助工具。

其中，Amazon EC2系统使用Xen虚拟化技术，利用Amazon掌握的服务器虚拟出运算能力不同的三个等级虚拟服务器，然后面向用户出租虚拟服务器。用户租用这些虚拟服务器之后，可以通过网络控制虚拟服务器，在虚拟服务器中装载系统镜像文件，配置虚拟服务器中的应用软件与程序。亚马逊为用户提供了非常简便的使用方式：基于Web页面，登录即可使用，按使用量及时间付费。在这种模式下，用户可以用非常低廉的价格存储资源，并且方便地扩充或缩减相关资源，有效地应对诸如流量突然暴增之类的问题。通过网络，用户可以像控制自己本地机器一样使用亚马逊提供的虚拟服务器，只需要按使用时间支付出租费用。

2. 平台类

平台类的云计算系统是向用户提供包含应用及服务开发、运行、升级、维护，或者存储数据等服务的云计算系统。简言之，平台类的云计算系统的核心是提供中间件服务，用户使用该类型云计算系统可以调用中间件提供的各类服务，实现自己应用的开发、配置、运行。至于应用所需的中间件软件、虚拟化服务器与网络资源、应用的负载平衡等维护方面由平台类云计算系统提供服务予以解决。

该类型云计算系统的典型系统是Google App Engine（GAE）。GAE面向用户提供Web应用开发、运行支持等各类服务。GAE支持Python、Java及其他多种Wcb应用开发语言，同时也支持Django、Cherry、Pylons等Web应用框架。开发商可以使用Google提供的基础设施构建Web应用，开发完毕后再部署到Google的基础设施上，交由GAE托管，运行在Google数据中心的多个服务器之中。GAE负责应用的集群部署、监控及失效恢复，并根据应用的访问量和数据存储需求的变化而自动扩展。

3. 应用类

应用类云计算系统是为各用户直接提供其所需的软件服务，这些服务是通过Web应用方式提供的，用户可以通过浏览器远程登录到这些软件服务的界面，使用服务提供的各类软件功能。虽然用户使用软件的方式与现在的B/S（Browser/Server，浏览器/服务器）系统类似，但是它们本质上不同，应用类云计算系统向用户收费是租赁式的，用户根据使用的资源、时间等标准付费，云计算系统的产权归云服务商，而B/S系统一般是整体打包，出售给用户，产权归用户。

该类型云计算系统的典型提供者是Salesforce公司。Salesforce的运营模式可以简单地概括为用网络服务实现ERP软件的功能，用户只需要付少许的软件月租费，以节约大笔购买开支。用户购买了Salesforce的使用权，就可获得Salesforce公司为用户提供的AppExchange目录，其中储存了上百个预先建立的、预先集成的应用程序，从经费管理到采购招聘一应俱全，用户可以根据自己的需要将这些程序定制安装到自己的Salesforce账户上，或者根据需要对这些应用程序进行修改以适应本公司的特定要求。

第二节　云计算服务的基本架构

云计算是一种商业计算模型，它将计算任务分布在大量计算机构成的资源池上，使用户能够按需获取计算力、存储空间和信息服务。美国国家标准和技术研究院提出云计算的三个基本框架（服务模式）：基础设施即服务、平台即服务、软件即服务。

一、基础设施即服务

基础设施即服务（IaaS）是云计算架构的重要组成部分，在架构当中处于最底层。IaaS的功能是提供存储服务、虚拟服务器以及其他与计算有关的资源。IaaS通过提供功能，可以协助用户处理计算资源定制过程当中遇到的问题。用户可以利用购买的方式获得部署权限、操作系统权限、访问应用程序的权限。获取权限之后，用户不需要付出额外的精力对基础设施进行维护或者管理。除此之外，用户也可以在权限允许范围内对网络组件作出更改，让组件更好地满足自身的使用需求。该层通常按照所消耗资源的成本进行收费。

（一）IaaS的基本功能

当云服务提供商不同时，云服务所使用的基础设施也会有所不同。但是，所有的云服务提供商所提供的底层基础资源服务一般情况下会显现出普遍性特征。具体来讲，基础设施层具备的功能如下。

1. 资源抽象

基础设施层的建设过程中首先需要解决的是硬件资源，即建设需要利用到存储设备、服务器设备等硬件资源。基础设施层想要做到更高层次的资源管理，就需要抽象化处理资源，这样才能建立资源管理逻辑。抽象化处理资源是对硬件资源作出虚拟化的处置。

虚拟化过程中首先要忽略硬件产品存在的不同之处；其次要为所有的硬件资源配备一致的数据接口，对所有的硬件资源使用一致的管理逻辑。如果基础设施层使用的逻辑有差异，那么即使资源类型相同，资源在虚拟化的过程中也会展现出较大的不同。

分析具体的业务逻辑以及实际工作中需要使用到的基础设施层服务接口，可以发现资源的抽象化处理需要涉及多个层次。举例来说，目前资源模型当中涉及的资源抽象层次主要有虚拟机、云以及集群。基础设施层的构建需要以资源抽象作为前提和基础。资源抽象化处理的过程中需要解决的首要核心问题就是如何从全局角度出发对各种各样品牌、各种各样型号的资源展开抽象化处理，并且将资源呈现给用户。

2. 资源监控

资源监控功能直接影响基础设施层的工作效率，想要实现负载管理，就必须做到资源监控、基础设施层使用的资源监控方法多种多样，通常情况下，基础设施层会监控中央处理器的使用率，会监测其他存储器的使用率以及监控读写操作。除此之外，基础设施层还会监控网络的输入情况、输出情况、路由状态。

想要实现资源监控，需要先借助资源抽象模型去构建资源监控模型，有了模型之后，资源监控内容、资源监控属性就会变得更加清晰准确。具体分析资源监控可以发现，它有多个抽象层次、多种粒度。一般情况下，典型资源监控是监控解决方案，而且监控是从全局角度出发的，解决方案当中涉及很多虚拟资源，在对不同组成部分进行监控之后所获得的结果就是整体监控结果。分析监控结果，用户可以了解准确的资源运用情况，也可以制订适合的措施调整方案。

3. 负载管理

因为基础设施层当中涉及大量的资源集群，所以，基础设施层的节点面临不均匀分布的负载。

如果节点能够保持合理的资源利用率，那么，即使出现了负载不均匀的情况，也并不会引起更为严重的问题。但是，如果节点没有办法保持合理的利用率或者不同节点之间呈现出了较大的负载差异，那么就会导致其出现严重的问题。假如大多数的节点处于负载较低的状态，那么资源就会被大量浪费，此时，基础设施层就需要启动自动化负载平衡机制。该机制的作用是提升资源使用率，关闭不被利用的资源。假如资源利用率呈现出较大的差异，那么就会有一部分节点面临过高的负载，这时，上层服务性能会直接受到不良影响。与此同时，一部分节点面临过低的负载，资源没有办法发挥作用。在这样的情况下，需要利用自动负载平衡机制转移节点负载。通过转移的方式，所有节点将会面临更加合理的负载，所有的资源也将会得到充分利用。

（二）IaaS的优势

相对于传统的企业数据中心，IaaS服务在某些方面显现出了优势。具体来讲，优势主要体现在以下五个方面。

第一，成本比较低。IaaS服务的提供并不需要用户单独购买硬件，也就是说，用户可以避免资金的投入。除此之外，用户只需要根据使用情况缴费，这在一定程度上避免了资金的闲置浪费。而且，IaaS还提供突发性服务，用户并不需要提前购买服务。

第二，用户不需要维护系统。维护工作主要由云计算服务商负责。

第三，IaaS应用可以在服务平台当中灵活迁移。在制定了云计算技术标准之后，IaaS应用可以跨越平台迁移，也就是说，某一个应用不再独属于某一个企业数据中心，应用可以被灵活地运用在各个服务平台上。

第四，有较强的伸缩性。IaaS在提供计算资源时，只需要几分钟就可以做到资源更新。相比之下，传统数据中心所需要的时间更长。

第五，支持的应用比较广泛。IaaS在提供资源时，主要使用虚拟机的方式，此种方式使得IaaS可以在多种多样的操作系统当中应用。因此，它的应用范围相对广泛。

二、软件即服务

软件即服务（SaaS）是最常见的云计算服务，位于云计算三层架构的顶端。软件即服务是将软件服务通过网络（主要是互联网）提供给客户，客户只需通过浏览器或其他符合要求的设备接入即可使用。SaaS所提供的软件服务都是由服务提供商或运营商负责维护和管理，客户根据自身需求进行租用，从而消除了客户购买、构建和维护基础设施和应用程序的过程。

（一）SaaS服务的特性

SaaS服务需要借助软件以及互联网支持。从技术角度或者从生物角度分析可以发现，SaaS服务和其他的传统软件不同。具体来讲，体现在以下六个方面。

第一，互联网特征。SaaS服务需要借助互联网为用户提供各种各样的支持，所以，它显现出了互联网技术特征。除此之外，SaaS让用户和供应商之间的距离有所降低，所以，SaaS服务在营销和支付方面体现出了自身的独特特征，这一点和传统软件有较大的差异。

第二，多租户特征。通常情况下，SaaS服务会使用标准软件系统为众多的租户提供他们需要的服务。在这样的情况下，SaaS服务必须做好不同租户之间的隔离工作，为所有的用户提供数据安全保障，满足用户对服务提出的个性化需求。为此，SaaS服务平台必须有较高的性能，有较好的稳定性。

第三，服务特征。SaaS服务以互联网或者软件作为基本载体，因此，SaaS服务需要着重考虑合约签订问题、费用收取问题、质量保证问题。

第四，可扩展特征。可扩展特征代表系统有较高的并发性，能够对资源进行有效利用。

第五，可配置特征。SaaS会对配置进行不同的设置，以此来满足用户提出的需要，但并不需要专门为用户独特定制。SaaS服务运行使用的代码是相同的，但是配置不同，如此就可以让用户提出的个性化需求得到满足。

第六，随需应变特征。相比于传统应用程序，SaaS模式当中的应用程序更加灵活，不会被控制，也不会被封装，能够更灵活地应对需求变化。应用程序可以以动态的方式被使用，随需应变的程序可以更好地应对市场的强有力竞争，也可以抵御风险、应对挑战。

（二）SaaS服务的架构

SaaS服务本质上是一种技术的进步，这涉及SaaS服务所采用的架构。SaaS服务的架构可以分为三种，分别为多用户、多实例、多租户。其中，多租户模式具有较强的软件配置能力，在商业SaaS服务中最为常见。

第一，多用户。即不同的用户拥有不同的访问权限，但是多个用户共享同一个实例。

第二，多实例。又被称作单租户，指的是为每个用户单独创建各自的软件应用和支撑环境。通过多实例的模式，每个用户都有一份分别放在独立的服务器上，或者使用较强的安全措施进行隔离的虚拟网络环境中的数据库和操作系统。

第三，多租户。也称为多重租赁技术，是一种软件架构技术，它是在探讨与实现如何在多用户的环境下共用相同的系统或程序组件，并且仍可确保各用户间数据的隔离性。

多租户是实现SaaS的核心技术之一。通常，应用程序支持多个用户，但是前提是它认为所有用户都来自同一个组织，这种模型适用于未出现SaaS的时代，组织会购买一个软件应用程序供自己的成员使用。但是在SaaS和云的世界中，许多组织将使用同一个应用程序；它们必须能够允许自己的用户访问应用程序，但是应用程序只允许每个组织自己的成员访问其组织的数据。从架构层面来说，SaaS和传统技术的重要区别就是多租户模式。

多租户是决定SaaS效率的关键因素。它将多种业务整合在一起，降低了面向单个租户的运营维护成本，实现了SaaS应用的规模经济，从而使得整个运维成本大大减少，同时使收益最大化。多租户实现了SaaS应用的资源共享，充分利用了硬件、数据库等资源，使服务供应商能够在同一时间内支持多个用户，并在应用后端使用可扩展的方式来支持客户端访问以降低成本。而对用户而言，他们是基于租户隔离的，同时能够根据自身的独特需求实现定制。

在一个多租户的结构下，应用都是运行在同样或者是一组服务器下，这种结构被称为“单实例”架构，单实例多租户。多个租户的数据保存在相同位置，依靠对数据库分区来实现隔离操作。既然用户都在运行相同的应用实例，服务运行在服务供应商的服务器上，用户无法去进行定制化的操作。因此，多租户比较适合通用类需求的客户，即不需要对主线功能进行调整或者重新配置的客户。

三、平台即服务

平台即服务（PaaS）位于云计算三层架构的中间，它的作用是为用户搭建能够连接互联网的应用开发平台或者构建应用开发环境，为应用的创建提供需要的软件资源、硬件资源或者工具资源。在此种层面当中，服务商会直接提供具备逻辑或者具备IT能力的资源，如文件系统、数据库。用户可以借助平台部署应用的开发程序。但是，所有的运作都需要遵循平台设置的规定，通常按照用户或登录情况计费。

（一）PaaS的核心功能

分析云计算平台和传统应用平台可以发现，它们提供的服务存在某些重合之处。相比之下，云计算平台是以传统应用平台为基础，在此基础上进行理论方面的创新、实践方面的积累升级。通过创新和升级，应用的开发、应用的运行以及应用的运营都作出一定程度的变革，平台可以提供变革所需的基本功能、基本服务。

1. 开发测试环境

对于平台层当中的应用来讲，平台层主要承担的是开发应用的任务。作为开发平台，应该确定应用模型、编程接口以及代码库。也就是说，开发平台必须提供开发需要的测试环境。

应用模型当中应该涉及与开发应用有关的元数据模型、编程语言以及应用打包发布格式。通常情况下，平台会依托已有的传统应用平台进行扩建，所以，平台可以使用当下相对受欢迎的编程语言。在语言选择上，即使平台本身的实现架构相对具有特色，在语言选择方面也应该使用现有的编程语言或者和现有编程语言类似的语言，这样开发人员才能更快地学习和掌握这门语言。应用和平台之间关联的构建需要借助元数据，如平台层的应用部署需要依托应用的元数据展开相应的配置工作。除此之外，应用运行过程中也需要依托元数据记录提供相应的服务。在确定应用打包格式的时候，需要明确代码文件以及各种各样的资源应该使用哪种方式组织起来，并且确定如何对文件进行整合，让文件变成平台认可的统一形式的文件包。

应用开发需要平台层的代码库以及API，其中代码库包括的服务内容有界面绘制服务、消息机制服务。如果代码库有非常清晰明确的定义，并且功能相对丰富，那么应用开发将会有效避免工作重复，也能够缩短开发时间。

平台层应该为用户应用的构建以及应用的测试提供环境。具体来讲，可以使用的方式有以下几种。

（1）借助网络为用户提供在线开发环境、测试环境。也就是借助服务器端展开相关操作，此种方式的优点在于开发人员可以直接依托平台获得良好的体验，不需要额外安置开发软件，但是，开发人员应该处在网络相对稳定并且带宽足够的环境下。

（2）为用户提供离线形式的集成开发环境。在此种环境下，开发人员可以在本地展开应用开发以及应用测试。大部分的开发人员比较适应此种模式，从此种模式当中也能获得更好的体验。在这种模式下，开发测试之后，开发人员需要上传应用，应用才能在平台层当中运行。

2. 运行环境

应用测试应用开发之后，开发人员需要让应用正式部署上线，应用上线需要遵循两个步骤：①在云平台当中上传设计好的应用；②云平台应该分析元数据信息，然后配置应用，让应用和平台建立关联。平台当中所有用户都处于独立状态，在此种情况下，开发人员没有办法提前对应用的创建作出约定，没有办法提前确定应用配置和平台层之间的结合是否会影响到其他应用的正常运行。所以，应用上线、应用配置的时候，需要对应用进行一定的验证，如此，才能避免应用之间的冲突。应用配置结束之后，需要激活应用，它才能有效运行。

平台层提供基本的应用部署激活功能。除此之外，该层还需要配备其他的高级别功能，如此一来，基础设施层提供的资源才能够得到有效利用，平台才可能为用户提供性能更高、安全性更高的应用。和传统的运行环境比较，可以发现平台层具备以下三个特征。

（1）隔离性。具体来讲，隔离性体现在两个方面：①应用间隔离，指的是不同的应用彼此独立，并不会彼此干扰，应用可以独立进行业务处理、数据处理，应用间隔离可以让应用在具体的隔离工作区域当中运行。为了保证工作区域的彼此隔离，平台层需要设置管理机制，以此来控制不同应用之间的访问权限。②用户间隔离，指的是相同解决方案当中的用户彼此处于隔离状态，所有的用户都有权限对解决方案展开自主配置，并且每一个用户的自主设定不会对其他用户的配置情况产生影响。

（2）可伸缩性。具体来讲，指的是平台层可以根据具体的工作负载情况以及业务规模情况灵活分配应用所需要的存储空间以及带宽。如果工作负载比较大或者业务规模有所扩大，那么平台层会给应用分配更多的处理能力。相反，如果面临的工作负载比较小或者业务规模逐渐缩小，那么平台层给应用分配的处理能力就会有所降低。可伸缩性的重要作用是保护应用性能，充分利用资源。

（3）资源具备可复用性。具体来讲，指的是平台层可以让许多应用同时使用平台，同时在平台当中存在。如果用户发现有更大的业务量，并且需要其他的资源支持，那么用户可以向平台层提出要求。平台层在收到要求申请之后，会为其分配需要的资源。当然平台层所提供的资源也有限度，平台层可以让资源反复发挥作用，这样就能保证应用稳定可靠运行。这就需要平台层所能使用的资源数量本身是充足的，并要求平台层能够高效利用各种资源，对不同应用所占有的资源根据其工作负载变化来进行实时动态的调整。

3. 运维环境

在用户提出新的需求、业务出现新的形式之后，开发人员也需要进行系统更新。但是，在云计算环境下，开发人员进行升级更新时，操作更为简单。平台层可以提供自动化的流程向导，平台在提供这一功能时，需要对自身使用的应用自动化升级流程进行完善和升级创新，并制作升级补丁模型。应用开发人员如果发现应用需要更新，那么可以按照升级补丁模型的制作要求去制作应用升级所需要的补丁。制作出补丁之后，开发人员需要将补丁上传到平台当中，并且同时提出升级请求。平台需要根据开发人员提出的请求对补丁进行解析，以此来完成应用的自动化升级。

平台需要监控应用的具体运行过程。一方面，应用开发人员需要关注应用的具体运行状态，了解应用是否出现运行错误或者运行异常状况；另一方面，平台也需要监控应用的运行状况，整体了解运行过程中系统资源的消耗情况。当平台设置不同的监控任务时，使用的技术也有所差异。比如，监控运行状态可以借助应用响应时间、工作负载信息进行监控。在监控资源消耗情况时，可以通过基础设施层服务信息来判断具体的消耗状况。之所以可以通过基础设施层的服务信息作出判断是因为平台层是从基础设施层获取的资源，也就是说，基础设施层对各种资源的运用获取是有记录的，平台层可以通过基础设施层资源的运用情况去监控资源的消耗情况。

用户会对应用提出许多需求，市场也会不断地发展变化，市场当中会不断地创造新的应用，也会不断地淘汰一些旧的应用。所以，平台要为用户提供应用卸载功能。平台层除了将应用程序卸载之外，还需要对应用使用过程当中获取的数据进行处理。一般情况下，平台层可以根据用户提出的数据处理需求使用差异化的处理策略。比如，可以直接删除数据，也可以备份数据之后再删除和卸载应用。平台应该和用户达成应用卸载方面的共识，并且签署协议，让用户了解应用卸载之后会产生哪些影响。和用户达成共识后可以避免业务操作带来的数据损失，也可以避免出现纠纷。

平台层运维环境还应该涉及统计计费功能。计费功能需要包括两个内容：①平台层应该按照应用对资源的耗费情况进行计费；②平台层应该按照应用的访问情况计费。一般情况下，平台在为用户提供服务之前会要求用户注册自身的账号，通过登录账号，平台可以获取用户对应用的使用信息，在此基础上详细地计费。

（二）PaaS的优势

和传统的本地开发以及部署环境比较，可以发现PaaS平台体现出以下六个方面的优势。

第一，开发环境友好。PaaS平台可以提供应用开发所需要的工具，借助工具，用户不仅能够在本地进行应用开发，也能够远程对应用开发进行部署、设计、操作。

第二，丰富的服务。PaaS平台会以API的形式将各种各样的服务提供给上层的应用。系统软件（如数据库系统）、通用中间件（如认证系统，高可靠消息队列系统）、行业中间件（如OA流程等）都可以作为服务提供给应用开发者使用。

第三，管理和监控更加精细。PaaS可以更好地管理、更好地监控应用层，统计更加准确的数值信息。通过数值信息的分析，可以更好地判断应用当下的运行状态，也能够更精准地计费。

第四，有较强的伸缩性。PaaS平台可以自动对资源进行调整，以此让资源更好地适应应用的需求量。当应用负载突然提升的时候，平台会在很短时间（1分钟左右）内自动增加相应的资源来分担负载。如果度过了负载高峰期，那么，平台会自动进行资源回收。

第五，多租户机制。PaaS平台具备多租户机制，在该机制的作用下，一个具体的应用实例可以同时被很多组织使用，并且不同的组织之间还会保持一定的安全距离。使用该机制可以让一个应用实例获得更大的经济收入，与此同时，也能满足更多用户提出的特殊需要。

第六，经济性以及整合率。一般情况下，IaaS平台整合率较低。相比之下，PaaS平台体现出了更强的整合率以及更强的经济性能。

第三节　云计算的虚拟化技术

虚拟化技术是根据不同的硬件设备和不同的虚拟化方法实现现实生活中具体

的虚拟现象，因此，虚拟化技术复杂多样。

一、虚拟化的基本认知

虚拟化的概念产生于20世纪60年代，并随着计算机行业的发展而发展。早期，虚拟化主要运用于虚拟内存，但发展至今，已经发展为虚拟服务平台，且规模越来越大。对不同的开发商和使用者来说，虚拟化的概念是不同的，因为他们属于不同的工作领域。早期，计算机程序开发员会担心计算机的内存是否足够大，但随着虚拟内存的出现，程序员不再担心内存问题。这也是虚拟化带给人类最直观的影响。虚拟化不仅有虚拟内存，与计算机相关的众多领域都应用了虚拟化技术，包括处理器虚拟化、存储器虚拟化、网络虚拟化和数据库虚拟化等，不管是硬件还是软件，都可以看到虚拟化的影子。

第一，资源是虚拟化的对象。资源包括硬件资源和软件资源，硬件资源主要包括处理器、光盘驱动器、存储器和网络等，软件资源包括应用程序、操作系统和各种各样的文件等。

第二，当资源虚拟化之后，形成的新资源会隐藏内部细节。比如，虚拟内存是新资源，但存储硬盘变成了虚拟对象。当程序访问虚拟内存时，真实内存和虚拟内存的编址是统一的，内存寻址和硬盘寻址的转换不会展现在应用程序中，只需要把虚拟硬盘看作内存读取就可以。

第三，虚拟后的新资源拥有真实资源的部分功能或全部功能。虚拟内存准确地展现了虚拟化这一特点，虚拟内存可以拥有与真实内存完全一样的功能。

二、虚拟化的功能

虚拟化通过简化IT基础设施和资源管理，为用户提供更加便利的访问功能。虚拟化涉及的领域非常宽泛，它面向的用户不仅可以是人，也可以是与资源交互相关的服务、操作请求、应用程序和资源访问等。

从这个目的出发，虚拟化资源会给用户提供一个标准化的接口，如果用户利用标准接口访问虚拟资源，用户和资源之间的耦合程度就会降低，因为用户并不会只依赖某种特定的虚拟资源。除此之外，松散的耦合访问关系还可以简化管理工作。管理员在管理IT基础设施的过程中，可以将用户的影响降到最低。而且，即使这些底层的物理资源发生了变化，虚拟资源对用户的影响也是最低的，因为用户和虚拟资源之间的交互方式并没有发生变化，标准接口也没有发生改变，应用程序并没有受到影响，不需要打补丁或升级。

三、虚拟化的优势

第一，资源利用率更高。虚拟化可以提高资源的利用率，并实现物理资源和资源池的动态共享，尤其是为低于平均需求的资源需求提供专用资源负载。

第二，管理成本降低。虚拟化可以隐藏物理资源的复杂部分，减少物理资源的数量，虚拟化还可以实现资源的自动化和简化公共管理方式，最终达到提高工作效率的目的。

第三，灵活的使用功能。虚拟化可以实现动态的重配置和资源部署，可以满足不同的业务需求。

第四，安全性较高。虚拟化可以提高桌面的可操作性和安全性，用户可以对这种环境进行本地访问或远程访问。相比较于简单的共享机制，虚拟化可以实现有效隔离和划分数据信息，可以保障访问信息的可控性和安全性。

第五，可用性更高。虚拟化的应用程序和硬件条件具备更高的使用性，可以有效提高业务的连续性，虚拟化可以将整个虚拟环境安全备份和迁移，不会出现服务中断的问题。

第六，可扩展性更高。虚拟化可以在不改变物理资源配置的情况下调整规模，可以实现和支持资源分区和汇聚，并将个体物理资源扩展为更小或更大的虚拟资源。

第七，互操作性。虚拟资源的接口和协议具有较高的兼容性，可以保证资源的灵活互通，并且它的可操作性较强。

第八，供应资源的改进。相比于个体物理资源单位，虚拟化分配资源的单位更小，并且虚拟资源不受操作系统和硬件的影响，即使出现系统崩溃，恢复的速度也很快。

第四节　云计算技术的创新应用

云计算从互联网行业的发展中诞生，最终却推动互联网深入各行各业。随着云计算技术产品、解决方案的不断成熟，以及云计算理念的迅速推广普及，云计算必将成为未来各个行业领域的主流IT应用模式，为重点行业用户的信息化建设与IT运维管理工作奠定核心基础。

一、云计算在电信领域的创新应用

（一）云计算在电信行业的优势

电信网络发展到今天，已经日益复杂和庞大，但电信网的建设模式却没有根本的变化，各个电信设备厂商根据业务需求设计自己的解决方案，采用专用的软硬件和管理系统，使不同厂家设备之间通过标准协议互通。在这种模式下，形成了开放标准下封闭的产品体系。随着电信网络的发展和社会环境的变化，这种模式的弊端日益显现。

近年互联网发展十分迅猛，许多优秀的互联网企业在探索中逐渐找到自己的解决办法，这就是云计算。云计算在互联网的成功，给电信领域带来了新的思路和机遇。云计算相对于传统的信息技术而言有灵活性以及虚拟性等诸多属性，这些特点在电信行业中具有广泛的优势。

1. 可靠的信息存储

云计算相对于以往存储信息的渠道更加安全，为用户提供了一个非常可靠的信息存储系统，能够非常有效地对使用者的信息安全进行保护，为使用者免去了后顾之忧，使其不用再顾虑会出现计算机损坏或者出现病毒而导致整个信息丢失的状况。在云计算系统中，有着近乎苛刻的管理方案，这种权限管理可以使用户的信息资料的存储、查阅等都会拥有绝对的安全系数，同时，在信息共享时都会面向指定的用户群体。因为云计算的重要基础就是虚拟化技术，网络服务器及一些基础的硬件设施都被虚拟化了。云计算运用这种虚拟化的技术又进一步地为信息的安全提供了一层保障，同时，这也为云计算的运用提供了一个优势。

2. 超凡的计算能力

出众的计算能力是云计算一个非常鲜明的属性，这一特点也是它能够在通信行业展开运用的一个重要原因。随着近年来计算机技术的发展及网络化步伐的加快，使用者对于通信及计算的需求水平有所提升，但是因为计算机本身的局限性使得这种需求不能得到非常好的满足，进而导致网络通信业的发展也受到了一定的限制。云计算的出现就很好地解决了这个问题，因为其出众的计算能力，受到了用户的喜爱。但是计算能力的增强，主要是因为它能够对众多的计算机建立一种连接，使其资源可以进行整合，进而进行统一的分配，在这种联合作用的支持下，才能够使得其计算量可以与超级计算机相媲美。

3. 客户端要求低

在云计算中对使用者的客户端没有过高的要求，通常使用的移动终端都能够随时随地地接收、处理云计算的信息。同时，在客户端的浏览器中，使用者也能够对已经保存在云计算中的信息直接进行操作处理，而不需要安装额外的应用。随着我国移动终端设备的逐渐成熟完善，云计算的运用规模也不断扩大，并且相应地使得移动终端的功能进一步丰富。随着计算机技术的不断发展，云计算对服务终端变得不那么敏感，所以，接入云计算的接口也更加简单，在一些比较复杂的计算过程中，云计算能够在各种终端及浏览器中实现。

4. 方便的信息共享

在电信行业中，运用云计算就可以非常轻松方便地实现不同的设备之间各种形式资源的共享。云计算模式下，使用者的各种信息资源都被存放在云计算之中，只要用户的终端设备可以和网络相连接，输入验证身份的账号、密码之后就能够对所存储的信息资源进行访问。在虚拟环境下的资源信息库中，使用者能够按照自己的要求把需要共享的信息传播出去。同时，云计算对资源的调配是自动的，这就使得整个系统能够处于高效的运转状态，并且当连接中的其中一台设备出现故障时，可以自动调整，让其他的计算机来接收服务，并且对这些数据进行备份处理，这样就能够保障用户的信息安全，不容易丢失。

（二）云计算在电信领域的应用方式

云计算支持按需服务、广泛的网络接入、弹性资源池、快速响应和服务的可度量，符合电信网的需求。

云计算架构中有三种角色：服务提供者、服务开发者和服务消费者。电信网的主要角色是作为服务提供者为客户提供云计算服务。另外，服务开发者也是非常重要的角色，运营商本身、独立开发商和个人都可以成为服务开发者。

1. 基础设施的数字化改造

电信基础设施包括服务器、存储系统、网络设备等。基础设施数字化改造就是通过云计算技术，将这些基础设施由独立的硬件设备转化为资源池，从而能够被多个上层业务共享，由统一的管理平台管理，这就是IaaS的概念。

将物理设备转化为资源池主要通过虚拟化技术，虚拟化技术对CPU、内存、存储、网络带宽等物理资源进行统一管理，使资源能够按需分配到各个虚拟机上。每台虚拟机就像一台独立的物理服务器，操作系统和应用程序运行在虚拟机上，用户感知不到虚拟机与物理机的差别。采用虚拟化技术后，设备利用率能够提升，总成本下降，同时，系统故障率和维护时间也大大下降。

成本下降主要来源于三个方面：①资源利用率的提高使物理设备投资降低。原有电信网中每台设备都有固定用处，如数据库服务器就不能用于会话服务器，即使CPU利用率不到10%，也只能闲置。采用虚拟化技术后，管理系统将多个虚拟机迁移到同一台物理设备上运行，资源利用率明显提高，物理服务器实际需求量就会减少。②高效的资源调度使电力成本下降。由于虚拟机具有在线迁移能力，电信业务也有着明显的周期性，所以当业务量下降时，管理系统会将更多的虚拟机调度到一台物理机上运行，其他物理机可以停机以节省能耗。③虚拟资源与物理设备隔离，使设备维护成本下降。资源池的维护管理要比管理各种不同的硬件设备简单得多，而且资源池的扩容和维护对业务也没有影响。电信基础设施的云化改造必将伴随着电信设备架构的变革。

为了适应基础设施的云化改造，电信系统的设计和部署将会有如下变化。

（1）软件的功能分配、主备关系不依赖硬件设备。传统设备一般会确定每块处理板的功能、板卡之间的主备关系，甚至软件模块间通信也是以板卡位置为依据的。这些依赖硬件的因素都必须改造，取代软件功能模块间的逻辑关系。

（2）系统的管理范围和方式发生变化。硬件资源将不再分别管理，而是由云计算平台统一管理。云计算平台会屏蔽某些物理设备的变化，如升级、扩容、故障切换等，在必要时，云计算平台会将资源池的事件上报给上层应用，上层应用会作出适当的响应。

（3）系统的部署方式发生变化。由过去安装、配置、调试和运行的过程，变成资源申请和虚拟机映象载入的过程。虚拟机映象是包含操作系统和已经安装调试好的应用软件的映象文件，能够直接在虚拟机中运行，省掉了复杂的中间过程。

（4）业务调度模式发生变化。业务量调度的模式不再由固定数量的处理板分担任务，实际承担任务的虚拟机个数可以动态变化，调度器可随时根据需要申请资源。电信基础设施的云化改造是一个渐进的过程，需要运营商和设备商通力合作，共同解决改造中的问题，逐步推进云计算的应用。

2. 提供业务创新平台

对于业务创新平台，从智能网开始，电信领域就已经探索过多年，目前开发一个新业务依然比较困难。相对来说，互联网业务的开发更简洁一些，有许多成熟的框架和工具，接口协议也比较灵活。云计算PaaS的概念则更进一步地将开发平台作为服务提供，开发人员只需购买相应的服务就可以进行业务开发和部署。GAE是比较典型的PaaS平台，开发者可以用Python或Java语言开发Web应用，并直接部署在GAE上，GAE能够支持自动扩展和负载均衡。因此，一个Web应用最复杂的部分由平台来解决，开发者只需按业务需求开发业务逻辑即可。

实际上，大多数电信业务本身逻辑并不复杂，难点主要是信令和协议的复杂性、高可用性和扩展性的处理，以及昂贵的部署平台等。而依照PaaS的观点，这些问题都应由云计算平台来解决，并以服务的形式提供给开发者。一种典型的PaaS架构的主要组成部分有以下五点。

（1）基础服务。提供业务开发基本的支撑功能，如分布式数据库、分布式文件系统、分布式计算框架和分布式缓存等，这些服务具有专用的应用程序编程接口（API），开发者通过调用API来访问具体的功能。基础服务本身也提供高可用性和扩展性。

（2）业务支撑服务。提供业务相关的支撑功能，如用户管理、计费认证、日志功能、业务路由、策略控制等，这些服务提供了电信业务通用的功能模块。

（3）业务组件服务。提供基本的业务组件，如语音、会议、短信、彩信、位置等，互联网业务也可以作为业务组件提供，如搜索、地图、社区等。这些组件通过开发语言编程进行组合生成新业务，业务相关的信令和协议都会被API屏蔽，开发者完全可以不关心。

（4）业务开发和运行环境。为开发者提供完整的业务开发环境，业务开发完成后可直接部署在平台上。开发者可免去购买硬件设备的费用，平台保证业务运行时有着充分的资源保障。

（5）运营支撑和监控管理功能。提供对整个平台业务的运营支撑能力，也为开发者提供监控管理自身业务的能力。

在电信网中采用PaaS模式，使开发电信业务的入门成本大大降低，大量的开发人员可以进入电信业务的开发队伍中。互联网业务的成果和创新能力也能融入平台中，使电信网络成为一个开放的、融合的网络。

3. 提供多样化服务

电信业务发展到现在，能选择的业务主要还是语音、视频、短信、彩信，以及一些衍生出来的业务。而技术的发展给电信业务提供了广阔的发展空间，从通信终端来看，电话机发展到智能手机，终端的能力有了质的提升，智能终端已经成为集通信、娱乐、办公于一体的设备。智能终端潜力的发挥需要网络的支持，借助SaaS的思想，电信网络就能提供比传统电信业务更多样化的服务。

SaaS模式的电信业务，它的特点是应用软件由SaaS平台提供和管理，数据也存储在平台上。终端不安装软件，也不保存数据，而是通过客户端来使用软件和访问数据，客户端可以是浏览器或应用小程序（Widgets）。由于终端只用作呈现界面，不做业务处理，所以对处理能力要求不高，娱乐、办公、生活等各个方面的软件都可以在终端上流畅使用。客户端可以设计成与运行平台无关，用户可以在普通电脑上使用同样的客户端，这样用户就可以在普通电脑和移动终端上使用同一个软件，实现无缝切换，给办公、生活带来很大的便利和乐趣。

SaaS模式提供的软件费用低、免维护，而且用户数据由平台保护，安全性也得到提高，是未来软件应用模式的一个发展方向。SaaS平台与PaaS平台有着密切的关系，完善的PaaS平台能够吸引大量的开发人员参与SaaS软件的开发。只有软件丰富多彩了，才能推动电信多样化服务走向成熟。

二、云计算在医疗领域的应用

（一）医疗信息化建设

如今，基于云计算的医疗信息系统得到了广泛的应用，其发展的动力已经从政策指引变成了市场带动，从技术指引转为应用导向，从单一的应用模式转为平台创建模式，用户可以在任何地点利用互联网客户端向医疗机构管理人员求助，而医疗服务体系中的管理人员就可以马上提供相应的服务，为医疗机构赢得巨大的经济效益。

在云医疗体系下，患者不需要排队等候急诊，工作人员可以利用网络与患者进行沟通和交流，并提供相应的服务，确保医疗体系高效展开。因此，为了保障患者得到更为贴心的服务，为了医患的关系更加和谐，并促进医疗机构的经济收益，医院必须依靠互联网技术，才能确保做好医疗信息化建设。

1. 云计算在医疗信息化建设中的功能

（1）存储功能。医疗信息不只是提供一些药物方面的信息，还可以提供多年以来已经整理好的用户的信息。当用户越来越多时，他们需要存储和使用的虚拟资源就越来越多，特别是在资源更新换代的时期，用户需要去平台上接收最新的医疗信息，而云计算的存储功能就可以大大地满足用户的需求。

（2）管理功能。海量的医疗信息不但要存储起来，而且需要进行智能化的分类和使用，云计算的数据管理功能就可以解决信息存储的安全问题，并针对不同的科室进行分类。云医疗可以对数据进行整理、处理和分析，按照不同的种类把医疗信息进行分类和归档，而且可以创立搜索引擎，输入关键字，就可以马上找到需要的患者信息，确保医疗行业的工作有序、规范地进行，极大地提高了医疗行业的管理水平，与此同时，还可以节省大量的人力、物力和财力。

（3）开发功能。现代网络购物已成为人们最为常见的一种生活状态，云医疗可以实现7×24小时在线服务，而且突破地域的限制，为全网的用户提供方便快捷的医疗服务。云医疗的运营模式可以让不想去实体药店买药、不想去医院诊疗的客户，直接利用远程服务，只要客户需要，打开手机或者电脑，输入关键信息，就可以马上获得医院或药店提供的实时服务。所以，在互联网上，此类型的客户必然会越来越多，云医疗行业所要服务的对象也会越来越多，而客户资源也会得到极大的开发。

2. 云计算在医疗信息化建设中的优化

从整体来看，云计算领域还不是很成熟，云计算的标准也不是很完善，在医疗卫生信息化建设中，基于云计算的医疗信息化建设不管是从应用角度上，还是从技术角度上来看，都关联很多复杂的生态系统环节。例如，卫生局、运营商、医院、专业协会、硬件供应商、医疗设施供应商、开发商和服务咨询商等，各个方面都需要积极配合，才能保证这个系统有序运行。针对这些问题，有以下应对措施。

（1）确定医疗行业的标准。把云计算和云连接起来，尤其是把公有云和私有云连接起来，就必须确定一个行业标准，而且在云计算的每一个层次都要确定好一个行之有效的标准。另外，对于医疗机构中的服务流程和业务流程也要确定一个标准，而标准的制定者必须是云计算相关专家、网络运营商和医疗机构的管理层。

（2）政策支持。政府应该对云计算和医疗行业中的“领头羊”加以重点扶持，尽快建立一个卫生云和医疗云的基础工程，深入推动医疗的改革，促进云计算的发展，鼓励医疗机构与云服务供应商密切合作，积极推动医疗信息化建设。

（二）基于云计算的医疗数据处理

随着大数据在医疗与生命科学研究过程中的广泛应用和不断拓展，其数量之大和种类之多令人难以置信。例如，一个CT图像含有大约150 MB的数据，而一个基因组序列文件大小约为750 MB，一个标准的病理图接近5 GB。如果将这些数据量乘以人口数量和平均寿命，仅一个社区医院或一个中等规模制药企业就可以生成和累积达数TB级甚至数PB级的结构化和非结构化数据。

区域医疗信息系统中的医疗数据是典型的大数据，符合大数据的“4V”（Volume、Velocity、Variety、Value）特征。下面只介绍前三个特征。

第一，更大的容量。区域医疗数据通常来自拥有上百万人口和上百家医疗机构的区域，并且数据量持续增长。按照医疗行业的相关规定，一个患者的数据通常需要保留50年以上。

第二，更快的生成速度。医疗信息服务中可能包含大量在线或实时数据分析处理的需求。例如，临床决策支持中的诊断和用药建议、流行病分析报表生成、健康指标预警等。

第三，更高的多样性。医疗数据通常会包含各种结构化数据表、非（半）结构化文本文档（XML和叙述文本）、医疗影像等多种多样的数据存储形式。

基于云计算的智慧医疗通过打造以电子健康档案为中心的区域医疗信息平台，实现患者与医务人员、医疗机构、医疗设备之间的互动。智慧医疗将打破传统的医学思维方式，改变医疗服务繁杂的现状，确立以患者为核心的医疗服务方式，规范、简化医疗环节。智慧医疗可以整合现有医疗机构的设施，形成统一的“医疗云”，并收集医疗机构的号源统一存储在“云端”，使公众可以通过网络、电话、移动终端App等各种渠道进行预约挂号，解决“一号难求”的问题；公众可按预约的时间前往医院就医，免去了在医院排队的时间；智慧医疗还可以推出“健康卡”，市民通过“健康卡”进行自助挂号、自助缴费、自助打印检查结果等自助操作，市民更可以通过“健康卡”进行诊间缴费，在医生开出检查单的同时就可完成缴费，之后患者便可直接去做检查或者拿药，可极大地优化就医流程，提高医疗行业的效率；远程医疗可使病人在普通医院享受到大医院专家医生的诊疗服务。

三、云计算在政务领域的应用

（一）基于云计算的政务电子化

我国传统电子政务建设，各级政府和各部门一般是自行建设机房，导致大量硬件设备的利用率不高，而各部门累计的运行维护成本费却非常高的现象。如果政府部门能建设统一的大机房，根据各部门业务量统一采购服务器、存储、交换机等硬件设备，建立政府电子政务云平台，统一进行运维，这样就可以大大提高硬件设备的利用率，降低硬件设备的运维成本，而且便于管理。基于云计算技术的电子政务平台通过引入虚拟化技术、云计算技术，统一建立政府电子政务私有云，可以使大机房成为政府云计算中心，为各个部门按需提供服务和应用，避免在电子政务硬件投入上的重复建设。

随着政府部门电子政务的全面实施，如政府门户网站用户数量不断增加、电子协同办公系统全面铺开、视频会议与系统视频在线收看服务、政务信息公开、政务信息资源开发利用与共享、电子政务绩效评估、便民政务服务网的打造、网上审批等都需要处理海量数据，以上所有应用都需要电子政务系统的存储量尽可能大而且能扩展。

基于云计算技术的电子政务平台的规模可以动态伸缩，满足海量存储应用和用户规模不断增长的需要。随着移动终端的普及和4G、5G等大容量移动通信技术的发展，移动办公将是未来电子政务发展的主趋势，未来会有越来越多的移动设备和移动办公系统进入电子政务应用平台，电子政务应用平台需要比以前承受更多处理数据的负载，这就需要云计算技术帮助电子政务应用平台处理海量数据，缩短响应时间。

云计算运用于电子政务系统，首先就必须保证其安全性，只有安全性能提高才能真正为电子政务公共平台使用。因此，在建设电子政务公共平台时，需要一个全面的安全结构框架方案。政务公共平台框架主要由业务表现层、应用管理层、虚拟层及资源层四个部分构成。业务表现层，主要起到计算与存储的作用，为用户提供一站式的电子政务服务平台；应用管理层作为核心部分，主要提供相关的容量规划、动态调度，提供更加安全的服务；虚拟层主要提供虚拟的服务器与虚拟网络；资源层主要由资源池层与物理资源层构成。四个部分相互协调，有效服务于电子政务系统。

1. 基础设施设计

在以云计算基础为平台的电子政务公共服务平台建设过程中，设计了全新的结构框架，即基础设施，这是区别于其他政务平台的重要标志。在该基础设计下，云计算体系的政务公共平台要充分重视相关软件的日常管理与分配，只有这样才能发挥出云计算在电子政务中的作用。云计算的基础设施主要通过虚拟的技术来集成政务工作的全部资源，改变传统的构建方式，通过云计算的形式使得管理工作更为高效，提供存储与虚拟主机等多样化的服务，在强化基础设施设计的同时提高服务水平。

2. 应用服务设计

应用服务设计作为云计算体系政务公共服务平台的关键部分，应采用服务的模式来有效解决用户在使用过程中对相关硬件与浏览器的服务要求，不断更新相应设备，使其得出的数据信息更为准确科学。在以往的政务公共服务平台中，用户通常都需要大量的资金来购买相应的服务，有时得出的数据信息还不够准确，也不能享受日后的升级维护，给政务工作带来了诸多不便。但是如果通过云计算建设的政务公共服务平台，只需要采用相关的云计算当中的服务模式就可以高效地解决政务工作中遇到的问题，为用户节省了大量的时间，同时还能提供更多的服务。

3. 平台服务设计

建设电子政务系统时，为了提高政务公共平台的业务效率，节约相关的建设成本，需要摒弃那些建设之初的错误思想，全面引入云计算体系。在平台服务建设中，应重视每一级的服务平台建设，为后续的开发提供服务，建设时应考虑到方方面面，提升服务效率，降低建设成本，从而有效推进政务公共平台服务的展开。

（二）基于云计算的智慧城市

云计算平台以其空前强大的数据分析计算能力，成为智慧城市的“大脑”，全面协调城市生活的各个方面，实现对城市中海量数据的计算及存储，并可提高城市中各种资源利用率，节约智慧城市建造成本。智慧城市包含城市生活的各个方面，是一个多应用、多行业、多系统组成的复杂的综合体。在智慧城市的建设中，累积了大量数据信息，并且在城市的多个应用系统之间存在资源共享与信息交互的需求。智慧城市的各个应用系统均需要存储在云计算中，每种数据用于实现各自功能。如此众多而繁复的系统需要多个强大的信息处理中心来进行各种信息、各种数据的处理，所以，云计算的特点能满足智慧城市建设的要求。

庞大的基础软、硬件资源将造成巨大的能源消耗，绿色而节能地使用这些资源是每个行业的必然追求，也是云计算发展的初衷之一。

云计算数据中心的模式是将公共资源池租给多个用户使用，将多个硬件资源集中起来，使用专业合理的方式维护设备，降低能耗。同时，按需分配资源可有效提高资源利用率，在夜间数据中心整体负载降低的情况下，可将空闲资源转入休眠模式或直接关闭机器，从而在最大程度上实现数据中心绿色、低碳的节能运行。

基于云计算的智慧城市的应用包括以下方面。

1. 智慧政府

智慧政府是智慧城市发展的核心动力，政府信息资源可通过政务管理平台实现资源的优化配置和高效利用，而其功能的实现也依赖云计算的支撑。传统的基于设备的资源共享系统具有很多局限性，如文件传送、公共数据中心运维管理等无法实现高效率的使用与共享。基于云计算的政务管理平台不仅向公众提供了可参与的网络平台，还可保证公众的诉求有良好的回应。通过政务管理平台，可以满足公众对政府自助服务的各种需要，这些服务以开放公用的方式集中在云端，公众可通过网站、App等多种手段享受智慧政府的各种服务。因此，智慧政府可通过云计算这个大平台来改善自身运作能力和运作效率，为智慧城市的建设提供核心动力。

2. 智慧教育

智慧是教育永恒不变的追求，教育的目的就在于启迪人们的智慧，新一代信息技术的发展使教育有了新特征，教育本身被赋予了智慧的内涵，以智慧的教育启迪智慧，是教育信息化的必然之路，也是现代教育发展的新阶段。智慧教育并不是信息技术与传统教育的简单累加，它需要以智慧学习环境为技术支撑、以智慧教学方法为催化促导，以智慧学习为根基。

云计算的出现为智慧教育带来了希望与可能，是智慧教育实现智慧的所在。云计算的核心在于计算与存储功能的虚拟化、集中化，可实现教学资源的快速统整与共享，改善教育现状。基于云计算的教育支撑平台将全面整合教育系统中的各种优质教学资源、平台、应用等，构建一个统一的智能开放架构的云计算平台，为用户提供租用或免费服务，满足用户通过各种终端应用完成教学、学习、管理、科研、社会交往等各个方面的需求，实现发布教育信息、获取教学资源、开展教学互动、统计教育信息与数据、形成科学决策、实施教育评价、开展协同科研等系列教育活动。

3. 智慧交通

交通堵塞已成为影响城市和谐健康发展的主要因素，传统的交通管理手段面临大量的“信息孤岛”问题，已经不适合如今的城市。结合目前城市交通现状和需求，打造一套基于云计算的城市交通支撑平台将是交通事业发展的必然选择，也是实现智慧交通的必经之路。智慧交通是交通信息系统、通信网络、定位系统和智能化分析与选线的交通系统的总称。智慧交通依靠城市交通基础设施中的传感器，可以将整个城市的车流量、道路状况、天气、温度、交通事故等大量数据信息实时收集起来存储在云端，通过云计算中心动态地分析并计算出最优的交通指挥方案和车行路线，并将这些信息通过无线通信、有线广播、电子显示屏、互联网、车载器等方式向出行者、驾驶员发布，从而保障人与车、路、环境之间的信息交互，进而提高交通系统的整体效率。

第五章　大数据技术及应用

随着信息技术的快速发展和互联网的普及，大数据技术在各个领域都得到了广泛的应用。大数据是指规模庞大、多样化、高速增长的数据集合，其中包含着丰富的信息和价值。大数据应用已经广泛渗透到各个行业，如金融、医疗、教育、交通、零售等。本章将探究大数据技术及应用，包括大数据技术及其平台架构、大数据处理与分析技术、数据可视化及其实现工具和大数据技术的创新应用。

第一节　大数据技术及其平台架构

一、大数据的界定

（一）大数据的基本特性

大数据呈现出以下多种鲜明的特性。

第一，在数据量方面。当前全球所拥有的数据总量已经远远超过历史上的任何时期，更为重要的是，数据量的增加速度呈现出倍增趋势，并且每个应用所计算的数据量也大幅增加。

第二，在数据速率方面。数据的产生、传播的速度更快，在不同时空中流转，呈现出鲜明的流式特征，更为重要的是，数据价值的有效时间急剧缩短，数据计算和使用能力也要求越来越高。

第三，在数据复杂性方面。数据种类繁多，在编码方式、存储格式、应用特征等多个方面也存在多层次、多方面的差异性，结构化、半结构化、非结构化数据并存，并且半结构化、非结构化数据所占的比例不断增加。

第四，在数据价值方面。数据规模增大到一定程度之后，隐含在数据中的知识的价值也随之增大，并将更多地推动社会的发展和科技的进步。此外，大数据往往还呈现出个性化、不完备化、价值稀疏、交叉复用等特征。

大数据蕴含大信息，大信息提炼大知识，大知识将在更高的层面、更广的视角、更大的范围帮助用户提高洞察力，提升决策力，将为人类社会创造前所未有的重大价值。与此同时，这些总量极大的价值往往隐藏在大数据中，表现出价值密度极低、分布极其不规律、信息隐藏程度极深、发现有用的价值极其困难的特征。这些特征必然为大数据的计算环节带来前所未有的挑战，并要求大数据计算系统具备高性能、实时性、分布式、易用性、可扩展性等特征。

如果将云计算看作是对过去传统IT架构的颠覆，那也仅仅是在硬件层面对行业的改造，而大数据的分析应用却是对行业中业务层面的升级。大数据将改变企业之间的竞争模式，未来的企业将是数据化生存的企业，企业之间竞争的焦点将从资本、技术、商业模式转向对大数据的争夺，这将体现为一个企业所拥有的数据的规模、数据的多样性以及基于数据构建全新的产品和商业模式的能力。目前，越来越多的传统企业看到了云计算和大数据的价值，从传统的IT时代向DT时代转型，也是当前一段时间的主流，但简单地解决云化的问题，并不能给云计算带来更多价值。

（二）大数据的来源渠道

在下一代的革命中，无论是工业4.0还是物联网（甚至是一个全新的协议与标准），随着数据科学与云计算能力（是基于区块链的分布式计算技术）的发展，数据始终是所有系统的核心。万物互联、万物数据化之后，基于数据的个性化、智能化将是一次全新的革命，将超越100年前开始的自动化生产线的工业3.0，给人类社会整体的生产力提升带来一次根本性的突破，实现从0到1的巨大变化。正是在这个意义上，这是一场商业模式的范式革命，商业的未来、知识的未来、文明的未来，本质上就是人的未来，而基于数据智能的智能商业，就是未来的起点。大数据的第一要务就是需要有数据。

关于数据来源，普遍认为互联网及物联网是产生并承载大数据的基地。互联网公司是天生的大数据公司，在搜索、社交、媒体、交易等各自的核心业务领域，积累并持续产生海量数据。能够上网的智能手机和平板电脑越来越普遍，这些移动设备上的App都能够追踪和沟通无数事件，从App内的交易数据（如搜索产品的记录事件）到个人信息资料或状态报告事件（如地点变更，即报告一个新的地理编码）。非结构数据广泛存在于电子邮件、文档、图片、音频、视频以及通过博客、维基，尤其是社交媒体产生的数据流中，这些数据还包括电子商务购物数据、交易行为数据、Web服务器记录的网页点击流数据日志为使用文本分析功能进行分析提供了丰富的数据源泉。

物联网设备每时每刻都在采集数据，设备数量和数据量都在与日俱增，包括功能设备创建或生成的数据，如智能电表、智能温度控制器、工厂机器和连接互联网的家用电器。这些设备可以配置为与互联网中的其他节点通信，还可以自动向中央服务器传输数据，这样就可以对数据进行分析。

（三）大数据的交易

在未来，数据将成为商业竞争最重要的资源，谁能更好地使用大数据，谁将领导下一代的商业潮流。大数据需要有大量能互相连接的数据，它们在一个大数据计算平台，有相同的标准能正确的关联，通过相关处理技术，形成自动化、智能化的大数据产品或者业务，进而形成大数据采集、反馈的闭环，指导人类的活动、工业制造、社会发展等。但是，数据交易并没有这么简单，因为数据交易涉及以下问题。

第一，保护用户隐私信息问题。大数据行业如何确保用户的隐私信息不被泄露，是需要正视的重要问题。对于一些非隐私信息，比如地理数据、气象数据、地图数据进行开放、交易、分析是非常有价值的，但是一旦涉及用户的隐私数据，特别是个人的隐私数据，就会有涉及道德与法律的风险。

数据交易之前的脱敏或许是一种解决办法，但是并不能完全解决这个问题，因此一些厂商提出了另一种解决思路，基于平台担保的“可用不可见”技术。例如，双方的数据上传到大数据交易平台，双方都可以使用对方的数据以获得特定的结果，比如通过上传一些算法、模型而获得结果，但双方都不能看到对方的任何详细数据。

第二，数据的所有者问题。数据作为一种生产资料，与农业时期的土地、工业时期的资本不一样，使用之后并不会消失。如果作为数据的购买者，这个数据的所有者是谁；如何确保数据的购买者不会再次售卖这些数据；或者购买者加工了这些数据，加工之后的数据所有者又是谁。

第三，数据使用的合法性问题。大数据营销中，目前用得最多的就是精准营销。数据交易中，最值钱的也是个人数据。人们日常分析做的客户画像，目的就是给海量客户分群、打标签，然后有针对性地开展定向营销和服务。然而，如果利用用户的个人信息（如年龄、性别、职业等）进行营销，就必须事先征得用户的同意，才能向用户发送广告信息。

所以，数据的交易与关联使用必须解决数据标准、立法以及监管的问题，在未来，不排除有专门的法律，甚至专业的监管机构，如各地成立大数据管理局来监管数据的交易与使用问题。

（四）大数据的关联

数据无处不在，人类从发明文字开始，就开始记录各种数据，只是保存的介质一般是书本，导致难以分析和加工。随着计算机与存储技术的快速发展，在万物数字化的过程（音频数字化、图形数字化等）中，出现了数据的爆发。而且数据爆发的趋势随着万物互联的物联网技术的发展会越来越迅速。同时，对数据的存储技术和处理技术的要求也会越来越高。大数据已成为当下人类最宝贵的财富，怎样合理有效地运用这些数据，发挥这些数据应有的作用，是大数据将要面对的主要问题。

二、大数据平台的架构

随着数据的爆炸式增长和大数据技术的快速发展，很多国内外知名的互联网企业，如国外的Google、Facebook，国内的阿里巴巴、腾讯等早已开始布局大数据领域，构建出了自己的大数据平台架构。根据这些著名公司的大数据平台以及大数据平台应具有的能力可得出，大数据平台架构应具有数据源层、数据采集层、数据存储层、数据处理层、数据分析层以及数据可视化及其应用层等六个层次。

（一）数据源层

在大数据时代，谁掌握了数据，谁就有可能掌握未来，数据的重要性不言而喻。众多互联网企业把数据看作他们的财富，有了足够的数据，他们才能分析用户的行为，了解用户的喜好，更好地为用户服务，从而促进企业自身的发展。

数据来源一般为生产系统产生的数据，以及系统运维产生的用户行为数据、日志式的活动数据、事件信息等，如电商系统的订单记录、网站的访问日志、移动用户手机上网记录和物联网行为轨迹监控记录等。

（二）数据采集层

数据采集是大数据价值挖掘最重要的一环，其后面的数据处理和分析都建立在采集的基础上。由于大数据的数据来源复杂多样，而且数据格式多样、数据量大。因此，大数据的采集需要利用多个数据库接收来自客户端的数据，并且应该将这些来自前端的数据导入一个集中的大型分布式数据库或者分布式存储集群，同时可以在导入的基础上做一些简单的清洗工作。

数据采集用到的工具有Kafka、Sqoop、Flume、Avro等。其中Kafka是一个分布式发布订阅消息系统，主要用于处理活跃的流式数据，作用类似缓存，即活跃的数据和离线处理系统之间的缓存。Sqoop主要用于在Hadoop与传统的数据库间进行数据的传递，可以将一个关系型数据库中的数据导入Hadoop的存储系统中，也可以将HDFS的数据导入关系型数据库。Flume是一个高可用、高可靠、分布式的海量日志采集、聚合和传输的系统，它支持在日志系统中定制各类数据发送方，用于收集数据。Avro是一种远程过程调用和数据序列化框架，使用JSON来定义数据类型和通信协议，使用压缩二进制格式来序列化数据，为持久化数据提供一种序列化格式 。

（三）数据存储层

在大数据时代，数据类型复杂多样，其中主要以半结构化和非结构化为主，传统的关系型数据库无法满足这种存储需求。因此针对大数据结构复杂多样的特点，可以根据每种数据的存储特点选择最合适的解决方案。对非结构化数据采用分布式文件系统进行存储，对结构松散无模式的半结构化数据采用列存储、键值存储或文档存储等NoSQL存储，对海量的结构化数据采用分布式关系型数据库存储。

文件存储有HDFS和GFS等。HDFS是一个分布式文件系统，是Hadoop体系中数据存储管理的基础，GFS是Google研发的一个适用于大规模数据存储的可拓展分布式文件系统。

NoSQL存储有列存储HBase、文档存储MongoDB、图存储Neo4j、键值存储Redis等。HBase是一个高可靠、高性能、面向列、可伸缩的动态模式数据库。MongoDB是一个可扩展、高性能、模式自由的文档性数据库。Neo4j是一个高性能的图形数据库，它使用与图相关的概念来描述数据模型，把数据保存为图中的节点以及节点之间的关系。Redis是一个支持网络、基于内存、可选持久性的键值存储数据库。

关系型存储有Oracle、MySQL等传统数据库。Oracle是甲骨文公司推出的一款关系数据库管理系统，拥有可移植性好、使用方便、功能强等优点。MySQL是一种关系数据库管理系统，具有速度快、灵活性高等优点。

（四）数据处理层

计算模式的出现有力地推动了大数据技术和应用的发展，然而，现实世界中大数据处理问题的模式复杂多样，难以有单一的计算模式能涵盖所有不同的大数据处理需求。因此，针对不同的场景需求和大数据处理的多样性，产生了适合大数据进行批处理的并行计算框架MapReduce，交互式计算框架Tez，迭代式计算框架GraphX、Hama，实时计算框架Druid，流式计算框架Storm，SparkStreaming等以及为这些框架可实施的编程环境和不同种类计算的运行环境（大数据作业调度管理器ZooKeeper，集群资源管理器YARN和Mesos）。

Spark是一个基于内存计算的开源集群计算系统，它的用处在于让数据处理更加快速。MapReduce是一个分布式并行计算软件框架，用于大规模数据集的并行运算。Tez是一个基于YARN之上的DAG计算框架，它可以将多个有依赖的作业转换为一个作业，从而大幅提升DAG作业的性能。GraphX是一个同时采用图并行计算和数据并行计算的计算框架，它在Spark之上提供一站式数据解决方案，可方便高效地完成一整套流水作业。Hama是一个基于BSP模型（整体同步并行计算模型）的分布式计算引擎。Druid是一个用于大数据查询和分析的实时大数据分析引擎，主要用于快速处理大规模的数据，并能够实现实时查询和分析。Storm是一个分布式、高容错的开源流式计算系统，它简化了面向庞大规模数据流的处理机制。SparkStreaming是建立在Spark上的应用框架，可以实现高吞吐量、具备容错机制的实时流数据的处理。YARN是一个Hadoop资源管理器，可为上层应用提供统一的资源管理和调度。Mesos是一个开源的集群管理器，负责集群资源的分配，可对多集群中的资源做弹性管理。ZooKeeper是一个以简化的Paxos协议作为理论基础实现的分布式协调服务系统，它提供高效且可靠的分布式协调一致性服务。

（五）数据分析层

数据分析是指通过分析手段、方法和技巧对准备好的数据进行探索、分析，从中发现因果关系、内部联系和业务规律，从而提供决策参考。在大数据时代，人们迫切希望在由普通机器组成的大规模集群上实现高性能的数据分析系统，为实际业务提供服务和指导，进而实现数据的最终变现。

常用的数据分析工具有Hive、Pig、Impala、Kylin，类库有MLlib和SparkR等。Hive是一个数据仓库基础构架，主要用来进行数据的提取、转化和加载。Pig是一个大规模数据分析工具，它能把数据分析请求转换为一系列经过优化处理的MapReduce运算。Impala是Cloudera公司主导开发的MPP系统，允许用户使用标准SQL处理存储在Hadoop中的数据。Kylin是一个开源的分布式分析引擎，提供SQL查询接口及多维分析能力以支持超大规模数据的分析处理。MLlib是Spark计算框架中常用机器学习算法的实现库。SparkR是一个R语言包，它提供了轻量级的方式，使得我们可以在R语言中使用ApacheSpark。

（六）数据可视化及其应用层

数据可视化及其应用层是将分析结果以可视化的形式展示给用户的层次。通过数据可视化，用户可以更直观地理解和研究数据，并从中获取想要的结果。此外，数据可视化还可以应用于各种领域，如业务报告、仪表盘、预测和建模等。

第二节　大数据处理与分析技术

一、大数据处理——MapReduce处理框架

MapReduce是一种面向大规模数据处理的高性能并行计算平台和软件编程框架，当前的软件实现指定一个Map（映射）函数，用来把一组键值对映射成一组新的键值对，指定并发的Reduce（归约）函数，用来保证所有映射的键值对中的每一个都共享相同的键组。

MapReduce是面向大规模数据并行处理的，这可以体现在三个方面。一是基于集群的高性能并行计算任务平台。允许用市场上现成的普通PC或性能较高的刀片、机架式服务器，构成一个包含数千个节点的分布式并行计算集群。二是并行程序开发与运行框架。提供了一个庞大但设计精良的并行计算软件构架，能自动完成计算任务的并行化处理，自动划分计算数据和计算任务，在集群节点上自

动分配和执行子任务以及收集计算结果，将数据分布存储、数据通信、容错处理等并行计算中的很多复杂细节交由系统负责处理，大大减轻了软件开发人员的负担。三是并行程序设计模型与方法。借助函数式语言中的设计思想，提供了一种简便的并行程序设计方法，用Map和Reduce两个函数编程实现基本的并行计算任务，提供了完整的并行编程接口，可以完成大规模数据处理。

（一）MapReduce的框架构成

MapReduce采用同HDFS一样的Master/Slave（M/S）架构，它主要由四个组件组成：Client、Job Tracker、Task Tracker和Task。

第一，Client。在Hadoop内部用“作业”（Job）表示MapReduce程序。用户可以编写MapReduce程序，通过Client提交到Job Tracker端；同时，用户可通过Client提供的一些接口查看作业运行状态。一个MapReduce程序可对应若干个作业，而每个作业会被分解成若干个Map/Reduce任务（Task）。

第二，Job Tracker。Job Tracker主要负责资源监控和作业调度。Job Tracker监控所有Task Tracker与作业的健康状况，一旦发现失败情况，它会将相应的任务转移到其他节点；同时Job Tracker会跟踪任务的执行进度、资源使用量等信息，并将这些信息告诉任务调度器，而任务调度器会在资源出现空闲时，选择合适的任务使用这些资源。在Hadoop中，任务调度器是一个可插拔的模块，用户可以根据自己的需要设计相应的任务调度器。

第三，Task Tracker。Task Tracker会周期性地通过Heartbeat将本节点上资源的使用情况和任务的运行进度汇报给Job Tracker，同时接收Job Tracker发送过来的命令并执行相应的操作（如启动新任务、杀死任务等）。Task Tracker使用“slot”等量划分本节点上的资源量。“slot”代表计算资源（CPU、内存等）。一个Task获取到一个slot后才有机会运行，而Hadoop调度器的作用就是将各个Task Tracker上的空闲slot分配给Task使用。slot分为Map slot和Reduce slot两种，分别供Map Task和Reduce Task使用。Task Tracker通过slot数目（可配置参数）限定Task的并发度。

第四，Task。Task分为Map Task和Reduce Task两种，均由Task Tracker启动。HDFS以固定大小的block为基本单位存储数据，而对于Map Reduce而言，其处理单位是split。split是一个逻辑概念，它只包含一些元数据信息，如数据起始位置、数据长度、数据所在节点等，它的划分方法完全由用户自己决定。但需要注意的是，split的多少决定了Map Task的数目，因为每个split都会交由一个Map Task处理。

Map Task先将对应的split迭代解析成一个个key/value，然后依次调用用户自定义的map（）函数进行处理，最终将临时结果存放到本地磁盘上，其中临时数据被分成若干个partition，每个partition都将被一个Reduce Task 处理。

Reduce Task的执行过程又分为三个阶段：①从远程节点上读取Map Task中间结果（称为“shuffle阶段”）；②key/value键值对按照key进行排序（称为“sort阶段”）；③依次读取<key，value list>，调用用户自定义的reduce（）函数处理，并将最终结果存到HDFS上（称为“reduce阶段”）。

（二）MapReduce的运作机制

MapReduce的完整计算过程为：①有一个待处理的大数据，被划分为大小相同的数据块（如64MB），以及有与此相应的用户作业程序；②系统中有一个负责调度的主节点，以及数据Map和Reduce节点；③用户作业程序提交给主节点；④主节点为作业程序寻找和配备可用的Map节点，并将程序传送给Map节点；⑤主节点也为作业程序寻找和配备可用的Reduce 节点，并将程序传送给Reduce节点。

下面从逻辑实体的角度讲解MapReduce运行机制，MapReduce的运行过程按照时间顺序包括输入分片、Map阶段、combiner阶段、shuffle阶段和Reduce阶段。

1. 输入分片

在进行Map计算之前，MapReduce会根据输入文件计算输入分片，每个输入分片都分别针对一个Map任务，输入分片存储的并非数据本身，而是一个分片长度和一个记录数据位置的数组，输入分片往往和HDFS的block（块）关系很密切。假如设定HDFS的块的大小是64MB，如果输入有三个文件，大小分别是3MB、65MB和127 MB，那么MapReduce会把3MB文件分为一个输入分片，把65MB文件分为两个输入分片，而把127 MB文件也分为两个输入分片。如果在Map计算前做输入分片调整，如合并小文件，那么就会有5个Map任务执行，而且每个Map执行的数据大小不均，这个也是MapReduce优化计算的一个关键点。

2.Map 阶段

Map阶段就是程序员编写好的Map函数，因此Map函数的效率相对好控制，而且一般Map操作是本地化操作，也就是在数据存储节点上进行。

3.combiner 阶段

combiner阶段是程序员可以选择的，combiner其实也是一种Reduce操作，因此可以发现Word Count类是用Reduce进行加载的。combiner是一个本地化的Reduce操作，它是Map 运算的后续操作，主要是在Map计算出中间文件前做一个简单的合并重复key值的操作。例如，对文件里的单词频率做统计，Map计算的时候如果碰到一个Hadoop的单词就会记录为1，但是这个文件里Hadoop的单词可能会出现n次，那么Map输出文件就会有很多冗余。因此在Reduce计算前对相同的key做一个合并操作，那么文件会变小，这样就提高了宽带的传输效率。毕竟Hadoop计算力宽带资源往往是计算的瓶颈，也是计算最为宝贵的资源。但是combiner操作是有风险的，使用它的原则是combiner的输入不会影响到Reduce计算的最终输入。例如，如果计算只是求总数、最大值、最小值，则可以使用combiner，但是做平均值计算使用combiner的话，最终的Reduce计算结果就会出错。

4.shuffle 阶段

将Map的输出作为Reduce的输入的过程就是shuffle阶段，这个阶段是MapReduce优化的重点。

shuffle阶段的开始就是Map阶段做输出操作，一般MapReduce计算的是海量数据，Map输出的时候不可能把所有文件都放到内存里操作。因此Map写入磁盘的过程复杂，更何况Map输出的时候要对结果进行排序，内存开销是很大的。

Map在做输出的时候会在内存里开启一个环形内存缓冲区，这个缓冲区是专门用来输出的，默认大小是100 MB，并且在配置文件里为这个缓冲区设定了一个阈值，默认是0.80（这个缓冲区的大小和阈值都是可以在配置文件里进行配置的）。同时Map还会为输出操作启动一个守护线程，如果缓冲区的内存达到了阈值的80%，这个守护线程就会把内容写到磁盘上，这个过程叫spill，另外的20%内存可以继续写入要写进磁盘的数据，写入磁盘和写入内存操作是互不干扰的，如果缓存区被撑满了，那么Map就会阻塞写入内存的操作，让写入磁盘操作完成后再继续执行写入内存操作。

写入磁盘前会有个排序操作，这个是在写入磁盘操作的时候进行的，不是在写入内存的时候进行的，如果定义了combiner函数，那么排序前还会执行combiner操作。一次spill操作就是写入磁盘操作的时候会写一个溢出文件，也就是说在做Map输出时有几次spill就会产生多少个溢出文件，等Map输出全部做完后，Map会合并这些输出文件。

这个过程里还会有一个Partitioner操作。Partitioner操作和Map阶段的输入分片很像，一个Partitioner操作对应一个Reduce作业。如果MapReduce操作只有一个Reduce操作，那么Partitioner操作就只有一个；如果有多个Reduce操作，那么对应的Partitioner操作就会有多个。因此Partitioner就是Reduce的输入分片，这个程序员可以编程控制，主要是根据实际key和value的值、实际业务类型，或者是为了更好的Reduce负载均衡，这是提高Reduce效率的一个关键所在。

5.Reduce 阶段

到了Reduce阶段就是合并Map输出文件了，Partitioner会找到对应的Map输出文件，然后进行复制操作。进行复制操作时Reduce会开启几个复制线程，这些线程的默认个数是5个。程序员也可以在配置文件里更改复制线程的个数。这个复制过程和Map写入磁盘的过程类似，也有阈值和内存大小，阈值一样可以在配置文件里配置，而内存大小则直接使用Reduce的Task Tracker的内存大小，复制的时候Reduce还会进行排序操作和合并文件操作，这些操作完成后就会进行Reduce计算了。

二、大数据分析技术

在商业智能、科学研究、计算机仿真、互联网应用和电子商务等诸多应用领域，数据在以极快的速度增长，为了分析和利用这些庞大的数据资源，必须依赖有效的数据分析技术。为了从数据中发现知识并加以利用，用来辅助领导者的决策，必须对数据进行深入的分析，而不是生成简单的报表，这些复杂的分析必须依赖分析模型。

数据技术可以改进计量与监控手段，从而改善观察的效果。看得越清楚，就越有可能采取合理明智的行动。但是，要让数据驱动的决策活动朝着良性方向发展绝非易事。大多数企业对自己的经营活动无法形成清醒的认识，事实上，摆在大数据时代的很多商机存在于平常的领域之中，便于更清楚无误地统计、监控与观察。

（一）数据分析的起源

数据分析是指用适当的统计方法对收集到的大量第一手资料和第二手资料进行分析，以求最大化地开发数据资料的功能，发挥数据的作用。数据分析的目的是把隐没在一大批杂乱无章的数据中的信息集中、萃取和提炼出来，以找出所研究对象的内在规律。在使用中，数据分析可帮助人们作出判断，以便采取适当的行动。

1. 数据分析环境的演变过程

从分析人员的视角看，数据分析环境经历了从孤立的数据集市到数据仓库，再到如今的分析沙盒的演变过程。

由于电子数据表的出现，业务用户可以在具有行列结构的数据上建立起简单逻辑，并创建他们自己对业务问题的分析（如试算）；普通用户不需要参加复杂的培训即可建立电子数据表。电子数据表的两个主要益处是：①容易共享；②终端用户对涉及的逻辑可以控制。然而，它们的迅速扩散使得企业不得不艰难地应对因为频繁更新而引起的"多版本"问题。如果一个用户不幸丢失或损坏了笔记本电脑，则已经建立的数据及其逻辑也就此终结。这些问题的存在使得数据集中化需求越来越高。

企业数据仓库对于报表和商业智能事务是极其重要的，从分析人员的视角来看，数据仓库会限制他们执行繁重的分析以及降低数据探索的灵活性。在这种模式中，数据是由IT团队和数据库管理员来管理和控制的，而分析人员必须依赖IT人员来访问和更改数据模式。这种严格的控制和监督也意味着分析人员需要更长的时间才能获得数据，而且数据通常又是来自多个数据源。事实上，数据仓库的规则限制了分析人员建立分析所用的数据集，这便在企业中出现了影子系统，其中包含了用于构造分析数据集的关键数据，由高级用户在本地管理。

2. 传统分析架构的主要特点

数据仓库的目的是构建面向分析的集成化数据环境，为企业提供决策支持。数据仓库本身不生产任何数据，同时自身也不需要消费任何的数据，数据来源于外部，并且开放给外部应用。基于数据仓库的传统分析架构具有以下特点。

（1）对于源数据，为了载入企业数据仓库，数据需要使用合适的数据类型定义，以便被很好地理解、结构化和规范化。这种集中化使得企业可以享受对关键数据进行安全控制、备份带来的益处，与此同时，这也意味着数据必须完成重要的预处理和检查，才能进入这种可控的环境。但这无助于数据探查和迭代分析。

（2）影子系统是对企业数据仓库控制的结果，它以部门数据仓库和本地数据集市的形式出现。业务用户建立它们是为了满足对数据灵活分析的需求。这些本地的数据集市并不具有和企业数据仓库一样的安全和结构约束，且允许用户进行企业中的一定级别的分析。然而，这些一次性的系统都是孤立存在的，通常不被联网或者连接到其他的数据存储，并且基本上没有备份。

（3）一旦进入数据仓库，数据就会被提供给用于商业智能和报表目的的企业应用。高优先级的业务流程将从数据仓库中得到关键数据。

（4）在这个工作流的末端，分析人员得到用于后续分析的数据。因为用户不能在生产数据库上进行定制或大强度的分析，分析人员不得不从数据仓库中提取数据，使用本地分析工具进行离线分析。通常，这些工具只限于使用台式机通过内存分析来分析数据样本，而不是数据集整体。因为这些分析是基于提取出的数据的，它们位于一个单独的场所，并且分析得到的对数据质量或异常的任何发现，极少会反馈给主企业数据仓库。

（5）由于严格的验证和数据结构化处理，数据在企业数据仓库中是慢慢积累的，因此数据也是缓慢地移动到企业数据仓库，并且模式也是缓慢变化的。企业数据仓库的原始设计可能已经考虑到了特定的目的和一些业务需求，但是，随着时间的推移，数据储存得越来越多，使得商业智能和为分析与报表建立OLAP立方体成为可能。企业数据仓库只提供了有限的方法去完成这些目标，比如，实现报表的任务和仪表盘的建立，基本上限制了分析人员的能力。

（二）大数据分析平台

大数据项目带有一些应考虑的因素，用以确保分析方法适合处理所面对的问题。由于大数据的特性，这些方法适用于决策支持，特别是具有处理复杂度高和价值高的战略性决策。由于数据的高容量和复杂性，用于这方面的分析技术需要能够灵活地迭代使用（分析灵活性）。这些条件产生了复杂的分析项目，例如，预测客户流失率，执行起来会有一定的延迟（考虑需要的决策速度）；或者使用先进分析方法、大数据和机器学习算法的组合来实施这些分析技术，用来提供实时（需要高吞吐率）或者准实时的分析，例如，基于近期网站访问记录和购买行为的推荐引擎。为了成功实施大数据项目，还需要把与当今传统企业数据仓库不同的方法作为数据架构。分析人员需要与IT和数据库管理员进行合作，获取他们在分析沙盒中需要的数据，这包括原始未处理的数据、聚合数据，以及具有多种类型结构的数据。沙盒需要精通深度分析的人员来使用，以便采用更强大的方式来探索数据。

大数据需要一种可让业务和技术都获得竞争优势的新型分析平台，而这就需要满足这些新技术基础架构：①可大规模扩展到PB级数据；②支持低延迟数据的访问和决策；③具有集成分析环境，以加速高级分析建模和操作化流程。借助对海量数据集的新尺度处理能力，不仅能不断识别深藏在大数据中的可操作价值，还能实现这些操作价值与用户网络环境的无缝集成（无位置限制）。这种新的分析平台能在企业各个级别对大数据和改进业务决策提供前瞻式预测分析，让企业从回顾性报告的旧方式中解脱出来。

1.敏捷计算平台

敏捷性可以通过高度灵活且可重新配置的数据仓库和分析架构实现。分析资源可快速进行重新配置和部署，以满足不断变化的业务需求，从而实现新级别的分析灵活性和敏捷性。

（1）实现“敏捷”数据仓储。①按需聚合——可提供更快的查询和报告响应时间，不必事先构建聚合。具有实时创建聚合的能力，避免了每次数据“细流”汇入数据仓库时不断地重新构建聚合的需要。②索引独立性——数据库管理员可消除刚性索引构建的需要。不必事先得知用户要问的问题，以便构建所有支持索引。用户可以自由询问更具体的业务问题，而不必担心性能问题。③即时创建关键绩效指标（KPI）——业务用户可自由定义、创建和测试新派生的（且复合的）KPI，而不必请数据库管理员事先计算它们。④灵活、临时的层次结构——构建数据仓库时不必预定义维度层次结构，例如，在市场情报分析期间，企业可灵活更改作为分析基准的公司。

（2）集成式数据仓库和分析。①在数据仓库和分析环境之间细分和流化大规模数据集用以支持创建“分析沙盒”，供分析探索和发现使用；②在最低粒度级别查询大规模数据集，以标记“异常”行为、趋势和活动，从而根据相关建议创建可操作价值；③加快不同业务场景的开发和测试，以简化假设分析、敏感性分析和风险分析。集成式数据仓库和分析环境的这些优势可应用到日常任务中，从而带来宝贵的价值。

2. 全方位、遍布式、协作性用户体验

业务用户对数据、图表和报告选项的需求已然饱和，无论如何优雅地推出它们，也不再需要了。业务用户需要的是一种能利用分析为其业务找出并提供可操作的有实质性价值的解决方案。

（1）实现直观和全方位的用户体验。用户体验可以利用分析工具更多地在幕后进行繁重的数据分析，界面不必呈现日益复杂的报告、图表和表格，相反，可以更加直观地为用户提供了解业务所需的洞察；根据源于数据的洞察，用户体验可以根据具体的建议操作，而识别相关内容和可操作建议的复杂工作就交给分析工具完成。例如，有一个营销活动界面：它从影响营销活动绩效的众多变量中进行提纯，只显示那些可进行实质性操作的变量。再想象一下，如果这个用户界面不仅只显示这些变量，还提供一些可改进动态营销活动绩效的建议，那么这种用户体验一定会是大多数用户更愿意接受的。

（2）利用协作本性。协作是分析和决策流程的一个自然部分，类似于用户快速聚集成小团体，就特定主题领域分享经验。例如，如果某家大型包装消费品公司的所有品牌经理能创建这样一个社区，在里面可以轻松分享和探讨数据、信息和品牌管理洞察，这将形成一股巨大力量。通过对共享的结果数据进行探讨分析，对其中一个品牌有效的营销活动可被其他品牌快速复制和扩展。

（3）支持新的业务应用程序。根据业务优先级按需调配和再分配大量计算资源的敏捷性；分析更细粒度、多样化、低延迟的数据集，同时保持数据细微差别和关系的能力，这一能力带来了有区分的洞察，有利于优化业绩绩效；就关键业务计划跨组织协作，以及快速宣传最佳实践和有组织的发现；成本优势，利用廉价的处理组件分析大数据以抓住和挖掘商机，而之前就算能做到也不是采用具有成本效益的方式。

理想的分析平台带来了可大规模扩展的处理能力、挖掘细粒度数据集的能力、低延迟数据访问，以及数据仓库与分析之间的紧密集成。如果正确认识和部署，这种平台可用于解决之前棘手业务问题，并为业务带来可操作的实质性洞察。

第三节　数据可视化及其实现工具

数据可视化是对数据的视觉表现的研究，这种数据的视觉表现形式被定义为一种以某种概要形式抽提出来的信息，包括相应信息单位的各种属性和变量。数据可视化的主要目的是通过图像清楚有效地传播信息。为了有效地传递思想，美观的形式与功能性需要密切的关联，通过一种更直观的方式传播关键部分，提供对相当分散和复杂的数据集的洞悉。

数据可视化的设计简化为四个级联的层次：第一层刻画真实用户的问题，称为问题刻画层；第二层是抽象层，将特定领域的任务和数据映射到抽象且通用的任务及数据类型；第三层是编码层，设计与数据类型相关的视觉编码及交互方法；第四层的任务是创建正确完整系统设计的算法。各层之间是嵌套的，上游层的输出是下游层的输入。

一、数据可视化

（一）数据可视化的分类

数据可视化的处理对象是数据。自然地，数据可视化包含处理科学数据的科学可视化与处理抽象、非结构化信息的信息可视化两个分支。科学可视化研究带有空间坐标和几何信息的三维空间测量数据等，重点探索如何有效地呈现数据中几何、拓扑和形状特征。信息可视化的处理对象则是非结构化、非几何的抽象数据，如金融交易、社交网络和文本数据，其核心挑战是如何减少大尺度高维数据视觉混淆对有用信息的干扰。由于数据分析的重要性，将可视化与分析进行结合，形成一个新的学科——可视分析学。信息可视化、科学可视化和可视分析学三个学科方向通常被看成可视化的三个主要分支。

1. 信息可视化

信息可视化处理的对象是指那些抽象的、缺乏明确结构的数据集合。这些数据可以涵盖多种形式，如文本、图表、层次结构、地图、软件界面以及复杂系统等。从其起源来看，传统的信息可视化源自统计图形学的概念，但随着现代技术的发展，也与信息图形、视觉设计等领域产生了紧密联系。不论是何种形式，信息可视化的核心目标都在以一种易于理解的方式，将抽象的数据表达出来，使观察者能够从中获得有价值的见解。

这些可视化的表现形式通常呈现在二维空间中，如平面屏幕或纸张上。因此，信息可视化的一个重要挑战就是如何在有限的展示空间内，有效地传达大量的抽象信息。这需要设计师和开发者巧妙地选择布局、颜色、形状等因素，以确保信息传递的清晰度和可理解性。

相对于科学可视化，信息可视化更加关注抽象和高维度的数据。这些数据往往不具备在物理空间中的固定位置属性，因此在设计可视化呈现时，需要根据特定的数据分析目标来决定数据元素在可视化空间中的布局方式。这可能涉及聚类、排序、编码等技术，以便在没有直接空间位置参考的情况下，仍然能够有效地传达数据之间的关系和趋势。

信息可视化是一门旨在将抽象的、非结构化的数据变成易于理解的视觉形式的艺术与科学结合的领域。它不仅涉及技术和设计，还需要深刻的数据分析理解，以确保所呈现的信息能够在观察者中引发有意义的认知。

2. 科学可视化

科学可视化是可视化领域最早、最成熟的一个跨学科研究与应用的领域。面向的领域主要是自然科学，如物理、化学、气象气候、航空航天、医学、生物学等各个学科，这些学科通常需要对数据和模型进行解释、操作与处理，旨在寻找其中的模式、特点、关系以及异常情况。

科学可视化的基础理论与方法已经相对成形，早期的关注点主要在于三维真实世界的物理、化学现象，数据通常表达在三维或二维空间，或包含时间维度。鉴于数据的类别可分为标量（密度、温度）、向量（风向、力场）、张量（压力、弥散）等三类，科学可视化也可粗略地分为三类：标量场可视化、向量场可视化和张量场可视化。

3. 可视分析学

可视分析学是一门以可视交互界面为基础的分析推理科学，它综合了图形学、数据挖掘和人机交互等技术，以可视交互界面为通道，将人的感知和认知能力以可视的方式融入数据处理过程，实现人脑智能和机器智能优势互补和相互提升，建立螺旋式信息交流与知识提炼途径，完成有效的分析推理和决策。

可视分析学可看成将可视化、人的因素和数据分析集成在内的一种新思路。其中，感知与认知科学研究人在可视分析学中的重要作用；数据管理和知识表达是可视分析学中数据到知识转换的基础理论；地理分析、信息分析、科学分析、统计分析、知识发现等是可视分析学的核心分析论方法。在整个可视分析过程中，人机交互必不可少，可用于驾驭模型构建、分析推理和信息呈现等整个过程。可视分析流程中推导出的结论与知识最终需要向用户表达、作业和传播。

可视分析学是一门综合性学科，与多个领域相关：在可视化方面，有信息可视化、科学可视化与计算机图形学；与数据分析相关的领域包括信息获取、数据处理和数据挖掘；而在交互方面，则与人机交互、认知科学和感知等学科融合。

（二）数据可视化的主要流程

科学可视化和信息可视化分别设计了可视化流程的参考体系结构模型，并被广泛应用于数据可视化系统中。可视分析学的基本流程是通过人机交互将自动数据挖掘方法和可视分析方法紧密结合，可视分析流水线的起点是输入的数据，终点是提炼的知识。从数据到知识有两个途径：交互的可视化方法和自动的数据挖掘方法，两个途径的中间结果分别是对数据的交互可视化结果和从数据中提炼的数据模型。用户既可以对可视化结果进行交互的修正，也可以调节参数以修正模型。数据可视化流程中的核心要素包括以下三个方面。

1. 数据表示与转换

数据可视化的基础是数据表示与转换，为了允许有效的可视化、分析和记录，输入数据必须从原始状态转换到一种便于计算机处理的结构化数据表示形式。通常这些结构存在于数据本身，需要研究有效的数据提炼或简化方法，以最大限度地保持信息和知识的内涵及相应的上下文。有效表示海量数据的主要挑战是采用具有可伸缩性和扩展性的方法，保持数据的特性和内容。

此外，将不同类型、不同来源的信息合成一个统一的标识，使得数据分析人员能及时地聚焦于数据的本质，这也是研究的重点。

2. 数据的可视化呈现

将数据以一种直观、容易理解和操纵的方式呈现给用户，需要将数据转换为可视表示。数据可视化向用户传播了信息，而同一个数据集可能对应多种视觉呈现形式，即视觉编码，数据可视化的核心内容是从呈现多样性的巨大的空间中选择最合适的编码形式。判断某个视觉编码是否合适的因素包括感知与认知系统的特性、数据本身的属性和目标任务。

大量的数据采集通常是以流的形式实时获取的，针对静态数据发展起来的可视化显示方法不能直接拓展到动态数据。这不仅要求可视化结果有一定的时间连贯性，还要求可视化方法达到高效的目的，以便给出实时反馈。因此不仅需要研究新的软件算法，还需要更强大的计算平台（如分布式计算或云计算）、显示平台（如一亿像素显示器或大屏幕拼接）和交互模式（如体感交互、可穿戴式交互）。

3. 用户交互

对数据进行可视化和分析的目的是解决目标任务，有些任务可明确定义，有些任务则更广泛化或者一般化。通用的目标任务可分成三类：生成假设、验证假设和视觉呈现。数据可视化可以用于从数据中探索新的假设，也可以证实相关假设与数据是否吻合，还可以帮助数据专家向公众展示其中的信息。交互是通过可视的手段辅助分析决策的直接推动力。

有关人机交互的探索已经持续很长时间，但智能、适用于海量数据可视化的交互技术，如任务导向的、基于假设的方法还是一个未解难题，其核心挑战是新型的可支持用户分析决策的交互方法。这些交互方法要涵盖底层的交互方式与硬件、复杂的交互理念与流程，还需要克服不同类型的显示环境和不同任务带来的可扩充性难点。

二、实现数据可视化的工具

数据可视化旨在借助图形化手段，清晰有效地传达与沟通信息，可以将数据的各个属性以多维数据的形式表示，使用户可以从不同的维度观察数据，从而对数据进行更深入的观察和分析。

（一）ECharts

ECharts是一个使用JavaScript实现的开源可视化库，可以流畅地运行在PC和移动设备上，供给直观，交互丰富，可高度个性化定制的数据可视化图表。

ECharts可以提供了常规的折线图、柱状图、散点图、饼图、K线图，用于统计的盒形图，用于地理数据可视化的地图、热力图、线图，用于关系数据可视化的关系图、treemap、旭日图，用于多维数据可视化的平行坐标，还有用于BI的漏斗图、仪表盘，并且支持图与图之间的混搭。除了已经内置的包含了丰富功能的图表，ECharts还提供了自定义系列，只需要传入一个renderitem函数，就可以把数据转化为任何用户想要的图形，这些都还能和已有的交互组件结合使用，而不需要操心其他事情。

1.ECharts 的适用场景

（1）基于业务系统或大数据系统完成数据处理/分析后的结果数据展现。

（2）在Web页面嵌入HTML及JS的应用。

（3）拥有丰富的图例和在线示例教程。

（4）同类的D3.js等有相应功能，在特殊可视化需求中，还可以进一步考虑3D呈现的three.js、地图数据呈现的Datamaps.js等。

2.ECharts 的使用教程

（1）获取ECharts。ECharts的获取方式：①从官网下载界面选择需要的版本下载，根据开发者功能和存储空间上的需求，官网提供了不同打包的下载，如果用户在存储空间上没有要求，可以直接下载完整版本。开发环境建议下载源代码版本，其包含了常见的错误提示和警告。②在ECharts的GitHub上下载最新的release版本，在解压出来的文件夹的dist目录里可以找到最新版本的ECharts库。③通过npm获取echarts、npm install echarts——save。④引入cdn，用户可以在cdnjs、npmcdn或者国内的bootcdn上找到ECharts的最新版本。

（2）引入ECharts。ECharts的引入方式简便，只需要像普通的JavaScript库一样用Script标签引入。

（3）绘制一个简单的图表：①在绘图前为ECharts准备一个具备宽高的DOM容器；②通过echarts.init方法初始化一个ECharts实例并通过setOption方法生成一个简单的柱状图。

（二）Plotly

Plotly是一个非常著名且强大的开源数据可视化框架，它通过构建基于浏览器显示的Web形式的可交互图表来展示信息，可创建多达数十种精美的图表和地图，可以供JS、Python、R、DB等使用，下面以Python为开发语言，以jupyter notebook为开发工具，详细介绍Plotly的基础内容。

1.Plotly 的绘图方式

Plotly绘图模块库支持的图形格式有很多，其绘图对象主要包括：①Angularaxis（极坐标图表）；②Area（区域图）；③Bar（条形图）；④Box（盒形图，又称箱线图、盒子图、箱图）；⑤Candlestick与OHLC（金融行业常用的K线图与OHLC曲线图）；⑥ColorBar（彩条图）；⑦Contour（轮廓图，又称等高线图）；⑧Line（曲线图）；⑨Heatmap（热点图）。

在Plotly中绘制图像有在线和离线两种方式，在线绘图需要注册账号并获取API key，较为麻烦。离线绘图有plotly.offline.plot（ ）和plotly.offline.iplot（ ）两种方式，前者是以离线的方式在当前工作目录下生成html格式的图像文件，并自动打开；后者是在jupyter notebook 中专用的方法，即将生成的图形嵌入ipynb文件中，这里采用后一种方式。

plotly.offline.iplot（ ）的主要参数如下。

（1）figure_or_data：传入plotly.graph_objs.Figure、plotly.graph_objs.Data、字典或列表构成的、能够描述一个graph的数据。

（2）show_link：bool型，用于调整输出的图像是否在右下角带有plotly的标记。

（3）link_text：str型输入，用于设置图像右下角的说明文字内容（当show_link=True时），默认为“Export to plot，ly”。

（4）image：str型或None，控制生成图像的下载格式，有“png”“jpeg”“svg”“webp”，默认为None，即不会为生成的图像设置下载格式。

（5）filename：str型，控制保存的图像的文件名，默认为“plot”。

（6）image_height：int型，控制图像高度的像素值，默认为600。

（7）image_width：int型，控制图像宽度的像素值。

2. 定义 graph 对象

Plotly中的graph_objs是Plotly下的子模块，用于导入Plotly中的所有图形对象，在导入相应的图形对象之后，便可以根据需要呈现的数据和自定义的图形规格参数来定义一个graph对象，再输入plotly.offline.iplot（ ）中进行最终的呈现。

3. 构造 traces

根据绘图需求从graph_objs中导入相应的obj之后，接下来的事情是基于待展示的数据，为指定的obj配置相关参数，这在Plotly中称为构造traces。一张图中可以叠加多个trace。

4. 定义 Layout

在Plotly中图像的图层元素与底层的背景、坐标轴等是独立开来的，在我们通过前面介绍的内容，定义好绘制图像需要的对象之后，就可以直接绘制了，但如果想要在背景图层上有更多自定义内容，就需要定义Layout对象，其主要参数如下。

（1）文字。文字是一幅图中十分重要的组成部分。Plotly强大的绘图机制为一幅图中的文字进行了细致的划分，可以非常有针对性地对某一个组件部分的字体进行个性化的设置。

第一，全局文字。①font：字典型，用于控制图像中全局字体的部分；②family：str型，用于控制字体，默认为“Open Sans”，可选项有“verdana”，“arial”，“sans-serif”等，具体可参考官网说明文档；③size：int型，用于控制字体大小，默认为12；④color：str型，传入16进制色彩，默认为“#444”。

第二，标题文字。①title：str型，用于控制图像的主标题；②titlefont：字典型，用于独立控制标题字体的部分；③family：同font中的family，用于单独控制标题字体；④size：int型，控制标题的字体大小；⑤color：同font中的color。

（2）坐标轴。①xaxis（yaxis）：字典型，控制横坐标（纵坐标）的各属性。例如color，str型，传入16进制色彩，控制横坐标上所有元素的基础颜色；②title：str型，设置坐标轴上的标题；③type：str型，用于控制横坐标轴类型。表示根据输入数据自适应调整，“linear”表示线性坐标轴；“log”表示对数坐标轴；“date”表示日期型坐标轴；“category”表示分类型坐标轴，默认为“-”。

（3）图例。①showlegend：bool型，控制是否绘制图例；②legend：字典型，用于控制与图例相关的所有属性的设置，包括图例背景颜色、图例边框的颜色、图例文字部分的字体等。

（4）其他。①width：int型，控制图像的像素宽度，默认为700；②height：int型，控制图像的像素高度，默认为450；③margin：字典型输入，控制图像边界的宽度等。

第四节　大数据技术的创新应用

一、大数据在网络安全中的创新应用

“安全分析系统的组织结构需要对数据技术展开全面的分析与研究，在这个过程中首先要对内部组织情况和结构进行全面的了解。”[①]在实际分析中发现它们虽然在结构上有所不同，但是在实际的计算模式上却基本相似，如所采集的数据和层级基本是相同的，并且其在分布式计算方法上发挥着重要的地位。

（一）信息采集阶段的大数据应用

在网络安全数据分析与整合过程中，信息采集阶段被认为是至关重要的环节。在大数据技术的应用中，此阶段涉及多种关键技术，如Flume、Kafka、Storm等，这些技术不仅能够高效地进行数据采集，还能够在数据整合方面发挥重要作用。通过这些技术的应用，有可能实现对各类数据的聚合和整合，进而从庞大的数据集中提取出关键信息，最终形成相应的报告和输出。

Flume、Kafka、Storm等技术在数据采集阶段发挥着重要作用。Flume作为一种可靠的分布式数据采集系统，专注于从多源数据源收集、汇总和移动数据，有助于确保数据的准确传递。Kafka则是一个高吞吐量的分布式消息传递系统，能够有效地处理大量数据流，并支持实时的数据流处理。而Storm则是一个实时大数据处理系统，能够在分布式环境下进行流式数据处理和分析。

这些技术不仅在数据采集阶段发挥作用，还能够在数据整合方面发挥巨大潜力。通过它们的协同作用，可以将来自不同数据源的信息进行整合，筛选出对分析和生成报告有价值的数据。通过有效的数据整合，可以从海量信息中提取对于网络安全分析至关重要的数据点，为进一步处理问题和决策提供有力支持。

最终，经过信息采集和整合的阶段，重要的数据可以被提取出来，并生成相应的报告。这些报告可以有效地传递关键信息，不仅提供给内部的安全专家使用，还能够为广大消费者提供个性化的服务。整合后的数据和报告能够为安全团队提供更清晰的认识，从而更好地应对各类网络威胁和安全挑战。同时，这些技术也有助于确保数据的高效传输和分发，以满足多样化的用户需求。

---

① 崔彦君.网络安全中的大数据技术应用[J].集成电路应用，2023，40（4）：288.

（二）信息存储阶段的大数据应用

在信息存储阶段大数据应用发挥着重要作用，同时也是每个网络安全分析中都需要应用得到的。它可以对许多数据展开有效的分析，在这个过程中包括了不同类型的数据信息，需要注意的是其在存储方式上是有一定差别的，但是无论怎样都需要应用大数据技术对信息进行存储，只是在实际的应用中需要根据信息的不同选择不同的储存方式，这对提高数据查询速度有着很大帮助。Gbase这项技术不但可以提高数据分析安全性，还可以在一定程度上提高检索速度，这对提高工作人员的办事效率有很大帮助。另外，相关人员还可以通过组织网络系统框架，对相关信息和内容做进一步的计算，并根据数据的节点情况得出初步分析内容，最后，利用审图发掘技术对整体网络安全情况展开全面的分析，这样就可以准确地得出数据的分析结果和分析报告。

在构建网络安全平台时，一定要注意平台多样化和层次化的特点，因为网络安全平台非常重视数据采集、数据呈现以及数据挖掘等内容。其中，数据采集层能够存储很多的信息和内容，同时在存储和分布中也会引入一定的数据技术，这样可以实现数据结构化和多样化的特点。另外，均衡算法可以使文件在分布布局中更加合理，这对提高数据处理和检索速度有重要意义。在对数据挖掘层进行科学的使用时，要借助系统化的方式对数据信息展开全面的分析，并在其中提取大量有用的信息和内容，确保相关信息和内容绝对的安全可靠，避免其中存在巨大的安全隐患，结合网络存在的不同问题，快速地查找出有问题的地方，确保数据可以在多个维度中展示出更加真实的信息，这对提高整体的安全性也有很大的帮助。

建立异端数据库安全系统可以根据服务节点的情况进行自主管理，从而推动集中管控效果，根据用户的实际需求为其提供有针对性的服务，同时也可以根据实际情况制定出详细的规则。随着数据量的不断增大和复杂，需要构建出异端数据库来确保网络的安全性。

二、大数据在金融领域的创新应用

（一）客户管理精准化

金融领域中尤其是商业银行，属于信息密集型的服务行业，其对行业信息数据的收集要求是快与准确，通过对收集回来的信息进行集中管理，方便各种数据资源的交互使用。当信息数据资源呈现爆发式增长时，金融企业要实现对客户的精准化管理首选就是大数据技术的运用。

随着线上客户比例不断升高，金融企业都在追求对客户实行精准化管理。金融机构更应搭建好客户数据管理平台，对这庞大的用户建立起企业数据仓库，深度挖掘有用价值，利用大数据技术对客户实现精准化管理。

1. 构筑分用户层次数据服务体系

以往银行企业只能根据用户存款金额来判断其投资中所能承受风险的能力。应用大数据技术则可以通过绘制客户画像，如针对个人客户，除了收集人口统计特征的个人基础数据，还可以通过分析其过往金融产品购买记录、名下资产、房产，甚至根据其工作性质、工作单位、求学经历、家庭背景等数据以及社交媒体上的行为数据，从侧面反映客户更真实的情况。针对企业客户，除了客户自身的运营、生产、流通等数据，还可综合分析其客户、产业链等数据，通过建模与分析，以此对客户进行细分与归类，评估不同层次用户的风险承受能力与投资喜好，分别向不同的客户提供个性化定制服务。

2. 建设客户价值管理系统

要让金融企业保持一定的竞争力与优势，就要更精准、更科学并且最大限度地发挥客户资源价值，进行客户价值管理，对于市场定位、市场营销等其后面各个经济活动环节有重要参考作用。利用大数据技术，可以运用层次分析法、聚类算法等深挖客户潜在价值。并通过构建评价指标与体系，对于涉及客户收入、成本、信用等价值数据进行全面的整理与归档，可以充分根据客户的资金交易价值和非资金交易价值等分析数据评估企业的潜在客户价值、满意度、再度消费价值、金融业务交易提升价值等指标。

3. 设立客户生命周期管理系统

金融行业既要有效应对客户的流失，降低客户流失率，也要不断开发与挖掘潜在客户，而建立客户生命周期管理系统，对获取新客户、防止客户流失、回流客户都有重要作用。在客户的潜在期与开发期，通过收集客户的背景数据，并加以分析可以有效减少获取客户的成本，加大获取客户的命中率，对于筛选优质客户也有一定的积极作用。另外，通过大数据技术的综合分析与应用，金融企业可以利用多种客户常用的获取信息的渠道使其感知与了解感兴趣的金融产品或服务资讯，主动提高客户好感度。

当客户处于成长期甚至成熟期，保持客户忠诚度与减少金融企业的维护成本有一定关系。在此阶段随着客户与企业之间的关系加深，业务交易量亦会不断递增，甚至会通过老客户衍生出一定数量的新客户，此时金融企业可以运用数据挖掘等技术，应用预测分析等技术模型，发现客户数据中隐含的消费习惯、消费行为规律等信息，建立有针对性的产品销售模式，通过组合销售、交叉销售、定制销售等方式，把客户的价值提升到更高的层次，亦可从中提高客户的忠诚度。

面对处于衰退期的客户，通过收集客户使用频率数据、活跃程度数据，掌握动态的客户的生命周期情况，可以建立有效的预警机制，对客户的活跃情况进行分级评价，对于流失概率较大的，要及时根据客户实时的使用动态进行主动营销或个性化推荐，积极挽回客户。

（二）风险监控动态化

早在2017年，《中国人民银行办公厅关于强化银行卡磁条交易安全管理的通知》中就提出要建立基于大数据技术的风险防控机制，还有其他相关政策文件也在陆续出台。面对信息爆炸时代数据价值密度低且数据规模海量的特征，应利用人工智能、云计算等技术对金融活动过程中存在的风险进行实时监控，也是应对快速的金融数据流转与复杂庞大的数据集合的重要手段。

1. 实时监测

金融企业面对的风险很多，常规的违约风险、流动性风险、利率风险等，特殊的如技术操作风险、法律风险等，都时刻影响着金融机构的生存与发展。传统数据分析方式，需要对相关经济活动所产生的数据进行抓取、清洗、过滤、分析等步骤才能真正应用在决策上，但如果在风险监控过程中应用大数据技术，金融机构就能做到实时监测、快速预警，时刻监测所涉及企业的经营状态，将碎片信息通过技术手段进行有机整合，及时分析预测企业或用户的信用风险指数。针对交易事件进行中的风险监控，运用风险模型、云计算等技术手段，结合用户的交易行为习惯和历史，对每笔交易进行实时的风险判断、分析风险等级，及时实施相应的干预措施，在很大程度上解决了以往风险决策的滞后性。

2. 数据溯源

互联网金融的发展使个体网络借贷用户激增，为了保障行业的健康发展，对个体网络借贷的行为进行风险监控则充当着重要的角色。为打破以往“信息孤岛”的局面，通过聚类分析、关联分析等方法建立多维度的风险监测系统，针对每个借款人建立风险评估档案，多渠道收集其互联网社交记录、网络购物记录、移动支付记录、线上消费记录等数据，形成数据仓库，当监测到借款人有发生异常的资金往来行为、活动行为等情况时，可以及时进行数据溯源，分析其异常行为的风险程度，再作进一步决策。以上应用对于金融行业进行反欺诈有重要参考意义，利用大数据技术进行数据溯源，还可以及时辨别借款申请人所提交的材料是否真实，是否存在冒用他人信息的情况，既保障了金融企业的利益不受侵害，又保护了被冒充者的合法权益。

3. 关系识别

金融犯罪技术手段层出不穷，风险监控的难度也随之提高，运用新型且有效的金融风险监测手段是必然的选择。结合知识图谱（KG）、深度学习（DL）等大数据技术手段，可以多维度、多角度地将客户数据打通，也可以动态地整合与客户有关的新数据与关系网。客户所存在的关系网络越多，其身份就越复杂，而风险监控人员比较容易忽略一些客户的非直接联系，通过关系网的梳理，使他们能更容易识别客户所涉及的各种明显或隐藏的关系链路，及时发现风险漏洞。

（三）财富管理智能化

互联网财富管理的兴起，使得大众用户有更多的机会接触与财富管理相关的资讯，而随着民众的生活水平与收入水平不断提高，越来越多的用户对财富的保值与增值兴趣日益浓厚，财富管理的参与度也逐渐上升到较高的水平，因此，大众用户对于如何选择符合自身条件特点的财富管理模式都有一定的需求。

1. 消除金融信息不对称

传统财富管理模式较大的痛点是金融信息不对称。金融市场的交易基本是基于信用的交易，并非像其他行业那样可以明码实价地进行交易。大众客户较难方便、直观地获得关于资产匹配、财富管理模式等相关的专业知识，难以找到适合自己财富管理需求的产品或方案，相对于金融企业则可能碍于对用户信息了解不全面，而不能及时进行信息反馈，影响效率进而降低用户好感度。运用大数据技术就相当于为金融交易双方搭建一个中介平台，用户可以快速获取自身资产分布情况，企业可以快速掌握用户特点，提供符合用户资产情况与需求的产品与服务，满足其财富管理的实际需求。例如，低净值用户可能偏向流动性强的，高净值用户则可能注重收益与长远发展的，利用大数据技术就可以很大程度消除金融信息不对称情况，促进金融产品、服务的创新。

2. 针对性资产匹配

用户在投资过程中容易出现盲目跟从的情况，跟风投资一些与自身情况不符合的资产，造成投资失败。向不同类型用户推荐不同的资产匹配方案，实现专属型资产匹配模式，降低了客户投资风险，也对金融企业提高客户忠诚度起到了积极作用。通过组合算法、风险模型分析等技术，结合资产组合理论等组建投资模型，通过用户输入其投资期望、财务状况、投资年限等条件，运算生成个性化的投资建议方案；再以考虑降低风险为目标，为用户实施分散型、组合型的资产配置方案，根据用户后续的资产处置习惯，分析其投资偏好，并结合用户当时资产、财务实时情况，动态调整各资产配置比例，有效整合闲置资源，保持收益率与资产流动性的最优配比。

第六章　信息安全技术与管理

随着信息技术的迅猛发展和全球信息化的不断深入，人们的生活和工作越来越依赖信息系统和网络。然而，信息系统和网络的广泛应用也带来了新的安全威胁和挑战。网络攻击、数据泄露、恶意软件、社交工程等安全事件频频发生，给个人、企业、政府及全球信息基础设施带来了严重的安全风险。本章将研究信息安全技术与管理，包括计算机信息安全原理、计算机信息安全技术、信息隐藏与移动网络安全以及计算机信息安全教育与组织管理等内容。

第一节　计算机信息安全原理

一、计算机信息安全及其特征

（一）计算机信息安全的重点

信息安全的概念是与时俱进的，过去是通信保密或信息安全，而今天以至于今后是信息保障。信息安全主要涉及信息存储的安全、信息传输的安全及对网络传输信息内容的审计三个方面，它研究计算机系统和通信网络内信息的保护方法。凡是涉及信息的完整性、保密性、真实性、可用性和可控性的相关技术和理论都是信息安全所要研究的领域。

信息安全的具体含义和侧重点会随着观察者角度的变化而变化，具体如下。第一，从用户（个人用户或者企业用户）的角度来说，他们最为关心的问题是如何保证其涉及个人隐私或商业利益的数据在传输、交换和存储过程中受到保密性、完整性和真实性的保护，避免其他人（特别是其竞争对手）利用窃听、冒充、篡改和抵赖等手段对其利益和隐私造成损害和侵犯，同时用户也希望他们保存在某个网络信息系统中的数据不会受其他非授权用户的访问和破坏。

第二，从网络运行和管理者的角度来说，他们最为关心的问题是如何保护和控制其他人对本地网络信息的访问和读写等操作。比如，避免出现病毒、非法存取、拒绝服务和网络资源非法占用与非法控制等现象，制止和防御网络黑客的攻击。

第三，对于安全保密部门和国家行政部门来说，他们最为关心的问题是如何对非法的、有害的或涉及国家机密的信息进行有效过滤和防堵，避免非法泄露秘密。如果敏感的信息被泄密后将会对社会的安定产生危害，给国家造成巨大的经济损失和政治损失。

第四，从社会教育和意识形态角度来说，人们最为关心的问题是如何杜绝和控制网络上不健康的内容。有害的黄色内容会对社会的稳定和人类的发展造成不良影响。

（二）计算机信息安全的特性

计算机信息安全主要有以下特性。

第一，保密性。保密性是信息不被泄露给非授权的用户、实体或过程，或供其利用的特性，即防止信息泄露给非授权个人或实体，信息只为授权用户使用的特性。

第二，完整性。完整性是信息未经授权不能进行改变的特性，即信息在存储或传输过程中保持不被偶然或蓄意地删除、修改、伪造、乱序、重放、插入等破坏和丢失的特性。完整性是一种面向信息的安全性，它要求保持信息的原样，即信息的正确生成、正确存储和传输。完整性与保密性不同，保密性要求信息不被泄露给未授权的人，而完整性则要求信息不致受到各种原因的破坏。影响网络信息完整性的主要因素有设备故障、误码、人为攻击及计算机病毒等。

第三，真实性。真实性也称作不可否认性。在信息系统的信息交互过程中，确信参与者的真实同一性，即所有参与者都不可否认或抵赖曾经完成的操作和承诺。利用信息源证据可以防止发信方不真实地否认已发送信息；利用递交接收证据可以防止收信方事后否认已经接收到信息。

第四，可用性。可用性是信息可被授权实体访问并按需要使用的特性，即信息服务在需要时，允许授权用户或实体使用的特性，或者是信息系统（包括网络）部分受损或需要降级使用时，仍能为授权用户提供有效服务的特性。

第五，可控性。可控性是对信息的传播及内容具有控制能力的特性。即指授权机构可以随时控制信息的机密性。美国政府所提供的“密钥托管”“密钥恢复”等措施就是实现信息安全可控性的例子。

总而言之，计算机信息安全核心是通过计算机、网络、密码技术和安全技术，保护在信息系统及公用网络中传输、交换和存储的信息的完整性、保密性、真实性、可用性和可控性等。

二、计算机信息安全体系框架

如今世界发展步入了信息化时代，网络信息系统在社会的各个领域中得到了普遍应用，人们充分认识到了计算机网络信息在生活和生产中的重要性，很多企业组织和个人都对信息产生了高度的依赖。随着计算机网络信息类型增多、人们使用需求提升及计算机网络系统自身存在的风险，计算机网络信息系统安全管理成为人们关注的重点。为了避免计算机用户信息泄露、信息资源的应用浪费、计算机信息系统软硬件故障对信息准确性的不利影响，需要构建有效的计算机信息安全结构体系，保证计算机网络信息系统运行的安全。

（一）计算机信息系统安全体系结构

计算机网络信息系统安全是指计算机信息系统结构的安全，计算机信息系统有关元素的安全，以及与计算机信息系统有关的安全技术、安全服务、安全管理的总和。计算机网络信息系统安全从系统应用和控制角度上看，主要是指信息的存储、处理、传输过程中体现其机密性、完整性、可用性的系统辨识、控制、策略及过程。

计算机网络信息系统安全管理的目标是实现信息在安全环境中的运行。实现这一目标需要可靠操作技术的支持、相关的操作规范、计算机网络系统、计算机数据系统等的全面保证。

信息安全涉及的技术面非常广，在规划、设计、评估等一系列重要环节上都需要一个安全体系结构框架来提供指导。信息系统安全体系结构框架是国家“等级保护制度”技术体系的重要组成部分。在计算机网络技术的不断发展下，基于经典模型的计算机信息安全体系结构已不再适用，为了研究解决多个平台计算机网络安全服务和安全机制问题，1989年提出开放性的计算机信息安全体系结构标准，确定了计算机三维框架网络安全体系结构。

计算机三维框架网络安全体系结构是一个通用的框架，反映信息系统安全需求和体系结构的共性，是从总体上把握信息系统安全技术体系的一个重要认识工具，具有普遍的适用性。信息系统安全体系结构框架的构成要素是安全特性、系统单元及开放系统互联参考模型结构层次。安全特性描述了信息系统的安全服务和安全机制，包括身份鉴定、访问控制、数据保密、数据完整、防止否认、审计管理、可用性和可靠性。采取不同的安全政策或处于不同安全等级的信息系统可以有不同的安全特性要求。系统单元描述了信息系统的各组成部分，还包括使用和管理信息系统的物理和行政环境。系统单元可分为四个部分：①信息处理单元，包括端系统和中继系统；②通信网络，包括本地通信网络和远程通信网络；③安全管理，即信息系统管理中与安全有关的活动；④物理环境，即与物理环境和人员有关的安全问题。

（二）计算机信息安全体系的性质

第一，保密性和完整性。计算机网络信息的重要特征是保密性和完整性，能够保证计算机网络信息应用的安全。保密性是指保证计算机网络系统在应用的过程中机密信息不泄露给非法用户；完整性是指计算机信息网络在运营的过程中信息不能被随意篡改。

第二，真实性和可靠性。真实性是指计算机网络信息用户身份的真实，从而避免计算机信息应用中冒名顶替或制造虚假信息现象的出现；可靠性是指计算机信息网络系统在规定的时间内完成指定任务。

第三，可控性和占有性。可控性是指计算机网络信息系统对网络信息传播和运行的控制能力，能够杜绝不良信息对计算机网络信息系统的影响；占有性是指经过授权的用户拥有享受网络信息服务的权利。

（三）计算机信息安全体系结构的构建

1. 计算机信息安全体系结构的模式

计算机信息安全体系结构是一个动态化概念，具体结构不仅体现在保证计算机信息的完整、安全、真实、保密等方面，而且需要有关操作人员在应用的过程中积极转变思维，根据不同的安全保护因素加快构建一个更科学、有效、严谨的综合性计算机信息安全保护屏障。具体的计算机信息安全体系结构模式需要包括以下环节。

（1）预警。预警机制在计算机信息安全体系结构中具有重要的意义，也是建立网络信息安全体系的重要依据，在对整个计算机网络环境、网络安全进行分析和判断之后，为计算机信息系统安全保护体系提供更为精确的预测和评估。

（2）保护。保护是提升计算机网络安全性能，减少恶意入侵计算机系统的重要防御手段，主要是指通过建立一种机制来对计算机网络系统的安全设置进行检查，及时发现系统自身的漏洞并予以弥补。

（3）检测。检测是及时发现入侵计算机信息系统行为的重要手段，主要是指通过对计算机信息安全系统实施隐蔽技术，从而减少入侵者发现计算机系统防护措施并进行破坏的一种主动性反击行为。检测能够为计算机信息安全系统的响应提供有效的时间，在操作应用的过程中减少不必要的损失。检测能够和计算机系统的防火墙进行联动作用，从而形成一个整体性的策略，设立相应的计算机信息系统安全监控中心，及时掌握计算机信息系统的安全运行情况。

（4）响应。如果计算机信息安全体系结构出现入侵行为，则需要有关人员对计算机网络进行冻结处理，切断黑客的入侵途径，并作出相应的防入侵措施。

（5）恢复。三维框架网络安全体系结构中的恢复是指在计算机系统遇到黑客入侵威胁之后，对被攻击和损坏的数据进行恢复的过程。恢复的实现需要三维框架网络安全体系结构对计算机网络文件和数据信息资源进行备份处理。

（6）反击。三维框架网络安全体系结构中的反击是技术性能高的一种模块，主要反击行为是标记跟踪，即对黑客进行标记，之后应用侦查系统分析黑客的入侵方式，寻找黑客的地址。

2. 计算机信息安全系统的平台搭建

（1）硬件密码处理安全平台。硬件密码处理安全平台的构建面向整个计算机业务网络，具有标准规范的接口，通过该接口能够让整个计算机系统网络所需的身份认证、信息资料保密、信息资料完整、密钥管理等具有相应的规范标准。

（2）网络级安全平台。网络级安全平台需要解决计算机网络信息系统互联、拨号网络用户身份认证、数据传输、信息传输通道的安全保密、网络入侵检测、系统预警等问题。在各个业务进行互联的时候，都需要应用硬件防火墙实现隔阂处理。在计算机网络层需要应用SVPN技术建立系统安全虚拟加密隧道，从而保证计算机系统重要信息传输的安全可靠。

（3）应用安全平台。应用安全平台的构建需要从两个方面实现：第一，应用计算机网络自身的安全机制进行应用安全平台的构建；第二，应用通用的安全平台实现对计算机网络上各种应用系统信息的安全防护。

（4）安全管理平台。安全管理平台能够根据计算机网络自身应用情况采用单独的安全管理中心、多个安全管理中心模式。该平台的主要功能是实现对计算机系统密钥管理，完善计算机系统安全设备的管理配置，加强对计算机系统运行状态的监督控制等。

（5）安全测评认证中心。安全测评认证中心是大型计算机信息网络系统必须建立的。安全测评认证中心的主要功能是通过建立完善的网络风险评估分析系统，及时发现计算机网络中可能存在的系统安全漏洞，针对漏洞制订计算机系统安全管理方案、安全策略。

3. 计算机信息安全系统的施行

正确把握安全信息系统的施行思路，是信息安全系统建设单位十分关心的一个问题。

（1）确定安全需求与安全策略。根据用户单位的性质、目标、任务及存在的安全威胁确定安全需求。安全策略是针对安全需求而制定的计算机信息系统保护政策，该阶段根据不同安全保护等级的要求提出了一些原则的、通用的安全策略。各用户单位要确定适合自己情况的完整安全需求和安全策略。

（2）确定安全服务与安全机制。根据安全策略与安全需求确定安全服务和安全保护机制。不同安全等级的信息系统需要不同的安全服务和安全机制。如某个信息处理系统主要的安全服务确定为身份鉴别、访问控制、数据保密、数据完整等。为提供安全服务，要确立基本安全保护机制：可信功能、安全标记、事件检测、安全审计跟踪和安全恢复等。此外，还要体现特定安全保护机制：加密机制、数字签名机制、访问控制机制、数据完整性机制、鉴别机制、通信网络业务填充机制以及路由控制机制。

（3）建立安全体系结构框架。确定了安全服务和安全机制后，根据信息系统的组成和开放系统互联参考模型，建立具体的安全体系结构模型。信息系统安全体系结构框架的确定主要反映在不同功能的安全子系统。

在安全体系结构框架下，遵循有关的信息技术和信息安全标准，并折中考虑安全强度和安全代价，选择相应安全保护等级的技术产品，最终实现安全等级信息系统。对信息安全问题的认知处在不断的发展之中，上述三个问题只针对现状，将随着信息安全技术的发展而不断发展变化。

第二节 计算机信息安全技术

一、计算机防火墙技术

“近年来，随着计算机网络技术被应用到各个行业，计算机网络安全受到高度关注，而防火墙技术能够对计算机网络中的安全隐患进行拦截，减少计算机网络安全问题的发生，使用户的信息安全得到保障。”①防火墙通常是指设置在不同网络（如可信任的企业内部网和不可信的公共网）或网络安全域之间的一系列部件的组合（包括硬件和软件）。它是不同网络或网络安全域之间信息的唯一出入口，能根据企业的安全政策控制（允许、拒绝、监测）出入网络的信息流，且本身具有较强的抗攻击能力。防火墙提供信息安全服务，使互联网与企业内部网之间建立起一个安全网关，从而保护内部网免受非法用户的侵入。防火墙主要由服务访问规则、验证工具、包过滤和应用网关四个部分组成，是实现网络和信息安全的基础设施。

在逻辑上，防火墙既是一个分离器、限制器，也是一个分析器，有效地监控了内部网络之间的任何活动，保证了内部网络的安全。由于防火墙设定了网络边界和服务，因此更适合相对独立的网络。防火墙已成为控制对网络系统进行访问的非常流行的方法。事实上，在Web网站中，超过三分之一的Web网站都是由某种形式的防火墙加以保护的，这是对黑客防范最严格、安全性较强的一种方式，任何关键性的服务器都应放在防火墙之后。

（一）防火墙的功能

1. 基本功能

防火墙能增强内部网络的安全性，加强网络间的访问控制，防止外部用户非法使用内部网络资源，保护内部网络不被破坏，防止内部网络的敏感数据被窃取。防火墙系统可决定外界可以访问哪些内部服务，以及内部人员可以访问哪些外部服务。防火墙具备的最基本的功能如下。

（1）包过滤。早期的防火墙一般就是利用设置的条件，监测通过包过滤的

① 高立静.防火墙技术在计算机网络安全中的应用[J].网络安全技术与应用，2022（6）：11.

特征来决定放行或者阻止的，包过滤是很重要的一种特性。虽然防火墙技术发展到现在提出了很多新的理念，但是包过滤依然是非常重要的一环，如同四层交换机首要的仍是要具备包过滤的快速转发这样一个交换机的基本功能一样。通过包过滤，防火墙可以实现阻挡攻击，禁止外部/内部访问某些站点，限制每个IP的流量和连接数。

（2）包过滤的透明转发。由于防火墙一般架设在提供某些服务的服务器前，其连接状态一般为Server–Firewall–Guest用户对服务器的访问的请求与服务器反馈给用户的信息，都需要经过防火墙的转发，因此，很多防火墙具备网关的功能。

（3）阻挡外部攻击。如果用户发送的信息是防火墙设置所不允许的，防火墙会立即将其阻断，避免其进入防火墙之后的服务器中。

（4）记录攻击。防火墙可将攻击行为都记录下来，但是出于效率上的考虑，目前一般记录攻击的事情都交给IDS（入侵检测系统）来完成了。

2. 其他功能

以上所有是防火墙都具备的基本功能，防火墙技术就是在此基础上逐步发展起来的。随着防火墙技术的不断发展，一些新的功能也出现在新的防火墙产品中，一般来说，防火墙还应该具备以下功能。

（1）支持安全策略。即使在没有其他安全策略的情况下，也应该支持“除非特别许可，否则拒绝所有的服务”的设计原则。

（2）易于扩充新的服务和更改所需的安全策略。

（3）具有代理服务功能，包含先进的鉴别技术。

（4）采用过滤技术，根据需求允许或拒绝某些服务。

（5）具有灵活的编程语言，界面友好，且具有很多过滤属性，包括源和目的IP地址、协议类型、源和目的TCP/UDP端口，以及进入和输出的接口地址。

（6）具有缓冲存储的功能，提高访问速度。

（7）能够接纳对本地网的公共访问，对本地网的公共信息服务进行保护，并根据需要删减或扩充。

（8）具有对拨号访问内部网进行集中处理和过滤的能力。

（9）具有记录和审计功能，包括允许等级通信和记录可以活动的方法，便于检查和审计。

（10）防火墙设备上所使用的操作系统和开发工具都应该具备相当等级的安全性。

（11）防火墙应该是可检验和可管理的。

（二）防火墙的结构

1. 硬件防火墙

这里说的硬件防火墙是指所谓的硬件防火墙。之所以加上“所谓”二字是针对芯片级防火墙来说的。它们最大的差别在于是否基于专用的硬件平台。目前市场上大多数防火墙是这种所谓的硬件防火墙，它们都基于PC架构，就是说，它们和普通的家庭用的PC没有太大区别。在这些PC架构计算机上运行一些经过裁剪和简化的操作系统，最常用的有老版本的Unix、Limix和FreeBSD系统。由于此类防火墙采用的依然是别人的内核，因此会受到OS本身的安全性影响。国内的许多防火墙产品就属于此类，因为采用的是经过裁减内核和定制组件的平台，所以国内防火墙的某些销售人员常常吹嘘其产品是“专用的OS”等，其实是一个概念误导，下面我们提到的第三种防火墙才是真正的OS专用。

2. 软件防火墙

软件防火墙运行于特定的计算机上，它需要客户预先安装好的计算机操作系统的支持，一般来说，这台计算机就是整个网络的网关。软件防火墙就像其他的软件产品一样需要先在计算机上安装并做好配置才可以使用。一般操作系统（如Windows等）会自带防火墙功能。若使用这类防火墙，则需要网管对所工作的操作系统平台比较熟悉。

3. 芯片级防火墙

使用专有的ASIC芯片的防火墙比其他种类的防火墙速度更快，处理能力更强，性能更高。做这类防火墙最出名的厂商莫过于NetScreen，其他的品牌还有FortiNet，算是后起之秀了。这类防火墙由于是专用OS，因此防火墙本身的漏洞比较少，不过价格相对比较高昂，所以一般只有在需求较高时才考虑。根据防火墙工作在TCP/IP协议中的不同层次，可分为以下两种。

（1）网络层防火墙。网络层防火墙可视为一种IP封包过滤器，运作在底层的TCP/IP协议堆栈上。我们可以以枚举的方式，只允许符合特定规则的封包通过，其余的一概禁止穿越防火墙（病毒除外，防火墙不能防止病毒侵入）。这些规则通常可以经由管理员定义或修改，不过某些防火墙设备也许只能套用内置的规则。我们也能以另一种较宽松的角度来制定防火墙规则，只要封包不符合任何一项“否定规则”就予以放行。操作系统及网络设备大多已内置防火墙功能。

较新的防火墙能利用封包的多样属性来进行过滤，例如，来源IP地址、来源端口号、目的IP地址或端口号、服务类型（如WWW或是FTP）也能经由通信协议、TTL值、来源的网域名称或网段等属性来进行过滤。

（2）应用层防火墙。应用层防火墙是在TCP/IP堆栈的“应用层”上运作，使用浏览器时所产生的数据流或是使用FTP时的数据流都属于这一层。应用层防火墙可以拦截进出某应用程序的所有封包，并且封锁其他的封包（通常是直接将封包丢弃）。理论上，这一类的防火墙可以完全阻绝外部的数据流入受保护的机器里。此外，根据侧重不同，还可分为包过滤型防火墙、应用层网关型防火墙及服务器型防火墙。

（三）防火墙的技术

1. 应用层代理技术

应用层代理技术针对每一个特定应用，在应用层实现网络数据流保护功能，代理的主要特点是具有状态性。代理能够提供部分与传输有关的状态，能完全提供与应用相关的状态部分传输信息，代理也能够处理和管理信息。应用层代理使网络管理员能够实现比包过滤更严格的安全策略。应用层代理不用依靠包过滤工具来管理Internet服务在防火墙系统中的进出，而是采用为每种服务定制特殊代码（代理服务）的方式来管理Internet服务。显然，应用层代理可以实现网络管理员对网络服务更细腻的控制。但是，应用代理的代码并不通用，如果网络管理员没有为某种应用层服务在应用层代理服务器上安装特定的代码，那么该项服务就无法被代理型防火墙转发。同时，管理员可以根据实际需要选择安装网络管理认为需要的应用代理服务功能。

应用层代理技术提供应用层的高安全性，但其缺点是性能差、伸缩性差，只支持有限的应用。总体来说，应用层代理技术的主要特点如下。

（1）所有的内外网之间的连接都通过防火墙，防火墙作为网关。

（2）在应用层上实现。

（3）可以监视数据包的应用层内容。

（4）可以实现基于用户的认证，防止IP欺骗。

（5）所有的应用需要单独实现。

（6）可以提供理想的日志功能。

（7）非常安全，但是开销比较大。

应用代理防火墙实际上并不允许在它连接的网络之间直接通信。相反，它是接受来自内部/外部网络特定用户应用程序的通信，然后建立与外部/内部网络主机单独的连接。在应用代理防火墙工作过程中，网络内部/外部的用户不直接与外部/内部的服务器通信，所以内部/外部主机不能直接访问外部/内部网络的任何一部分。

2. 电路级网关技术

电路级网关，也叫作电路层网关，它工作在OSI参考模型的会话层，在内、外网络主机之间建立一个虚拟电路进行通信，相当于在防火墙上打开一个通道进行传输。在电路级网关中，数据包被提交到用户应用层处理。电路级网关用来在两个通信的终点之间转换包，电路级网关是建立应用层网关的一个更加灵活和一般的方法，电路级网关在两主机首次建立TCP连接时创立一个电子屏障。它作为服务器接收外来请求，转发请求，与被保护的主机连接时则担当客户机角色，起代理服务的作用。它监视两主机建立连接时的握手信息，如SYN（同步信号）、ACK（应答信号）和序列数据等是否合乎逻辑，判定该会话请求是否合法。一旦会话连接有效后网关仅复制、传递数据，而不进行过滤。

电路级网关拓扑结构同应用层网关，电路级网关接收客户端连接请求，代理客户端完成网络连接，在客户和服务器间中转数据。电路级网关一般需要安装特殊的客户机软件，用户同时可能需要一个可变用户接口来相互作用或改变他们的工作习惯。

电路级网关可针对TCP、UDP等会话进行识别和过滤。在会话的建立过程中，除了检查传统的过滤规则之外，还要求发起会话的客户端向防火墙发送用户名和口令，只有通过验证的用户才被允许建立会话。会话一旦建立，则报文流可不加检验直接穿透防火墙。电路级网关通过对客户端的用户名和口令进行验证，有效地避免了网络传送过程中源地址被冒充等问题，还可有效地防御IP/UDP/TCP欺骗，并可快速定位TCP/UDP的攻击发起者。

电路级网关在初次连接时，客户端程序与网关进行安全协商和控制，协商通过之后，网关的存在对于应用来说就透明了，客户端与服务器之间的交互就像没有网关一样。只有懂得如何与电路级网关通信的客户端程序，才能到达防火墙另一端的服务器。所以，对于普通的客户端程序来说，必须通过适当改造，或者借助他响应的处理，才能通过电路级网关访问服务器。

早期的电路级网关只处理TCP连接，并不进行任何附加的包处理或过滤。电路级网关就像电线一样，只是在内部连接和外部连接之间来回拷贝。但对于外部网络用户而言，连接似乎源于网关，网关屏蔽了受保护网络的有关信息，因而起到了防火墙的作用

总体来说，电路级网关的防火墙的安全性比较高，但它仍不能检查应用层的数据包以消除应用层攻击的威胁。考虑到电路级网关的优点是堡垒主机可以被设置成混合网关，对进入的连接使用应用级网关或代理服务器；而对出去的连接使用电路级网关。这样使防火墙既能方便内部用户，又能保证内部网络免于外部的攻击。

3. 网络地址翻译技术

网络地址翻译（NAT）的最初设计目的是增加私有组织的可用地址空间和解决将现有的私有TCP/IP网络连接到互联网上的端口地址编号问题，但在TCP/IP开发的时候，没有人会想象到它发展得如此之快。动态分配外部IP地址的方法只能有限地解决IP地址紧张的问题，而让多个内部地址共享一个外部IP地址的方式能更有效地解决IP地址紧张的问题。如果让多个内部IP地址共享一个外部IP地址，就必须转换端口地址，这样内部IP地址不同但具有同样端口地址的数据包就能转换为同一个IP地址而端口地址不同，这种方法又被称为端口地址转换，或者称为IP伪装。NAT能处理每个IP数据包，将其中的地址部分进行转换，将对内部和外部IP进行直接映射，从一批可使用的IP地址池中动态选择一个地址分配给内部地址，或者不但转换IP地址，也转换端口地址，从而使多个内部地址能共享一个外部1P地址。

二、入侵检测技术

入侵不仅包括发起攻击的人（如恶意的黑客）取得超出合法范围的系统控制权，也包括收集漏洞信息，造成拒绝访问（DOS）等对计算机系统造成危害的行为。入侵行为不仅来自外部，同时也指内部用户的未授权活动。从入侵策略的角度可将入侵检测的内容分为试图闯入、成功闯入、冒充其他用户、违反安全策略、合法用户的泄露、独占资源及恶意使用。

（一）入侵检测的主要功能

入侵检测系统能在入侵攻击发生前检测到入侵攻击，并利用报警与防护系统驱逐入侵攻击；在入侵攻击过程中，尽可能减少入侵攻击所造成的损失；在被入侵攻击后，能收集入侵攻击的相关信息，作为防范系统的知识添加到知识库内，从而增强系统的防范能力。

入侵检测功能大致分为以下三个方面。

1. 用户与系统活动的监测与分析

监控、分析用户与系统的活动是入侵检测系统能够完成入侵检测任务的前提条件，入侵检测系统通过获取进出某台主机及整个网络的数据，或者通过查看主机日志等信息来监控用户与系统活动。获取网络数据的方法一般是“抓包”，即将数据流中的所有“包”都抓下来进行分析。

如果入侵检测系统不能实时地截获数据包并对它们进行分析，就会出现漏包或网络阻塞的现象。前一种情况下系统的漏报会很多，后一种情况会影响入侵检测系统所在主机或网络的数据流速，入侵检测系统成为整个系统的“瓶颈”。因此，入侵检测系统不仅要能够监控、分析用户与系统的活动，还要使这些操作足够快。

2. 识别入侵行为或计算机异常现象

识别入侵企图或计算机异常现象是入侵检测系统的核心功能，主要包括两个方面：一是入侵检测系统对进出网络或主机的数据流进行监控，查看是否存在入侵行为；二是评估系统关键资源和数据文件的完整性，查看系统是否已经遭受了入侵。前者的作用是在入侵行为发生时及时发现，从而避免系统遭受攻击；后者一般是攻击行为已经发生，但可以通过攻击行为留下的痕迹信息了解攻击行为，从而避免再次遭受攻击。对系统资源完整性的检查也有利于对攻击者进行追踪或者取证。

对于网络数据流的监控，可以使用异常检测的方法，也可以使用误用检测的方法，目前也有很多新技术，但多数还在理论研究阶段。现在的入侵检测产品使用的主要还是模式匹配技术。检测技术的好坏，直接关系到系统能否精确地检测出攻击，因此，提高检测技术水平是入侵检测系统研究领域的主要工作。

3. 记录、报警与响应

入侵检测系统在检测到攻击后，应该采取相应的措施来阻止或响应攻击，它应该记录攻击的基本情况并及时发出警告。良好的入侵检测系统不仅应该把相关数据记录在文件或数据库中，还应该提供报表打印功能。必要时，系统还能够采取必要的响应行为，如拒绝接收所有来自某台计算机的数据，追踪入侵行为等。实现与防火墙等安全部件的交互响应，也是入侵检测系统需要研究和完善的功能之一。

作为一个功能完善的入侵检测系统，除具备上述基本功能外，还应该包括其他一些功能，如审计系统的配置和弱点评估，关键系统和数据文件的完整性检查等。此外，入侵检测系统还应该为管理员和用户提供友好、易用的界面，方便管理员设置用户权限、管理数据库、手工设置和修改规则、处理报警和浏览、打印数据等。

（二）入侵检测的系统分类

根据不同的分类标准，入侵检测系统可分为不同的类别。影响入侵检测系统的因素（分类依据）主要有数据源、入侵、事件生成、事件处理及检测方法等。

1. 依据工作方式划分

入侵检测系统根据工作方式可分为离线检测系统和在线检测系统。

（1）离线检测系统。离线检测系统是一种非实时工作的系统，在事件发生后分析审计事件，从中检查入侵事件。这类系统的成本低，可以分析大量事件，调查长期的情况。但由于在事后进行，不能对系统提供及时的保护，而且很多入侵在完成后都会将审计事件删除，因而无法审计。

（2）在线检测系统。在线检测对网络数据包或主机的审计事件进行实时分析，可以快速响应，保护系统安全。但系统规模较大时，难以保证实时性。

2. 依据体系结构划分

按照体系结构，入侵检测系统可分为集中式、等级式和协作式三种。

（1）集中式。集中式入侵检测系统包含多个分布于不同主机上的审计程序，但只有一个中央入侵检测服务器，审计程序把收集到的数据发送给中央服务器进行分析处理。这种结构的入侵检测系统在可伸缩性、可配置性方面存在致命缺陷。随着网络规模的增加，主机审计程序和服务器之间传送的数据量也会激增，从而导致网络性能大大降低，一旦中央服务器出现故障，整个系统就会瘫痪。此外，根据各个主机不同需求配置服务器也非常复杂。

（2）等级式。在等级式（部分分布式）入侵检测系统中，定义了若干个分等级的监控区域，每个入侵检测系统负责一个区域，每一级入侵检测系统只负责分析所监控区域，然后将当地的分析结果传送给上一级入侵检测系统。这种结构的问题：①当网络拓扑结构改变时，区域分析结果的汇总机制也需要做相应的调整；②这种结构的入侵检测系统最终还是要把收集到的结果传送到最高级的检测服务器进行全局分析，所以系统的安全性并没有实质性的改进。

（3）协作式。协作式（分布式）入侵检测系统将中央检测服务器的任务分配给多个基于主机的入侵检测系统，这些入侵检测系统不分等级，各司其职，负责监控当地主机的某些活动，可伸缩性、安全性都得到了显著的提高，但维护成本也相应增大，并且增加了所监控主机的工作负荷，如通信机制、审计开销、踪迹分析等。

3. 依据检测原理划分

根据系统所采用的检测方法，将入侵检测分为异常入侵检测和误用入侵检测两类。

（1）异常入侵检测。异常入侵检测是指能够根据异常行为和使用计算机资源的情况检测入侵。异常检测基于这样的假设和前提：用户活动是有规律的，而且这种规律可以通过数据有效地描述和反映的；入侵时，异常活动的子集和用户的正常活动有着可以描述的明显的区别。异常监测系统先经过一个学习阶段，总结正常的行为的轮廓成为自己的先验知识，系统运行时再将信息采集子系统获得并预处理后的数据与正常行为模式比较。如果差异不超出预设阈值，则认为是正常的；出现较大差异即超过阈值，则判定为入侵。

（2）误用入侵检测。误用入侵检测是指利用已知系统和应用软件的弱点攻击模式来检测入侵。与异常入侵检测不同，误用入侵检测能直接检测不利或不可接受的行为，而异常入侵检测则是检测出与正常行为相违背的行为。

（三）入侵检测的步骤

入侵检测通过执行任务来实现：监视、分析用户及系统活动；对系统构造和弱点的审计；识别反映已知进攻的活动模式并向相关人士汇报；异常行为模式的统计分析；评估重要系统和数据文件的完整性；操作系统的审计跟踪管理，并识别用户违反安全策略的行为。入侵检测的一般步骤包括信息收集和信息检测分析，具体如下。

1. 信息收集

网络入侵检测的第一步是信息收集，内容包括系统、计算机网络、数据及用户活动的状态和行为。而且，需要在计算机网络系统中的若干不同关键点（不同网段和不同主机）收集信息。这除了尽可能扩大检测范围的因素外，还有一个重要的因素就是从一个信息源发出的信息有可能看不出疑点，但从几个信息源发出的信息的不一致性却是可疑行为或入侵的最好标识。入侵检测很大程度上依赖收集信息的可靠性和正确性。入侵检测利用的信息一般来自以下四个方面。

（1）系统和计算机网络日志文件。入侵者经常在系统日志文件中留下他们的踪迹，因此充分利用系统和计算机网络日志文件信息是检测入侵的必要条件。日志文件中记录了各种行为类型，每种类型又包含不同的信息，如记录“用户活动”类型的日志就包含登录、用户ID改变、用户对文件的访问、授权和认证信息等内容。通过查看日志文件，能够发现成功的入侵或入侵企图，并很快地启动相应的应急响应程序。

（2）目录和文件中不期望的改变。计算机网络环境中的文件系统包含很多软件和数据文件，其中含有重要信息的文件和私有数据文件经常是攻击者修改或破坏的目标。目录和文件中不期望的改变（包括修改、创建和删除），特别是那些正常情况下限制访问的，很可能就是一种入侵产生的指示和信号。攻击者经常替换、修改和破坏他们获得访问权的系统中的文件，同时为了隐藏系统中他们的表现及活动痕迹，都会尽力去替换系统程序或修改系统日志文件。

（3）程序执行中的不期望行为。计算机网络系统中的程序一般包括操作系统、计算机网络服务、用户启动的程序和特定目的的应用。每个在系统上执行的程序都由一到多个进程实现，而每个进程又在具有不同权限的环境中执行，这种环境控制着进程可访问的系统资源、程序和数据文件等。一个进程的执行行为由它运行时执行的操作来表现，操作执行的方式不同，利用的系统资源也就不同。一个进程出现了不期望的行为，表明可能有人正在入侵该系统，入侵者可能会将程序或服务的运行分解，从而导致它失败，或者是以非用户或管理员意图的方式操作。

（4）物理形式的入侵信息。物理形式的入侵信息包括两个方面的内容：一是未授权的对计算机网络硬件的连接；二是对物理资源的未授权访问。入侵者会想方设法地突破计算机网络的周边防卫，如果他们能够在物理上访问内部网，就能安装他们自己的设备和软件，进而探知网上由用户加上去的不安全（未授权）设备，然后利用这些设备访问计算机网络。

2. 信息检测分析

信息收集器将收集到的有关系统、计算机网络、数据及用户活动的状态和行为等信息传送到分析器，再由分析器对其进行分析。分析器一般采用三种技术对其进行分析：模式匹配、统计分析和完整性分析。前两种方法用于实时的计算机网络入侵检测，而完整性分析用于事后的计算机网络入侵检测。

（1）模式匹配。模式匹配就是将收集到的信息与已知的计算机网络入侵与系统误用模式数据库进行比较，从而发现违背安全策略的行为。该过程可以很简单（如通过字符串匹配以寻找一个简单的条目或指令），也可以很复杂（如利用正规的数学表达式来表示安全状态的变化）。该方法的一大优点是只需收集相关的数据集合，显著减轻了系统负担，且技术已相当成熟；与病毒防火墙采用的方法一样，检测的准确率和效率都相当高。但是，该方法的弱点就是需要不断地升级以对付不断出现的攻击手段，不能检测到从未出现过的攻击手段。

（2）统计分析。统计分析方法首先给系统对象（如用户、文件、目录和设备等）创建一个统计描述，统计正常使用时的一些测量属性（如访问次数、操作失败次数和时延等）。测量属性的平均值将被用来与计算机网络、系统的行为进行比较，任何观察值在正常范围之外时，就认为有入侵发生。其优点是可检测到未知的入侵和更为复杂的入侵；缺点是误报、漏报率高，且不适应用户正常行为的突然改变。具体的统计分析方法有基于专家系统的分析方法、模型推理的分析方法和神经计算机网络的分析方法。

（3）完整性分析。完整性分析主要关注某个文件或对象是否被更改。完整性分析利用强有力的加密机制（称为消息摘要函数），能够识别哪怕是微小的变化。其优点是不管模式匹配方法和统计分析方法能否发现入侵，只要是成功的攻击导致了文件或其他对象的任何改变，它都能发现。缺点是一般以批处理方式实现，不用于实时响应。尽管如此，完整性检测方法依然是维护计算机网络安全的必要手段之一。例如，可以在每一天的某个特定时间内开启完整性分析模块，对计算机网络系统进行全面的扫描检查。

第三节　信息隐藏与移动网络安全

一、信息隐藏的相关技术

信息隐藏技术是指高效、安全地把机密信息隐藏到有关载体中，建立不易被觉察或被攻破的信息传输方式。与之相对应的是隐秘信息检测技术，而隐秘信息检测是指破解信息隐藏的方法，发现含有隐秘信息的载体并过滤掉这些信息。目前信息隐藏已提出很多实用、有效的隐藏方法，但隐秘信息的检测起步较晚，仍处于初级阶段。

（一）信息隐藏技术

1. 信息隐藏的模型与性能参数

（1）信息隐藏的模型。信息隐藏是利用人类感觉器官的不敏感，以及多媒体数字信号本身存在的冗余，将机密信息隐藏到一个载体信号中，不被人的感知系统察觉，而且不影响载体信号的感觉效果和使用价值。目前，信息隐藏应用的主要领域有隐写术和数字水印领域。前者强调将秘密信息隐藏在多媒体信息中不被发现，不仅隐藏秘密信息的内容，还隐藏秘密信息的存在；后者则关心隐藏的信息是否被盗版者移去或修改。

（2）信息隐藏的性能参数。信息隐藏研究中的一个基本问题是正确处理隐蔽性、隐藏容量和鲁棒性之间的关系。它们构成信息隐藏的二要素。

隐蔽性包括对于感官的不可感知性和统计不可见性。前者主要针对保护知识产权的数字水印，隐藏的水印必须不损伤载体的听觉/视觉质量，从而不影响其商业价值；后者对于隐蔽通信极为重要，只要能用统计方法检测出隐秘信息的存在性，信息隐藏的努力就告失败。

隐藏容量是指在一个载体中可以隐藏的秘密信息量（比特）。信息隐藏是在一个有实际意义的载体中隐藏秘密信息，载体的概率密度函数多种多样。因此，在这种状况下得到信道容量是比较复杂的问题。

鲁棒性是指抵御攻击、正确提取隐藏信息的能力。对信息隐藏系统的攻击包括恶意攻击和常规信号处理。恶意攻击有几何攻击、解释性攻击、实施性攻击等。常规信号处理指滤波、缩放、压缩编码等。

2. 隐秘信息检测的模型与评价参数

（1）隐秘信息检测的模型。隐秘信息检测是信息隐藏的逆过程，是破解信息隐藏的方法，发现载体中的隐秘信息并过滤掉这些信息。隐秘信息的检测、提取和攻击都属于隐写分析（steganalysis）的范畴。隐秘信息的检测是提取和攻击的基础，只有确定载体中是否隐藏秘密信息，隐秘信息的提取和攻击才有目的性。

（2）隐秘信息检测的评价参数。当隐秘信息的检测算法被设计好后，需要对其性能的优劣进行客观的评价。准确性、适用性、实用性和复杂度是评价隐秘信息检测算法性能优劣的4个指标。准确性是指检测的准确程度，是隐秘信息检测最重要的一个评价指标。检测的准确性包含两层意思：其一，能否准确检测出含有秘密信息的载体；其二，能否准确判断出不含秘密信息的载体。检测的准确性一般采用误报率（false positive）和检测率（detection rate）来表示。

隐秘信息检测要求在尽量减少误报率和漏报率的条件下取得最佳检测率。但在误报率和漏报率两者无法同时满足的情况下，要根据具体的应用场合牺牲某一参数。如在隐秘载体数量较少的情况下，着重减少漏报率。但在对互联网上数以千亿计的网页和图像载体进行检测时，则着重减小误报率。

适用性是指对于不同信息隐藏算法隐藏信息检测的有效性，用检测算法能够有效检测出多少种、多少类信息隐藏算法衡量。实用性是指检测算法可实际应用的程度，由现实条件允许与否、检测结果稳定与否、自动化程度和实时性等衡量。复杂度是针对检测算法本身而言的，由检测算法实现所需要的资源开销、软硬件条件等衡量。到目前为止，还没有确切的针对适用性、实用性和复杂度的定量度量，只能通过比较不同检测算法之间的实现情况和检测效果得出结论。

（二）信息检测技术

1. 通用的隐秘信息检测

以上论及的隐秘信息检测方法，都是针对特定信息隐藏技术的，实现通用检测的难度要比特定检测的难度大得多。基本上是从许多原始图像和含秘密信息的图像中，分别提取一些统计特性，并对神经网络进行训练。当检测者得到一幅待检测图像后，将统计特性输入神经网络中，输出的结果就是对隐秘信息存在性的判断。如按照各种标准对图像质量的评价和使用变换系数的高阶统计特性都是常用的通用检测方法。但是通用检测方法存在一些缺陷，如计算量大、误检率高等，而且难以得到用于训练的隐秘图像样本。

2. 调色板图像中隐秘信息检测

调色板图像在互联网上很常见，如GIF图像。利用调色板图像的信息隐藏可分为两类：一类方法通过调色板中的颜色排列顺序隐藏秘密信息；另一类方法是将秘密信息隐藏在图像像素中，如最佳奇偶分配方法（OPA）等。基于LSB的隐秘信息检测算法根据奇异颜色，可检测出以OPA方法嵌入的秘密信息。

3. 基于 JPEG 兼容性的隐秘信息检测

有一些非压缩图像曾经被JPEG压缩过，用这些图像作为载体进行信息隐藏往往是不安全的，因为JPEG压缩中的量化处理，使图像的分块DCT系数出现明显的阶梯特性。而在这样的图像中隐藏信息，会对量化特性造成破坏。因此，根据DCT系数的量化特性是否受到破坏来判断载体中秘密信息的存在性。但是，如果在隐藏信息时，注意保持DCT系数的量化特性，也可以抵制这种检测方法。

二、移动网络安全问题与对策

（一）移动网络安全问题

“5G移动通信网络是为构建网络型社会、实现万物互联的目标而提出的，5G移动通信网络的连接具有较高的可靠性，能够提供更加优质的服务，有效地改善用户的访问体验。新一代移动通信网络虽然具有较多的优点，但是也伴随着相应的网络安全问题。”[①]传统移动网络比较安全，且安全优势明显。然而，随着移动网络与互联网的融合凸显出了许多新的安全问题，传统移动网络的安全性优势已不再存在。一是原先信息的传播是一点到多点，二次传播较为困难，所以容易控制。而互联网时代信息已经是病毒性的传播，即从一点传播，很快变成多点发散，并且高速、大范围传播。二是安全性更加复杂。互联网时代智能手机与人们形影不离且一直在线，很容易暴露人们的隐私，已成为安全隐患。如泄露用户和朋友的电话号码、短信信息、存在手机中的图片和视频等。更为复杂的是，智能手机的GPS定位功能，使用户可能被跟踪；而智能手机的电子支付、远程支付的密码泄露，近场支付安全隐患等，使智能手机正在成为“手雷”，给社会生活的安全带来巨大的问题。

① 郭彩萍.5G移动通信网络安全问题及对策研究[J].中国新通信，2021，23（16）：38.

第一，网络安全问题。移动与互联网相互融合，互联网的其他安全问题仍然存在。如网络安全扁平化、分布式将成为网络的演进方向，P2P等分布式技术将被广泛应用在网络构建中，其安全问题需要深入研究。

第二，终端安全问题。终端安全问题将更加普及，终端易被攻击和控制。

第三，业务安全问题。如位置信息、彩信、短信等移动的互联网服务及移动互联网用户的信息安全问题，都令人不安。

（二）移动网络安全问题的解决对策

4G及5G网络安全性的相关技术在不断发展。如双向认证技术、加长密钥长度为128位的新加密技术、完整性保护技术、防重放技术等。当然，5G终端智能化、业务多样化、传输高速化的发展，也使各种安全隐患逐渐增多，如终端智能化，就引入了新的攻击能力，业务不断丰富，流程的漏洞也在增加。

移动网络与互联网的融合导致传统移动网络的安全性优势大为减少，只剩下鉴权严格和行为可溯源这两种安全优势。为此，移动互联网应采取以下四个方面的安全对策。

第一，用户对网络透明。要抓住“可鉴权，可溯源”的技术优势，降低各种安全威胁，提高网络的整体安全强度。

第二，关注网络自身安全。对用户不透明，对用户隐藏网络拓扑，使一般用户无法对网络节点发起攻击。

第三，保护终端安全。对于智能终端的安全要重点保护，因为智能终端的操作系统可能存在安全漏洞，在彩信、手机浏览网页、下载安装软件等情况下，可能感染病毒或遭到入侵。黑客有可能在手机病毒防护、可信终端安全架构、手机操作系统漏洞等方面实施攻击。

第四，业务的安全保护。互联网应用大幅增加后，通信对端更不可信。可能引发病毒感染、木马等一系列攻击。为此，应对服务提供方进行严格认证。

第四节　计算机信息安全教育与组织管理

一、计算机信息安全教育

新时期，是“信息化时代”，也是“互联网+”时代，在这个时代背景之下，人们享受着网络社会所带来的众多便利的同时，也不可避免受到网络安全问题所带来的影响。对此，要将计算机信息安全教育融入计算机网络教学中，着眼于当前计算机网络教学中所存在的问题，引导受教育者切实掌握计算机信息安全技术，养成充足的计算机信息安全意识、规范操作，为整个网络环境的安全而贡献自己的力量与智慧。“随着信息技术的发展，高中生已经成为网民群体的重要组成部分。但是，由于高中生的身心发育都不够成熟，计算机网络信息安全教育问题已经成为社会普遍关注的问题。”[①]加强受教育者信息安全教学的策略包括以下三点。

（一）培养计算机信息安全意识

要切实做好计算机信息安全教育的各项工作，着重引导和促进受教育者逐步树立计算机信息安全意识，致力于受教育者良好计算机信息安全防范意识和能力的培养与提升，让受教育者正确、健康、文明地操作网络。

1. 引导受教育者明晰认知和适当运用网络

教育者应当能够引导受教育者树立对计算机信息安全的正确认知，为此要制定和完善受教育者的网络道德行为守则与标准，鼓励和引导受教育者严格遵循。就其具体内容来讲，比如“要诚实友好交流，不侮辱欺诈他人”“要有益身心健康，不沉溺虚拟时空”“要维护网络安全，不破坏网络秩序”等。除此以外，教育者还要注重组织和引导受教育者正确使用互联网来为自己的学习与成长服务，比如，通过网络来搜索学习资料、利用网络来开展线上教学、与线下教学一起来推进混合式教学法，以此来巩固与提升教学成效。

2. 以法律和道德来规范和引导受教育者

互联网搭建的虚拟世界当中，具有高度的开放性，比如对于计算机网络的使用者和参与者的主体身份等并没有具体的限制和约束，加上当前网络监管方面仍然存在很多盲区与不到位之处。但是，对于任何一个计算机互联网的使用者和参与者而言，并不能够因此而失去约束，更不能利用这种开放性来实施非法活动。因此，应当加强相关法律宣讲与道德引领，开展主题式教育，让受教育者明确自己在网络环境下的责任与义务、行为与准则，提升受教育者的网络法律意识及道德修养。除此之外，还要注重受教育者信息鉴别能力的培养与提升，比如不要随意打开和回复未知邮件等信息、不要相信网络中的各种不良信息、尽量设置复杂

① 尚娜.对高中生计算机网络信息安全教育的思考[J].网络安全技术与应用，2018（5）：65.

形式的网络账户密码等，为构建健康、和谐的网络环境贡献自己的力量与智慧的同时，在必要时能够拿起法律武器来维护自己的合法权益。

3. 善于创设多样文化生活吸引受教育者

为了进一步增强受教育者的计算机信息安全意识，规避计算机信息安全问题，应当运用多种有效教学实践来启迪与引导受教育者。尤其是要善于创设多样化的文化生活来吸引受教育者，增强受教育者的计算机信息安全意识，规避非安全事件的发生。举例来讲，我们可以组织开展以“计算机信息安全”为主题的系列活动大赛，以情景表演与再现的方式来进行，让受教育者在看表演、听故事的过程当中，直观感知计算机信息安全问题是大问题，也是关乎我们每个人的重要问题，从案例故事当中增强对计算机信息安全知识的理解和能力的掌握。另外，我们还要以网络信息为载体和依托，组织实施多元丰富的文化活动，如微视频动画设计大赛等。这样一来，既丰富了课余、工作之外的休闲生活，也使受教育者积极参与自己喜爱的各种文化艺术活动，减少沉溺于网络的时间，从而有效规避各种网络安全问题。

（二）实施多样化的计算机信息安全教学

在计算机网络教学过程中，为了将计算机信息安全教育融入教学中，切实提升计算机信息安全教学的效率与质量，教育者就必须创新教学方法，特别是要实施多样化的教学策略。

1. 情景教学法

情景教学，顾名思义就是要基于所创设的情景来开展教学。教育者要将计算机信息安全问题的相关情景应用到教学当中来，以操作系统有关课程知识的教学为例，教育者可以将系统补丁的分发升级及部署防病毒软件等的实践使用场景加以演示。比如，在网络课程学习过程中，教育者可以结合相应情景，融入安全口令认证、主机防火墙配置等方面的知识。这样一来，可使受教育者更加直观而深刻地学习与掌握其中的原理，增强对系统安全防范等方面知识与能力的理解与掌握。

2. 趣味教学法

兴趣是最好的老师，以趣味来激发受教育者的兴趣，增强受教育者的学习动力，提升受教育者对计算机安全信息知识的理解和吸收。举例来讲，教育者可以借助有趣的实验来展示病毒的传播与感染过程，如局域网流行的ARP病毒，将该病毒攻击计算机所显示的中奖等垃圾信息展示出来，以此来引诱用户点开链接，从而造成计算机感染病毒。基于这样的趣味性教学实践过程，可以让受教育者更加容易理解教学内容，也更有助于达到计算机信息安全教育的目标。

（三）强调计算机信息安全具体的实际应用

计算机信息安全问题，是一个现实问题，也是围绕在我们日常生活中的一个生活问题，更是关乎我们每个人信息安全乃至利益的重要问题。在教学过程中，教育者要多强调计算机信息安全具体的实用性表现，让受教育者在学习关键技术与操作要领的同时，也高度重视信息安全学习中的实用性表现。举例来讲，在日常教学过程当中，教育者要从基础部分入手，组织引导受教育者学习和知晓系统补丁的及时更新、主机病毒防范的基本安全知识、对某一病毒的应对处理方法等。

二、信息安全的组织管理

我国信息安全管理体制是一个多方“齐抓共管”的格局，由工业和信息化部、公安部、国家安全部、国家保密局、国家密码管理委员会、专家顾问组、安全审计机构、安全培训机构等多家机构共同组成，分别履行各自的职能，共同维护国家信息安全。由于信息安全保障涉及信息安全、网络安全、技术安全、管理安全、内容安全、个人行为安全等方面和层次，因此产业部门、保密部门、机要部门、安全部门、公安部门、文化部门、宣传部门等都要参与管理。不同部门实际上是在管理着信息安全某个方面或者某种属性，也就是管理部门传统职能在网上的表现和反映。

（一）信息安全制度管理

在信息安全中，最活跃的因素是人。对人的管理包括法律、法规与政策的约束、安全指南的帮助、安全意识的提高、安全技能的培训、人力资源管理措施及企业文化的熏陶，这些功能的实现都要以完备的安全管理政策和制度为前提。这里所说的安全管理制度包括信息安全工作的总体方针、策略、规范各种安全管理活动的管理制度及管理人员或操作人员日常操作的操作规程。

安全管理制度主要包括管理制度的制定和发布、评审和修订等。不同等级的基本要求在安全管理制度方面有不同的体现。

一级安全管理制度要求明确制定常用的管理制度，并对管理制度的制定和发布提出基本要求。

二级安全管理制度要求在控制点上增加了评审和修订，管理制度增加了总体方针和安全策略，以及对各类重要操作建立规程的要求，并且管理制度的制定和发布要求组织论证。

三级安全管理制度在二级的基础上，要求机构形成信息安全管理制度体系，对管理制度的制定要求和发布过程进一步严格和规范。对安全制度的评审和修订要求领导小组负责。

四级安全管理制度在三级要求的基础上，主要考虑了对带有密级的管理制度的管理和管理制度的日常维护等。

（二）信息安全人员管理

人员安全管理和控制是信息安全管理中的重要环节。“在信息安全要素中，信息安全管理必须依赖于员工的日常安全操作。”除加强法治建设，通过法律制裁形成一种威慑，并通过伦理道德教育提高整体素质外，还应采取科学的管理措施，减少作案的机会、减少犯罪，以获得安全的环境。通常对信息安全管理人员有以下几点管理要求。

1. 安全授权

计算机网络必须设立网络安全管理机构，网络安全管理机构设置网络安全管理员，如需要还可设立分级网络管理机构和相应的网络管理员。此外，还应建立、健全岗位责任制指定不同的管理员在岗位上可能处理的最高密级信息，即安全授权。

安全授权包括专控信息的授权、机密信息的授权、秘密信息的授权和受控信息的授权四类。其中专控信息的授权是对网络管理机构的最高领导、网络安全管理员及专门指派的人员的授权，是处理最高机密的授权。

除上述四类授权外，尚有一种临时授权，即对需要临时接触专控信息的人给予临时专控信息授权。但需要对他接触专控信息进行审查，只有审查合格后才可获得授权。

2. 安全审查

在工作人员获准接触、保管机密信息前，必须对他们进行安全审查。对新进入的工作人员按照其本人申请表中的个人历史逐一审查，必要时要亲自会见证明人，对以前的经历和人品进行确认。除新职工外，对在职人员也要定期审查。当某工作人员婚姻状况发生变化，或被怀疑违反了安全规则，或是对其可靠性产生怀疑时，都要重新审查。

安全警卫员应具有所保卫的重要机房最高密级的授权，应按此标准挑选、审查。

对清洁工也要和工作人员一样进行审查，未经严格审查的清洁工在处理保密信息的重要机房工作时，应自始至终处于工作人员的监视之下。

3. 调离交接

一旦重要岗位的工作人员辞职或调离，应立即取消他出入安全区、接触保密信息的授权。应给调离人员一份书面要求，告知他有义务对工作期间接触的涉密信息继续保密，否则将受到行政或刑事处罚。必要时调离人员应签字，说明已接受并对今后的行为负责。调离人员办理手续前，应交回所有的证章、通行证、授权、说明手册、使用资料等。调离人员走后，所有他接触过、使用过的访问控制物品必须更换或处理。

4. 安全教育

加强对各类工作人员进行安全意识教育和岗位技能培训，告知工作人员相关的安全责任和惩戒措施。定期对工作人员进行安全教育，包括听讲座、观看影片、录像资料、学习信息安全材料等，以此提高工作人员的信息安全防护意识。

第七章　人工智能基础原理

人工智能（Artificial Intelligence，AI）是计算机科学中一门重要的交叉学科，旨在使计算机系统能够模仿人类的智能行为和学习能力。随着计算机性能的不断提升、数据的爆炸性增长及算法的不断发展，人工智能已成为21世纪最引人注目的研究领域之一。本章将重点探讨人工智能的基础原理，包括概念与知识表示、知识图谱与推理、知识库与知识搜索技术、机器学习与自然语言处理等内容。

第一节　概念与知识表示

一、概念表示

对于人工智能来说，知识是最重要的部分。知识由概念组成，概念是构成人类知识世界的基本单元。人们借助概念才能正确地理解世界，与他人交流，传递各种信息。如果缺少对应的概念，那么要将自己的想法表达出来是非常困难甚至是不可能的。能够准确地使用各种概念是人类一项重要且基本的能力。鉴于知识自身也是一个概念，因此，要想表达知识，能够准确表达概念是先决条件。

要想表示概念，必须将概念准确定义。从古至今，人们一直在研究定义一个概念。1953年以前，一般认为概念可以准确定义，而有些缺少准确定义的概念仅仅是由于人们研究不够深入、没有发现而已。这样的概念定义，称为概念的经典理论。直到1953年维特根斯坦《哲学研究》的发表，使上述理论被证伪，即不是任何概念都可以被精确定义，比如，许多日常生活中使用的概念（如猫、狗等）并不能被精确定义，这极大地改变了人们对概念的认知。在经典概念定义不一定存在的情况下，概念的原型理论、样例理论和知识理论先后被提出。

（一）经典概念理论

所谓概念的精确定义，就是可以给出一个命题，亦称概念的经典定义方法。在这样一种概念定义中，对象属于或不属于一个概念是一个二值问题。一个对象要么属于这个概念，要么不属于这个概念，二者必居其一。一个经典概念由三部分组成，即概念名、概念的内涵表示、概念的外延表示。

概念名由一个词语来表示，属于符号世界或者认知世界。

概念的内涵表示用命题来表示，反映和揭示概念的本质属性，是人类主观世界对概念的认知，可存在于人的心智之中，属于心智世界。所谓命题，就是非真即假的陈述句。

概念的外延表示由概念指称的具体实例组成，是一个由满足概念的内涵表示的对象构成的经典集合。概念的外延表示外部可观可测。

经典概念大多隶属于科学概念。比如，偶数、英文字母属于经典概念。

偶数的概念名为偶数。偶数的内涵表示的命题为：能被2整除的自然数。

英文字母的概念名为英文字母。英文字母的内涵表示的命题为：英语单词里使用的字母符号（不区分字体）。

经典概念在科学研究、日常生活中具有极其重要的意义。如果限定概念都是经典概念，则既可以使用其内涵表示进行计算（所谓的数理逻辑），也可以使用其外延表示进行计算（对应着集合论）。下面进行简单的介绍。

（二）数理逻辑

在命题逻辑中，简单命题常用p、q、r、s、t等小写字母表示。复合命题则用简单命题和逻辑词进行符号化。常见的逻辑联结词有五个——否定联结词、合取联结词、析取联结词、蕴含联结词、等价联结词。在数理逻辑中，真用“1”来表示，假用“0”来表示。

否定联结词是一元联结词，其符号为$\neg$。设p为命题，复合命题“非p”（或p的否定）称为P的否定式，记作$\neg p$。规定$\neg p$为真当且仅当p为假。在自然语言中，否定联结词一般用“非”“不”等表示。但是，不是自然语言中所有的“非”“不”都对应否定联结词。

合取联结词为二元联结词，其符号为$\wedge$。设p、q为两个命题，复合命题“p且

q”并且（或“p与q”）称为p与q的合取式，记作$p\wedge q$。规定$p\wedge q$为真当且仅当p与q同时为真。在自然语言中，合取联结词对应相当多的连词，如“既……又……”“不但……而且……”“虽然……但是……”“一面……一面……”“一边……一边……”等都表示两件事情同时成立，可以符号化为∧。同时，也需要注意不是所有的“与”“和”对应∧。

析取联结词为二元联结词，其符号为∨。设p、q为两个命题，复合命题“p或者q”称为p与q的析取式，记作$p\vee q$。规定$p\vee q$为假当且仅当p与q同时为假。特别需要注意的是，自然语言中的“或者”与∨不完全相同，自然语言中的“或者”有时是排斥或，有时是相容或。而在数理逻辑中，∨是相容或。

蕴含联结词为二元联结词，其符号为→。设p、q为两个命题，复合命题“如果p则q”称为p与q的蕴含式，记作$p\rightarrow q$。规定$p\rightarrow q$为假当且仅当p为真且q为假。$p\rightarrow q$的逻辑关系为q是p的必要条件。使用蕴含联结词→，必须注意自然语言中存在许多看起来差别很大的表达方式，如“只要P，就q”“因为p，所以q”“p仅当q”“只有q才p”“除非q才p”“除非q，否则非p”等都对应于命题符号化$p\rightarrow q$。同时，必须注意到当p为假时，无论q为真或为假，$p\rightarrow q$总为真。日常生活里$p\rightarrow q$中的前件p与后件q往往存在某种内在关系；而在数理逻辑里，并不要求前件p与后件q有任何联系，前件p与后件q可以完全没有内在联系。

等价联结词为二元联结词，其符号为↔。设p，q为两个命题，复合命题“p当且仅当q”称为p与q的等价式，记作$p\leftrightarrow q$。规定$p\leftrightarrow q$为真当且仅当p与q同为真或同为假。$p\leftrightarrow q$意味着p与q互为充要条件。不难看出，（$p\rightarrow q$）∧（$q\rightarrow p$）与$p\leftrightarrow q$完全等价，都表示p与q互为充要条件。

命题逻辑并不完全能够处理日常生活中的简单推理，但是如果使用命题逻辑，将只能分解到简单命题，而不能推断出命题恒为真。对于日常生活中的逻辑推理来说，简单命题并不是最终的基本单位，还需要进一步分解。由于命题是陈述句，根据语法，一般可以分为主语、谓语结构或者主语、谓语、宾语结构。将命题进一步分解研究的逻辑称为谓词逻辑。

在谓词逻辑中，主语宾语都对应于研究对象中可以独立存在的具体或者泛指的客体，称为个体词。具体的如苏格拉底、李白、太阳等；泛指的如人、奇数、三角形等。表示具体或者特指的客体的个体词称作个体常项，常用小写英文字母a、b、c等表示，如可以用a表示李白、b表示苏格拉底等。表示泛指的个体词称为个体变项，常用x、y、z等表示。谓语是用来刻画个体词性质或者个体词之间相互关系的，在谓词逻辑中称为谓词，常用大写字母F、G、H等表示。同个体词一样，谓词也有常项和变项之分。表示具体性质或关系的谓词称为谓词常项，表示泛指或者抽象的性质或者关系的谓词称为谓词变项。无论谓词常项还是变项都用大写字母F、G、H等表示；无论是谓词常项还是谓词变项都依赖上下文确定。一般地，含有n个（$n \geqslant 1$）个体变项x_1，x_2，…，x_n的谓词F称为n元谓词，记作F（x_1，x_2，…，x_n）。当$n=1$时，F（x_1）表示x_1具有性质F；当$n \geqslant 2$时，F（x_1，x_2，…，x_n）表示x_1，x_2，…，x_n具有关系F。n元谓词是以个体域为定义域、以$\{0,1\}$为值域的n元函数或者关系。有时将没有个体变项的谓词称为0元谓词，如$H(a)$，$G(a,b)$，$F(a_1$，a_2，…，$a_n)$等都是0元谓词。当F、G、H等是谓词常项时，0元谓词就是命题。任何命题都是0元谓词，命题完全可以看作特殊的谓词。

在日常生活的逻辑推断中，经常需要建立个体变项与个体常项之间的数量替代关系（如苏格拉底三段论），并用量词来表示。在谓词逻辑中，有全称量词和存在量词两种量词。

常见词如“一切”“所有”“任意”“每一个”“凡”“都”等都称为全称量词，符号为$\forall$。$\forall x$表示个体域里的所有个体，而个体域事先确定。$\forall xH(x)$表示个体域里所有个体x都有性质H，$\forall x \forall yG(x,y)$表示个体域里所有的$x$和$y$都有关系$G$，这里$H$、$G$是谓词。需要注意的是，有多个谓词时，个体域可能不同，因此需要限定个体变项的个体域。用来限定个体变项的个体域的谓词称为特性谓词。对于全称量词，个体变项的特性谓词与其对应的谓词之间的关系是蕴含关系。

常见词如“存在”“有一个”“有的”“至少有一个”等都称为存在量词，符号为$\exists$。$\exists x$表示个体域里的某个个体，而个体域事先确定。$\forall \exists H(x)$表示个体域里某个体x具有性质H，$\exists x \exists xG(x,y)$表示个体域里某个$x$和某个$y$有关系$G$，这里$H$、$G$是谓词。同样地，当有多个谓词时，个体域可能不同，因此也需要特性谓词来限定个体域。对于存在量词，个体变项的特性谓词与其对应的谓词之间的关系是合取关系。

（三）集合论

当需要定义或使用一个概念时，常常需要明确概念指称的对象。一个由概念指称的所有对象组成的整体称为该概念的集合，这些对象就是集合的元素或者成员。该概念名为集合的名称，该集合称为对应概念的外延表示，集合中的元素为对应概念的指称对象，如一元二次方程$x^2-2=0$的解组成的集合、人类性别集合、质数集合等。

为了方便计算，集合通常用大写英文字母标记。例如，自然数集合N、整数集合Z、有理数集合Q、实数集合R、复数集合C等。因此，集合的名字常常有两个：一个用在自然语言中，对应该集合的概念名；另一个用在数学中，用来降低书写的复杂度。

集合有两种表示方法：①枚举表示法；②谓词表示法。所谓集合的枚举表示法，是指列出集合中的所有元素，元素之间用逗号隔开，并把它们用花括号括起来，如A={1，2 3 4 5 6 7 8 9 0}、N={0，1 2 3 4……}都是合法的表示。

谓词表示法是用谓词来概括集合中元素的属性。该谓词是与集合对应的概念的内涵表示，即其命题表示的谓词符号化中的谓词。例如，集合$B=\{x|x\in R\wedge x^2-2=0\}$表示方程$x^2-2=0$的解集。当然，集合B也可以用枚举表示法来表示，B={$\sqrt{2^-}$，$\sqrt{2}$}。并不是所有的集合都可以用枚举表示法来表示，比如实数集合。

在用枚举表示法时，集合中的元素彼此不同，不允许一个元素在集合中多次出现；集合中的元素地位是平等的，出现的次序无关紧要，即集合中的元素无顺序，或者说两个集合如果在其对应的枚举表示法中元素完全相同而其出现顺序不同，则认为这两个集合是相同的。

考虑到集合中的元素对应对象，而每一个对象也可以看作一个更具体的概念，如李白是诗人这个集合中的一个元素，而李白自身也可以看作一个更为具体的概念。考虑到任何概念都有外延表示即集合对应，因此，集合的元素都可以看作集合。元素和集合之间的关系是隶属关系，即属于或者不属于，属于的记号为∈，不属于的记号为∉。例如$A=\{a,\{a,b\},\{a\},\{a,\{a,b\}\}\}$。这里，$a\in A$，$\{a,b\}\in A$，$\{a\}\in A$，$\{a,\{a,b\}\}\in A$，但$b\notin A$。可以用一个树形图来表示集合的隶属关系。该树形图显然分层构成，每一层上的一个节点表示一个集合，上层节点与下层节点有边相连当且仅当上层节点对应某集合，而下层节点对应该集合的元素。由于集合的元素都是集合，隶属关系可以看作处在不同层次上的集合之间的关系，因此，对于任何集合A，都有$A\notin A$。

如果同一层次的不同概念之间有各种关系，则对于同一层次上的两个集合，彼此之间也存在各种不同的关系。

定义1：如果A、B是两个集合，且A中的任意元素都是集合B中的元素，则称集合A是集合B的子集合，简称子集，这时也称A被B包含，或者B包含A，记作$A\subseteq B$。

如果A不被B所包含，则记作$A\subsetneq B$。

包含的谓词符号化为：$A\subseteq B\Leftrightarrow \forall x(x\in A\rightarrow x\in B)$。

包含关系在集合中很常见，比如$N\subseteq Z\subseteq Q\subseteq R\subseteq C$，但$Z\subsetneq N$。对于任何集合A都有$A\subseteq A$，因此，隶属关系和包含关系都是两个集合之间的关系，对于某些集合可以同时存在，比如$A=\{a,\{a,b\},b,\{a,\{a,b\}\}\}$和$\{a,b\}$，既有$\{a,b\}\in A$，也有$\{a,b\}\subseteq A$。前者认为它们不是同一层次的集合；后者认为它们是同一层次上的集合，其实逻辑上都是合理的。

定义2：如果A、B是两个集合，且$A\subseteq B$与$B\subseteq A$同时成立，则称A与B相等，记作$A=B$。

如果A与B不相等，则记作$A\neq B$。

相等的符号化表示为：$A=B\Leftrightarrow A\subseteq B\wedge B\subseteq A$。

定义3：如果A、B是两个集合，且$A\subseteq B$与$A\neq B$同时成立，则称A是B的真子集，记作$A\subset B$。

如果A不是B的真子集，则记作$A\not\subset B$。

真子集的符号化表示为：$A\subset B\Leftrightarrow A\subseteq B\wedge A\neq B$。

例如，$N\subset Z\subset Q\subset R\subset C$，但$Z\not\subset Z$。

定义4：不含任何元素的集合叫作空集，记作ϕ。

空集可以符号化表示为：$\phi=\{x|\ x\neq x\}$。

例如，21世纪的法国国王，显然是一个空集。

定理：空集是一切集合的子集。

证明：任给集合A，由子集定义可知$\phi\subseteq A\Leftrightarrow \forall x(x\in\phi\rightarrow x\in A)$。由于右边的蕴含式前件为假而为真命题，必然$\phi\subseteq A$成立。证毕。

推论：空集是唯一的。

证明：假设存在两个空集ϕ_1、ϕ_2。根据定理1，可以指定必有$\phi_1\subseteq\phi_2$，$\phi_2\subseteq\phi_1$。根据集合相等的定义可知，必有$\phi_1=\phi_2$。

含有n个元素的集合简称n元集，它的含有m（m≤n）个元素的子集称为它的m元子集。可以证明，对于n元集A，其子集总数为2n个。

定义5：集合A的全体子集构成的集合叫作集合A的幂集，记作P（A）。如果A为n元集，则P（A）有2n个元素。

定义6：在一个具体问题中，如果涉及的集合都是某个集合的子集，则称该集合为全集，记作E。

对于不同的问题，全集定义不同。有时候，即使对同一个问题，也可以构造不同的全集来解决问题。一般来说，全集取得小一些，问题的描述和处理会简单一些，但也不能一概而论。

集合作为概念的外延表示，对应于概念之间的运算，也存在相应的运算。最基本的集合运算有并、交、对称差和相对补。

定义7：设A、B为集合，A与B的并集$A\cup B$，交集$A\cap B$，对称差$A\oplus B$，B对A的相对补集A-B可分别定义如下：

$$A\bigcup B=\{x|\ x\in A\vee x\in B\} \tag{7-1}$$

$$A\bigcap B=\{x|\ x\in A\vee x\in B\} \tag{7-2}$$

$$A\oplus B=\{x|(x\in A\wedge x\notin B)\wedge(x\in B\wedge x\notin A)\} \tag{7-3}$$

$$A-B=\{x|\ x\in A\wedge x\notin B\} \tag{7-4}$$

如果两个集合的交集为空集，则称这两个集合是不交的。

在给定全集E以后，$A\subseteq E$，A的绝对补集$\sim A$可定义为：$\sim A=E-A=\{x|x\in E\ x\notin A\}$。

由此，可以具体计算集合之间的并、交、对称差、相对补和绝对补。

显然，当概念的外延表示为经典集合时，概念之间的计算可以由集合运算来代替。

当不能或不方便用枚举表示法来表示集合时，可以使用集合的特征函数来表示特定论域中的元素与集合的关系。一般来说，讨论集合时会限定在一个全集，待讨论的集合中的元素都是该全集的元素。当全集为E，待讨论的集合为A，$I_A(x)=1$当且仅当$x\in A$，否则，$I_A(x)=0$，则$I_A(x)$是集合A的特征函数。

二、知识表示及方法

世界上任何学科均有其特定研究对象，对于人工智能学科而言也是如此。人工智能学科的研究对象是知识，对它的研究都是围绕知识而展开的，如知识的概念、知识的表示、知识的组织管理、知识的获取、知识的应用等，它们构成了整个人工智能的研究内容。

（一）知识及知识表示的基本认知

1. 知识及其分类

知识是人们在认识客观世界与改造客观世界，解决实际问题的过程中形成的认识与经验并经抽象而成，因此知识是认识与经验的抽象体。知识是由符号组成，同时包括符号的语义。因此从形式上看，知识是一种带有语义的符号体系。一般而言，知识的抽象性决定了它具有强大的指导性与影响力，因此人们常说：知识就是力量，知识是人类的精神财富。知识是人工智能学科的基础。有关人工智能学科的讨论都是围绕知识而展开的。

按不同的角度，知识可以分为以下三类。

（1）按层次分类。知识是由一个完整体系组成，包括由底向上的四个层次，具体内容如下。

第一，对象。对象是客观世界中的事物，如花、草、人、鸟等。对象并不组成完整的认识与经验，因此它并不是知识，它是知识的一个组成部分，在知识构成中是起到核心作用的。因此对象是知识的最基本与关键组成部分。对象有常值与变值之分，如“鲁迅”是常值对象，而由许多作家组成的作家集合中的一个作家变量x是变值对象。

第二，事实。事实是关于对象性质与对象间关系的表示。事实是一种知识，它所表示的是一种静态的知识。在知识体系中它属最底层、最基础的知识，如“花是红的”“人赏花”等均为知识，前者表示对象“花”的性质；后者表示对象“人”与“花”间的关系。与对象一样，事实也有常值与变值之分，如事实中所有对象均为常值则称为常值事实、变值对象则称为变值事实，上面的“人赏花”是常值事实，而如果人观赏的是花、景、物中可变的一个，则是变值事实。变值事实反映了更为广泛与抽象的性质与关系，如父子关系、上下级关系、同窗关系等。

第三，规则。规则是客观世界中事实间的动态行为，它也是一种知识，反映了事实间与动作相联系的知识，又称推理。目前常用的推理有演绎推理（有时又称推理）、归纳推理。由一般性知识推导出个别与局部性知识的推理称为演绎推理。在该推理中，有大前提和小前提后必可推得结果。这个规则是从大前提和小前提两个事实出发可推得结果这个事实。而由个别与局部性知识推导出一般性知识的推理称为归纳推理。归纳推理是演绎推理之逆。规则大多为变值规则，这使规则具有广泛的使用价值。

第四，元知识。元知识是有关知识的知识，是知识体系中的顶层知识。它表示的是控制性知识与使用性知识。如规则使用的知识，事实间约束性知识等。

上述介绍的四个知识层次中，对象是最基础的，事实由对象组成，规则是由事实组成，元知识是控制和约束事实与规则的知识。

（2）按内容分类。

第一，常识性知识：泛指普遍存在且被普遍接受了的客观知识，又称常识。

第二，领域性知识：指的是按学科、门类所划分的知识，如医学中的知识、化学中的知识，均属领域性知识。

（3）按确定性分类。

第一，确定性知识：可以确定为“真”或“假”的知识称为确定性知识。下面如不作特别说明，所说的知识均为确定性知识。

第二，非确定性知识：凡不能确定为“真”或“假”的知识都称为非确定性知识。如有知识“清明时节雨纷纷”，它表示在大多情况下清明时节会下雨，但并不能保证所有年份、所有地区清明时节均会下雨。

上述介绍的事实、规则等都是知识的基本单元，随着人工智能的发展，知识的复杂性与体量均已大大增强，为此需要用多个知识单元通过一定的结构方式组成一个模型才能表示复杂的、大体量的知识，这种知识称为知识模型。如机器学习中经过训练的人工神经模型、深度学习中的卷积神经模型等均是知识模型。

2. 知识表示

知识是需要表示的，为方便表示，一般采用形式化的描述，并且具有规范化的表示方法，这就是知识表示。在人类智能中知识蕴藏于人脑中，但在人工智能中是需要用知识表示的方式将知识表示出来，以便于对它讨论与研究。知识表示就是用形式化、规范化的方式对知识的描述。其内容包括一组事实、规则及控制性知识等，部分情况下还会组成知识模型。

“知识的表示方法是至关重要的，它不仅决定了知识应用的形式，而且也决定了知识处理的效率和实现的域空间规模的大小，其成功与否直接关系到智能设计专家系统的水平。”[①]常用的知识表示方法包括产生式表示法、状态空间表示法、谓词逻辑表示法。

（二）产生式表示法

产生式表示法，使用类似于文法的规则，对符号串作替换运算。产生式系统结构方式可用以模拟人类求解问题时的思维过程。

产生式表示法是人工智能中最常见的与简单的一种表示法。当给定的问题要用产生式系统求解时，则要求能掌握建立产生式系统形式化描述的方法，所提出的描述体系具有一般性。

产生式表示法中目前有两种表示知识的方法，它们是事实与规则，其中事实表示对象性质及对象间的关系，是指对问题状态的一种静态描述，而规则是事实间因果联系的动态表示。

1. 产生式表示法的构成

产生式表示法的知识由事实与规则组成，它也可表示部分元知识。

（1）事实表示。产生式表示法中的事实表示又分为性质与关系两种。

第一，对象性质表示。对象性质可用一个三元组表示（对象、属性、值）。它表示指定对象具有指定性质的某个指定值，如（牡丹花，颜色，红）表示牡丹花是红色的。

第二，对象间关系表示。对象间关系可用一个三元组表示（关系、对象1、对象2）。它表示指定两个对象间所具有指定的某个关系，如（父子、王龙、王晨）表示王龙与王晨间是父子关系。一个给定问题的产生式系统可组成一个事实集合体，称为综合数据库。

（2）规则表示。规则是事实间因果联系的动态表示。产生式规则的一般形式为：If P then Q。其中，前半部P确定了该规则可应用的先决条件，后半部Q描述了应用这条规则所采取的行动得出的结论。一条产生式规则满足了应用的先决条件P之后，就可用规则进行操作，使其发生变化产生结果Q。

一个给定的问题的产生式系统可组成一个规则集合体，称为规则库。

2. 产生式表示法与知识的关系

（1）第一层。产生式表示中的对象。它给出了知识中的对象。

（2）第二层。产生式表示中的事实。它给出了知识中的事实。

---

① 年志刚，梁式，麻芳兰，等.知识表示方法研究与应用[J].计算机应用研究，2007（5）：234.

（3）第三层。产生式表示中的操作。它给出了知识中的规则。

（4）第四层。产生式表示中的知识可设置约束。它给出了元知识。

3. 产生式表示法的优势

产生式表示法是目前人工智能中最常见的一种表示法，它在表示上有很多优点。

（1）知识表示的完整性。可以用产生式表示知识体系中四个部分：①用产生式中的对象表示知识中的对象；②用产生式中的事实表示知识中的事实；③用产生式中的规则表示知识中的规则；④用产生式表示知识中的部分元知识。

此外，用产生式表示的知识以确定性知识为主，但也在一定程度上可以表示非确定性知识。

（2）表示规则简单、易于使用。用产生式方法表示知识，无论是对象、事实、规则都很简单，因此易于掌握使用。产生式方法表示知识也存在一定的不足，主要是：①无法表示复杂的知识。由于用产生式方法表示的知识比较简单，适用于一般知识体系的表示，但对复杂知识的表示有一定的难度，如对嵌套性、递归性知识的表示，多种形式规则的组合表示等。②演绎性规则。用产生式方法所表示的规则仅限于演绎性规则，它无法表示归纳性规则。

（三）状态空间表示法

状态空间表示法是知识表示中比较常用的方法。此方法是问题求解中通过在某个可能求解空间内寻找一个求解路径的一种表示方法。

1. 状态空间的表示

在状态空间表示法中，用“状态”表示事实，用“操作”表示规则。

（1）状态：状态是该表示法中的事实表示，有$S=\{S_0, S_1, \cdots S_n\}$的形式。其中，$S$表示状态。每个状态有$n$个分量，称为状态变量。对每一个分量都给予确定的值时，就得到了一个具体的状态。一般而言状态是有一定条件约束的。

（2）操作：操作是从一种状态变换为另一种状态的一种动态行为，又称算符，是该表示法中的规则表示。一般而言这种变换是有一定条件约束的。操作的对象是状态，在操作使用时，它将引起该状态中某些分量值的变化，从而使状态产生变化，从一种状态变为另一种状态。因此操作也可视为状态间的一种关联。

（3）状态空间：状态空间用于描述一个问题的全部状态及这些状态之间的相互关系。状态空间可用一个三元组（*S*、*F*、*G*）表示。其中，*S*为问题的所有初始状态的集合；*F*为操作的集合，用于把一个状态转换为另一个状态；*G*为*S*的一个非空子集，为目标状态的集合。

状态空间也可以用一个带权的有向图来表示，该有向图称为状态空间图。在状态空间图中，结点表示状态，有向边表示操作，而整个状态空间就是一个知识模型。

2. 状态空间与知识表示的关系

在状态空间表示中可分为以下五层。

（1）第一层：状态分量。它给出了知识中的对象。

（2）第二层：状态。状态由状态分量组成，它给出了知识中的事实。

（3）第三层：状态的操作。状态的操作建立了由一种状态到另一种状态的变换，它是状态空间中的动态行为，它给出了知识中的规则。

（4）第四层：状态与其操作均可设置约束。它给出了元知识。

（5）第五层：状态空间。它给出了知识模型。

3. 状态空间表示法的优势

状态空间表示法是目前人工智能中常见的一种表示法，它在表示上有很多优点。

（1）知识表示的完整性。可以用状态空间表示知识体系中四个部分：①用状态空间中的对象表示知识中的对象；②用状态空间中的状态表示知识中的事实；③用状态空间中的操作表示知识中的规则；④用状态空间表示知识中的部分元知识，如约束性知识。

（2）表示简单、易于使用。用状态空间方法表示知识，无论是对象、事实、规则都很简单，因此易于掌握使用。状态空间方法表示知识也存在一定的不足，主要是：①适合于知识获取中的搜索策略，无法表示复杂的知识。状态空间方法表示目前主要应用于知识获取中的搜索策略，同时它的知识表示结构简单，适用于一般知识体系的表示，对复杂知识的表示有一定的难度。②演绎性规则。用状态空间方法所表示的规则仅限于演绎性规则。这也是它在表示上的另一个不足之处。

（四）谓词逻辑表示法

谓词逻辑表示法采用数理逻辑中的符号逻辑表示知识的方法，这是一种典型的符号主义知识表示法，它能表示知识中的对象、事实、规则及元知识。

1. 谓词逻辑表示的基本认知

谓词逻辑有以下六个基本概念。

（1）个体。个体是客观世界中存在的独立物体，它是谓词逻辑中的最基本单位，如1，2，3，……自然数；张三，李四等个人。它可用a，b，c；x，y，z……表示。个体有变量与常量之分，个体变量的变化范围称为个体域。

（2）函数与项。个体可以转换成另一个体，这种转换称为函数，函数可用f、g、h等表示。如个体x可通过函数f转换成个体y，它可表示为：$y=f(x)$。而个体及由函数所生成的个体统称为项。因此项也是个体，但是是一种个体的扩充。

（3）谓词。谓词表示个体之间的关系。例如兄弟关系可用P（x，y）表示，其中，P表示谓词“兄弟”，x，y是个体变量，其个体域为“人”的集合。谓词是有值的，它或为T（表示真），或为F（表示假）。在兄弟关系中，如x、y分别为张彪、张虎。此时如果他们为兄弟，则有P（张彪、张虎）=T；如不为兄弟则有P（张彪、张虎）=F。谓词中仅有一个个体称为一元谓词，有两个个体称为二元谓词。推而广之，有n个个体则称为n元谓词。一元谓词P（x）表示x的性质；二元谓词P（x，y）表示x与y间的关系；n元谓词P（x_1，x_2，$\cdots x_n$）则表示x_1，x_2，……x_n这n个个体间的关系。

（4）量词。谓词的值是不定的，它随个体的变化而变化。例如兄弟关系P（x，y）中，P（张彪、张虎）=T；但P（张三、李四）=F。因此，谓词的值与个体域有关。它一般有两种：一种为个体域中存在有个体使谓词的值为T；另一种是个体域中所有个体使谓词的值为T。这样，由个体域与谓词的值所建立起来的关系称为量词，其中，前一种称为存在量词，后一种称为全称量词。设有谓词P（x），则存在量词可表示为：$\exists x(P(x))$；全称量词可表示为：$\forall x(P(x))$。加了量词后的谓词的值就是确定的了。

（5）命题。能分辨真假的语句称为命题。命题一般可用P、Q、R等表示。命题有值T或F；它称为命题的真值；上面所讲的谓词及带有量词的谓词均为命题。命题有常量与变量之分。

（6）命题联结词。命题可以通过命题联结词（简称联结词）建立一种新的命题，常用联结词有5个。

“并且”联结词。命题P与Q的“并且”可以用$P \wedge Q$表示，称P与Q的合取式。

“或者”联结词。命题P与Q的“或者”可以用$P \vee Q$表示，称P与Q的析取式。

“否定”联结词。命题P的“否定”可以用$\neg P$表示，称P的否定式。

“蕴含”联结词。命题P与Q的“蕴含”可以用$P \rightarrow Q$表示，称P与Q的蕴含式。

“等价”联结词。命题P与Q的“等价”可以用$P \leftrightarrow Q$表示，称P与Q的等价式。

2. 谓词逻辑公式

在谓词逻辑中有了这几个基本概念后就可构造谓词逻辑公式。

定义8：原子公式。

（1）设P是谓词符，t_1，t_2，⋯，t_n为项，则P（t_1，t_2，⋯，t_n）是原子公式。

（2）设R是命题，则R是原子公式。

定义9：谓词逻辑公式。

（1）原子公式是公式。

（2）如A，B是公式，则$(\neg A),(A \vee B),(A \wedge B),(A \rightarrow B),(A \leftrightarrow B)$是公式。

（3）如A为公式，x为个体变量，则（$\forall xA$），（$\exists xA$）为公式。

（4）公式仅由有限次使用上述三条设定而得。

定义9中第（2）条、第（3）条处所出现的括号可按一定的方法省略，但量词的辖域中仅出现一个原子公式时其辖域的括号可省略，否则不能省。

3. 谓词逻辑公式的解释

在谓词逻辑中，公式是一个符号串，必须给以具体的解释。所谓解释就是给公式中的个体变量指定一个具体的个体域D，个体常量指定个体域中的一个具体个体，对n元函数f指定一个具体的从D^n到D的映射，对命题R指定一个$E=\{F,T\}$中的值，对m元谓词P指定一个具体的从D^m到$\{F,T\}$的映射。

一个公式经解释后才有具体的意义，即可确定其真假。

4. 谓词逻辑永真公式

公式一经给出解释就成为确定的了，此时即能分辨其真假。以此为基础就能研究公式的永真性问题。

定义10：公式*A*至少在一种解释下有一个赋值使其为真，则称*A*是可满足的。

定义11：公式*A*在所有解释下的所有赋值均使其为真，则称*A*是永真，或称*A*为永真公式。

定义12：公式*A*在所有解释下的所有赋值均使其为假，则称*A*为永假，或称*A*为永假公式。

5. 用谓词逻辑表示知识

（1）事实性知识。可以用带解释的谓词逻辑公式表示知识。这种知识表示个体性质及个体间关系，因此是事实性知识。

（2）规则性知识。谓词逻辑中的推理可表示为规则性知识，它共有18条规则，是古希腊时期由亚里士多德所开创的，用以研究思维外延规律的形式逻辑中的基本性规则，是常识性规则。而由普通蕴含公式在局部范围为真（可满足公式）所得到的推理也是规则，这是领域性规则。

6. 谓词逻辑表示法的优势

（1）知识表示的完整性。谓词逻辑知识表示可以表示知识体系中四个部分：①用谓词逻辑公式中的个体及项表示知识中的对象；②用谓词逻辑公式表示知识中的事实；③用谓词逻辑规则表示知识中的规则；④用谓词逻辑表示知识中的部分元知识。

此外，谓词逻辑知识表示还可以表示常识性知识与领域性知识。因此，用谓词逻辑表示知识是比较全面与完整的。

（2）形式化与符号化。由于谓词逻辑采用数学方法，具有高度形式化与符号化，因此所表示的知识具有高度逻辑上的严密性与正确性，且可借助数学方法有利于知识的获取与使用。

谓词逻辑表示虽具有体系上的完整性，但是也存在一定的不足，主要是：①确定性知识。用谓词逻辑所表示的知识都是确定性知识，它不能表示非确定性知识；②演绎性规则。用谓词逻辑所表示的规则仅限于演绎性规则，它无法表示归纳性规则。

第二节　知识图谱与推理

一、知识获取之知识图谱法

自进入21世纪以来，计算机网络及互联网的发展给人工智能带来了新的生机，其中之一就是用一种简单的表示方法将互联网中海量数据直接改造成知识，这就是知识图谱表示的方法。知识图谱已成当前较为流行的知识表示方法，同时它还带动了知识工程与专家系统，使它们的发展重获新生，成为新一代人工智能的一个重要标志。

用知识图谱获取知识的方法其主要思想是充分利用互联网中的海量数据资源，通过注入语义信息后将其改造成为知识。这种方法可以用简单的手段，快速、自动获得大量知识，从而使知识获取自动生成，非常方便、有效。

（一）知识图谱中的知识获取方式

1. 互联网中的数据

为讨论知识图谱中的知识获取，需要先从互联网中的数据谈起。它一般有结构化数据、半结构化数据及非结构化数据三种，在网络中它们主要表现为Web、关系数据库、文本、图像、语音的形式，其间的关系如下。

（1）结构化数据。在网络中结构化数据主要表现为关系数据库及部分Web数据。由于结构化数据的规范性，因此这种数据的知识化较为容易。

（2）半结构化数据。在网络中半结构化数据主要表现为Web数据。由于半结构化数据的规范性不足，因此这种数据的知识化较为困难。

（3）非结构化数据。在网络中非结构化数据主要表现为Web数据、文本、图像、语音的形式。由于非结构化数据的规范性不足，因此这种数据的知识化也较困难。

2. 互联网中数据的知识化

为实现互联网中数据的知识化，必须具备以下两个先决条件。

（1）数据的语义化。计算机中的数据是没有语义的，包括互联网上的数据也是如此。例如数据“18”“代代红”即两个没有任何意义的数据，只有赋予语义后才能成为人们所理解的知识。当“18”被赋予饮料价格语义后，就表示为

“饮料价格为18元”，当“代代红”被赋予饮料品牌语义后，就表示为“代代红饮料品牌”。再进一步，当“饮料价格为18元”与“代代红是饮料品牌”相关联后就表示：“代代红饮料品牌价格为18元。”这就成为一种知识了。

因此，数据的知识化的首要条件是数据语义化。

（2）语义的表示。在人工智能中语义是需要用统一、规范的形式表示的，这就是知识表示。不同条件与不同环境中需用不同的表示方法，而面对网络数据的语义化环境，其表示的最佳方法就是知识图谱，它形式简单，表示的内涵丰富。如上面的“代代红饮料品牌价格为18元”中，可用知识图谱表示如下。

三个实体“18”“代代红”及“饮料”，它们之间有三个关系（其中两个是属性：品牌，饮料，代代红；价格，饮料，18；饮料价格，代代红，18）。

有了这两个条件后就可以将网络中的大量数据转换成用知识图谱表示的大量知识。

3. 数据知识化方法

常用的数据知识化方法有以下四种。

（1）人工方法。在知识图谱发展的初期，大量的数据知识化方法都是由人工标注的，即用人工手段对数据标注语义，并最终获得用知识图谱表示的知识。如维基百科的生成即大量的由专业人士及网上志愿者群体用人工方法完成的。

（2）自动方法。随着人工智能的技术发展，特别是机器学习的发展，通过对网络中网页、文本数据及数据库数据使用抽取、分类、聚类及关联等方法，获取数据中的语义，并用知识图谱表示。它们可以用工具方法自动完成，目前常用的就是这种方法，它们构成了知识图谱方法推理引擎的主体部分。

（3）融合方法。目前尚有一种常用的方法是直接使用网络上现有的知识图谱，对它们作抽取与重组再适当增补，从而可以融合成新的知识图谱，这也是一种自动完成的方法，但比较简单、有效。在这方面，维基百科起到了关键性的作用。由于它是网络上第一个系统、完整的知识图谱，因此接下来的几个知识图谱都是建立在它的基础上的。目前，在网络上已有更多的知识图谱，充分利用它们已建立的知识融合已成为当前一种主要的流行方法。这种方法也构成了知识图谱方法推理引擎的一部分。

（4）推理方法。除了上面这三种方法以外，还有一种辅助性的方法，就是推理方法。由于网络上所组成的知识图谱实际上都是知识库，因此对知识库可以作演绎性推理，以获得更多的知识；由于知识图谱方法中并没有推理的功能，因此这种推理可使用谓词逻辑中的知识推理方法实现。这种推理方法在知识图谱方法中对知识库起到了查漏补缺的作用。此外，在知识图谱的应用中，推理还可用于自动问答与自动推荐中。

上述四种方法组成了完整的基于知识图谱的知识库，而其中大量使用由计算机编程所得的软件工具，它们都是获取知识的引擎。

4. 自动方法的实现路径

在四种数据的知识化方法中，主要以自动方法为主。

（1）结构化数据。网络中的结构化数据主要是关系数据库及网页中的表格数据。这些数据都有规范的结构模板，它们都带有语义，一般称为模式。以关系数据库为例，在关系数据库中有一个数据字典，它存放数据库中的带语义的数据模式，知识图谱中的实体与关系都可通过它获得。其中“实体”即关系数据库实体表中的实例及相应属性值。一元关系“属性”即实例与其中的属性值间的关系，而二元“关系”即关系数据库联系表中的实例。

（2）非结构化数据。非结构化数据即网页中的文本数据。这种数据的知识化较为困难，它需要使用自然语言理解中的词法分析、句法分析、语义分析等方法，涉及的人工智能知识包括抽取、分类及关联等方法。其过程分为以下三个步骤。

第一，实体识别。使用自然语言理解中的词法分析，从文本中找出实体。

第二，实体消歧。往往相同形式的实体但有不同语义，因而实际上是两个实体。如“特种兵”既可以是一种“兵种”，也可是一种椰汁饮品的“品牌”等，因此需要通过聚类方法实现实体消歧，所得到的实体是唯一的。

第三，关系抽取。通过实体进行分类、关联，实现了实体的一元属性抽取及两个实体间的二元关系抽取。

（3）半结构化数据。半结构化数据是存在于网页中的结构较为灵活的数据。它介于结构化数据与非结构化数据之间，因此所用数据的知识化方法也是根据情况对结构化较强数据采用结构化数据的知识化方法，即固定模板方法，而对文本性强的数据则采用非结构化数据的知识化方法，即机器学习方法。

5. 知识图谱的特点

上面所例举的知识图谱表示方法具有以下特点。

（1）知识图谱是人工智能应用中最基础的知识资源。

（2）知识图谱具有语义表达能力丰富的优点。

（3）知识图谱具有表达简洁的优点。

（4）知识图谱表示能力统一便于不同知识间的重组与融合。

（5）知识图谱的知识来自网络，来源单一、方便，容易大量获取。

（6）知识图谱采用图结构方式，易于存储与检索，同时也有利于高效推理。

（二）知识图谱中的知识存储

目前互联网上布满了各种知识图谱，它们都存储于特定的数据库内，这种数据库都有一定的特色，他们都是互联网上的分布式数据库。这种数据库建立在互联网的多个结点上，呈数据分布式状态，是具有图结构形式的数据库。这种图结构可用两种方式表示：一种是三元组方式；另一种是图方式，即结点、边、属性的表示方式。

目前常用的有以下三种。

第一，Freebase。Freebase是谷歌公司最早开发的一种专用图数据库，它以图结构形式存储，用三元组的数据结构方式。这种结构形式易于知识的存储，但是不适合知识的查询与检索，因此目前使用已不普遍。

第二，Neo4j。Neo4j是一个开源的专用图数据库，它改进了Freebase的缺点，采用六元组的数据结构具有图方式，从而使知识的查询效率得到明显的提升，它还有一个完备的知识查询语言，非常适合知识查询与检索。但是它对知识更新的效果较差，因此它是一个适合以查询为主的知识库。

第三，NoSQL。NoSQL是一种适合大数据的通用数据库标准体系，它有多种适合人工智能应用的数据结构，其中图结构与键值结构特别适合知识图谱的存储与应用，此外它还具有三元组表结构形式。它有完整的数据定义、操纵、查询、控制的功能及相应的语言体系，操作效率高，适应面广。预计这种具有语义内容的数据库将成为今后发展的主要方向。此类数据库既是数据管理组织机构，同时也是知识管理组织机构。基于这种标准体系，目前已开发出若干个相应的数据库。著名的如Hbase等。

二、知识获取之推理法

（一）知识推理的基本认知

推理方法是一种典型的演绎型知识获取方法，其特色是在获取知识的过程中大量使用规则推理，因此，此种演绎型知识获取方法称为推理方法。推理方法是以已知知识为前提，通过不断使用推理从而最终获得新知识的过程，是获取知识的最基本的一种方法，在人类日常思维中、在从事科学研究中都经常用到此种方法。例如，在数学研究中，其所获取知识的方法主要通过定理证明来实现。具体来说，即从已知条件出发通过证明最终获得定理。其中，“已知条件”即已知知识，“证明”即推理的过程，而“定理”即为最终所获得的新知识。

（二）谓词逻辑自然推理方法

谓词逻辑中的推理方法称为自然推理方法。常用的有三种：永真推理、假设推理与反证推理。

1. 永真推理

永真推理是建立在永真公式、领域知识（已知条件）及规则基础上的正向推理。

由于永真公式及规则是常识，因此实际上它是建立在领域知识（已知条件）基础上的正向推理。谓词逻辑中的永真推理方法即谓词逻辑中的定理证明。证明是一个过程，又称证明过程。证明过程是由已知条件到定理的一种形式化过程的规范描述。一般来讲，证明（过程）是一个公式序列：P_1，P_2，…，P_n。

其中，每个P_i（i=1，2，…，n）必须使用下列方法之一。

（1）P_i是永真公式。

（2）P_i是已知条件。

（3）P_i是由P_k,P_r（$k,r<i$）施行分离规则而得。

（4）P_i是由P_k（$k<i$）施行全称规则（包括US、UG）而得。

（5）P_i是由P_k（$k<i$）施行存在规则（包括ES、EG）而得。

最后，P_n=Q即为定理。

在证明过程中，每个P_i之后必须给出所引入的方法及推理规则。

2. 假设推理

与永真推理一样，在适当修改证明过程后可以建立假设推理及反证推理。这里先介绍假设推理。

假设推理是永真推理中的一种，也是正向推理，所区别的是，如果所求证的定理具有 $A \to B$ 的形式，则其证明（过程）是一个公式序列：P_1，P_2，…，P_n。

其中，每个P_i（i=1，2，…，n）必须使用下列方法之一。

（1）P_i是永真公式。

（2）P_i是已知条件。

（3）P_i是A。

（4）P_i是由P_k,P_r（$k,r<i$）施行分离规则而得。

（5）P_i是由P_k（$k<i$）施行全称规则（包括US、UG）而得。

（6）P_i是由P_k（$k<i$）施行存在规则（包括ES、EG）而得。

最后，P_n=B即为定理。

在证明过程中，每个P_i之后必须给出所引入的方法及推理规则。

从中可以看出，在假设推理中需求证的定理具有 $A \to B$ 之形式，此时可将A作为已知部分列入，而所求证的定理仅为B。这样就可以做到增加已知部分又减少求证部分，从而达到简化证明的目的。

3. 反证推理

反证推理的证明过程与永真推理一样，有所区别的是，在证明过程中可将定理Q的否定$\neg Q$作为已知部分列入。而最终获得的定理是矛盾，即永假式，它可称为空，并可用符号□表示。在此情况下，其证明（过程）：P_1，P_2，…，P_n中每个P_i（i=1，2，…，n）必须是使用下列方法之一。

（1）P_i是永真公式。

（2）P_i是已知条件。

（3）P_i是$\neg Q$。

（4）P_i是由P_k,P_r（$k,r<i$）施行分离规则而得。

（5）P_i是由P_k（$k<i$）施行全称规则（包括US、UG）而得。

（6）P_i是由P_k（$k<i$）施行存在规则（包括ES、EG）而得。

最后，P_n=□即为定理。

在证明过程中，每个P_i之后必须给出所引入的方法及推理规则。

反证推理即反证法或称归谬证法。在推理中它属反向推理。即从需求证的定理出发作证明，最终如获得矛盾，即定理得证。

将假设推理与反证推理相结合，即可以得到一种具有假设推理与反证推理共同特色的推理，它可称为假设反证推理。

在此情况下，如果所求证的定理具有 $A \to B$ 的形式，其证明（过程）：P_1，P_2，…,P_n中每个P_i（i=1，2，…，n）必须使用下列方法之一。

（7）P_i是永真公式。

（8）P_i是已知条件。

（9）P_i是A。

（10）P_i是$\neg B$。

（11）P_i是由P_k,P_r（k,$r<i$）施行分离规则而得。

（12）P_i是由P_k（$k<i$）施行全称规则（包括US、UG）而得。

（13）P_i是由P_k（$k<i$）施行存在规则（包括ES、EG）而得。

最后，P_n=□即为定理。

在证明过程中，每个P_i之后必须给出所引入的方法及推理规则。

从中可以看出，在假设反证推理中需求证的定理具有 $A \to B$ 之形式，此时可将定理中的所有部分A与B作为已知部分列入，这样就可以做到定理的全部作为已知部分而求证的结果统一为□，从而达到最简化证明的目的。

第三节 知识库与知识搜索技术

一、知识库

知识是人工智能研究、开发、应用的基础，在任何涉及人工智能之处都需要大量的知识，为便于知识的使用，需要有一个组织、管理知识的机构，即知识库。

自人工智能出现后即有知识库概念出现，直至目前为止，知识库及其重要性也越发突出。任何一项研究与开发、应用都离不开知识库。但遗憾的是，在人工智能领域很少有人对知识库系统作完整、系统的介绍。“知识搜索是下一代搜索引擎技术的关键技术，而知识库则是这项技术的核心。”①

在人工智能中经常会出现“知识库”的名词，且出现频率很高。但是对此名词往往介绍不多，按习惯性理解，它的含义大致是：存储知识的场所。从抽象的观点看，它是知识的集合。在人工智能的发展初期，这种理解勉强可以应付，但随着人工智能的发展，知识库的概念也逐渐明朗，其重要性也愈加突出，有鉴于此，必须对知识库有一个系统、完整的介绍。知识库的基本内容如下。

（一）知识库有关概念

第一，知识库管理。知识库是需要管理的，知识库管理主要用于知识库的开发与应用，其物理实现由计算机软件系统完成，称为知识库管理系统。此外，知识库管理还需要一组人员用于知识的搜集、录入与维护，称为知识工程师。因此，知识库管理是由计算机软件与专业人员联合完成的。

第二，知识库管理系统。知识库管理系统是管理知识库的计算机软件系统，它为生成、使用、开发与维护知识库提供统一的操作支撑。它的主要功能：①知识定义功能。它可以定义知识库中知识表示的数据结构。②知识操纵功能。它具有对知识库中知识实施查询与增、删、改等操作的能力。③知识推理功能。它具有对知识库中知识实施演绎性推理的能力，还有归纳性推理的能力。④知识控制与保护能力。它具有对知识库中知识实施约束控制、并行控制与安全保护的能力。⑤服务功能。它提供多种服务功能，如知识采集等。

第三，知识工程师。知识工程师是一组专业人员，他们为知识库收集知识并将其录入知识库中。此外，他们还负责知识库的日常运行与维护。

第四，知识库系统。知识库系统是由四个部分组成的用于人工智能中的专用计算机系统，其分别是：①知识库——知识；②知识库管理系统——软件；③知识工程师；④计算机平台、专用软件等。由这四个部分所组成的以知识库为核心的系统称为知识库系统，简称知识库。

第五，知识库应用系统。知识库系统为人工智能应用直接服务，知识库系统与应用的结合组成了数据库应用系统。知识库应用系统是一种以知识库为核心具有独立知识管理与获取应用能力的系统，包括系统平台、知识库、知识库管理系统、相关应用软件、知识工程师。

① 申畯，冯园园，张洁雪，等.知识搜索中的知识库建设问题研究[J].情报杂志，2015，34（10）：129.

一个完整的知识库一般由知识存储体、知识库管理系统、知识库接口三部分组成，而其中知识库管理系统又由知识结构定义、知识操作、知识约束及知识搜索引擎等部分组成。

第六，知识库应用系统开发。数据库应用系统是需要开发的，其开发方法按照计算机科学技术中的系统工程开发方法及软件工程开发方法进行，包括系统平台开发、知识库开发及应用程序开发等三部分。知识库应用系统的开发流程具体步骤包括：①计划制订，是对整个知识库应用系统项目的计划制订，此阶段所涉及的问题主要与立项有关。②系统开发生成，经过生成后的系统即可在所创建的平台上运行并维护，运行维护按三部分独立进行：应用程序运行维护；知识库运行维护；系统平台运行维护。

（二）知识的性质

对知识库的研究是先从知识特性讲起的，从这个观点看，可以对知识特性从不同角度分别探讨。

第一，时间角度。从保存时间看，知识可分为挥发性知识与持久性知识。其中挥发性知识保存期短，而持久性知识则能长期保存。

第二，使用范围。从使用范围的广度看，知识可分为私有知识与共享知识。其中私有知识为个别应用所专用，而共享知识为多个应用服务。

第三，数量角度。从数量角度看，知识可分为小规模知识、大规模数据、超大规模知识、海量知识及大数据知识等。知识的量是衡量知识的重要标准，由于量的不同，可以引发从量变到质变的效应。如小规模知识是不需管理的，超大规模知识、海量知识则必须管理，而大数据知识则具有多种结构形式、分布式管理及并行处理等特性。

第四，处理角度。从处理角度看，知识可分为直接知识与间接知识。前者主要是通过实践由客观世界直接获得的知识；而后者主要是由直接知识通过知识获取而得到的知识。

二、知识搜索

搜索策略是人工智能中知识获取的基本技术之一，它在人工智能各领域中被广泛应用，特别是在人工智能早期的知识获取中，如在专家系统、模式识别等领域。

搜索策略在人工智能中属问题求解的一种方法，在早期，它一直是人工智能研究与应用中的核心。它通常是先将应用中的问题转换为某个可供搜索的空间，称为“搜索空间”，然后采用一定的方法称为“策略”，在该空间内寻找一条路径称为“搜索路径”或称为“求解”，最终得到一条路径并有一个终点称为“解”。在问题求解中，问题由初始条件、目标和操作集合这三个部分组成。在搜索策略方法中，一般采用的知识表示方法是状态空间法，将问题转化为状态空间图。而搜索则采用搜索算法思想作引导，在状态空间图中从初始状态（初始条件）不断用操作做搜索，最终在搜索空间上以较短的时间获得目标状态，它就是问题的解。

因此，搜索策略方法是以状态空间法为知识表示方法，以搜索算法思想作引导，从而获得知识的一种方法。这是一种演绎推理方法。在该方法的讨论中主要是研究搜索算法思想，包括盲目搜索算法与启发式搜索算法两种内容。

（一）知识搜索界定

在搜索策略方法中从给定的问题出发，以寻找到能够达到所希望目标的操作为序列，并使其付出的代价最小、性能最好，这就是基于搜索策略的问题求解。它的第一步是问题的建模，即对给定问题用状态空间图表示；第二步是搜索，即找到操作序列的过程，可用搜索算法引导；第三步是执行，即执行搜索算法。它的输入是问题的实例，输出表示为操作序列。因此，求解一个问题包括三个阶段：问题建模、搜索和执行，其主要阶段为搜索阶段。

一般给定一个问题后，就确定了该问题的基本信息，它由四个部分组成：①初始条件。定义了问题的初始状态。②操作符集合。把一个问题从一个状态变换为另一个状态的操作集合。③目标检测函数。用于确定一个状态是否为目标。④路径费用函数。对每条路径赋予一定费用的函数。

其中，初始条件和操作符集合定义了初始的状态空间。在搜索中一般包括两个主要的问题：“搜索什么”及“在哪里搜索”。其中搜索什么通常指的就是“目标在哪里搜索”，就是指“状态空间”。

人工智能中大多数问题的状态空间在问题求解之初不是全部表示的，而呈现为初始的状态空间形式。由于一个问题的整个状态空间可能会非常大，在搜索之前生成整个空间会占用太大的存储空间。所以，人工智能中的搜索可以分成两个阶段：状态空间的初始阶段和状态空间中对目标的搜索阶段。因此，状态空间是逐步扩展的，“目标”状态是在每次扩展时进行判断的。

搜索方法可以分为盲目搜索方法和启发式搜索方法。

盲目搜索方法一般是指从当前的状态到目标状态之间的操作序列是按固定的方法进行的，而并没有考虑到问题本身的特性，所以这种搜索具有很大的盲目性，效率不高，不便于复杂问题的求解。

启发式搜索方法是在搜索过程中加入与问题有关的启发式信息，用于指导搜索朝着最为希望发现目标状态的方向前进，加速问题的求解并找到最优解。显然盲目搜索不如启发式搜索效率高。但是，由于启发式搜索需要与问题本身特性有关的信息，而对于很多问题，这些信息很少，或者根本就没有，或者很难抽取，所以盲目搜索仍然是很重要的一类搜索方法。

（二）启发式搜索

由于盲目式搜索采用固定搜索方式，具有较大的盲目性，生成的无用结点较多，搜索空间较大，因而效率不高。如果能够利用结点中与问题相关的一些特征信息来预测目标结点的存在方向，并沿着该方向搜索，则有希望缩小搜索范围，提高搜索效率。这种利用结点的特征信息来引导搜索过程的一类方法称为启发式搜索。

启发式搜索的具体操作方式是：在启发式搜索算法中，在生成一个结点的全部子结点之前都将使用一种评估函数判断这个“生成”过程是否值得进行。评估函数通常为每个结点计算一个整数值，称为该结点的评估函数值。通常，评估函数值小的结点被认为是值得进行“生成”的过程。按照惯例，将生成结点n的全部子结点称为“扩展结点”。

1. 评估函数

评估函数的任务是估计待搜索结点的重要程度，给它们排定顺序。在启发式搜索中，每个待扩充结点都需有评估函数，它的值是由问题中与该结点有关的语义所决定的，如距离、时间、金钱等。因而这些语义信息必须由人工决定而无法自动生成。而在人工生成时，涉及人对其语义理解的深刻程度，故有一定的弹性。因此在启发式搜索中，即便是采用相同的算法其效果还是有所不同，这与人所设置结点评估的语义因素有一定关系。

2. 启发式信息

启发信息是指与具体问题求解过程有关的，并可指导搜索过程朝着最有希望的方向前进的控制信息。一般包括三种：①有效地帮助确定扩展结点的信息；②有效地帮助决定哪些后继结点应被生成的信息；③能决定在扩展结点时哪些结点应从搜索“树上”删除的信息。一般来说，搜索过程所使用的启发性信息的启发能力越强，扩展的无用结点就越少。

3.A 算法

在搜索的每一步都利用评估函数，它从根结点开始对其子结点计算评估函数，按函数值大小，选取小者向下扩展，直到最后得到目标结点，这种搜索算法称为A算法。由于评估函数中带有问题自身的启发性信息，因此A算法是一种启发式搜索算法。

4.A' 算法

在A算法中由于并没有对启发式函数做任何的要求与规定，因此用A算法所得到的结果无法对其作出评价，这是A算法的一个不足。为弥补此不足，对启发式函数作一定的限制，即对h（n）设置h'（n），如果h（n）满足如下的条件：h（n）≤h'（n），若问题有解，A算法一定可以得到一个代价较小的结果，这种算法是A算法的改进，称为A'算法。

在A'算法中的关键是h'（n）的设置。它有明确的语义，它给出了具有明确代价值的标准。一般来讲，是一种代价最小或较小的函数。如果h'（n）是代价最小的，则它能保证A'算法找到最优解。

当然，并不是对所有问题都能找到h'（n）的，故而A'算法并不是对所有问题都能适用的。

（三）盲目搜索

盲目搜索策略的一个共同特点是它们的搜索路线已经预先固定好的，目前常用的盲目搜索策略，主要有广度优先搜索策略与深度优先搜索策略两种。

在状态空间中一般的初始状态仅为一个状态称为根状态，以此为起点搜索所生成的是一棵有向树，称为“搜索树”。在其上有两种基本的搜索算法：一种是首先扩展根结点，然后生成下一层的所有结点，再继续扩展这些结点的后继，如此反复下去，按深度由浅入深，这种算法称为宽度优先搜索；另一种是在根部开始每次仅选择一个子结点，按横向从左到右顺序逐个扩展子结点，只有当搜索遇到一个死亡结点（非目标结点并且是无法扩展的结点）时，才返回上一层选择其他的结点搜索，这种算法称为深度优先搜索。无论是宽度优先搜索还是深度优先搜索，结点的遍历顺序都是固定的，即一旦搜索空间给定，结点遍历的顺序就固定了。这种类型的遍历称为“确定”的，这就是盲目搜索的特点。

宽度优先搜索算法和深度优先搜索算法的区别是生成新状态的顺序不同，它们有两个主要的特点：①只能用于求解搜索空间为树的问题，搜索结果所得到的解是这个树的生成子树；②宽度优先搜索能够保证找到路径长度最短的解（最优解），而深度优先搜索无法保证。

由于宽度优先搜索总是在生成扩展完n层的结点后才转到n+1层，所以总能找到最优解。但是实用意义不大，宽度优先算法的主要缺点是盲目性大，尤其是当目标结点距初始结点较远时，将产生许多无用结点，最后导致组合爆炸。

第四节　机器学习与自然语言处理

一、机器学习

（一）机器学习的基本认知

机器学习方法是用计算机的方法模拟人类学习的方法。因此在机器学习中需要讨论以下问题。

第一，讨论人类学习方法，只有了解了人类的“学习”机理后才能用“机器”对它进行“模拟”。

第二，讨论机器学习，介绍机器学习的基本概念、思想与方法。

1. 学习的内涵

学习是一个过程，它是人类从外界获取知识的方法。人类的知识主要是通过“学习”而得到的。学习的方法很多，到目前为止人类对这方面的了解与认识还是有限的，对学习机理的认识与了解也不多，但这并不妨碍人们对学习的进一步了解与对机器学习的研究。

一般而言，学习分为两种，即间接学习与直接学习。

间接学习就是通过他人的传授，包括老师、师傅、父母、前辈等言传身教而获取的知识，也可以是从书本、视频、音频等资料处所获取的知识。

直接学习就是人类直接通过与外部世界的接触，包括观察、实践所获取的知识。这是人类获取知识的主要手段。

人类的学习主要是从直接知识中通过归纳、联想、范例、类比、灵感、顿悟等手段而获得新知识的过程。

2. 机器学习的内涵

机器学习的概念是建立在人类学习概念上的。所谓机器学习就是用计算机系统模拟人类学习的一门学科，这种学习目前主要是一种以归纳思维为核心的行为，它将外界众多事实的个体，通过归纳思维方法将其归结成具有一般性效果的知识。机器学习的主要内容，包括机器学习的结构模型与机器学习研究方法。机器学习的结构模型是建立在计算机系统上的。这种模型是学习模型在计算机上的具体化。

机器学习的结构模型分为计算机系统内部与计算机系统外部两个部分。其中，计算机系统内部是学习系统，它在计算机系统的支持下工作；计算机系统外部是学习系统外部世界。整个学习过程即由学习系统与外部世界交互而完成学习功能。

（1）机器学习中的学习系统主要完成学习的核心功能，它是一个计算机应用系统，这个系统由三个部分内容组成。

第一，样本数据。在学习系统中，计算机的学习都是通过数据学习的，这种数据一般称为样本数据，它具有统一的数据结构，并要求数据量大、数据正确性好，样本数据一般通过感知器从外部环境中获得。

第二，机器建模。在学习系统中，学习过程用算法表示，并用代码形式组成程序模块，通过模块执行用以建立学习模型。在执行中需要输入大量的样本进行统计性计算。机器建模是学习系统中的主要内容。

第三，学习模型。以样本数据为输入，用机器建模作运行，最终可得到学习的结果，它是学习所得到的知识模型，称为学习模型。

（2）学习系统外部世界是学习系统的学习对象。人类学习知识大多通过作用于它而得到，学习系统外部世界由环境与感知器两部分内容组成：①环境，环境即外部世界实体，它是获得知识的基本源泉；②感知器，环境中的实体有多种不同形式，如文字、声音、语言、动作、行为、姿态、表情等静态与动态形式，还具有可见/不可见（如红外线、紫外线等）、可感/不可感（如引力波、磁场等）等方式。它需要有一种接口，将它们转换成学习系统中具有一定结构形式的数据，作为学习系统的输入，这就是样本数据。感知器的种类很多，常用的如模/数或数/模转换器，以及各类传感器。此外，还有如声音、图像、音频、视频等专用输入设备。

这样，机器学习整个过程是从外部世界的环境开始，从环境中获得一些实体，经感知器转换成数据后进入计算机系统以样本形式出现并作为计算机的输入，在机器建模中进行学习，最终得到学习的结果。这种结果一般以学习模型形式出现，是一种知识模型。

3. 机器学习的方法

机器学习是在计算机系统支持下，由大量样本数据通过机器建模获得学习模型作为结果的一个过程，可以表示为：样本数据+机器建模=学习模型。由此可见，机器学习的两大要素是样本数据与机器建模，故在讨论机器学习方法时，要先介绍样本数据与机器建模的基本概念，在此基础上对学习方法进一步探讨。

（1）样本数据，样本数据亦称样本，是客观世界的事物在计算机中的一种结构化数据的表示。样本由若干个属性组成，属性表示样本的固有性质。在机器学习中，样本在建模过程中起到了至关重要的作用，样本组成一种数据集合，这种集合在建模中训练模型，其量值越大，所训练的模型正确性越高，因此样本的数量一般应具有海量性。

在训练模型过程中有两种不同表示形式的样本，样本中的属性在训练模型过程中一般仅作为训练而用，这种属性称为训练属性，因此如果样本中所有属性均为训练属性，这种样本通称为不带标号样本。样本除训练属性外，还有另一种作为训练属性所对应的输出数据的属性，称为标号属性，这种带有标号属性的样本称为带标号样本。一般而言，不同样本训练不同的模型。

（2）机器建模，机器建模是用样本训练模型的过程，它可按不同样本分为以下三种。

第一，监督学习。由带标号样本所训练模型的学习方法称为监督学习。这个方法是在训练前已知输入和相应输出，其任务是建立一个由输入映射到输出的模型。这种模型在训练前已有一个带初始参数值的模型框架，通过训练不断调整其参数值，这种训练的样本需要足够多才能使参数值逐渐收敛，达到稳定的值为止。这是一种最为有效的学习方法，目前使用也最为普遍。对这种学习方法，目前常用于分类分析，因此又称分类器。但是，带标号样本数据的收集与获取比较困难，这是它的不足之处。

第二，无监督学习。由不带标号样本训练模型的学习方法称为无监督学习。这个方法是：在训练前仅已知供训练的不带标号样本，其后期的模型是通过建模过程中算法的不断自我调节、自我更新与自我完善而逐步形成的。这种训练的样本也需要足够多才能使模型逐渐稳定。对于这种学习方法，目前其常用的有关联规则方法、聚类分析方法等。无监督学习的样本较易获得，但所得到的模型规范性不足。

第三，半监督学习。半监督学习又称混合监督学习，是先用少量带标号样本数据做训练，接下来即可用大量的不带标号样本训练，这样做既可避免带标号样本难以取得的缺点，也可避免最终模型规范性不足的缺点。这是一种典型的半监督学习方法。此外，还有一些非典型的半监督学习方法，又称弱监督学习方法。

（3）学习模型，学习模型是由样本数据通过机器建模而获得的学习结果，它是一种知识模型，称为学习模型。学习模型分为四种不同的模式：具体经历倾向型、反思观察倾向型、抽象概念化倾向型和积极试验化倾向型。

第一，具体经历倾向型，是指每个人都应根据个人的经验判断而不进行系统的分析，根据本能来进行选择学习的内容和方式。每个人能够愉快相处，投身其中，对生活持开明的态度。

第二，反思观察倾向型，是指通过引导个人仔细观察环境，分析其含义，理解各种观念的含义，倾向于对事情而非行为作出反思，从不同的观点来看问题，他们先进行评估，而后作出深思熟虑的判断。

第三，抽象概念化倾向型，是指学习者强调使用逻辑、观念和概念，反对进行自觉判断，这些人更擅长系统规划，定量分析，而且这种人喜欢对简洁的体系及精巧的概念系统进行评估。

第四，积极试验化倾向型，是指员工乐于参加实际应用，积极参与变革，对实际工作很少切实地进行审视。对于这种学习人员，获得结果就变得至关重要了，而且这种学习人员会对环境的影响作出评估。

（二）人工神经网络

“人工神经网络是一种模仿人脑神经网络结构和功能的信息处理系统，是一种分布式并行处理信息的抽象数学模型，现已在许多科学领域得以成功应用。”[①]人工神经网络分为三个部分：基本人工神经元模型、基本人工神经网络及其结构和人工神经网络的学习机理。

1. 基本人工神经元模型

在人工神经网络中其基本单位是人工神经元，人工神经元有多种模型。但是有一种基本模型最为常见，称为基本人工神经元模型（或简称神经元模型），这是一种规范的模型，可用数学形式表示。根据基本人工神经元模型，一个人工神经元一般由输入、内部结构及输出三个部分组成。

（1）输入。一个神经元可接收多个外部的输入，即可以接收多个连接线的单向输入。每个连接线来源于外部（包括外部其他神经元）的输出Xi，每个连接线还包括一个权（或称权值）Wij，其中i表示连接线中外部神经元输出编号，j表示连接线目标指向的神经元编号，一般权值处于某个范围之内，可以是正值，也可以是负值。

（2）内部结构。一个人工神经元的内部结构由三个部分组成。

加法器：编号为A的神经元接收外部m个输入，包括输入信号Xi及与对应权Wik的乘积（i=1，2，…，m）的累加，从而构成一个线性加法器。该加法器的值反映了外部神经元对k号神经元所产生的作用的值。

偏差值：加法器所产生的值经常会受外部干扰与影响而产生偏差，因此需要有一个偏差值以弥补此不足。k号神经元的偏差值一般可用A表示。

激活函数：激活函数起辅助作用，设置它的目的是为限制神经元输出值的幅度，也就是说使神经元的输出限制在某个范围之内，如在-1到+1之间或在0到1之间。激活函数一般可采用常用的压缩型函数，如Logistic函数、Simoid函数等。

（3）输出。一个A号神经元可以有输出，它也可记为Ok。这个输出可以通过连接线作为另一些神经元的输入。

2. 基本人工神经网络及结构

由人工神经元按一定规则组成人工神经网络。人工神经网络有基本的网络与深层网络之分，这里介绍基本的人工神经网络。基本人工神经网络又称感知器，它一般包括单层感知器、双层感知器和三层感知器等。自然界的大脑神经网络结

① 王良玉，张明林，祝洪涛，等.人工神经网络及其在地学中的应用综述[J].世界核地质科学，2021，38（1）：15.

构比较复杂，规律性不强。但是人工神经网络为达到固定的功能与目标采用极有规则的结构方式，大致介绍如下。

（1）单层与多层。人工神经网络按层组织，每层由若干个相同内部结构神经元并列组成，它们一般互不相连，层构成了人工神经网络结构的基本单位。

一个人工神经网络往往由若干个层组成，层与层之间有连接线相连。一个人工神经网络有单层与多层之分，常用的是单层、二层及三层。

（2）结构方式——前向型与反馈型。在人工神经网络的结构中神经元按层排列，其连接线是有向的。如果中间并未出现任何回路，则称此种结构方式为前向型人工神经网络结构；如果中间出现封闭回路（通常有一个延迟单元作为同步组件）则称此种结构方式为反馈型人工神经网络结构。按单层/多层及前向/反馈可以构造若干不同的人工神经网络，如M-P模型、BP模型及Hopfield模型等不同人工神经网络模型。

3. 人工神经网络的学习机理

人工神经网络能自动进行学习，其基本思路是：首先建立带标号样本集，然后用神经网络算法训练样本集，神经网络通过不断调节网络不同层之间神经元连接上的权值，使训练误差逐步减小，最后完成网络训练学习过程，即建立数学模型。将建立的数学模型应用在测试样本上进行分类测试，经测试完成后所得到的即为可实际使用的学习模型。

人工神经网络学习过程是以真实世界的数据样本为基础进行的，用数据样本对人工神经网络进行训练，一个数据样本有输入与输出数据，它反映了客观世界数据间的真实的因果关系，用数据样本中输入数据作为人工神经网络输入，可以得到两种不同结果：一种是人工神经网络的输出结果；另一种是样本的真实输出结果，两者之间必有一定误差。为达到两者的一致，需要修正人工神经网络中的参数，具体地说即修正权Wij（还包括偏差值），指用一组指定的、明确定义的学习算法来实现，称为训练。通过不断地用数据样本对人工神经网络进行训练，可以使权的修正值趋于0，从而达到权值的收敛与稳定，完成整个学习过程。经训练后的人工神经网络即一个经学习后掌握一定知识的模型，并具有一定的归纳推理能力，能进行预测、分类等。

（三）机器学习中的贝叶斯方法

贝叶斯方法是一种统计方法，它属概率论范畴，它用概率方法研究客体的概率分布规律。贝叶斯方法中的一个关键定理是贝叶斯定理，利用贝叶斯方法与贝叶斯定理可以构造贝叶斯分类规律。目前贝叶斯分类有两种：一种是朴素贝叶斯分类或称朴素贝叶斯网络；另一种是贝叶斯网络或称为贝叶斯信念网络。

贝叶斯分类也是以训练样本为基础的，他将训练样本分解成n维特征向量X={x_1，x_2，…，xn}，其中特征向量的每个分量Xi{i=1，2…，n}分别描述X的相应属性Ai{i=1，2，…，n}的度量。在训练样本集中，每个样本唯一的归属于m个决策类C_1，C_2，…，C_m中的一个。如果特征向量中的每个属性值对给定类的影响独立于其他属性的值，也就是说，特征向量各属性值之间不存在依赖关系（称此为类条件独立假定），此种贝叶斯分类称为朴素贝叶斯分类，或称为贝叶斯网络。朴素贝叶斯分类简化了计算，使分类变得较为简单，利用此种分类可以达到精确分类目的。而在贝叶斯网络中，由于属性间存在依赖关系，因此可以构造一个属性间依赖的网络及一组属性间概率分布参数。

贝叶斯方法的优势包括：①可以综合先验信息与后验信息；②适合合理带噪声与干扰的数据集；③其结果易于被理解，并可解释为因果关系；④对于满足类条件独立假定时所用的朴素贝叶斯分类更具有概率意义下的精确性；⑤贝叶斯方法一般也用于分类学习中。

二、自然语言处理

人类所使用的语言称为自然语言，这是相对于人工语言而言的。人工语言即计算机语言、世界语等。自然语言是人类智能中思维活动的主要表现形式，是人工智能中模拟人类智能的一种重要应用，称为自然语言处理。

自然语言处理研究能实现人与计算机之间用自然语言进行相互通信的理论和方法。具体来说，它的研究分为两个内容：首先是人类智能中思维活动通过自然语言表示后能被计算机理解（可构造成一种人工智能中的知识模型），称为自然语言理解；其次是计算机中的思维意图可用人工智能中的知识模型表示，再转换生成自然语言并被人类所了解，称为自然语言生成。

自然语言表示形式有两种：一种是文字形式；另一种是语音形式，其中文字形式是基础。因此，在讨论时也将其分为两部分，以文字形式为主，即基于文字形式的自然语言理解与自然语言生成，以及基于语音形式的自然语言理解与自然语言生成。

（一）自然语言生成

计算机中的思维意图用人工智能中的知识模型表示后，再转换生成自然语言被人类理解，称为自然语言生成。在自然语言生成中也大量用到人工智能技术。一般而言，自然语言生成结构可以由以下三个部分构成。

1. 内容规划

内容规划是生成的首要工作，其主要任务是将计算机中的思维意图用人工智能中的知识模型表示，包括内容确定和结构构造两部分。

（1）内容确定，内容确定的功能是决定生成的文本应该表示什么样的问题，即计算机中的思维意图的表示。

（2）结构构造，结构构造则是完成对已确定内容的结构描述，即建立知识模型。具体来说，就是用一定的结构将所要表达的内容按块组织，并决定这些内容块是怎样按照修辞方法互相联系起来，以便更加符合阅读和理解的习惯。

2. 句子规划

在内容规划基础上进行句子规划。句子规划的任务就是进一步明确定义规划文本的细节，具体包括选词、优化聚合、指代表达式生成等。

（1）选词，在规划文本的细节中，必须根据上下文环境、交互目标和实际因素用词或短语来表示。选择特定的词、短语及语法结构以表示规划文本的信息。这意味着对规划文本进行消息映射。有时只用一种选词方法来表示信息或信息片段，在多数系统中允许多种选词方法。

（2）优化聚合，在选词后，对词按一定规则进行聚合，从而组成句子初步形态，优化后使句子更为符合相关要求。

（3）指代表达式生成，指代表达式生成决定什么样的表达式。句子或词汇应该被用来指代特定的实体或对象。在实现选词和聚合之后，对于指代表达式生成的工作来说，就是让句子的表达更具语言色彩，对已经描述的对象进行指代以增加文本的可读性。

句子规划的基本任务是确定句子边界，组织材料内部的每一句话，规划句子交叉引用和其他的回指情况，选择合适的词汇或段落来表达内容，确定时态、模式以及其他的句法参数等，即通过句子规划，输出一个子句集列表，且每一个子句都有较为完善的句法规则。事实上，自然语言是有歧义性和多义性的，并且存在各对象之间大范围的交叉联系等情况，这就造成实现理想化句子规划是一个很难的任务。

3. 句子实现

在完成句子规划后，即进入最后阶段——句子实现。它包括语言实现和结构实现两部分，具体地讲就是将经句子规划后的文本描述映射至由文字、标点符号和结构注解信息组成的表层文本。

句子实现生成算法首先按主、谓、宾的形式进行语法分析，并决定动词的时态和形态，然后完成遍历输出。其中，结构实现完成结构注解信息至文本实际段落、章节等结构的映射，语言实现完成将短语描述映射到实际表层的句子或句子片段。

（二）自然语音处理

自然语音处理包括语音识别、语音合成及语音的自然语言处理三个部分内容。所讨论的自然语言主要指的是汉语。其中，语音识别是从汉语语音到汉字文本的识别过程；语音合成是从汉字文本到汉语语音的合成过程。在语音识别和语音合成的基础上，与基于文本的自然语言处理相结合，从而完成语音形式的自然语言处理，简称自然语音处理。

在自然语音处理中需要用到大量的人工智能技术，包括知识与知识表示、知识库、知识获取等内容。重点使用的是知识推理、机器学习及深度学习等方法，特别是其中的深度人工神经网络中的多种算法。此外，还与大数据技术紧密关联。

1. 语音识别

语音识别是指利用计算机实现从语音到文字自动转换的任务。在实际应用中，语音识别通常与自然语言理解和语音合成等技术结合在一起，提供一个基于语音的自然流畅的人机交互过程。

早期的语音识别技术多基于信号处理和模式识别方法。随着技术的进步，机器学习方法越来越多地应用到语音识别研究中，特别是深度学习技术，它给语音识别研究带来了深刻变革。同时，语音识别通常需要集成语法和语义等高层知识来提高识别精度，和自然语言处理技术息息相关。另外，随着数据量的增大和计算能力的提高，语音识别越来越依赖数据资源和各种数据优化方法，这使语音识别与大数据、高性能计算等新技术更广泛地结合。

语音识别是一门综合性应用技术，集成了信号处理、模式识别、机器学习、数值分析、自然语言处理、高性能计算等一系列基础学科的优秀成果，是一门跨领域、跨学科的应用型综合科学。

2. 语音合成

语音合成又称文语转换，它的功能是将文字实时转换为语音。人在发出声音前，经过一段大脑的高级神经活动，先有一个说话的意向，然后根据这个意向组织成若干语句，接着可通过发音输出。

语音合成的过程是先将文字序列转换成音韵序列，然后由系统根据音韵序列生成语音波形：第一步涉及语言学处理，如分词、字音转换等，以及一整套有效的韵律控制规则；第二步需要使用语音合成技术，能按要求实时合成高质量的语音流。因此，文语转换有一个复杂的、由文字序列到音素序列的转换过程。

3. 语音的自然语言处理

语音的自然语言处理即语音形式的自然语言理解与语音形式的自然语言生成。

（1）语音形式的自然语言理解。语音形式的自然语言理解又称语音理解，它是由语音到计算机中的知识模型的转换过程。这个过程实际上就是由语音识别与文本理解两部分组成。其步骤是：①用语音识别将语音转换成文本；②用文本理解将文本转换成计算机中的知识模型。完成这两个步骤后，就可完成从语音到计算机中的知识模型的转换过程。

（2）语音形式的自然语言生成。语音形式的自然语言生成又称语音自然语言生成，它是由计算机中的知识模型到语音的转换过程。这个过程实际上就是由文本生成与语音合成两部分组成。其步骤是：①用语音生成将计算机中的知识模型转换成文本；②用文本合成将文本转换成语音。完成这两个步骤后，就可完成从计算机中的知识模型到语音的转换过程。

第八章　人工智能技术系统

人工智能技术系统是一种模拟人类智能的计算机系统，它利用算法和大量数据来模拟和实现人类的认知能力、学习能力和决策能力。本章重点研究专家系统及其开发、深度学习与卷积神经网络、智能机器人与多智能体系统。

第一节　专家系统及其开发

一、知识工程与专家系统

（一）知识工程

知识工程是人工智能真正进入实用性阶段的应用型分支学科，知识工程具有以下两个方面的含义。

第一，知识。人工智能学科的研究对象与中心是“知识”。

第二，工程化方法。人工智能学科的出路是用工程化方法开发应用。

工程化方法的具体含义指的是将人工智能中的知识信息用计算机中的工程化方法进行处理。在研究人工智能的思想、理论、体系的同时，还要进行人工智能中知识信息在计算机中处理的方法论研究，以促进人工智能应用的发展。

知识工程的思想一经提出，在人工智能界掀起了应用的高潮，为人工智能继续发展开辟了新的方向，从此人工智能走向第二次发展阶段，专家系统是由知识工程带动应用的代表。

（二）专家系统

专家即专业人员，掌握一定的专业技能，能运用专业技能解决各类问题，如医生能治病、棋手能下棋、译员能翻译、咨询师能解答各类疑问、培训师能从事专门领域的培训等。所有这一切都表示，专家所掌握的专业技能实际上就是不同的领域知识，同时还能运用这些知识进行推理以获得领域内所需的知识或技能。

系统指的是计算机系统，特别指的是建立在一定计算机平台上的软件系统。这种系统能够存储足够多的知识且能进行推理，从而达到替代专家的工作。

专家系统是一个计算机系统，它通过知识与推理实现或替代人类专业技术人员的工作。按照这种理解，人工智能中有大量问题均属专家系统范畴，它们都可以用专家系统解决，因此从专家系统出现后有众多人工智能应用领域，如自然语言理解、语音识别、人机博弈、无人驾驶等都出现了新的研究高潮，并持续不断取得成果。20世纪80年代日本所研发的“第五代计算机”即一个专门用于专家系统开发的计算机系统，利用它在青光眼诊治及预防多种疾病发生等方面都取得了巨大成果。

在此时期，我国在专家系统的发展方面也取得了重大进展，为国际人工智能发展作出了贡献。20世纪70年代末期，由中国科学院自动化所研发的关幼波中医肝病诊治专家系统，是在国际上首个利用中医理论为指导开发的医学诊治专家系统。80年代中期，由西安交通大学研制出了人工智能语言LISP的专用计算机，用它可以开发专家系统。90年代，我国知名的人工智能专家、中国科学院应用数学研究所陆汝钤院士带领团队成功开发与研制了首个系统的、完整的专家系统开发工具“天马”。

直至近年，人工智能进入第三个发展时期，得益于机器学习等新技术的支持，使专家系统又恢复活力，它目前仍是人工智能应用中“一棵不老的常青树”。

二、专家系统的组成

第一，知识库。专家系统中有多个领域知识，如肝病诊治专家系统即有多个有关诊断与治疗肝病的领域知识。它们以事实与规则表示，并采用一定的知识表示形式，如逻辑表示形式、产生式表示形式等，而目前以知识图谱表示形式为多见。在专家系统中将这些众多领域知识集合于一起组成一个知识库以便于系统对知识的访问、使用与管理，如知识查询、增加、删除、修改等操作，以及知识推理等。知识库是一个组织、存储与管理知识的软件，它向用户提供若干操作语句，为用户使用知识库提供方便。知识则是存储于知识库内的知识实体。对不同专家系统，它们可以有相同的知识库，但是有不同的知识实体。

第二，知识获取接口。知识库中知识是由专门从事采集知识的工作人员从专家处经分析、处理并总结而得，这些人员称为知识工程师。在传统的专家系统中，原始知识获取就是通过这种人工方法获得的。在现代专家系统中可通过机器学习、大数据等自动方法获得。由于自动方法所获得知识涉及当今人工智能中的多种学科，因此这里仅介绍人工方法所获得的知识作为专家系统的知识来源。在获得知识后需要有一个接口将它们从外部输入知识库，这就是知识获取接口。知识库一旦获得了知识后，就能在专家系统中发挥作用。

第三，推理引擎。在专家系统中知识是基础，但是仅有知识是不够的，还需要对知识作推理，才能得到所需的结果，如肝病诊治专家系统中除了有诊断与治疗肝病的知识外，还需运用专家的思维对它们作推理，最后才能得到正确的诊断结果与治疗方案。在专家系统中实现推理的软件称为推理引擎，这是一种演绎性的自动推理软件，一般它可因知识表示方法不同而有所不同。

第四，系统输入/输出接口。专家系统是为用户服务的，因此需要有一个系统与用户间的输入/输出接口，以建立专家系统与用户间的关联。输入——用户对专家系统的需求以一定形式通过输入端接口进入系统。输出——专家系统响应该需求进行运行推理，最终将结果以一定形式通过输出端接口通知用户。在系统输入/输出接口中还要有一定形式的人机交互界面，以方便人机间交互。

第五，应用程序。需要有一个专家系统的应用程序，该程序协调输入/输出接口、知识库、推理引擎间的关系及监督推理引擎运行。

在传统专家系统中，由于流程简单、监督极少，因此应用程序往往可以省略。但在现代专家系统中流程复杂、监督烦琐，因此应用程序是不可缺少的。

三、专家系统的开发

（一）专家系统的开发工具

目前用于专家系统的开发工具一般分为以下两种。

1. 计算机程序设计语言开发

可以用多种不同的计算机程序设计语言开发专家系统，如以下三类。

（1）通用的程序设计语言：C、C++、C#、Java、Python等。

（2）专用的程序设计语言：Lisp、Prolog、CliPt等。

（3）其他的语言与工具。

当开发大型、复杂的专家系统时，需要用多种类型的计算机程序设计语言开发，以期取得较好的开发效果。

2. 专用开发工具开发

在一般情况下，专家系统开发使用专用的开发工具，目前有多种这方面的专家系统开发工具。早期典型的有EMYCIN、KAS、EXPERT等。这些开发工具通常是利用一些已成熟的用计算机程序设计语言开发的专家系统抽取知识库中的具体知识演化而成的。与具体的专家系统相比，它保留了原系统的基础框架（知识库、接口与推理引擎），而对用户输入/输出接口中的人机界面由专用的扩充成通用的。

如EMYCIN是将诊断治疗细菌感染的专家系统MYCIN抽取其知识库中的知识而获得，它是一个可以开发一般医疗诊治的开发工具。而KAS则是地质专家系统PROSPECTOR的骨架系统。用于诊治青光眼的专家系统CASENT抽取了其具体知识后就是专门用于医学诊治的开发工具EXPERT。

利用专家系统开发工具只要将不同领域知识填充至知识库中，并编写一个应用程序即可使用已有的推理引擎，通过输入/输出接口即可构成一个新的专家系统。

专家系统开发工具目前因不同类型及不同知识表示方法有很多种类，这是由于不同的知识表示方法有不同知识推理引擎与知识获取接口，同时因不同专家系统类型，输入/输出接口也有所不同。不同的专家系统应根据不同类型与知识表示而选用不同专家系统开发工具。

（二）专家系统的开发步骤

专家系统的开发总体来说是一种计算机软件开发，因此一般需遵从软件工程开发原则，并适当变通。下面以使用常用的专家系统开发工具的方法及人工获取知识的手段为前提，对开发步骤进行阐述。开发一个专家系统一般可分为以下步骤。

1. 系统需求分析

在需求分析中需做到以下三点。

（1）确定专家系统的目标，即专家系统类型。

（2）确定专家系统知识来源及确定所用知识的表示方法。

（3）确定应用程序工作流程。

在需求分析后，需编写需求分析说明书，作为文档保存。参与此步骤的开发人员应是知识工程师及软件分析员。

2. 系统设计

在完成需求分析后即进入系统设计阶段，在此阶段中需完成以下工作。

（1）根据专家系统类型及知识的表示方法确定所选用的开发工具。

（2）由知识工程师根据知识来源，通过总结、整理、归纳最终得到该专家系统的知识。

（3）由应用程序工作流程组织软件程序模块。

在系统设计过程中，需编写系统设计说明书，作为文档保存。参与此步骤的开发人员应是知识工程师及软件分析员。

3. 系统平台设置

根据系统设计设置系统平台，包括以下两个方面。

（1）系统硬件平台，如计算机平台、计算机网络平台等。

（2）系统软件平台，如计算机平台中的操作系统、开发工具及知识库工具等；计算机网络平台中的开发工具及知识库工具等。

在系统平台设置过程中，需编写系统平台设置说明书，作为文档保存。参与此步骤的开发人员应是系统及软件分析员。

4. 系统编码

系统编码分为以下内容。

（1）知识编码。按开发工具提供的编码方式对知识编码，并在编码后通过知识获取接口将它们依次录入开发工具的知识库中。

（2）应用程序编码。按开发工具提供的编码方式对软件程序模块编码，并在编码后将它们放入开发工具相应的应用程序中。

在系统编码过程中，需编写知识列表清单及源代码清单，作为文档保存。在完成系统编码后，一个具有实用价值的专家系统就初步完成。参与此步骤的开发人员应是知识工程师及编码员。

5. 系统测试

对编码完成的专家系统做测试。测试的主要内容是针对专家系统中的知识与应用程序进行的，其包括以下两项。

（1）局部测试，包括对知识库中的知识作测试及对应用程序作测试。

（2）全局测试，在做完局部测试后即进入全局测试，包括开发工具与应用程序及安装有知识的知识库这三者间的联合测试。

在完成测试后，需编写测试报告，作为文档保存。编码员需根据测试报告要求对专家系统作调整与修改，使其能达到需求分析的要求。参与此步骤的开发人员应是测试员及编码员。

6. 系统运行与维护

经过测试后的专家系统可以正式投入运行。在运行过程中还需不断对系统作一定的维护。这种维护包括以下两个方面。

（1）知识库的维护，不断对知识库作增、删、改等维护。

（2）应用程序的维护，不断对应用程序作调整与修改。

在运行过程中，需每日填报运行记录。在每次维护后需填报维护记录作为文档保存。参与此步骤的开发人员应是知识工程师及运行维护员。

第二节 深度学习与卷积神经网络

一、深度学习

（一）浅层学习与深度学习

在机器学习中，部分学习方法如分类方法中的支持向量机、人工神经网络中的单层感知器及仅含一层隐藏层的感知器等，它的分类学习能力有限，仅适合于特征量少、分类类型不多的应用，这种通过数据学习的能力只能获得其中简单的、粗线条的、浅层次的知识，而无法得到复杂的、细致的、深层次的知识，因此这种学习称为浅层学习。如可以应用浅层学习区分一个物体是否为人，但是无法应用浅层学习区分不同的人（人脸识别），这种学习能力上的受限性，使机器学习在较长一段时间内得不到重视并无法得到进一步发展。这就需要有一种能获得复杂的、细致的、深层次知识的学习方法，它就是深度学习。从理论上讲，深度学习可以有以下两种方法。

第一，对浅层学习方法扩充。浅层学习中的层次往往比较浅，如人工神经网络中的单层感知器及仅含一层隐藏层的感知器等，此时可增加隐藏层，由一层增加至两层、三层，甚至n层。从理论上讲这是可行的，但实际上，由于隐藏层增加而引起大量权重参数的增加，为解决此问题又必须加大训练数据的量，且这些数据必须为带标号的数据。在现实世界中带标号的数据是较难获得的一种数据，这种数据大量地获得显然是做不到的，因此最终的结果必然造成了过拟合现象[①]的出现，因此这种方法在实际应用中并不可取。

第二，对浅层学习方法进行重大改造。在浅层学习方法基础上进行重大改造，其目标方向是使改造后的模型权重数量增加并不很多，同时带标号的数据量也增加并不多，或者可用大量易于获得的不带标号的数据替换带标号的数据，这种方法显然是具有实用性与可行性，这就是所谓的深度学习方法。

因此，在浅层学习方法基础上，近年来机器学习研究者大量致力于深度学习方法的研究并取得了突破性的成果。

（二）深度学习的主要观点

对深度学习的研究来源于人类大脑对视觉、听觉反应与接受的机理的研究而来，深度学习的一些观点如下。

第一，特征提取与选择。在一般机器学习中，大量的样本数据是重要的前提，但在图像处理、语音处理及文字识别应用中，样本获取是极其困难的，此时它所呈现的数据形式是用点阵表示的，需要通过点阵自动取得相应的特征值以取代样本，是实现这些学习的基本关键，也是深度学习需要解决的首要问题，它称为特征提取与选择。

第二，特征的分层提取。在特征的提取中一般遵循由粗到细、由具体到抽象逐层提取的原则。例如，在一辆摩托车的图像识别中，一个点阵形式的摩托车图像是无法识别的，只有将其逐步细化及抽象化后，才能辨认出一个把手及两个轮子等特征，从而识别摩托车。

第三，特征的分块提取。在特征的提取中遵循由局部到全局的分块提取原则，即在点阵式表示中将其划分成若干个大小一致的点阵小方块，以小方块为单位逐个特征提取，最后将分块所提取的特征组合成整体。

第四，特征选择。随着特征的提取，还需要对特征作选择。在特征选择中一

① 过拟合现象：一个假设在训练数据上能够获得比其他假设更好的拟合，但是在训练数据外的数据集上却不能很好地拟合数据。

般遵循由多到少、由分散到聚合的选择原则。如在摩托车图像识别中，在初始阶段往往会出现很多非本质性的特征，经过逐层选择，将众多特征由多到少、由分散到聚合成少量本质性的特征。

第五，特征提取可采用不带标号数据的非监督学习方式实现。

第六，整个深度学习是由不带标号数据的非监督学习完成特征提取与选择，以及带标号数据的监督学习完成分类这两个部分实现的。

第七，深度学习是由非监督学习与监督学习共同完成的，其中大量的不带标号数据需完成特征提取与选择，然后用较少量的带标号数据的监督学习完成最终的分类学习。

深度学习能够挖掘出存在于数据之间高度内在隐含的关系。深度学习作为一种新的机器学习方法，通过对深层非线性网络结构的监督学习，实现对复杂函数参数的高度近似值的获得，并具有强大的从有限带标号样本集合中学习问题本质的能力。这种特性更有利于深度学习对视觉、语音等信息进行建模，进而能更好地对图像和视频进行表达和理解。

二、卷积神经网络

（一）卷积神经网络的原理

在各种深度神经网络中，卷积神经网络（CNN）是应用最广泛的一种，CNN在早期被成功应用于手写字符图像识别。2012年，更深层次的AlexNet网络取得成功，此后CNN蓬勃发展，被广泛用于各个领域，在很多问题上取得了良好的性能，在多个领域的应用中相当成功。

CNN是深度学习的一种，因此具有深度学习的共同特性。它们在CNN中通过以下原理实现。

第一，CNN在功能上完成特征学习能力与分类学习能力。

第二，CNN在结构上是一种多层BP神经网络，它由两部分组成：①通过多个隐藏层以获取特征学习能力；②由一个隐藏层的BP网络完成分类学习能力。这两者的有机结合组成了一个完整的CNN。

第三，CNN获取特征学习能力的隐藏层是通过卷积层与池化层等实现的，在此中可使用不带标号的数据进行训练。以卷积层与池化层所组成的隐藏层是有多个层次的，它们通过多层操作完成特征的提取与选择。其中，卷积层完成特征的提取，池化层完成特征的选择。

第四，CNN的卷积层结构完全采用传统BP神经网络中的隐藏层结构形式，而池化层结构则采用对图像某一个区域用一个值代替的形式。

第五，CNN通过局部感受区域（或称为感受野）作为网络的输入，形成多个卷积核所组成的卷积层，并在后期再将其组合成全连接层。全连接层即传统BP神经网络中的隐藏层。它完成了由局部到全局的过程。

第六，CNN是由多个层组织而成的，包括输入层、卷积层、池化层、全连接层、输出层。

第七，在卷积层和池化层中可以用无标号数据训练；而输入层、全连接层、输出层则是一个BP网络，它需要用带标号数据训练。

第八，由多个层次所组成的CNN从输入的图像开始进入多个卷积层（与池化层），每过一层都经历了“去粗取精，去伪存真”的过程，得到一个比上一层更为浓缩、特征更为明显的图，称为特征图。在卷积层中，前面的卷积层捕捉图像局部、细节信息，后面的卷积层捕获图像更复杂、更抽象的信息。经过多个卷积层的运算，最后得到图像在各个不同尺度的抽象表示。

CNN结构起源于模拟人脑视觉皮层中的细胞之间的结构原理，人类大脑的视觉皮层具有分层结构，其观察事物是由局部到全局的过程。因此，CNN适用于计算机视觉领域应用及图像处理领域应用中，此后，经不断改进，同时也适用于声音、文字等领域应用中。

（二）卷积神经网络的特点

CNN有着以下特点。

第一，CNN拥有局部权值共享的特点，且布局更接近于实际生物神经网络结构。权值共享可大大减少训练参数，令神经网络结构更简单、适应性更强。

第二，可以直接从传感器输入的点阵数据自动生成相应特征值。

第三，特征提取和模式分类可以同时进行，且同时在训练中产生。

第四，CNN中使用大量的、易于获得的无标号数据作为学习得到所有层的最佳初始权重，然后用少量的、代价昂贵的标号数据对权值参数进行微调，从而得到模型，这相比于仅用有监督学习所得到的模型效果更好。

第五，网络的结构适合于对图像、语音处理、文字分析和语言检测等领域应用，以及其他相似领域应用。

（三）卷积神经网络的训练

训练CNN的目的是寻找一个模型，通过学习样本，这个模型能够记忆足够多的输入与输出映射关系。CNN的训练过程可分为前向传播和反向传播两个阶段。

1. 前向传播阶段

（1）将初始数据输入卷积神经网络中。

（2）逐层通过卷积、池化等操作，输出每一层学习到的参数，n–1层的输出作为n层的输入。

（3）最后经过全连接层和输出层得到更显著的特征。

2. 反向传播阶段

（1）通过网络计算最后一层的偏差和激活值。

（2）将最后一层的偏差和激活值通过反向传递的方式逐层向前传递，使上一层中的神经元根据误差来进行自身权值的更新。

（3）根据偏差进一步算出权重参数的梯度，并再调整卷积神经网络参数。

（4）继续第（3）步，直到收敛[①]或已达到最大迭代次数。

对于CNN的学习，实质上是“预训练+监督微调”的模式，预训练采用逐层训练的形式，就是利用输入/输出对每一层单独训练。其训练样本集是大量的无标号数据，它们可以较容易得到。预训练之后，再利用较少量的标号数据（它们的获得代价昂贵），对权值参数进行微调。这种自主学习方法能够通过使用大量的无标号数据来学习得到所有层的最佳初始权重，然后用少量的标号数据对权值参数进行微调，从而得到模型。相比于仅用有监督学习所得到的模型更好。

第三节　智能机器人与多智能体系统

一、智能机器人

机器人是集机械、电子、控制、计算机、传感器、人工智能等学科及前沿技术于一体的高端装备，是制造技术的制高点。目前，在工业机器人方面，其机械结构更加趋于标准化、模块化，功能越来越强大，已经从汽车制造、电子制造和

① 收敛指的是会聚于一点，向某一值靠近。

食品包装等传统应用领域转向新兴应用领域，如新能源电池、高端装备和环保设备，在工业领域得到了越来越广泛的应用。与此同时，机器人正在从传统的工业领域逐渐走向更为广泛的应用场景，如以家用服务、医疗服务和专业服务为代表的服务机器人及用于应急救援、极限作业和军事的特种机器人。面向非结构化环境的服务机器人正呈现出欣欣向荣的发展态势。

（一）机器人的认知

1. 机器人的特点

机器人是人工智能的一种应用，它综合应用了人工智能中的多种技术，并且是与现代机械化手段相结合而成的一种机电设备。从浅显的角度讲，机器人是一种在一定环境中具有独立自主行为的个体。它有类人的功能，但不一定有类人的外貌的机电相结合的机器。机器人具有以下特点。

（1）类人的功能。类人的功能表示机器人具有类似于人的功能，主要有以下三种。

第一，人的智能功能。能控制、管理、协调整个机器人的工作，并能从事演绎推理与归纳推理等思维活动，这是人工智能的主要能力。

第二，人的感知功能。具有人对外部环境的感知能力，包括人的视觉能力、听觉能力、触觉能力、嗅觉能力、味觉能力等，此外还有人虽无法直接感知，但可通过仪器、设备间接感知的能力，如血压、血糖、血脂、紫外线、红外线等感知能力。

第三，人的行动功能。具有人的自主动作能力，以实现预定目标，包括人的行走能力、人的操作能力、人与外部物体交互能力等，以实现手和脚的动态活动功能。

（2）不一定有类人的外貌。目前所见到的机器人，有时会有类人的外貌，但是在很多情况下，它们不一定具有人的外貌，这与它本身所承担的功能有关，如消防灭火机器人的主要功能是灭火，因此与灭火有关的外部形式均需加强，而与灭火无关的外部形式均可取消，为方便在高低不平的火场自由行动，采用履带式滚动装置替代人的双脚更为方便，而直接使用可控的喷水装置取代人的双手也更为合适。机器人的一个原则就是：功能决定外貌。

（3）机电相结合。机器人是一种机械与电子设备相结合的机器，其中机械设备的占比较大。这主要是它的行动功能所致。行动功能是需要机械装置配合的，大多是精密机械装置，如机械手中能灵活自由转动上、下、左、右、前、后360° 的机械腕，能感觉所取物件重量与几何外形并能精确定位将物件取走或放下的机械手指。它们均属精密机械装置，同时在操作时均受相应电子设备控制，并相互协调，从而完成目标动作。因此，这种能做动作的设备是一种机电结合的设备。此外，感知功能与外貌配置也需要机电相结合的装置，如感知功能中的传感器、感知设备及机器人人脸动态表情的表示中需有精密机械装置并配有电子设备控制协调。

（4）从机器角度看，一般机器能取代人类的部分体力劳动，而机器人能取代更多的工作，特别是具有脑/体结合性工作，可提高生产效率以及产品质量。它既是安装于机器人中的计算机，能对机器人中的所有部件进行统一控制与协调，以完成机器人的行动目标，又能完成机器人中的智能活动。

（5）从人类角度看，机器人可不受工作环境影响，可在危险、恶劣环境下工作；不受内在心理因素影响，能始终如一保持工作的正确性、精确度。

（6）从机器人自身角度看，机器人在某些能力方面可以超过人的能力，主要是感知能力与行动能力中的某些方面，如人类无法在夜间黑暗环境下像白天一样正常工作，而机器人可借助红外线感知能力，使其在夜间像白天一样工作。从学科研究角度看，机器人的研究方向与环境有关联，因此它属于行为主义或控制论主义研究领域，理论上属于Agent范畴，可用Agent理论指导它的研究。

2. 机器人的分类

从发展历史看，在计算机出现以前就有了机器人的原型，而计算机出现以后人工智能出现之前，以及在人工智能发展的若干年中，机器人就有一定的计算处理能力，能管理、控制与协调机器人各部件协同工作，但仅限于固定程式的处理能力，有时还会依赖人工协助，同时没有以推理与归纳为核心的智能处理能力，这种机器人大量应用于工业应用领域，因此称为工业机器人。工业机器人应用普遍，到目前为止在工业领域占有量达90%以上。由于此类机器人的智能处理能力差，称为弱智能机器人；具有完整智能处理能力的机器人称为强智能机器人，又称智能机器人，一般都用此称谓。

因此，从机器人的智能能力可以将其分为以下两类。

（1）弱智能机器人：智能处理能力差的机器人，如工业机器人。

（2）智能机器人：具有完整智能处理能力的机器人，又称强智能机器人。

3. 群体机器人

机器人是人工智能中一个独立行为主体，在很多情况下，单个个体往往很难胜任复杂工作，这就需要多个机器人在统一的目标引导下，通过相互通信的方式以达到相互协调一致以完成统一的目标。用这种方式组成的多个机器人就称为群体机器人，群体机器人可以协调各个体机器人之间关系，以完成统一目标。群体机器人的理论基础是多Agent技术，它的应用实现可用多Agent技术指导以完成其工作。

（二）人工智能技术在机器人中的应用

人工智能技术的应用提高了机器人的智能化程度，同时智能机器人的研究又促进了人工智能理论和技术的发展。智能机器人是人工智能技术的综合试验场，可以全面地检验考察人工智能各个研究领域的技术发展状况。

1. 智能感知技术

随着机器人技术的不断发展，其任务的复杂性与日俱增。传感器技术为机器人提供了感觉，提升了机器人的智能，并为机器人的高精度智能化作业提供了基础。传感器是指能够感受被测量器件，并按照一定规律变换成可用输出信号的装置，是机器人获取信息的主要源头，类似人的五官。以下阐述人工智能技术在机器人“视觉”“触觉”和“听觉”三类最基本的感知模态中的应用。

（1）视觉在机器人中的应用。人类获取信息的大部分来自视觉，因此，为机器人配备视觉系统是非常自然的想法。机器人视觉可以通过视觉传感器获取环境图像，并通过视觉处理器进行分析和解释，进而转换为符号，让机器人能够辨识物体并确定其位置。其目的是使机器人拥有一双类似于人类的眼睛，从而获得丰富的环境信息，以此来辅助机器人完成作业。

在机器人视觉中，客观世界中的三维物体经由摄像机转变为二维的平面图像，再经图像处理输出该物体的图像，通常机器人判断物体位置和形状需要两类信息，即距离信息和明暗信息。作为物体视觉信息来说，还有色彩信息，但它对物体的位置和形状识别不如前两类信息重要。机器人视觉系统对光线的依赖性很大，往往需要好的照明条件，以便使物体所形成的图像最为清晰、检测信息增强，克服阴影、低反差、镜反射等问题。

机器人视觉的应用包括为机器人的动作控制提供视觉反馈、移动式机器人的视觉导航及代替或帮助人工进行质量控制、安全检查所需要的视觉检验。

（2）触觉在机器人中的应用。人类皮肤触觉感受器接触机械刺激产生的感觉，称为触觉。皮肤表面散布着触点，触点的大小不尽相同且分布不规则，一般情况下指腹最多，其次是头部，背部和小腿最少，所以指腹的触觉最灵敏，而小腿和背部的触觉则比较迟钝。若用纤细的毛轻触皮肤表面，只有当某些特殊的点被触及时，人才能感受到触觉。触觉是人与外界环境直接接触时的重要感觉功能。

触觉传感器是机器人中用于模仿触觉功能的传感器。机器人中的触觉传感器主要包括接触觉、压力觉、滑觉、接近觉和温度觉等，触觉传感器对于灵巧手的精细操作意义重大。在过去，人们一直尝试用触觉感应器取代人体器官。然而，触觉感应器发送的信息非常复杂、高危，而且在机械手中加入感应器并不会直接提高它们的抓物能力。我们需要的是能够把未处理的低级数据转变成高级信息，从而提高抓物和控物能力的方法。

近年来，随着现代传感、控制和人工智能技术的发展，科研人员对包括灵巧手触觉传感器及使用所采集的触觉信息结合不同机器学习算法实现对抓取物体的检测与识别，以及灵巧手抓取稳定性的分析等开展了研究。目前，主要通过机器学习中的聚类、分类等监督或无监督学习算法来完成触觉建模。

（3）听觉在机器人中的应用。人的耳朵同眼睛一样是重要的感觉器官。声波叩击耳膜，刺激听觉神经的冲动，之后传给大脑的听觉区形成人的听觉。

听觉传感器用来接收声波，显示声音的振动图像，但不能对噪声的强度进行测量，是一种可以检测、测量并显示声音波形的传感器，被广泛用于日常生活、军事、医疗、工业、领海、航天等领域，并且成为机器人发展所不能缺少的部分。在某些环境中，要求机器人能够测知声音的音调和响度、区分左右声源及判断声源的大致方位，甚至是要求与机器进行语音交流，使其具备“人—机”对话功能。自然语言与语音处理技术在其中起到重要作用。听觉传感器的存在，使机器人能更好地完成交互任务。

2. 智能导航与规划

随着信息科学、计算机技术、人工智能及其现代控制等技术的发展，人们尝试采用智能导航与规划的方式来解决机器人运行的安全问题，这既是作为机器人相关研究和开发的一项核心技术，也是机器人能够顺利完成各种服务和操作（如安保巡逻、物体抓取）的必要条件。

以专家系统与机器学习的应用为例，机器人导航与规划的安全问题一直是智能机器人面临的重大课题，针对受限条件下受人为干预因素导致机器人自动化程度低等问题，在导航与规划上减少人的参与并逐步实现机器人避碰自动化是解决人为因素的根本方法。自20世纪80年代以来，国内外在智能导航与规划技术方面取得了重大发展。实现智能导航的核心是实现自动避碰。为此，许多专家、学者从各个领域，尤其是结合人工智能技术的进步和发展，致力于解决机器人的智能避碰问题。机器人自动避碰系统由数据库、知识库、机器学习和推理机等构成。

3. 智能机器人控制与操作

智能机器人的控制与操作包括运动控制和操作过程中的自主操作与遥操作。随着传感技术及人工智能技术的发展，智能运动控制和智能操作已成为机器人控制与操作的主流。

（1）神经网络在智能运动控制中的应用。目前，机器人的智能控制方法包括定性反馈控制、模糊控制及基于模型学习的稳定自适应控制等方法，采用的神经模糊系统包括线性参数化网络、多层网络和动态网络。机器人的智能学习因采用逼近系统，降低了对系统结构的需求，在未知动力学与控制设计之间建立了桥梁。

神经网络控制是基于人工神经网络的控制方法，具有学习能力和非线性映射能力，能够解决机器人复杂的系统控制问题。机器人控制系统中应用的神经网络有直接控制、神经网络自校正控制、神经网络并联控制等结构。

第一，神经网络直接控制利用神经网络的学习能力，通过离线训练得到机器人的动力学抽象方程。当存在偏差时，网络就产生一个大小正好满足实际机器人动力特性的输出，以实现对机器人的控制。

第二，神经网络自校正控制结构是以神经网络作为自校正控制系统的参数估计器，当系统模型参数发生变化时，神经网络对机器人动力学参数进行在线估计，再将估计参数送到控制器以实现对机器人的控制。由于该结构不必将系统模型简化为解耦的线性模型，且对系统参数的估计较为精确，因此控制性能明显提升。

第三，神经网络并联控制结构可分为前馈型和反馈型两种。前馈型神经网络学习机器人的逆动力特性，并给出控制驱动力矩与一个常规控制器前馈并行，实现对机器人的控制，当这一驱动力矩合适时，系统误差很小，常规控制器的控制作用较低；反之，常规控制器起主要控制作用。反馈型并联控制是在控制器实现控制的基础上，由神经网络根据要求和实际的动态差异产生校正力矩，使机器人达到期望的动态。

（2）机器学习在机器人灵巧操作中的应用。随着先进机械制造、人工智能等技术的日益成熟，机器人研究关注点也从传统的工业机器人逐渐转向应用更为广泛、智能化程度更高的服务型机器人。对于服务型机器人，机械手臂系统完成各种灵巧操作是机器人操作中最重要的基本任务之一，近年来一直受到国内外学术界和工业界的广泛关注。其研究重点包括让机器人能够在实际环境中自主智能地完成对目标物的抓取及拿到物体后完成灵巧操作任务。

利用多指机械手完成抓取规划的解决方法分为分析法与经验法两种。分析法需要建立手指与物体的接触模型，根据抓取稳定性利用逆运动学对各手指关节进行测评，优化求解手腕的抓取姿态。由于抓取点搜索的盲目性及逆运动学求解优化的困难，经验法在机器人操作规划中获得了广泛关注并取得了巨大进展。经验法也称数据驱动法，它通过支持向量机（SVM）等监督或无监督机器学习方法，对大量抓取目标物的形状参数和灵巧手抓取姿态参数进行学习训练，得到抓取规划模型并泛化到对新物体的操作。在实际操作中，机器人利用学习到的抓取特征，由抓取规划模型分类或回归得到物体上合适的抓取部位与抓取姿态，然后，机械手通过视觉伺服等技术被引导到抓取点位置，完成目标物的抓取操作。

近年，深度学习在计算机视觉等方面取得了较大突破，深度卷积神经网络被用于从图像中学习抓取特征且不依赖专家知识，可以最大限度地利用图像信息，使计算效率得到提高，满足了机器人抓取操作的实时性要求。

二、多智能体系统

（一）智能体的基本认知

智能体在人类生活中无处不在，例如电梯控制器就是一种智能体。当在一个写字楼里等候电梯时，如果是一个电梯群组，当我们按下电梯按钮时，电梯控制器将会响应我们的请求，安排某一部电梯前往我们呼叫的楼层。再如，红绿灯控制器也是一种智能体，如果我们将交通路口的红绿灯设计成一个智能的红绿灯，它就可以根据路口各个方向的车流量智能地设定红绿灯的时间，这些场景或者设想都是智能体的具体应用领域。

1. 智能体的性质

一个智能体应该具有代表自己或者其他实体的操作，能够感知外界环境，同时可以通过知识或者推理实现某种特定的目的。与此同时，很多定义非常强调智能体应该是一种嵌入环境中的、持久化的计算实体。

（1）智能体的一般性质。智能体具有如下四种一般性质。

第一，自主性。在不受人和其他实体的指令或者干预下，一个智能体应该具备自主采取动作的能力。同时，某些结构的智能体还可以自主控制自身的内部状态。

第二，主动性。智能体不仅可以实现对外界的应激反应，还可以针对自己的目标采取主动行为。

第三，反应能力。智能体可以感知外界环境，并且及时对外界环境的变化作出动作响应。

第四，社会能力。智能体能够通过某种通信语言实现和其他智能体（甚至人）的交互。

在交通路口红绿灯的例子中，控制器根据等候的车辆多少决定红绿灯的时长，这就是智能体的自主性；而为了使某个方向的通行能力最大化，或者使车辆等候的时间最短，通过推理或计算来确定红绿灯的时长，这就是智能体的主动性；一旦路口出现异常情况，控制器对其作出即时的动作响应，这就是智能体的反应能力；而如果某个智能体把当前路口的信息和自己决定的时长传输给前一路口、后一路口的红绿灯控制器，则说明智能体具备了通信能力。

以上四种性质是智能体必备的性质，被称为智能体的一般性质。

（2）智能体的特定性质。在某些特定的应用或者技术中，研究人员还可以在这些一般性质上附加一些其他的特定性质（一个或者多个），我们通常称后者为强性质，它分为以下四个方面。

第一，移动性。强调智能体具备在网络上移动的能力。

第二，诚实性。在智能体之间相互通信时，强调智能体不会传输错误的信息。

第三，无私性。强调在多智能体系统中，智能体之间不会有相互冲突的目标。因此，当智能体收到其他智能体发来的请求时，总会尝试解决方案去满足这个请求。

第四，理性。可以分为无限理性或者有限理性。通常这里假定是有限理性，其含义是当智能体去实现自己的目标时具备一定的理性，能够分析这个目标是否能被实现。

在红绿灯例子中，不同控制器显然不可以传输错误的信息。同样，当一个路口控制器得到另一个路口的请求时，也会尽力去满足这个请求。所以，这个智能体还具有诚实性和无私性等特殊性质。

简单来说，智能体就是一个可以代表用户或者其他实体的“代理”，应该具备自主性、主动性、反应能力和社会能力等性质。在特定场景中，还可以让其附加移动性、理性等性质。事实上，在IT领域或者现实世界中，有很多可以被认为是智能体的软件/硬件。例如，一个问答机器人、一个后台服务程序，甚至一个传感器等。显然，当智能体被加上一些特定的强性质时，其对智能体技术和应用就提出了新的挑战。

2. 智能体的环境

智能体不可以完全控制环境，环境也不可以控制智能体。智能体和环境之间的关系是相互影响、相互依存的。环境除具有确定性和非确定性两种划分之外，还可以依据以下特性进行区分。

（1）可访问和不可访问。如果智能体能精确感知外部环境状态，则环境为可访问的；否则环境为不可访问或者部分可访问的。

（2）场景式和非场景式。想象一个智能体在下棋，我们把每一局棋看成一个场景（或片段）。如果在一个新局中智能体的性能或学习过程和历史棋局没有关系，我们就把这种环境设置称为场景式；否则称为非场景式。

（3）离散和连续。环境状态集合是有限、固定集合，则环境为离散环境；否则为连续环境。

不同的环境类型将极大地影响智能体设计。最复杂的一类环境是不可访问、非场景式、动态的连续环境。回到前面举的例子中，如果采用智能体技术来设计红绿灯控制器，那么让我们来分析一下其所处的环境。

如果在晴天情况下，路口等候的车辆数目是明确的，则该环境是可访问的；但如果是雾天或者大雨天，控制器将无法得到路上确定的车辆数目，则环境是不可访问的。

显然在某个时间点（某个状态下），控制器采取了某个时长，但控制器并不能确定下一个时间点路口等候的车辆数目。因此，环境是不确定的。

更进一步，在一天的不同时段或者一周的不同天（如休息日和工作日），前后时间点路口等候车辆数目都会发生显著变化，这说明环境是动态的。

在前一天或者在历史上红绿灯控制器所得到的策略，事实上对当前是有帮助的，因而说明环境是非场景式的。

如果我们只考虑环境中等待的车辆数目，动作只考虑离散的秒数，那么该环境是一个离散环境。

（二）智能体的结构

实现一个具体的智能体通常有五种结构方式，分别是基于逻辑演绎、基于反应、基于决策理论、基于信念—期望—意图逻辑和分层混合结构。其中，基于反应式的包孕结构和基于BDI逻辑的智能体结构是最著名的结构。

1. 智能体的包孕结构

包孕结构亦被称为反应式结构，在这种结构设计中，科学家认为智能体的理性行为并不是由基于逻辑推理或者基于决策理论方法进行直接编码，而是在智能体与环境交互过程中涌现的。可以通过一个行星勘察移动机器人的例子来看如何实现包孕结构。

设计一个行星勘察机器人，它的任务是从行星上收集岩石样本。但我们仅仅知道行星上的岩石是聚集的，并不知道其确切位置。机器人需要通过在行星上行走发现岩石，然后取走部分岩石样本放回飞船上。机器人事先并没有关于行星的地图，同时行星上存在大量障碍，在行走时需要避开这些障碍物。

针对上述案例，可以定义以下五个规则。

规则1（R1）：在机器人行进时，如果检测到障碍物，应立即执行避障动作。

规则2（R2）：当机器人拾取到岩石样本并位于飞船上时，优先执行放下手中样本的动作。

规则3（R3）：当机器人拾取到岩石样本但未在飞船上时，优先执行沿信号增强梯度方向返回飞船的动作。

规则4（R4）：在机器人行进时，如果检测到岩石样本，应立即执行捡起岩石样本的动作。

规则5（R5）：如果机器人一切正常且未被其他规则激活，则随机选择行星上的方向进行移动。

这五个规则之间存在优先级关系，R1优先于R2，R2优先于R3，依次类推。当多个规则同时激活时，下层规则的执行将抑制上层规则的执行。

在机器人之间不允许直接通信的情况下，我们还可以增强上述结构，实现间接的通信。为此，对R3修改如下。

规则3（改进版）：当机器人拾取到岩石样本但未在飞船上时，执行丢下两个信标的动作，并沿信号增强梯度方向返回飞船。

进一步，增加一个规则R6：

规则6（R6）：当机器人感知到信标时，执行捡起一个信标的动作，并沿信号下降的梯度方向移动。

规则6（R6）的优先级最低。

通过上述方法，实现了智能体之间的间接通信。同时，当某个智能体率先发现岩石样本时，其他智能体可以根据其丢下的信标逐步开始向岩石样本聚集处靠近，从而呈现出类似蚂蚁寻找食物的智能行为。

2. 智能体的 BDI 结构

不同于数学的机械证明，人的推理是一种实证推理，其特点在于人的知识是持续演化和变化的。同时，人的目标会随着知识增长和环境状态变化而改变。以下通过一个学生考试的例子，阐述人的实证推理过程。

一个学生刚入学时有这样的信念——通过努力学习可以通过考试，只要准时上课、完成作业和认真复习即可视为努力学习。学生最初的意图是通过考试。因此，学生为了通过考试，启动了一个目标——手段的推理过程，形成了一系列期望：期望自己可以努力学习、准时上课、完成作业和认真复习。

假设这个学生得到一个新的信息——通过考试作弊也能通过考试且考试作弊比认真学习容易得多。学生首先会根据这个消息修正自己已有的信念，并将这个信息添加到自己的信念中。同时，在目标意图（通过考试）不变的前提下，学生继续执行一个新的目标——手段的推理过程，形成了新的期望——通过考试和考试作弊。

再假设这位同学又得到新的消息——考试作弊被发现就不能通过考试；本门课程监考严格，考试作弊一定会被抓。学生在得到这个信息后，继续修正自己的信念。同时，在目标意图（通过考试）不变的前提下，学生继续执行一个更新的目标——手段的推理过程，形成了新的期望——通过考试、努力学习、准时上课、完成作业和认真复习。

分析以上的实证推理过程，可以发现三个关键要素：信念、期望和意图。在智能体技术中，这种实证推理逻辑可以被形式化为BDI逻辑，而实现BDI逻辑的智能体结构被称为BDI结构。

（三）多智能体学习

在规划问题中，各个状态之间的转移关系及转移概率是已知的，我们很容易通过数学手段直接计算出最优的动作序列。但在很多实际任务中，这样的转移关系和转移概率事先是未知的。显然，如果规划的概率转移事先无法得知，那我们就无法直接用规划技术求解，而需要采用学习技术。不同于统计机器学习技术，强化学习技术是和多智能体技术密切相关的，究其原因，在于强化学习机理也是通过试错进行采样来获得顺序，这也是决策过程的最优策略。

当同时存在多个智能体，就构成了一个多智能体系统。在阿尔法围棋（AlphaGo）等应用中，AlphaGo在网上和人类棋手进行多次实战，并通过实战优化自己的棋艺，这是单智能体强化学习。而在无人机编队协同任务中，其需要多个无人机之间进行协调、学习，这就是多智能体强化学习。

在多智能体学习中，如果我们对每个智能体的学习算法不加以约束，则整个多智能体系统就有可能陷入一个不稳定的状态之中。就像寝室里的两位同学，棋力相当且每天根据自己的能力学习、改进棋艺，这样的话，这两位同学之间的胜负将变得非常不稳定。

为了更好地分析多智能体系统中的学习问题，先阐述三种类型的多智能体系统。第一种多智能体系统为合作型多智能体系统。在此系统中，多个智能体通过合作实现一个协作型任务，如无人机集群。显然，每个智能体通过学习，尽可能快地使整个系统达到学习目标。第二种多智能体系统为竞争型多智能体系统。在此系统中，通常存在两个目标绝对相反的智能体，如下棋双方。显然，每个智能体通过学习，尽最大可能击败对手。第三种多智能体系统为博弈型多智能体系统。在此系统中，每个智能体之间既存在竞争，又存在合作，如足球队的11名队员是一种典型的竞合关系。显然，每个智能体既要实现某种程度的协作，又要尽可能使自己获利最大。这三种类型的多智能体系统的学习技术也大相径庭。

第一，单智能体强化学习。如果将多智能体系统中的所有智能体合并成一个超智能体，那么这个超智能体的动作集合就是所有智能体的动作集合的笛卡尔积。因此在这一前提下，多智能体强化学习就退化成单智能体强化学习。该学习技术实际上是一种集中式控制技术，与分布式的多智能体系统假设不符合。

第二，合作型任务的多智能体强化学习。不同于单智能体强化学习技术，在面向合作型任务的多智能体强化学习方案中，每个智能体都有自己独立的学习算法。当多个智能体同时采取行动时，环境将给出一个奖惩信号。将这个奖惩信号分配到各个智能体中就是多智能体强化学习技术需要解决的问题。最常见的一种做法是将这个奖惩信号均匀分配给所有智能体，但这种不见得合理的分配机制显然会影响整个系统的学习性能。

第三，面向竞争型任务的最佳反应强化学习。在处理竞争型任务时，我们需要设计智能体有针对性地击溃对手，因此最有效的方式是对对手的策略进行建模，针对对手策略进行反制。这种方式称为最佳反应强化学习。

第四，面向竞合型任务的博弈型强化学习。对于更广义的竞合型多智能体系统，我们将多智能体系统所处的各个状态建模为一个博弈，则一个状态序列可以建模为马尔可夫博弈过程。学习算法在每个状态试图去寻找一个纳什均衡解，然后根据执行这个解所获得的反馈来修改学习算法中的值函数。与面向合作型任务的多智能体强化学习技术不同的是，在面向竞合型任务的博弈型强化学习中，环境针对每个智能体给出单独的奖惩信号。

第九章　人工智能技术的创新应用

近年来，人工智能技术取得了巨大的进步，并在多个领域展现了惊人的应用潜力，人工智能技术的创新应用正在改变着我们的生活、工作和社会。在这样的背景下，对人工智能技术的创新应用进行深入研究成为一项紧迫而重要的任务。本章将深入研究人工智能技术的创新应用，包括人工智能在出版行业的创新应用、人工智能在教育领域中的创新应用及人工智能技术在视觉图像处理中的应用。

第一节　人工智能在出版行业的创新应用

一、人工智能技术在专业内容生产阶段中的应用

在出版产业链条中，内容的生产是最基础的部分，也是人工智能技术应用最多最广泛的部分，内容生产的好坏直接影响着出版物的质量。相比于传统出版时代内容生产无法把控的情况，人工智能技术可以大幅缩短内容生产的周期，能够更加精准和系统地对用户的数据进行采集统计，并应用到出版内容的制作中，还给出版业带来了新的“场景”概念。

专业出版是指在某些专业领域，以专业的行业知识为基础，通过书籍、期刊或互联网等媒体将专业知识传播出去，达到学习探讨研究目的的出版部分，具有读者群较少且固定，内容专业不易懂，只适用于某些特定出版社出版等特点。人们所常见的科技、专业医学、法律和金融等领域的出版都可以划到专业出版的范畴里。

智能科技已经逐步渗透到了工作、生活的各个领域，例如“人工智能+法律”“人工智能+医疗”等热词已经频繁见诸报端，与此同时专业出版物也要充

分做好与智能技术的连接工作，致力于通过人工智能技术将该领域的学科内容更立体化、更生动直观地展示出来，同时也能方便读者检索和学习，以便更好地为专业领域的读者服务。

（一）人工智能技术提升专业出版水平

人工智能技术是基于算法模型和数据库所建立的，通过预先建立的计算机算法，将海量数据与信息按模型进行梳理分析，从而在短时间内输出统计或分析后的结果。在实际的应用过程中，这样的算法模型和数据只有在与具体的某一行业、某一知识服务体系结合才更有应用价值。人工智能需要将具体的应用场景聚焦，细分不同的应用领域，通过专业的数据知识基础建立不同的算法模型，从而在出版业以专业技术下的知识服务的姿态去给广大读者提供更“专业化”的服务，使专业出版“更专业”。

例如，在法律出版领域，基于自然语言处理与深度学习技术的法律检索服务已经在数字法务服务平台及法律机器人上得到了应用。语音识别及语义分析技术可以更清楚地了解用户的实际需求，配合法学知识图谱结构网络可以与用户更好地进行人机交互。深度学习技术可以根据以往的法律案例自动生成法律文书，自动识别分析案例间的相同点和不同点，避免了人工烦琐重复的工作，也为法律文案的撰写和法律图书的编撰提供了更专业的技术支持。触摸一体机、在线咨询、智能问答等新技术、新产品可以智能对接用户与律师事务所或法律宣传单位，在婚姻家庭、遗产、劳务合同及房屋拆迁等问题上为群众提供一站式咨询服务，使越来越多的法律事务可以通过线上来咨询办理，在提供专业知识服务的同时，也为宣法普法作出了一定的贡献。

而在专业医学出版领域，医学出版的主要研究方向都在如何能够更好地帮助读者了解专业医学知识以及塑造医学模型上，通过智能技术可以形象地展示出人体内部的生理结构，能更方便地制订医疗方案。例如，《3D系统解剖学》通过VR技术辅助再现医疗场景，可以让学习者自主组装人体模型，进行模拟抢救实操训练等。像这样，专业的医学出版社与智能技术合作而产出的医疗体验系统可以让医学出版实用性、专业性的特点越发凸显。

人工智能机器人在未来甚至可以进行远程诊断服务。借助大数据与深度学习技术，IBM公司的沃森机器人通过对上百万专业医学书籍和文献的学习，掌握医疗知识并将其应用到临床诊断中，虽偶有误诊的案例发生，但经过数据库的不断更新及神经学习网络技术的不断进步，实现点对点的远程医疗可以大大减轻医院看病难的现实问题。同样由IBM开发的患者全息视图，是基于全息视觉影像技术的投影信息平台，可以将患者模型及管理模型高度抽象化和概念化，既为临床决策提供了支持，也为医院的精细化管理铺平了道路。

人工智能技术加持下的专业出版领域多是通过智能技术建立各自领域的专业数据库，各领域根据数据库再分别刻画各自的算法模型或者知识图谱网络，因各自专业领域规则不同所以无法有一个统一的模式来概括。但通过不同的算法模型可以对不同行业的用户群体进行特殊的定制化服务，会让该专业的出版领域实现场景化和交互化的自由，同时也就变得更加专业，未来人工智能技术在专业出版方面的应用会更加多样，专业出版领域的发展也会更值得期待。

（二）人工智能协助学术出版检索与查重

学术界因其具有专业性、指导性、前瞻性特点而容不得半点马虎，近年来文献抄袭造假的情况屡有发生，并且随着学术文献数量越来越多，学术出版领域亟须人工智能技术来协助文献出版的搜索与检查工作。

在以往的论文查重过程中，查重工具和查重系统只是简单将待查文献中的文字和词语与系统所输入的文章进行对比，由于普通查重系统所能收集到的学术文献数量有限，再加上文献写作过程中即便是文字词语相类似也不一定是剽窃抄袭，这样输出的报告准确率并不高。而基于云存储和大数据技术的人工智能可以录入海量的已发表的学术文章，通过语义分析技术将一段文字中所表达的意思与数据库中的文章进行比对，海量的素材文献和智能化的语义分析技术是普通查重软件所不能比拟的。例如，运用了语义分析技术的“交叉审查”工具可以将待查文献与数据库文献逐字和整段综合对比，既不放过任何一个特殊的字词，也不会影响对整个段落的判断，所输出的查重报告也更具可信度。

在文献检索方面也是如此。现有的基本文献搜索引擎用于导览数字内容的部分较少，并且无法访问元数据和引用指标，而微软学术搜索的项目成果知识图谱检索是基于知识图谱网络和大数据技术所建立的广泛的检索网，当输入某学者或某主题词时，知识图谱检索除了显示目标文献外，还会给出该学者的其他文献或该领域的最新研究结果和现状的链接，根据回归分析算法来智能衡量每篇文章的学术价值，从而进行有针对性的推荐。正是得益于人工智能技术的海量信息处理功能和语义分析技术，学术出版领域才得以高标准高智能化地为各行各业输出优秀的研究成果。

除了检索与查重之外，人工智能深度学习技术还可以建立基于独立文章的元文献审查评估功能。该功能能够对某文献的关键词、特征和研究方向进行提取分析，从而评估这篇文献的学术价值，还能够预测引用数量，文献中的无效信息便被深度算法程序剔除出去，剩下的关键内容可以用来对比和参照。经过人工智能评估的文献在研究意义或引用价值等角度均超过人类的大众评审环节，受制于人工的知识广度，在人工进行论文评审时需要多专家轮番进行审阅，既费时又费力，人工智能便可以有效解决这个问题。虽然在数据开放存取、算法伦理等方面还有诸多挑战要面对，但人工智能技术给学术出版带来的科学性、专利性和专业性特点使学术文献的存取变得更有条理，也将给学术大环境带来更智能化的应用体系。

二、人工智能技术在内容审校中的应用

我国出版业智能化探索起步较晚，目前人工智能在出版业的应用多体现在内容的生产制作和发行环节中，编辑加工环节的智能化革新还在逐步摸索尝试。但恰恰编辑加工流程的程式化、规范化特点能够无缝匹配人工智能算法快速计算、快速转换的优势，人工智能在审读校对和智能排版设计领域的未来大有用武之地。

编辑加工环节是出版物出版过程中不可或缺的一个组成部分，而校对又直接关系着出版物的内容质量，出版物差错率的高低直接取决于审校流程的校对结果，并且审校能力也是最考验编辑出版水平强弱的标杆。出版业虽有“三校一读”制度来保证校对过程的准确率，但由于校对是个要求高且烦琐的工作，辅以人工智能的程式算法可以进一步提高校对的准确率。人工智能技术已经逐渐开始涉足内容审校领域。

（一）内容审校环节应用人工智能技术的背景

在传统出版企业中，审读校对是出版流程中最重要的部分，因为它与出版物的质量息息相关，这也是各地方新闻出版广电局在检查出版物质量时的重中之重。在传统审校过程中，编辑需要一字一句地阅读作者所发来的稿件，通过自己的编辑知识将稿件中的错误或疑虑点标记出来，这不仅对编辑的学科知识有一定的要求，而且考验着编辑的体力和眼力，稍有不慎，漏过了一个错误点，结果可

能就是不可估量的。更何况在电子稿件之前，有些作者还会发来自己的“手写稿”，由于字迹潦草，能分辨出字迹已经不容易了，在此基础上校对更是难上加难。即便是在人工审校电子稿的今天，面对密密麻麻的文字，编辑们想要无差错地挑出每一处问题依然是很困难的事情。审读校对容不得半点马虎，另外对于文字、阿拉伯数字、专有名词及校对符号等，国家都有明确的校对规范和标准，这使得校对工作有据可依，这种程序化、规范化的工作给了人工智能发挥的舞台。

在审校环节，基于大数据和知识图谱分析技术的人工智能编校排系统势必掀起新一轮的“智能校对革命”，虽还在摸索尝试阶段，但必将推动出版业迈出更坚实的一步。

（二）校对校改流程的智能化尝试

现在出版流程校对环节多是以纸介质为主，还没有实现审校的相对智能化，出版行业还是一个典型的劳动密集型行业，那么如何使出版业由劳动密集型向智能密集型转型，是人工智能技术在出版业开展应用的历史机遇和使命，人工智能校对模式的研究同时也是校对校改流程智能化的美好尝试。

人工智能技术参与校对是将文稿中的段落与人工智能系统中所收录的语料和语言语境模型进行比对，从中挑出与语料库中不匹配的内容给其作上标记，而基于海量语料库信息和深度学习算法技术的黑马校对软件无疑是最常用的智能辅助校对软件。

例如，黑马目前已经积累了超过3000亿个汉字的原始语料资源及6000多万条的语言语境用法知识信息，可以识别出绝大部分的专业用语和行业用语，而且黑马的深度学习算法使用tensorflow模型构建出lstm网络来对海量的各类语料进行量化的分析、统计和迭代学习，同步使用高倍信息压缩及汉字高精度密集切分等技术来塑造一个语言模型用来对比语料库，也可以通过正向和反向两方面对文字进行纠错查错。并且黑马所收录的语言文字规范都是最新版本的权威工具书，如《现代汉语词典》《辞海》《使用语言文字规范指南》等，这也保证了校对文字时的权威性、规范性。黑马还对编辑校对时疏忽易犯的错误具有极强的识别性。例如“人”和“入”“杜”和“社”等形似字，“紧密相连”“贸然进攻”等读音相同的错别字，还有“很快的”与“很快地”等语法问题，像是这一类编辑容易漏掉的错误黑马都可以准确无误地找出来。但黑马在校对时也会出现形式思维固定、特定词语智能化指数不高及不会灵活处理等弱点，偶尔也会有失误，所以即便是黑马具备了一定程度的智能化，也不能完全依赖，基于人机协同的校对模式才是出版企业校对时应采取的形式。另外，黑马软件还需要完善自然语言处理技术，通过赋予字词不同的含义结合语境共同判断该表述是否为错误，这样才会有更准确的使用场景。

在计算机编程语言技术方面，VBA技术是涵盖在计算机Microsoft Office工具包中的一种批量式计算机操作语言，通过输入VBA代码的命令，可以建立一个填充敏感词条的文档，将文档中的敏感语言与Word中的内容进行比对，然后输入代码，从而将敏感或重复内容进行高亮显示。这是一种基于Office Word可以自行实现一键自动编校的智能系统，可以在一份Word文档中自行校对。但这个系统需要使用者输入预先编辑好的计算机编程代码，属于一种编程语言命令，对计算机的知识程度要求极高，使用者必须掌握编程语言，并且有功能单一、局限性大等问题，虽贵为一种有益的尝试，但最终无法被出版业广泛采用。

在敏感词的识别方面，由于电子出版媒介的兴起，电子书、有声读物逐渐占据了读者日常生活中的碎片化时间，数字平台上发布的电子读物同样涉及校对和审核，基于海量语料库智能的敏感词识别系统可以有效识别出违反出版物管理规定的内容，以保护数字阅读环境的健康发展。网易公司推出的网易易盾借助网易云的大数据技术建立了一个储存有数百万敏感词的语料库，可以有效识别出电子出版物上出现的敏感词，这也成为一些数字阅读平台整治阅读环境树立良好阅读氛围的首选系统。相比于人力来审核排查，人工智能技术不仅节省了时间，其准确性、时效性、分散打击的特点也是人力所不能比拟的。

协同编撰系统在当下群体智能的时代已经不是个新名词了，人工智能给予了协同编辑模式新的发展内涵，而基于协同编撰模式的自主校稿或许是个不错的尝试。使用数字一体化的编校排系统将内校、外校、自校、他校合为一体，通过群体智能自主进行编撰、校对、排版全流程操作，这将是未来出版业编辑加工环节生产方式的巨大变化。

在字词校对方面有黑马软件、方寸软件；在敏感词识别方面有网易云易盾。虽然人工智能技术在内容审校领域进行着不断的尝试并有所收获，但这些智能校对产品总体上依然具有智能化程度不高及无法深入语境识别等缺憾，能识别出文字所表达的语言环境及字符感情是克服当前难关的一大方向，对于整个句子、古籍文献、科技名词、同音不同义的词语等内容的校对能力的提升，都会给出版业审校智能化带来更大的突破。

三、人工智能技术在印刷阶段中的应用

在传统的出版流程中，印前、印刷、折页、堆码、装订、物流作为印刷部分的六大环节，各个环节之间并不是相对关联的，六个环节各自分别由不同的印刷人员管理负责，彼此之间很孤立，这也影响着印刷的效率。随着技术的不断进步，印刷设备的不断更新，人工智能技术也应用到出版印刷的环节之中，CTP直接制版技术、直接印刷技术、数字制版技术及按需出版技术的出现，使印刷环节逐渐由规模化向智能化延伸，而JDF标准的制定更是保证了印刷前后信息输入输出格式的规范化和标准化，智能印刷技术被越来越多地应用到生产实践中。

印刷的智能化主要体现在对数据的高效分析处理和设备的联网化上，人工智能时代是信息共享的时代，各个计算机之间的相互连接使数据可以在不同的印刷机器上自由传播转换，这种信息的共享其实是人工智能时代“协同编辑思维”的一种机械化展现。在传统出版流程中，出版社编辑之间经常陷入各自为战的局面，而信息共享则让协同编辑模式成为出版社的首选，机器之间的协同工作也是一样，依托印刷设备采用的大数据共享网络，无论是书籍的需求情况还是针对稿件的修改都可以做到即时全面传递，这无疑大大提升了工作效率。

按需印刷的实现是人工智能技术“个性化定制思维”的体现。人工智能技术对于传统出版业最具实质性的重塑并非出版物形态的升级，而是出版生产方式的变革。由于数据的收集变得更容易，这使出版企业与读者之间的壁垒被打破，个性化的定制成为可能。现如今按需印刷已经非常普遍，这也间接延长了某些出版时间久远的出版物的生命，节省了出版社的库存。而基于大数据的存储技术及视觉扫描技术，智能化的印刷设备还可以做到对某些模糊、磨损或是有污渍掩盖的纸张的识别，语义识别技术还会对原文进行修复，这也是按需印刷智能化的一个缩影。人工智能技术所给予按需印刷的“个性化”并不单单指“与众不同”，还是一种不限时限、不限内容、不限材质的独特的印刷体验，这也引导按需印刷技术向着更符合读者要求、更有针对性的智能化迈进。

CTP直接制版技术是近年来越来越多地被使用的一种数字智能制版印刷技术，可以实现由电子计算机直接到印版的一步成版过程，也就是常说的“脱机直接制版”，采用计算机控制激光扫描成像技术，然后通过显影和定影等步骤直接

印版。这一智能制版技术不再使用老式的胶片媒介，而是通过数字激光扫描直接成像，将文字或者图片等信息转换成数字信息，从而快速进行识别和转化。CTP直接制版技术借助计算机进行控制和管理，可以做到完全摆脱人力及远程印刷，这在具体的出版印刷实践中也得到了应用。

在标识系统方面，人工智能技术的引进还有助于工厂印刷环节智能标识操作的进行。例如，Metronic公司的按需喷墨、热烫印和激光烫印等技术的应用，可以对操作人员注入墨水及具体操作进行提醒和标识；Bauer Coding公司还将增强现实技术引入印刷的监控和管理系统中，使印刷人员可以通过AR扫描在线监管印刷设备的运行情况，在平板电脑上实现远程更换墨水的操作命令，若是设备出现故障还可以通过AR投影找到问题所在。这就是基于激光烫印技术和成像技术所能达到的智能标识效果，可以即时提示印刷人员设备的情况，以便人工或机器管理决策的及时有效发出。这也是人工智能技术连接作用的另一种展现方式，即管理决策和生产运行的即时连接，这种有效的连接能够瞬时性传递设备的信息，它也是对设备的一种记录和识别。

人工智能技术起到的连接作用还体现在智能印刷工厂生产运作的逐渐完善中。人工智能所带来的是信息和数据的共享，从印前环节直到物流环节过程中，仓库管理设备、物流设备、机器人集成系统包括云服务平台都是相互协同相互合作的，这也使印刷工厂的管理变得更智能化。由于数据的连接和共享，印刷环节的全流程可以由中心计算机控制，原来传统印刷工厂中分散式、人工控制的管理模式可以被人工智能云管理计算机取代，也可以即时监测设备的运行情况，从而进行调度调配或发布命令，这也是每个环节的设备产生的数据经过处理后得到的结果。由此可见，印刷管理的智能化归根结底还是数据处理的智能化。

第二节　人工智能技术在图像识别领域的应用

一、人工智能在图像识别领域的优势

智能、便捷与实用，是人工智能中图像识别技术的显著优势。在日常生活与工作中，应用图像识别技术既能满足人类的现实需求，又能提高社会的生产

效率。

第一，智能优势。应用图像识别技术处理图片，可以实现选择与分析的智能化。以信息技术为基础逐渐演变、发展而来的人工智能图像识别技术，显示出了超强的智能化优势，根据图像识别技术研发的特定软件，可以帮助人们从日常的工作与生活中，识别图像的数据内容与信息价值，经过智能化优势技术的分析与处理，得出具有应用价值的建议与结论，不仅可以提升人们的工作效率，对整个社会生产也有一定的促进作用。

第二，便捷与实用优势。人工智能图像识别技术既具有智能优势，又具有便捷与实用优势。人工智能图像处理技术的应用，可以提高人们日常工作与生活的便捷性。对于程序烦琐、流程复杂的工作，借助人工智能图像处理技术能够轻松解决关键问题，保证工作顺利完成，这是人工智能图像识别技术拥有便捷化优势的重要体现。此外，人工智能图像识别技术还表现出了鲜明的实用优势。在智能家居场景中应用人工智能图像识别技术，可以为人们提供更加高效、有序、轻松、便捷的现代生活方式。人工智能图像识别技术的实用功能，在满足人们现实需求的同时，也推动了技术自身的普及与创新。

二、人工智能在图像识别领域的应用前景

时代的发展与科技的进步，推动着人工智能图像识别技术的优化、升级与完善。随着图像识别技术精准度的不断提升，在数据的高速处理与传输、多维识别、应用领域等方面，人工智能图像识别技术都能够为人类的生存与发展提供更多的便捷服务。

第一，数据的高速处理与传输。目前，人工智能图像识别技术已经具备高保真度、高清晰度特点，但是由于计算误差的存在，信息识别、数据处理与传输速度并不理想。影响人工智能图像识别技术发展的因素主要表现在两个方面：①计算机硬件设备需要升级；②信息采集与数据处理能力有待提升。为了提高图像识别技术的清晰度和信息采集与数据处理能力，研究人员正在积极探索，升级最新的计算机硬件设备，改进原有技术在采集信息与处理数据时存在的问题，确保图像识别技术的发展态势更加成熟，并逐渐减少人工智能图像识别技术的应用误差，尽最大可能满足相关行业的多元需求。

第二，多维识别。传统的人工智能图像识别技术模式以二维识别为主，随

着信息技术的发展，最新的人工智能图像识别技术采用三维识别模式。三维识别虽然能够改善二维识别的图像效果，但是依然无法满足现代社会的发展需求。因此，突破三维识别模式的局限，推动人工智能图像识别技术在未来的发展过程中实现多维识别，是人工智能图像识别技术不可阻挡的创新趋势。多维识别模式在不同领域的广泛应用，在推动人类社会生活与学习工作的密切化、便捷化发展方面，发挥着日益显著的重要作用。

第三，应用领域更加广泛。目前，人工智能图像识别技术主要应用在农业、商业、医学、建筑与交通等领域。随着时代的发展及图像识别技术的不断完善与优化，人工智能图像识别技术的应用领域将变得更加广泛。在人类未来的学习工作与日常生活中，传统的操作模式将逐渐被人工智能完全取代，而与人工智能结合紧密的图像识别技术，必将实现更深层次的发展与完善。

人工智能应用产品具有“跨界融合”及“和实体经济深度融合”等特性，如自动驾驶与网联车是人工智能与汽车产业的跨界融合；人脸识别是人工智能与图像处理学科的跨界融合；机器翻译是人工智能与翻译界的跨界融合；智能医学图像处理是人工智能与医学领域的跨界融合等。通过跨界融合，将带动多个学科、领域与行业的智能化发展，从而实现人工智能的“头雁”作用。

第十章　现代信息技术在药品安全中的创新应用

现代信息技术的快速发展，为药品安全领域带来了新的机遇和挑战。信息技术的创新应用为药品的生产、流通、销售和使用过程中的监测、追溯和管理提供了更加高效、准确、可靠的手段，有望大大提高药品安全的水平，促进公众健康保障。基于此，本章将探究现代信息技术在药品安全中的创新应用，包括药品的行政许可与检查、药品智慧监管体系建设策略、基于智能技术的药品包装安全性设计及医疗器械中人工智能方法检验的策略等。

第一节　药品智慧监管体系建设策略

一、优化资源配置

（一）政府协助，企业合作

“药品智慧监管体系建设是一个动态也是不断提升的过程，开发环节涉及较为复杂的业务逻辑，建设周期长，资金需求量很大。”[①]为了智慧监管体系建设的顺利进行，可以采取政府帮扶，企业互助的方式。

第一，政府可给予企业及协会一定的技术培训支持。例如，提供配套的基础设施、技术培训补贴、培训咨询及培训跟踪服务等，通过技术培训支持，解答共性及专业性问题，为药品智慧监管体系建设工作打下技术基础。

第二，建设前期，先对部分企业进行试点，政府给予一定补贴或采用税收减免政策，资助并鼓励企业建设。例如，对于可视化监管，需要摄像头、计算机等，政府可以协助进行招标及批量采购，部分企业先进行安装、调试、试运行。能够正常运作后再逐步扩散至剩余企业。由点及面，将智慧监管体系的建设工作

① 陈怡存.吉林省药品智慧监管体系建设问题研究[D].吉林：长春工业大学，2021：14.

稳步推进。

第三，鼓励企业间互相协助，通过会议交流、沟通学习等方式，互相分享经验。对于为其他企业提供帮助的，可以给予一定奖金或奖励。

（二）经验借鉴，利用社会资源

建设药品智慧监管体系提出已经有一段时间了，但是大多数人对此还比较陌生。食品智慧监管的建设相对较早，取得了一些成效，为药品智慧监管工作的发展提供了可借鉴的经验。目前，国内也有一些省市进行了药品智慧监管平台建设的初步探索，在建设过程中突出了社会共治及标准建设的内容，为推进药品智慧监管体系建设提供了新思路。在进行药品智慧监管体系建设过程中可汲取其他省市的经验或者建设思路，结合自身特点进行统筹安排。另外，还可以开展岗位交流，加深对于药品智慧监管的全过程的了解。

现如今，App及各种平台早已融入人们日常生活中，这些平台建设的技术经验，对于药品智慧监管体系的建设具有参考价值，可以进行学习，并加以应用。随着移动互联、云计算及数据共享等新型信息处理模式的出现，仅依靠政府或者监管机构的力量已经不能满足新型监管需求。当前电子商务产业的兴起与发展为推动智慧监管体系建设创造了更多的可能，可以对各项业务梳理后进行分类，将某些工作外包给电子商务企业。要充分发挥社会资本的力量，大胆放开准入制度，对于社会和企业可以承担的业务，就移交给他们去负责。

（三）增强培训力度，提升员工素质

在智慧体系建设过程中，人员是关键因素。药品智慧监管体系的建设涉及到与多个业务部门的沟通协调，包括对应的承建单位，需与其配合整合各相关部门的业务系统。而政府部门项目风险管理经验不足，对智慧体系建设认知度不高。针对这种情况，为使药品智慧监管平台建设顺利推进，加强培训就是重要手段。制订年度培训计划，组织药品智慧监管综合业务培训，分批次组织学习及考核；积极参加国内其他地区组织的相关培训班，或者邀请专家学者对相关知识进行讲授；在平时，宣传介绍一些学习材料及网络途径，供大家业余学习；对于技术方面的培训，可以将数据研究的专家及软件公司的技术人员列入智慧监管体系建设的讲师团，对信息技术及应用进行专项培训，不断提高人员的认知度、专业化水平及实际操作能力。例如，可以请软件及平台开发者对系统及平台的开发进行详

细的讲解，并对应用进行指导。此外，可以从高校选拔优秀人才，作为重点培养对象。

二、创新建设理念

创新建设理念，为药品智慧监管体系建设工作的推进提供指导，同时丰富体系功能。药品智慧监管体系建设前期以政府为主导，且主要集中于某一环节及技术运用方面，对于体系的整体功能设计、监管主体的多元性及管理体系等关注度不足。因此要转变模式，丰富体系架构，将着力点更多地放到事前、事中监管上来，充分发挥智能优势，提升监管效能。

（一）全方位覆盖，综合监管

药品智慧监管体系建设的过程中要结合药品的生命周期来设计，确保产品可追溯，将着力点更多地放到事前、事中监管上来。对于药品生产流通等环节要全面覆盖，建立完整和相对稳定的数据和系统架构。首先，要对企业的数据进行掌握，对企业的基础数据采集时，以“一品一档”“一企一档”为重点；其次，信息化系统要覆盖到省、市、县、乡，实现综合监管。

（二）部门协作，信息共享

对于药品监管，应从源头抓起。为避免不正当的药品行为，提升监管效率，应实现药品注册审批、生产许可、监督检查、上市后不良反应监测等业务数据的互通共享。

目前，药品监管中事后监管及人海战术比较常见，导致很多案件是发生后才进行处理解决，调查周期长，人力成本高，监管压力大。将药物风险把控工作提前，利用对于不同药物的风险评估与分析进行实时监测，实现防患于未然、“早发现，早治疗”的理想状态，减少处理过程中的许多中间环节，可以降低监管成本。案件的调查及处理，常常需要多部门协作共同完成，建立与其他部门间数据资料的互联互通、交流与共享，打破“信息孤岛”，形成横向联动与纵向联动的监管格局，将药品监管涉及的部门“拧成一股绳”，共同发力。提高办事效率，提高监管能力。

（三）信息透明，提高社会参与度

加强信息透明度，对药品相关执法过程和行为及时公开。

第一，向社会普及药品知识和信息、用药安全常识，吸引人们高度重视药品安全问题。

第二，将执法动态、处罚公告及时准确地向社会公布，确保“阳光监管”。

第三，向社会公示国家政策及智慧监管建设动向，引导人们形成药品安全意识。

第四，建立灵活方便的投诉举报途径，当人们发现药品问题时，可以及时反馈给相关部门，不断提升社会参与程度，逐渐形成社会共治局面。通过一系列举措，提升人们对于线上办事认可度，并且积极地参与药品智慧监管队伍。

三、完善机制建设

坚持国家政策导向，创新药品监管模式，建立药品智慧监管体系是促进药品监管模式升级，适应社会及行业发展的需要。

（一）建立完备的运行机制

1. 政府主导，社会共治

药品行业在经济建设中的地位逐步上升，但是，若行业分布不集中，呈现小、零、散的特点，就会导致药品监管需要跨地区工作。药品监管工作不能单纯地靠政府来进行管理，还需要充分调动全社会多方力量，形成共治格局。政府向社会积极宣传药品安全知识，制定相关鼓励措施，吸引更多的团体和群众参与药品的监管工作中。开通网络、App、电话、短信、微信等便捷的沟通途径，不断加强政府与社会的沟通，提高社会参与度。

通过建立“联络站”，方便群众及时提供药品安全违法、违规行为的情况和线索，从而使问题能够快速有效地得以解决，社会的参与也使药品安全监管达到了一个新的高度。引导国内外药品行业组织及社会力量的积极参与，支持第三方机构建立专业技术检验检测、认证等技术服务平台，提升药品智慧监管体系的技术支撑能力。推动建立监管部门与药品企业的信息资源共享和协同监管机制，引导互联网企业充分发挥技术创新能力强、辐射用户范围广等行业优势，提高平台自治能力。

2. 健全跨部门合作，资源共享机制

在当前我国市场经济的新常态下，各行业正在以互联网作为交流的平台进行深度融合与创新，政府各部门也不断创新举措，利用大数据、云计算等信息技术，形成“互联网+”的治理模式。智慧城市、智慧政府、智慧交通等，已成为建设的重点。

药品智慧监管体系的建设并不是政府一个部门能够解决的问题。要充分调动各级政府和部门的积极性，形成一个跨部门、跨地区的药品安全协同监督管理体系，进一步健全和固化跨部门协同监管和信息共享机制，实现监管信息的有效交换和共享应用，使药品安全监管信息透明而统一。明确工作衔接端口、岗位职责、工作流程和相关信息标准等，通过联合执法行动，形成工作合力。

3. 绩效评判及责任追究体系

将监管部门内部员工的基本信息记录到系统，对于员工从业资格不能够满足岗位要求的，就需要作出调整；对于流动性较强的岗位，进行重点监控，及时分析和解决存在的问题和风险；对于重要岗位实施严格考核制度，进一步规范从业人员的管理；对于企业中从事药品安全及质量管理的工作人员，监管部门要对其专业素质情况进行审核与检查，以督促药品企业加强对相关人员的培训及考核，保证药品安全。

通过智慧监管体系建设，开通药品企业研制及生产经营管理人员在线培训系统，提升其专业素质水平。对于药店中的执业药师或者生产企业中的关键岗位，设置严格的考勤制度并及时上传实际出勤数据。当考勤异常时，信息化监管系统就会向监管人员发出预警，监管部门向参与考勤的企业或者监管对象发出警告，对情节严重者，依照规定严肃处理。

（二）建立完备的保障机制

智慧监管工作目前的推进主要以国家政策导向为主，依靠宣传教育、典型引路、示范带动来共同推动。

1. 加大科技研发力度

药品智慧监管体系建设过程中，信息的应用及保护至关重要。信息的收集、处理及研判的方式方法需要不断完善。比如，对于大中型企业来说，信息录入较为容易，录入的信息也比较系统、完整，但是对于小的药店来说，信息的实时录入存在较大困难。药品监管是一个多政府部门、多区域、多行业共同参与的综合性监管，它需要广泛而深入的数据共享，而各地之间的数据共享多数是对外公开的公共数据，不利于支持部门联动。因此，为保障药品智慧监管体系的建设，需要加大对高科技手段的研究及运用。

（1）加大力度进行科技研发，建立信息保护手段，让技术成为智慧监管的强大支撑。加强顶层规划设计，按照国家的战略部署，积极搭建智慧监管平台，实现与中央的对接。药品监督管理部门也要充分结合自身监管工作开展过程中的实际情况，提出具体要求，及时纳入智慧监管体系建设的总体框架中。

（2）当前电子商务发展迅速，可将一部分业务梳理后进行外包，充分发挥社会资本及技术的力量，将社会和企业能够承担的任务进行下放，并对其工作进行监督。监管部门通过依托现有的数据信息系统，与相关软件开发企业及信息技术公司进行密切合作，对现有的数据信息系统中大量的数据资源分别进行抽取、转换、装载，不断探索开发新的应用技术。

（3）成立专家组，对系统及平台建设、运维进行指导，建立资源共享渠道，推动数据互联互通。

2. 提升人才培养水平

受年龄的限制，部分监管人员的监管思维尚未跟上监管工作转变的步伐，对于智慧监管的认识不够，仍然停留在最初的视频监控、二维码扫描等阶段，对于数字化、信息化不能灵活地利用，缺少创新意识，不能充分利用智慧监管的技术手段。对于药品监督管理局来说，在充分整合和利用现有资源的基础上，应积极开展对干部岗位调整的工作，根据每一个干部自身技能和特点，调整到合适的岗位。比如，优先考虑将经过多岗位锻炼过的全面型人才安排到监督执法岗位上。在专业性强的政策法规处或科技处等，要安排法律相关专业或计算机相关专业的干部。通过招考、选调等途径，录用一批专业知识性较强、学历较高的青年人员，使干部队伍更年轻和富有活力。对干部德、能、勤、绩、廉进行全面考察后予以选拔任用。

制订培训计划，组织开展智慧监管综合业务的培训。与国内著名院校共同举办培训班，邀请专家学者进行“智慧监管”相关知识及应用讲座，分批次地开展培训学习。在平时工作中，则是集中针对药品生产、流通、应急处理等业务线进行系统的学习，不断提升监管人员的专业化水平和实际操作能力。制订人才引进方案，通过多种方式和渠道，招录信息技术、药品相关专业的优秀人才。积极调动和发挥创新型高端科技人才的作用，加强岗位之间的沟通交流，实行轮岗制，使监管人员更好地流动起来，掌握更全面的监管技能，培养全方位的药品监管人员。

3. 健全标准体系建设

在“互联网+”的背景下，大数据、信息技术大量涌现，信息获取的渠道是多元化的，对于信息的分析是精细化的，可以为监管部门提供更多的监管细节。在建设自已特色的药品智慧监管体系过程中，坚持制度先行的理念，因地制宜完善法律、法规及标准体系，为药品智慧监管体系建设提供依据，在建设过程中，少走弯路。

（1）对目前地方性法规进行梳理，整理出亟待制定及修订的内容，弥补标准体系的不足。

（2）对已实施的法规进行整理；对冲突及与现阶段药品监管工作不匹配的标准进行规制，提高标准的适用性。

（3）完善监管执法体系，明确目标与责任，加强执法，落实监管责任，规范执法过程。

第二节 基于智能技术的药品包装安全性设计

智能化药品包装方法与技术主要体现在新型功能性材料、功能性结构、新型信息技术和人性化、智能化的视觉设计上。通过运用某种新型材料、增加或改善包装某部分结构、施加某种信息技术于包装之上及合理智能的视觉设计，药品包装具有针对不同药品或不同消费者需求的某种特殊功能或智能型特征。

一、新型功能材料提升药品智能包装的安全性

“包装材料是指用于制造包装容器和包装运输、包装设计、印刷、包装辅助材料以及与包装有关的材料的总称。”[①]包装材料丰富多样，广泛应用于各行各业中，在商业发达的今天，产品包装也不仅仅局限于保护作用，同时延伸出美化、宣传产品的作用。通常我们所说的药品包装材料，大多时候是针对药品的内包装而言的，由于其直接与药品接触，已然成为药品不可分割的一部分。药品包装材料伴随着药品的整个生命周期，包括制造、运输、存储及使用等。

由于药品内包装与药物直接接触，如若选用不当会造成相互污染，影响药

① 张鹤敏.基于智能技术的药品包装安全性设计研究[D].株洲：湖南工业大学，2017：35.

品的质量，因此必须加强对包装材料与药性兼容性的实验，以确保安全性。药品包装材料是包装的物质基础，同时也是药品包装设计的灵感来源，物质基础决定上层建筑，物质条件决定意识的产生。运用丰富的包装设计艺术并结合现有先进的包装工艺对包装材料进行合理的加工，从而得到精美且满足医药包装需求的产品。包装材料对包装工艺发展的重要性不言而喻，正是因为具有丰富的包装材料，才会有如此绚丽多彩的包装产品呈现出来，同时药品包装材料的质地也决定了包装产品性能的好坏及药品质量。

医药包装行业的发展离不开包装材料的多样化，药品的智能化包装更离不开包装材料的支持，没有丰富的技术先进的包装材料也就无从谈起功能多样的药品智能化包装。药品智能化包装会根据药品的特性、药品消费者的需求，选用优质的、兼容性好的、轻便的、适合药品包装的材料来增加药品的安全性与人性化。

（一）药品包装中常用的功能性材料种类

目前药品包装材料种类繁多，根据材料的材质不同可分为塑料、金属、玻璃、陶瓷、橡胶及复合材料等。丰富的包装材料，由于其物理、化学性能各异，其对药物的兼容性也大相径庭。因此，针对不同药物选择不同的包装材料，主要工作应该放在药品与包装材质的兼容性上。良好的兼容性，是保证药性如一的关键。

不同材料具有不同的性能，我们可以根据各种材料的特性加以利用。常用的药品包装功能性材料为药品智能包装提供了便利条件。当材料具有温度、湿度、压力、光照等感应性时，这种包装材料的功能性就大幅增加。在智能化药品包装上运用这种功能性材料就可以容易地获得包装内部的一些环境的物理特性，从而对药品的状态进行判别。有效利用各种敏感度指示装置，如时间—温度指示卡、湿度指示卡、泄漏指示卡等，可以在一定程度上实现智能化管理。

时间—温度指示卡的原理主要基于酶促反应、扩散等导致pH值降低而引起颜色变化或发生机械变形，将其安放在包装的外部，可以较为方便地获取诸如药品是否在保质期范围内、环境温度是否符合药品的特殊存放要求等信息。置于包装内部的湿度指示卡主要用来显示密封空间的湿度状况，如果药品包装内部的湿度超出某一湿度值，指示卡对应点的颜色就会发生相应的变化，观察者通过卡片上的颜色显示就可以比较容易地判断包装里面的湿度情况。泄漏指示卡一般安放在包装内部，如包装顶隙或瓶盖部位，通常借助氧气和二氧化碳的比例，以获取诸如包装完整性及药品是否被污染等信息。通过这样一些功能性辅助包装材料的参与，药品的安全性可以得到更好的保障。

（二）新型功能材料在药品智能包装中的应用

药品包装对药品起着如外衣般不可替代的作用。通过包装设计以达到对药品的保护、宣传的目的，又体现出对病人的人文关怀，一直是药品包装设计追求的目标。在社会总体生产力提高的背景下，整个医药行业呈现出勃勃生机，因此药品包装也进入快速发展的阶段。随着生活条件越来越好，人们对自身健康也越来越关注，期待拥有更好的医疗保健体系，因此对药品及其包装也提出了更高的要求。面对时代呼唤，药品包装材料正向着低污染、可回收、再利用、功能强等方向前进，呈现出环保、丰富、多元化等趋势，新型功能化材料在药品包装上的使用会越来越广泛。

传统的泡罩包装简称PTP。为了将药剂从封装中取出，将作用力施加于药用铝箔，使药剂穿过铝箔层取出。但是由于这种包装取药方式简单（通过简单的挤压即可取出药物），药物很容易被儿童得到，从而引起误食药物而中毒。每年此类包装的药品或化学品所造成的儿童误服事故高达14万~16万起，其中大约有两万起需要到医院治疗，而更不幸的是每年会有30~50人因此死亡。

儿童误服药物中毒已成为儿童意外事件的第三大杀手。针对以上这种现象，可以使用一种不易被儿童弄破的药品包装复合膜及其制备方法，从而提高药品使用的安全性，降低儿童误食事故的发生率。该发明由聚酯薄膜层、铝箔复合而成，聚酯薄膜层上涂覆有油墨层，油墨层与铝箔之间设置有黏合剂层，铝箔的另一面设置有热封层，热封层由VC胶均匀喷涂而成。药品包装复合膜的制备方法包括印刷、复合、熟化、涂胶、分切、包装等步骤。该发明通过将聚酯薄膜与铝箔进行复合，从而有效增加复合膜的强度，防止儿童弄破复合膜，提高使用的安全性，铝箔的设置还可进一步阻挡水蒸气及氧气。该发明制备方法简单易行，通过该制备方法制备的复合膜，其拉断力指标达44.3 ~ 59.8N/15mm^2，其黏合层热合强度达12.1 ~ 14.7N/15mm^2，实现复合膜不易破裂、不易揭开的目的。

有一种预涂型药品包装用铝箔，这种预涂型药品包装用铝箔包括铝箔、抗氧化层、熔胶层，铝箔为基层，铝箔的下表面从上到下依次设置有印刷层和预涂层；上表面从下到上依次设置有抗氧化层和熔胶层；熔胶层涂覆在抗氧化层的上表面上；抗氧化层的下表面粘贴在铝箔的上表面上；预涂层涂覆在印刷层的下表面上。印刷层与铝箔通过黏合树脂层黏合在一起。这种预涂型药品包装用铝箔中的抗氧化层可以有效地防止铝箔的氧化反应，延长了铝箔的保存期限，熔胶层低温下可封装，热封时温度不需要过高即可密封好，热黏合性强，易涂布加工，只需要较小的作用力就可以撕剥开来，避免包装不易撕剥。由于设置的预涂层对油墨有着良好的附着力，铝箔版面可以随时印刷，不需要提前排版印刷、设计库存，这样有效避免了材料的浪费，节省成本的同时印刷效果好。

二、功能性结构实现药品包装的智能和安全效用

药品包装设计离不开功能性设计和外观设计，也就是结构设计和装潢设计。进行药品包装设计时不仅需要考虑药品包装的保护性需求，还需要考虑药品包装的结构是否合理、是否符合不同消费者需求、是否做到了减量化包装等。优秀的药品包装设计不仅处处体现结构功能的合理性，而且可以体现包装材料的节约性、运输的便利性及药品的可接受性，功能性的药品包装结构可以实现药品包装的智能和安全效用。

（一）便携实用型药品包装智能设计

药品包装设计是为药品服务的，药品是为消费者服务的，所以药品的包装设计也是为了方便消费者更好地使用药品服务的。因此，药品包装设计只有具有良好的实用性，才能使消费者便捷地使用药品。如何使消费者便捷地使用药品，就需要药品包装生产商及设计师们设计出便捷实用的药品包装结构。而这也是药品智能包装的一种手段。

有些药品常需要借助一些小工具辅助才能方便地服用，因此在这类药品的包装设计时常会附加一些额外的辅助工具，如勺子、软管、量杯等，对于服用这类药品来说，这些辅助物已然成为他们不可或缺的部分。这些药品包装附加物主要是起到保护药品在整个生命周期中的药性如一的作用或者是方便患者服用药物。例如，对于一些怕潮怕湿的药物，常在包装盒内放置干燥剂，以避免空气水分的渗透；对于服用计量严格限制的药品，在药品包装中放置测量杯以便患者服药时准确计量；对于开启包装困难的药品附带开启工具以便患者在服用时方便开启；对于液体类药品附带吸管以方便患者吸食等。但药品包装的附加物必须具备无毒无污染、方便携带、不影响药性及药品保护与使用等特性。例如，沐舒坦咳嗽糖浆的药品包装，由于是糖浆类液体状药品，该包装在药品

包装瓶上配备了一个定量杯子以方便患者定量服用药品，而定量杯子的位置设计又不会妨碍药品外包装的体积形态。还有一些粉末状的胃药等也会附加定量小勺以方便患者服用药品。

（二）宜人防护型药品包装智能设计

药品包装作为药品的外衣除了应该全面、有效地保证药品的药性和质量外，还应该科学合理、便于患者使用。而儿童误食药物，老年患者漏服、重服药物，残疾人或特殊病人难服药物等现象频发，药品包装需针对这些问题设计宜人防护型智能结构，降低这些问题所带来的危害。如针对儿童这一特殊人群，设计儿童难以开启又不妨碍成年人使用的药品包装，起到保障儿童安全的作用。例如，一款杀菌药水的包装，结构采用“压扣式”包装瓶盖设计，需要在按压的同时向上推起瓶盖才能顺利打开包装，这种障碍性智能包装结构有效地防止了儿童开启这一包装，从而避免儿童误服的发生。

三、新型信息技术拓展药品包装智能功能

新型信息技术正在逐渐改变着人们的生活，并将持续深入地改变。例如，应用RFID制造产品包装上的电子标签就成为2004年IT界最热门的事件之一。该项技术早在20世纪80年代就由美国国防部和世界第一大商品零售商沃尔玛公司首先提出并进行研究。由于RFID技术的不断完善和该技术的应用前景广阔，加上各大零售业巨头如Tesco、Metro和IT界的Phlipe、IBM等的积极参与，在不远的将来，RFID将极有可能取代现今广泛使用的传统条码而大大影响人们的日常生活。信息技术在产品包装上的运用是一个新的发展趋势，也是包装设计者和制造商研究和运用的新领域，对于医药包装来说，新型信息技术运用到药品包装上更能体现出智能性和便利性，从而全面满足消费者的需求。

（一）药品包装防伪与信息识别技术

电子监管码是我国对每件商品赋予的身份认证标识，如同人们的身份证一般具有独立唯一性。为了方便国家对医药产品在生产、运输、存储期间实施监管，赋予了每件药品独特的电子标签，即我们常说的药品电子监管码。2008年4月10日，国家药监局发布《关于实施药品电子监管工作有关问题的通知》（国食药监办〔2008〕165号），明确对血液制品、疫苗、中药注射剂及第二类精神药品等四类重点药品进行强制性赋码；2009年11月9日，国家食品药品监督管理局发文

确定307种基本药物必须全部纳入药品电子监管范畴，将对基本药物分类实施药品电子监管工作。现如今，药品包装盒上所采用的药品电子监管码大多是一维码，并且通常仅采用药品电子监管码这种单一的标识。有一款基于电子监管码与DM码双重标识的药品包装盒，这种包装盒盒体上包含两种标识：一个是带有药品电子监管码的一维码图案载体；另一个是带有DM码的二维码图案载体，这两种标识所承载的信息一致。盒体的形状为长方体且其包括上盒壁、前盒壁、下盒壁和后盒壁，一维码图案载体布设在前盒壁外表面上，二维码图案载体布设在右侧盒盖或左侧盒盖的外表面上。其中，DM码为DataMatrix码，即数据矩阵码。这款药品包装结构简单、设计合理、加工制作方便且使用操作简便、标识识读方式灵活、使用效果好，所使用二维码图案载体占用空间小且所带的DM码识读速度快，能解决现有药品包装盒上仅使用电子监管码一种标识存在的使用操作不便、条码识读速度较慢等缺陷。

（二）信息自动记忆功能技术的应用

信息技术运用在药品包装设计上会给消费者带来许多便捷，可以有效地实现对药品的识别。如若在药品的包装上运用信息自动记忆功能技术记录患者的服药次数、服药时间等信息，就可以在患者与医生之间构建起一座桥梁，这有助于医生更准确、更快速地了解患者服药情况及更好地救助患者。在药品包装中结合信息技术，设计研发出具有信息自动记忆功能和采集功能的药品智能包装具有很高的现实意义。例如，一种电子智能药箱，药箱包括：储藏区，由药箱箱体和箱盖组成，其中药箱箱体的内部储藏空间分为常温区、冷藏区和配药区；工作区，与储藏区连接，工作区安装有制冷机，制冷机的制冷部分位于冷藏区内。工作区设置有通风孔，主要用于制冷机的散热通风，所述制冷机与控制主板连接。

药品可以分别储藏在冷藏区、常温区、配药区中。冷藏区、常温区主要针对不同条件保存的药品及器械，配药区设置多个药杯，通过设置提醒时间，按时提醒患者遵从医嘱按需服药，并可以通过与之连接的智能手机监控服药状况、记录服药过程。所述电子智能药箱还在药箱箱体内安装有温度传感器和湿度传感器，用于检测药箱内的温度和湿度，温度传感器和湿度传感器分别与控制主板连接。温度传感器和湿度传感器将采集的数据发送至控制主板，控制主板与预设温度、湿度参数进行比较处理，进而来调节制冷机的运行状态，使药箱内的温度、湿度满足使用的需求。工作区的顶部设置有显示屏，显示屏通过数据线与控制主板连接。

另外，还可以设置键盘，用于输入数据。工作区还安装有喇叭，喇叭与控制主板连接。通过键盘输入可以设定药箱的温度、湿度等参数，还可以设定配药和服药提醒时间，到达服药时间，通过喇叭进行语音提示。工作区安装有通信模块，可以通过通信网络与终端或服务器连接，上传或下载数据。工作区装有电源，用于为电子智能药箱的各用电设备提供电能。通过键盘和液晶显示屏，还可以进行药箱登录设置，用户注册登录，进行药箱中药品管理，如药品属性、购买日期、有效期、针对的家庭成员或者症状等。这款电子智能药箱可以通过设置不同要求的储藏区，对不同储藏条件的药品分别储藏，实现了按要求分类储藏保管，提高了药品使用的安全性。

四、智能化视觉设计赋予药品包装安全感

信息传递是商品外包装的作用之一，药品包装作为药品的“外衣”首先就要为药品起到宣传展示的作用，使消费者快速、容易地获取药品相关信息。而这一决定消费者是否购买该药品的宣传展示作用是通过包装的视觉装潢设计展现出来的，因此药品包装需要具备最佳的视觉传达能力来满足生产商与消费者之间的信息交互。优秀的包装视觉设计可以快速地给消费者形成视觉上的冲击与吸引力，从而传达商品信息，是信息传达的有力工具。药品包装中信息的传达需要综合全面地考虑，并且要依据相关法律、法规的要求，信息的传达需要确定主次关系，智能化地运用文字、图片、颜色等展现出来。

（一）智能化色彩的技术处理因素

人们对外界的观察首先是从颜色开始的，颜色对视觉上的刺激最迅速也最敏感。在药品包装设计中恰当、合理地运用智能化色彩，有助于消费者抓住药品的关键信息，促进销售。药品包装上不管是文字还是图像都需要通过色彩的形式展现出来，因此在药品包装设计中，熟练并合理地运用色彩基础知识，智能化地处理色彩设计至关重要。

1. 面积因素

在药品包装设计中应用的色彩面积大小是直接影响药品包装色调的首要因

素，因此，在设计中应采用大面积色块增强视觉效果。另外，当包装设计所用的两种色彩对比过强，产生势均力敌的效果时，要缓和这种情况可适当地改变色彩面积比例，使一方为主，另一方为辅。

大面积的色块可以给人简洁、规范、厚重、稳定的感觉，那么以色块为主的药品包装设计可以为消费者营造一种该药品安全、有效的感受。这种心理暗示的作用驱使越来越多的药品包装企业向色块化药品包装方向发展。以一款应用色块为主的日本胃药药品包装设计为例，这款包装采用色块间隔色块的方式展现，蓝色与绿色的色彩搭配注重面积比例安排，蓝色色块下面装饰一条较窄的橙色色块条进行色彩对比，增加视觉冲击感，冷色调的色块对比暖色调的文字色块，同样刺激消费者的视觉感官，横线的设计营造通透、快速的心理感受，增加消费者对药品的安全信赖感。药品包装中蓝色清凉、绿色安全、红色活力的色彩搭配，安抚患者情绪的同时传达了药品药效。

还有一种洗耳液药品的包装，更是利用大面积的色块装潢药品包装表面，运用大面积的黄色和小面积的绿色合理地将包装分割成两个面积不等的色块，从中再运用白色和红色调和整个包装画面，使包装画面充分产生对比效果，冲击视觉感受的同时又不显得突兀刺眼，绿色和黄色的搭配使用给消费者传达药品清洗干净、使用安全的感觉。

2. 视认度

视认度是指配色层次的清晰度。药品包装的视觉传达设计要求良好的视认度。视认度一方面要看色彩本身的醒目程度；另一方面要看色彩之间的对比关系。想使药品包装的识别性强、视认度高，应注意色彩的智能化、合理化处理。在药品包装中白色表示纯净、稳定；蓝色表示镇静、消炎；绿色表示止痛、安全；红色表示保健、滋补；黄色表示轻便、温和；橙色表示兴奋、活力；等等。

在药品包装上色彩所传递出的信息应与患者心理诉求相统一，运用这种被人们称为“色素治疗”的方法针对消费者进行包装设计，不仅可以促进药品的销售，还有助于患者疾病的治疗、健康的恢复。在药品包装视觉传达设计上，我们也可将药品包装的色调归纳为冷色调、暖色调、明亮色调、淡雅色调等。不同的色调给消费者以不同的感受，药品包装可针对药品的药性或性质选择契合的色调进行装饰。药品包装装潢设计“必须以鲜明的色彩反映药品的特征”。在药品包装中选用大面积色彩色块是具有一定标志性和可识别性的。

（二）视觉元素的巧妙编排作用

药品包装设计中视觉元素的编排是一项整体系统工程，是将包装上的文字、图形、色彩等视觉元素有机排列、组合并与包装的材料、造型、结构相协调，最终形成形象鲜明、信息表达层次清晰、内容完整、大众喜爱的整体形象。在编排过程中，为了表现出新颖性、生动性、整体性，需运用丰富的美学知识、开拓的创新思想进行编排，切记不可古板守旧、照搬照抄。

药品包装上的文字、图形、色彩等视觉元素的巧妙编排需要设计师把握整体性原则，具有开阔的视野及把控全局的能力。要确定好一种构成基调，所有视觉要素的构成都要向这一基调看齐，使药品包装呈现出一目了然的整体感。并且在药品包装视觉要素的系统把控中紧扣设计原则，突出主要方面，并对次要部分进行弱化处理，这样让整个包装系统层次清晰、主题鲜明。因此，在对药品包装视觉元素进行编排处理时应适当地作一些创新，突破常规思维，使整个药品包装富有活力和吸引力。

第三节 医疗器械中人工智能方法检验的策略

一、医疗器械中人工智能方法的应用情境

“在医疗器械领域，人工智能方法的主要应用是使机器根据获取的健康信息实现统计分类，作为诊疗和决策的依据。医疗器械对统计分类功能的需求，包含了各层面的典型案例。”[①]在分子层面，不同致病基因、生物标记物的分析需要统计分类的支持；在细胞层面，病理分析、血液分析等需要借助统计分类自动测量细胞的种类、分布；在组织层面，医学影像和电生理等需要统计分类方法建立图像、电生理信号与组织和病灶的关联；在系统层面，循环系统、神经系统的功能评价和疾病诊疗需要用统计分类方法挖掘系统生理参数与疾病之间的联系；在行为层面，统计分类方法可用于将不同传感器或传感器网络采集的数据与人的体态进行关联，并指导康复训练和病人照护。

按照机器学习的理论，统计分类方法主要包括监督学习和非监督学习两大

① 王浩，孟祥峰，刘艳珍，等.医疗器械中人工智能方法检验策略的研究[J].中国医疗设备，2016，31（10）：67.

类，以及它们的结合，两者的主要区别在于是否需要训练集。监督学习利用已知类别的样本集（训练集）调整分类器的参数，使其达到所要求性能。其工作流程包括：首先采集已知类别的原始数据，建立训练集，并对数据进行降噪和降冗余处理；其次构建映射关系对数据进行降维，将原高维空间中的数据点投影到低维度的空间中，以便将不同类别的数据点的差异最大化；再次开发分类器，在低维度空间上将映射后的点进行归类；最后使用分类器对测试集中的样本进行分类，分类结果与测试集的已知类别进行对比验证，评价特异度、敏感度等关键性能指标。

非监督学习不需要训练集，而是根据样本间的相似性寻找样本集的规律，对样本集进行分类（如聚类），分类的依据是类内差距的最小化和类间差距的最大化。非监督学习不与事先规定的标签挂钩，从数据分布的规律性出发，除了统计分类之外，也可用于分析数据集的特点，用途很广泛。上述两种方法在医疗器械中都有广泛应用。

（一）医学影像中的人工智能方法

二维和高维数据分析以医学影像为代表，图像分割、边缘提取、图像拼接与配准、三维图像重建等功能的实现都需要人工智能方法的支持，用以提供病灶识别与标记、手术导航、预后评价、介入治疗定位、病理切片分析等服务。医学影像中的人工智能方法既包括了前面所述各种一维数据处理方法的高维扩展，也包括决策树、分类和回归树算法、基于信息熵的决策树算法ID3、神经网络方法、模拟退火算法、贝叶斯学习等。此外，医学影像还应用了集成学习算法，特点是使用一系列学习器进行学习，将各个学习结果按照一定规则进行整合，学习效果强于单个学习器，主要代表有Bagging和Boosting算法族。

（二）一维数据集合相关人工智能方法

一维数据处理中的人工智能方法起步较早，也是二维和高维数据处理的基础。在体外诊断领域，化学计量学方法常用于从近红外光谱、可见光吸收谱等光谱中分析不同化学物质的浓度或区分生物成分；在电生理领域，心电、脑电、脑机接口等研究方向需要对生理电信号进行归类，提取病理信息和生理活动信息，为诊断和治疗提供参考；超声成像过程中的RF信号可用于区分被测组织的机械特性；光学相干层析成像中扫描线的特征可用于区分组织显微结构。

上述领域虽然数据来源和物理含义各不相同，但数据处理方式相似，常用的人工智能算法包括主成分分析、独立成分分析、偏最小二乘、线性判别分析、支持向量机、K——均值聚类、K最近邻分类算法等。

（三）传感器网络中的人工智能方法

可穿戴设备、体域网的发展使传感器网络在医疗健康中发挥出了积极作用，以帕金森患者的体态、步态分析和跌倒预防为典型案例。一种思路是让患者四肢或关节佩戴加速度传感器、角传感器、陀螺仪等可穿戴传感器，这些传感器之间用蓝牙、ZigBee等无线通信协议组成体域网，共同测量患者的体态、步态信息。步态分析需要建立训练集，由患者重复各种基本动作如站立、行走、上下楼梯、坐、卧等，使用卡尔曼滤波器等算法挖掘不同传感器网络数据与动作的关联，建立分类器，从而在患者日常活动中预测运动趋势、预防跌倒和发生干预。另一种思路是在患者四肢或关节佩戴不同的标记物，由摄像头阵列（如OptiTrack红外相机系统）记录标记物的运动轨迹。这些标记物之间的关系类似于传感器网络，训练集和分类器的建立方法也与前者相通。

二、人工智能方法的性能评定策略

针对上述应用情境，医疗器械中运用人工智能方法的性能评价策略（主要是统计分类的准确性的测试）。性能评价以临床数据为最终的金标准，使用多种手段建立测试集，开展评价。

第一，应了解被测设备的工作原理和机器学习的类型。如果统计分类算法属于非监督学习，那么应根据临床数据分布的实际特点，选择有代表性的测试点组成测试集。例如，对病理切片或血液涂片的显微图像进行自动细胞分类和计数时，可根据聚类分析观察不同类型细胞的大小和形状的分布特点，然后根据这些特点选取靠近各聚类中心的数据点设计测试集或测试用切片，最后对算法进行测试。

第二，对于监督学习，应判断该类设备是否具有标准数据库，有数据库则直接从中抽取数据组成测试集。例如，心电类设备可以采用麻省理工学院开发的MIT-BIH数据库中的心律失常波形来测试设备自身的心律失常检测算法；脑电领域也在建立针对癫痫的脑电波形数据库，如波士顿儿童医院和麻省理工学院联合开发的头皮脑电数据库，包含了各种癫痫发作时不同部位的脑电特征，可用于脑电类算法的测试。在具备一致性比对条件的应用领域，比如麻醉条件下的脑电测量，有必要加强标准数据库的建设。

在没有数据库依据的情况下，对于传感器网络而言，可研发多传感器协同测试工装。例如，对于帕金森患者的步态分析，可根据人体力学和运动学特性搭建仿人体运动模拟工装，直接安装传感器网络并测量不同步态或姿态下的基础数据，即可用于测试。这种方式既保持了与临床数据的一致性，又便于实现测试的自动化和可比性，同时可以与医用机器人、康复机器人的测试相结合，发展前景广阔。

在没有数据库可依据的情况下，对于一般的采用监督学习方法的医疗器械而言，如果其测量结果可以分解为基本物理元素的叠加，那么可运用基本物理元素的组合设计标准物质、标准器或体模。例如，生物医学光谱检测得到的结果可看作基本化学物质光谱的叠加，那么在测试光谱分析算法时，可以参考实验设计、均匀设计、正交设计等方法的思路，按照不同配比制备标准物质，通过试验评价算法结果与实际成分之间的误差，在保证分布均匀的同时将配比的种类最小化。再如，在医学影像领域，可根据空间频谱特性、对比度、轮廓、尺寸等信息提炼图像的基本元素，并按照实验设计的思想研发体模，用于测试成像系统及算法。

第三，如果测量结果不能直接分解为基本物理元素的组合，那么测试集的设计就必须依据临床数据。例如，脑机接口领域，中风患者的脑电信号容易受病情影响出现畸变，使想象运动引发的脑电信号缺乏一致性，无法直接分解为基本脑电特征的组合。因此脑机接口算法的测试，需要通过在人为的训练过程中采集和筛选脑电信号来生成测试集，以便在同样的硬件设置下测试不同人工智能算法的性能。

结束语

在信息时代的浪潮中，信息技术和人工智能已然融入经济和社会生活的方方面面。大数据分析、机器学习、物联网等领域的突破性进展，正在为人类创造前所未有的可能。然而，这也带来了一系列深刻的问题，如数据隐私、伦理考量及科技与人文的平衡等。本书旨在为学术界提供一个深入研究这些问题的平台，为其探索应对策略和未来发展方向提供理论支持。

在未来，有理由期待信息技术与人工智能应用领域的进一步突破。随着技术的不断发展和理论的持续探索，会有更多令人瞩目的创新，这些创新必将为社会发展和人类福祉带来积极而深远的影响。

参考文献

一、著作类

[1] 陈雪蓉.计算机网络技术及应用[M].北京：高等教育出版社，2020.

[2] 高金锋，魏长宝.人工智能与计算机基础[M].成都：电子科学技术大学出版社，2020.

[3] 顾德英，罗云林，马淑华.计算机控制技术[M].北京：北京邮电大学出版社，2020.

[4] 郭斯羽.面向检测的图像处理技术[M].长沙：湖南大学出版社，2015.

[5] 郭长金，姚映龙，籍宇.计算机应用理论与创新研究[M].长春：吉林大学出版社，2018.

[6] 何留杰，郑迎凤，张新豪.计算机程序与应用创新[M].郑州：郑州大学出版社，2018.

[7] 金瑛浩.计算机虚拟现实技术研究与应用[M].延吉：延边大学出版社，2020.

[8] 李德毅.人工智能导论[M].北京：中国科学技术出版社，2018.

[9] 鹿晓丹，蒋彪.从物联网到人工智能[M].杭州：浙江大学出版社，2020.

[10] 双锴.计算机视觉[M].北京：北京邮电大学出版社，2020.

[11] 温爱华，刘立圆.计算机与信息技术应用[M].天津：天津科学技术出版社，2020.

[12] 吴婷.现代计算机网络技术与应用研究[M].长春：吉林科学技术出版社，2020.

[13] 张福潭，宋斌，陈芬.计算机信息安全与网络技术应用[M].沈阳：辽海出版社，2020.

[14] 张贵莲.计算机与人工智能[M].兰州：甘肃科学技术出版社，2018.

[15] 张际平.计算机与教育新技术、新媒体的教育应用与实践创新[M].厦门：厦门大学出版社，2012.

[16] 张耀军，刘卫，侯雷.计算机技术及应用[M].天津：天津科学技术出版社，2014.

二、期刊类

[1] 陈澄广，冷宇.5G移动通信网络安全问题及对策研究[J].中国新通信，2021，23（07）：24-25.
[2] 陈怡存.吉林省药品智慧监管体系建设问题研究[D].吉林：长春工业大学，2021，14.
[3] 崔泰华.煤矿智能机器人发展与应用[J].内蒙古煤炭经济，2023（04）：157-159.
[4] 崔彦君.网络安全中的大数据技术应用[J].集成电路应用，2023，40（4）：288.
[5] 杜鹃，王琳琳.人工智能技术在教育中的应用研究[J].物联网技术，2023，13（06）：157.
[6] 高立静.防火墙技术在计算机网络安全中的应用[J].网络安全技术与应用，2022（06）：11.
[7] 郭彩萍.5G移动通信网络安全问题及对策研究[J].中国新通信，2021，23（16）：38.
[8] 郭晓语，刘唯宾，钱雨.我国人工智能产业及技术发展现状[J].质量与认证，2023（04）：46-48.
[9] 韩大威，石锦侃，田博文.物联网技术在智能建筑行业发展探究[J].智能建筑，2022（10）：26-28.
[10] 韩二锋，姚斌.基于物联网技术的智慧农业发展探究[J].南方农机，2023，54（14）：55-57.
[11] 郝运.智能物联网技术及应用的发展新趋势[J].科技创新与应用，2022，12（26）：153-156.
[12] 黄东.智能机器人数控技术在机械制造中的应用分析[J].数字技术与应用，2022，40（12）：47-49.
[13] 金燕，赵伟.融媒体背景下公有云业务模块部署策略分析[J].广播与电视技术，2023，50（4）：35-38.
[14] 李增进.5G通信技术促进人工智能发展应用研究[J].中国新通信，2023，25（5）：1-3.

[15] 刘文孝，李冰，刘凯.物联网技术在现代化农业发展中的应用[J].种子科技，2023，41（2）：123-125.

[16] 吕国钧.基于公有云的短视频生产平台技术方案设计[J].广播与电视技术，2023，50（3）：41-45.

[17] 马敏.论人工智能技术发展及应用[J].科技创新与应用，2023，13（8）：173-176.

[18] 冒志建，陈小中.基于私有云架构的IaaS技能实训平台设计与构建[J].信息系统工程，2023（1）：22-25.

[19] 年志刚，梁式，麻芳兰，等.知识表示方法研究与应用[J].计算机应用研究，2007（5）：234.

[20] 潘正仁，高刚毅.浅谈农业物联网技术与农业机械化发展[J].南方农机，2023，54（16）：84-86.

[21] 商晴庆，布伟赫，夏磊，等.智能物联网技术的应用现状与发展新趋[J].集成电路应用，2023，40（4）：370-371.

[22] 尚娜.对高中生计算机网络信息安全教育的思考[J].网络安全技术与应用，2018（5）：65.

[23] 申畯，冯园园，张洁雪，等.知识搜索中的知识库建设问题研究[J].情报杂志，2015，34（10）：129.

[24] 宋雷.现代信息技术环境中的信息资源配置开发与利用[J].科技风，2023（15）：70-72.

[25] 宋帅华，简小虎.智慧生活场域下物联网技术创新应用发展探析[J].物联网技术，2022，12（6）：67-70+73.

[26] 宋松.基于密码的云计算虚拟化安全研究[J].中国新通信，2023，25（1）：112-114.

[27] 孙良友.跨平台的IaaS层资源池管理系统的设计与实现[J].网络安全技术与应用，2023（7）：66-67.

[28] 孙权森.人工智能技术发展及其创新应用[J].软件和集成电路，2022（12）：34-35.

[29] 王浩，孟祥峰，刘艳珍，等.医疗器械中人工智能方法检验策略的研究[J].中国医疗设备，2016，31（10）：67.

[30] 王良玉，张明林，祝洪涛，等.人工神经网络及其在地学中的应用综述[J].世界核地质科学，2021，38（1）：15.

[31] 王露.机电技术在智能机器人中的应用研究[J].中国高新科技，2022（23）：30–32.

[32] 王瑛，裴升，李大勇，等.一种云计算虚拟化环境安全监测及评估方法[J].通信技术，2021，54（8）：2013–2018.

[33] 王梓鑫.人工智能技术发展历程及在农业机械上的应用[J].农业科技与装备，2023（1）：62–63+68.

[34] 武垚.浅析物联网技术在室内无障碍设计中的应用与发展[J].鞋类工艺与设计，2023，3（2）：174–176.

[35] 夏球.智能机器人的自动化控制可靠性问题研究[J].今日制造与升级，2023（2）：14–17.

[36] 许谭，祝彦杰，徐锋，等.基于物联网技术的智慧林业高质量发展策略[J].现代农业研究，2023，29（7）：123–125.

[37] 杨福康.计算机人工智能技术的应用与发展研究[J].无线互联科技，2022，19（23）：81–83，96.

[38] 俞晓辉，郑伟，张铁凡.物联网技术在智慧城市建设中的融合运用[J].中国新通信，2023，25（10）：72–74.

[39] 袁纳新.智能物联网技术及应用发展趋势研究[J].现代雷达，2023，45（1）：98–100.

[40] 张鹤敏.基于智能技术的药品包装安全性设计研究[D].株洲：湖南工业大学，2017：35.

[41] 张继东，吕达.智能机器人监测系统的设计研究[J].信息与电脑（理论版），2023，35（4）：125–127.

[42] 张向阳.移动通信网络的安全问题及对策[J].通信世界，2018（1）：153.

[43] 张馨月.人工智能技术的发展与应用研究[J].数字通信世界，2022（10）：133–135.

[44] 张鑫，王明辉.中国人工智能发展态势及其促进策略[J].改革，2019（9）：31.

[45] 赵桂丹，骆骁.当前形势下我国物联网技术产业发展及频率规划建议[J].产业

创新研究，2022（24）：13–15.

[46] 邹凯华.计算机信息技术对人工智能发展的探讨[J].现代工业经济和信息化，2022，12（10）：77–79.